主　　编　张庆熊　徐以骅

《基督教学术》学术委员会名单（按姓氏笔画为序）

王志成　浙江大学哲学系
王忠欣　北美华人基督教学会
张庆熊　复旦大学基督教研究中心
李天纲　复旦大学哲学学院
李向平　华东师范大学社会发展学院
杨庆球　香港中国神学研究院
罗伟虹　上海社会科学院宗教研究所
晏可佳　上海社会科学院宗教研究所
徐以骅　复旦大学基督教研究中心
陶飞亚　上海大学人文学院
顾卫民　上海师范大学法政学院
黄颂杰　复旦大学哲学学院，《复旦大学学报》编辑部
魏明德　复旦大学哲学学院

Christian Scholarship

基督教学术
（第二十辑）

张庆熊 徐以骅 主编

上海三联书店

《基督教学术》为 CSSCI 来源集刊

第二十辑序言

本辑《基督教学术》可分为4个部分，总计25篇文章。

第一部分有关圣经，有2篇文章。第一篇《“见”与“信”：旧约与新约中的“先见”与“先知”》指出，基督教神学以往过分强调“听”的维度，这存在导致信仰主体失去现实性的危险，而“见”的维度在圣经中同样具有充分的依据，以此论证灵性经验彰显的意义和“观看者”的言说的地位。第二篇《〈约翰福音〉20:1－18中抹大拉的马利亚见证的解析》向我们表明，在早期基督教中存在着尊重女性为女先知的传统，这反映在《约翰福音》某些章节中，但在教会体制化过程中受到制衡和打压，展示了女性主义神学阅读圣经的视角。

第二部分是有关中世纪的文章，较为集中，共有6篇，涵盖面很广。第一篇探讨了1054年天主教与东正教大分裂的原因，论证这不能仅仅归咎为“和子句”的教义之争，而是礼仪分歧与政治博弈纠葛的结果。第二篇文章探讨了中世纪教会腐败的原因以及格里高利改革的整治效果的问题。它表明中世纪教会的腐败源于教会势力与封建诸侯势力的互相勾结和互相利用。格里高利改革采取了净化教会的措施，厘清和切割了某些历史上形成的、教会的权力与封建诸侯的权力混杂纠缠的关系，加强了对教会神职人员的管理和教会的纪律，取得了一定的效果。但是这一改革也带来新的问题，如：只有自上而下的监管而缺乏自下而上的监管，只有内部监管而缺乏外部监管。随着教会权力的增长，腐败又有新的增长的趋势，这导致后来以抵制“赎罪券”等腐败现象为诱因的基督教新教的宗教改革运动。第三篇《教皇的权力:读〈中世纪的政府和政治原理〉》探讨了中世纪教皇权力的法权依据问题,指出教皇因为其教会法传统获得了超越宗教性的政治性。教皇使用的法律既源于罗马帝国法律治理的传统,也源于圣经中承认的法律是教义的工具。正是在此二元传统下,教会成为法律逻辑和政治实践的结合点。中世纪在“圣洁”的名义下闹出了很多荒诞奇葩的事情,毁坏圣像画就是其中的一例。第四篇《中世纪基督教关于圣像画合法性的论争》探讨了出现这种情况的思想上的成因和不同观点间的争论。可叹可惜,这种中世纪的破坏艺术品的现象还在现代时时泛起。西方基督教是不是不讲道德修养呢?读了第五篇《理性、原罪与静观——〈不知之云〉思想初探》,可能会产生不同的观感。《不知之云》是一本流传甚广的中世纪灵修神学著作,它能使人联想到基督教的退隐修行方式与东方佛教的禅悟、道家的修道和儒家的修养有某些类似之处。当然,其志趣是一种向着上帝自然涌起的渴慕之情,其属灵意义在于人与上帝的合一。埃克哈特是中世纪灵修神学大师,他的著作展现人的思辨与天主奥秘之间的张力与合一,为后来黑格尔的辩证法开了先河。第六篇李宜的《埃克哈特大师思辩神秘神学辨析》发掘了法语文献中的资料,为我们研究这位德国思想家提供了新的视角。这 6 篇文章让我们看到,中世纪并非黑夜之下万般皆黑,在这漫长的千余年时间中发生了很多事情,过去我们不甚重视,而回过头来看仍有意味深长的历史借鉴意义。

第三部分是有关基督教自宗教改革运动直至近现代基督教神学和宗教对话的文章,共有 8 篇。从中我们可以看到,中世纪以后基督教神学发生重大转向,基督教面临启蒙运动和现代性的挑战,天主教自“梵二会议”起走向改革、开放和对话的路线。近现代基督教的神学思想是多元的,它与包括批判理论在内的各种社会思潮存在某种互动关系。

第四部分的文章共有 9 篇,主要有关中国的基督教,涉及明清之际的礼仪之争,基督教的传教方式,基督教对近现代中国的政治、伦理、文学和社会的影响,以及天主教在澳门的社会影响。其中夹了一篇《回儒马注的中伊文化会通思想述论》,让我们看到中华传统文化与外来文化之间存在着互相交融的情况,不仅儒家思想影响了基督教神学,产生出像谢扶雅那样的烙有儒家“仁”学特征的“中国特有的神学”,而且产生出马注那样的推动伊斯兰教中国化的回儒。

这25篇文章大都出于年轻学者之手，学术水平很高，令人欣慰。我们感到，现代中国的年轻学者了解西方学术思想的情况不亚于西方同龄人对中国的了解。孔夫子说：“人不知而不愠，不亦君子乎？”孙子兵法云：“知己知彼，方能百战不殆。”无论从伦理还是从战略的角度说，我们不怕别人不了解自己，就怕自己不了解别人。《基督教学术》旨在从知己知彼中建立文化自信。

本期刊为CSSCI来源集刊，其出版和所刊论文除标注的项目支持外，一直得到复旦大学哲学学院、复旦大学哲学学院徐光启-利玛窦学社(Xu-Ricci Dialogue Institute)、国际科技教育服务机构(Professional & Educational Services International)的资助，近期还获评“复旦大学哲学学院源恺优秀著作奖”，并得到上海易顺公益基金会的出版资助。编辑好一本刊物是不容易的事情，需要各方面的通力合作。本辑刊责任编辑邱红和我们邀请的编辑助理刘剑涛博士为此付出辛勤劳动，兢兢业业。对上述单位、项目资助方以及各位作者和编辑，我们在此表示衷心感谢。

复旦大学基督教研究中心
张庆熊　徐以骅
2018年8月31日

目　录

CONTENTS

“见”与“信”：旧约与新约中的“先见”与“先知”

魏明德　著　谢　华　译

【内容提要】　相较于“看”的维度,基督教神学惯于优先从“听”的维度思考信仰的经验。赋予听觉以优先性,这与在理性内建立信仰言说的神学规划是并驾齐驱的。然而,这样做的危险在于使信仰主体失去现实性,忽略了信仰的诞生与灵性的历程是如何作为一个整体而动员一个完整主体的感官、情感与想象的。本文将研究圣经中的三个人物形象——撒慕尔、厄则克耳与《路加福音》所记载的耶稣,考察“看”的维度如何建构了他们自身的经验与文本读者的经验。在此基础上,本文将提出神学人类学的一项当前任务:承认“观看者”(*l'homme du voir*)的言说地位,以更好地思索当代的灵性经验与圣神在其中彰显自身的方式。

【关键词】　先知　先见　信仰　宗教人　神学人类学

一、引　言

“我没有想。我看见了。我看见了我的思想。”在法国导演侯麦(Eric Rohmer)的《冬天的故事》(*Conte d'Hiver*)这部电影里,女主人公菲莉丝说了上面这句美妙的话,讲述她在那个"毫不怀疑、也不可能怀疑"[①]的时刻,完全自然地采取了那个向她"显现"出来的决定,这个决定将引导她今后的整个生存方向。

从菲莉丝的话中,我们是否能够合理地解读出信仰的某种运动呢?我们可以说:信仰"使人看见",或更好地说,在同一个依托行动(acte d'adhésion)中,"相信"与"看见"紧密地胶结在一起。**眼见为信**(*Videre esse credendum*)。[②] 然而,当论及信仰的具体发展过程时,这样的提法却十分稀少。如果说基督宗教的神学范式通常把信仰者的活动置于一个生存性的维度中,那么这个维度就是**倾听**的维度。"倾听"的语言自发地成为了神学的语言。在此,神学的最终诉求总是圣言——天主的圣言本身,而要把圣言解释清楚,则是一项"既必要而又不可能的神学任务"。[③]"倾听"的语言具有非常丰富的圣经传统,同时,它也迫切要求神学成为一种"合理的"(raisonnable)言说:强调宗教活动的"倾听"的维度,不断协调和梳理那些意图解释宗教活动的言说,这两方面似乎总是齐头并进的。

然而,把信仰安置于"听"的单一层面,带来了明显的风险,也就是一种或多或少出于机械复制的"倾听的庸俗化",它导致言说面临脱离现实的危险,言语所属的那个身体渐趋消失。这样,对于试图使自身符合理性范式的神学言说而言,最简易的做法就是缩减宗教的世界——包括圣经的世界、基督信仰的世界——可能包含的种种不同寻常的、令人惊异的、异象性的事物:大多数情况下,这样的神学并不否认人们讲述的异常现象的客观实在性,而是仅仅从意义的角度去处理这些现象,将它们视为意义的载体,认为这样做就足够了。读者请勿误解:本文并不

---

① "(为作出明智和良好的选择),第一种时间,是上主我们的天主如此吸引和推动人的意志,使虔诚的灵魂毫不怀疑、也不可能怀疑,去追随那向他显现出来的事物。"圣依纳爵:《神操》第175条(Saint Ignace de Loyola, *Exercices Spirituels* [Paris: DDB, 1963], n. 175)。

② "在信仰行动中,爱对知识不可或缺,正如知识对爱亦不可或缺。爱,是对至善的自由崇敬,它使人眼目一新。那更可见的**存在**令先见者(voyant)心醉神迷。"Pierre Rousselot, *Les yeux de la foi* (Paris: Ad Solem, 2010[1910]), p. 57。

③ Karl Barth, *Parole de Dieu et parole humaine* (Paris: Librairie Protestante, 1966), p. 226.

是要否认异象或者神迹的象征意义才具有的终极重要性，而是要关注那些处理“意义”问题的方式，是它们导致意义丧失了现实性，正如我们刚才所说的那样。正是因此，旧约先知们曾经能够“看见”或“听见”的那些东西，对这个问题的简单表述，却时常显得荒诞不经。同样，耶稣的“权能”的问题，也很少被人关注。在宣告天国临近的同时，耶稣也做出了召唤匝凯（Zachée）、治愈盲人的种种行动，这些行动将其受益者重新安置到一个关系网络中，如果确是如此的话，那么，去询问耶稣的“权能”的确切性质，就能够从头重新担当起整个宗教系统承载的“超常事物”的重担，从而为跨宗教对话中的困难打开新的局面。因为这也是开展宗教神学的方法，使神学不再去缩减那些异常现象。考察各宗教系统设立和发展的伦理目标，找出它们的会合点作为神学的入口，这个入口尽管非常重要，但它是否能够认可这些伟大的宗教系统所承认、鼓励与引导的神迹经验和（或）超感官的经验呢？

因此，这里出现的问题在根本上属于宗教人类学的规划：认可信仰主体以其所有感官看见的、听见的、体验到的事物整体；与此同时，去感受某种抗议性的东西，尽管这种抗议是零碎的、笨拙的、甚至是扭曲的，但信仰主体感受到它，就能够抵抗神学的以及科学的学术言说对他的经验的“批判性缩减”（réduction critique）。据前文所述，我们知道，在一些宗教经验中，图像以某种方式占据着比话语更重要的地位，这样的经验范畴就已经包含着一种抗议性。怀有这种抗议性的人，就是我所称的“观看者”。以侯麦电影中的菲莉丝为例，“观看者”对他的灵性经验的运动与时机的表达，更多地借助了“看”的行动自发赋予的意象，而非“听”的行动带来的观念。因此，宗教人（*homo religiosus*）在他的一生中，似乎总会在某些时刻成为一个“观看者”。这些视觉意象，对于这样的人来说，通常主导着某些类型的经验。能够言说，这个事实本身就包含着一种确定性的声调，一种对反对意见的坚决抵抗：我看见了——亲眼看见了。这种声调或许加倍增强了“看”的意象具有的抗议性。

“看”的行动自发滋养了对“批判性缩减”的抗议，然而，认可“看”的抗议，决非意味着不加区别地支持其一切表达形式。抗议常常也是一种伪装，并且，确定性的断言可能意味着人偏爱明显的幻觉，而畏避艰苦晦涩的内在努力。事实上,从这场含混的战斗之始,我们就无法把真实与虚幻截然区分开来:观察者需要深入到生动的视觉意象的内部,探索它如何运作,如何同时批判和滋养它的任务。为此,本文择取几处圣经文本,在其中,“看的渴望”成为先知经验的道路,进而成为从“看见”到“相信”的跨越。让我们注目于几位“观看者”的形象,去探测那一直隐藏在圣经文本中的当代宗教人类学的源泉。

二、“看见”与“听闻”

正如在所有文化中一样,旧约也描绘了这样一类人的肖像:他们富于神视和梦幻,或者具备解梦的能力。若瑟(Joseph,创 37:5-7,40,41)和达尼尔(Daniel)正是这样的人。《达尼尔书》第二章甚至描述了“先见”所能达到的极致,也就是看见另一个人的梦:“你在床上脑中所得的梦,所见的神视是这样。”(达 2:28)这一先见行动的独特之处,在于它远远超出了巫师、术士和占卜者的能力。这些占卜者、术士、先见者,在以色列当时所处的宗教文化氛围中打下了深刻的烙印。我们至少可以指出,他们中的一位,也就是贝敖尔(Béor)的儿子,在《户籍记》中被称为“明眼男子”(qosem)的巴郎(Balaam),在天主许诺的历史中扮演了一个特殊的角色。以色列获得的最美好的祝福之一——关于雅各伯(Jacob)后裔中将要升起的星辰的预报——就是出自巴郎“得见全能者的神视,在沉睡中开了神眼的神谕”(户 24:3-4)。

启示的这种视觉特性,贯穿我们所称的“先知文学”,但其中的曲折变化不一而同。例如,在先知耶肋米亚(Jérémie)身上有着一种“看的工作”,但他的“看”并不大像那种撕开不可见者之帷幕的“神视”,而更像是一种感官的工作,对日常生活的默观,沉思那些赋予生活以节奏的行为:在耶肋米亚受召的叙事之始,天主便发出圣言主宰一切,但天主让耶肋米亚看见的,却是一些平淡无奇的事物:一根杏树枝、一口沸腾的锅(耶 1:11-14);后来,又见了一条束腰的麻带、盛满酒的壶(耶 13)、陶器和打碎的瓦瓶(耶 18、19),等等。同样是这位耶肋米亚,向我们描述了他近于疯颠、近于昏迷(transe)的状况——“我的心在我怀内已破碎,我浑身骨骸战栗"（耶23：9）——这一切都是因为雅威的圣言。与之相反，伟大的神视者（visionnaire）厄则克耳（Ezéchiel）传达的图像却焕发着奇光异彩，他的视觉经验和与之相伴的昏迷的经验，都值得我们仔细体会。

历史研究、语言学分析和圣经本身的解释工作，都区分了先知（prophète）与先见者（voyant），但我们却不能在这二者之间划出泾渭分明的界线。"先见者"（rô'éh 或 hôzéh④）具备先知（nabi）的许多特点，而先知也可能被赋予先见者拥有的那种感知能力。然而，先知的话语也是如同神视一般地被给予的，即使它有时并不揭示那隐蔽的、人眼不可见的现实。林德布隆（J. Lindblom）写道："先知常常被称作'见者'（seers）而从未被叫做'听者'（hearers）。"⑤虽然"先知"与"先见者"这两个词有时会产生对立，⑥但它们各自用法的多义性让我们不能作出简单的结论。无论先知与先见者拥有权威的领域与来源是如何的，他们同样都获益于一种"第二视觉"（seconde vue）的官能。无论是撒慕尔（Samuel）帮助寻回走失的母驴（撒上9），⑦还是德波辣（Déborah）对战争及胜利方式的预见（民4），或仅仅是哈巴谷看见的"迫害和残暴"（哈1：3），这些事件都涉及到一种视觉敏锐性。圣经作者并没有把这种视觉敏锐性与"第二视觉"或者占卜术具有的资质着意区分开来，因为问题本质在于把这种资质的来源与终向都归于天主——是天主创造了占卜者咨询的众星辰——以训练自己去表达上主的意旨。先知不断提醒人们：归根结底，是对天主赐予的使命的接纳和顺从，把真实与谎言区分开来。同时，顺从的标志之一，可能恰恰就在于先知在身体上感受到的印记：神视的力量、圣言的大能、昏迷的状态、生理或心理上的激荡紊乱。虽然我们刚刚对比过耶肋米亚和厄则克耳的不同的感知与想象结构，但这种常常出现的紊乱，则是把他们联系起来的共同点。

---

④ 参见 *Supplément au Dictionnaire de la Bible*（1972），旁注925－926。我们将指出这两个词都没有阴性形式。

⑤ J. Lindblom, *Prophecy in Ancient Israël* (Oxford: Basic Blackwell, 1958), p.121.

⑥ 例如《米该亚》3：7："先见者（*hozîm*）必将抱愧。"这里的"先见者"是一类假先知的代表。另参《亚毛斯》7：10－15。

⑦ "现今所称的'先知'，就是从前称的'先见者'。"（撒上9：11）——译者注

躯体的开放也标志着对使命的接纳。正是在这开放性中,“看”与“听”彼此贯通。在这方面,先知书开篇的引言往往意味深长:亚毛斯(Amos)作为先知发言的时候,首先就告诉我们他所看见的事物(亚 1:1);《依撒意亚》(Isaïe)开篇的神视中,上主就下达了令“诸天谛听、大地侧耳”的命令(依 1:1-2);同样也是依撒意亚先知,看见了关于巴比伦的神谕(依 13:1);圣经用相同的话谈到“哈巴谷先知在神视中所得的神谕”(哈 1:1);若望厄则克耳“观望并且倾听”(则 1:1-3,26)。同样的视听关系也存在于《若望默示录》中:若望“转过身来,要看看那同我说话的声音”(默 1:12)。在“看见”与“听见”的汇合中,彰显出一种**临在**;反之,“看”与“听”的分离,总是指出一种缺席。正是对这种临在的感受,深深震撼了先知的精神与身体。

先知传达的讯息本身也证实,要把看见的与听到的事物分开,常常是不可能的。词语生出图像,图像生出词语。这样的过程已经得到了很多分析:在巴郎的神视中,雅各伯的帐幕(ohalîm)“像上主栽种的沉香,似临水的香柏(ahalîm)”(户 24:5-6)。[8] 在《亚毛斯》第八章,“一篮熟果子(qais)”象征着结局(qes)。[9]《耶肋米亚》第一章里,杏树枝(shaqed)向人指示出:上主警醒着(shoqed)看他的话怎样实现。[10]“‘看见’与‘听见’是紧密关联的。如果‘看见’常常依赖先知以身体的视觉看到的事物,那么,‘听见’这个词语,则使先知在心中看见一幅图像,并映现在即将降临的事件之中。”[11]亚毛斯看见的铅垂线(亚 7:7-8)、[12]耶肋米亚看见的

⑧ 参见 Albert Guillaume, *Prophétie et Divination* (Paris: Payot, 1941), p.167。

⑨《亚毛斯》8:1-2:“吾主上主叫我看见这事:看,有一篮熟果子。上主说:‘亚毛斯,你看见了什么?’我答说:‘一篮熟果子。’上主又向我说:‘我百姓以色列的结局已成熟,我不再放过她。’”——译者注

⑩《耶肋米亚》1:11-12:“上主的话传给我说:‘耶肋米亚!你看见什么?’我回答说:‘我看见一根杏树枝。’上主对我说:‘你看的对,因为我要警醒,看我的话怎样实现。’”——译者注

⑪ Albert Guillaume, *Prophétie et Divination*, p.145.

⑫《亚毛斯》7:7-8:“吾主上主叫我看见这事:看,有一人立在墙上,手中拿着一条铅垂线。上主对我说:‘亚毛斯,你看见了什么?’我答说:‘一条铅垂线。’吾主说:‘看,我将铅垂线安置在我民族以色列当中,我不再放过她。’”——译者注

与酒壶和陶工制器相关的场景（耶13、18），构成了同样一种理智化的过程，他们的"看"的特点，不再是近乎机械性的。泛言之，从图像与话语的不可分割性中，先知的伟大神视汲取了特别的动力，从而诗意地展开。

说图像与话语"不可分割"，可能太过头了，因为我们总能把图像和话语分开来谈，即使这是为了验证它们之间的关联。在一定程度上可以说，眼睛在听，耳朵在看；但发挥作用的总是此种或彼种感官。天主之临在的彰显总是带着缺憾的："若你们中有一位是先知，我要在神视中显示给他，在梦中与他谈话；但对我的仆人梅瑟却不是这样，他在我全家中是最忠信可靠的。我面对面与他明明说话，不藉谜语，并让他望见上主的形像。"（户12：6－8）然而，这种不圆满性的迹象却值得玩味：对天主的神视，并不是看见他的面容，而是看见他的行动。亚毛斯告诉我们，他看见上主手中拿着一条铅锤线，并问他说："亚毛斯，你看见了什么？"亚毛斯答说："一条铅垂线。"（亚7：7－8）盖拉尔特·冯·拉特（Gehrard von Rad）指出，这一处叙事颇为奇异。⑬ 然而，亚毛斯的回答非常确切地表明了先知的神视的性质：对行动的神视。被看见的，是一个行动——正是"拿着一条铅垂线"这个动作，让先知感受到了上主的某种临在；被讲述的，也是这个动作。先知的使命，正是处在他感知到的这个行动及其延展之中。这样，"看—听"带领先知进入了一种与其行动相应的夸张的激情（pathos），⑭进入那种打动天主、使其行动的激情之中。

正是从这个角度出发，我们意图考察先知的职能是如何从先见者的职能中解脱出来的。这样做并非想要重建一段争议性的历史，而是尝试勾勒区别先知与先见者的要点究竟何在。

三、从先见者到先知：撒慕尔

撒乌耳（Saül）一路寻找他父亲走失的母驴。当他来到族弗（Cuph）时，同行的仆人催促他去向城里的一位"天主的人"咨询，他将能够指明

---

⑬ G. von Rad, *Théologie de l'Ancien Testament I* (Genève: Labor et Fides, 1967), p. 53.

⑭ 这个术语出自冯·拉德笔下。Ibid. p. 56。

他们寻找的方向。圣经文本接着解释道:“过去在以色列,如果有人去求问天主,常说:‘来,我们到先见者那里去!’现今所称的‘先知’(*nabi*),就是从前称的‘先见者’(*ro'êh*)。”(撒上 9: 11)撒慕尔事实上是作为“先见者”[15]而接待撒乌耳的,他将告诉后者,他的母驴已经找到了。这一事实将成为撒慕尔其他话语的真实性的标志。

撒慕尔的行为很寻常:找回丢失的牲口或走失的人,是占卜者、先见者或萨满巫师们的传统职能。在今天,仍然有许多人为了寻找消失的人或物品而求助于先见者、通灵者、动物磁气疗法施行者,等等。通过占卜,或者在较为罕见的情况下,通过鬼魂附身的灵媒,人们可能会获得上主的答复(参见撒上 22: 13;23;30: 7-8)。在《撒慕尔纪上》的语境中,最让人惊异的是,文中刚刚明确了撒慕尔作为“话语者”(*l'homme de parole*)的地位,接下来就描绘出撒慕尔作为先见者的形象。让我们思考《撒慕尔纪上》第 3 章:传统的阅读向我们揭示了信仰者生存处境的象征,也就是在深夜中聆听。并且,在第六、七章中,撒慕尔的话语比约柜的静默临在显得更加重要:“撒慕尔比约柜更受器重,这意味着人们更重视将对话而非控制作为雅威天主与以色列的关系模式。”[16]

因此人们认为,“天主的人”被赐予了一种双重的视力,这种恩赐使他能够知悉神圣者为什么发怒,也同样知道迷失的母驴已经被找到了。在我们感兴趣的这个段落中,“撒慕尔首先是一个占卜者,他的言谈与行为都完全符合占卜者的角色定位。……诚然,他被称为‘先见者’,并且圣经用‘先知’这个词来解释‘先见者’,这在某种意义上,使他与我们后来对他的了解——特别是当他承担起责备撒乌耳的职责的时候——有了一致性:他将完全成为一位先知。”[17]撒慕尔这一形象让人感兴趣的地方在于:他构成了一个模型,或者一种范型,随着叙事的发展,这个范型的诸种要素向我们清晰地呈现出来。正是在这个进程中,我们看到经典

---

⑮ 在达味受膏之前(撒上 16: 4),这个词将再次出现在圣经文本中。

⑯ André Wénin, *Samuel et l'instauration de la monarchie* (*I Sam I-12*) (Francfort: Peter Lang, 1988), p. 104.

⑰ Pierre Gibert, *La Bible à la naissance de l'Histoire* (Paris: Fayard, 1979), pp. 103-104.

的先知功能的诞生:自起初,先知就是在与王权体制的批判性对话中出场的。先见者的形象因而被糅合到先知的形象中,后者是上主当着国王的面建立的。[18] 同时,先知形象包含的那些占卜性的元素,自此永远被抛到了边缘地带,但又将强有力地复现:"撒乌耳也早已将招魂的和行巫术的人驱逐出境"(撒上 28:3),紧接着的叙事,就是撒乌耳去求问恩多尔(Endor)的招魂的女巫……

撒慕尔具有占卜者的身份,这在先知的谱系中是否只是一个偶然事件呢?无论如何,先知的起源无法被遗忘。《德训篇》仍然称撒慕尔为"信实的先见者"(德 46:18),确凿无疑地把他与其他的先见者区别开来,但仍然将他置于先见者的范畴之中。不过,为了理解这一判断的含义,我们应该回想撒慕尔与那些"出神说妙语"(extatiques)的先知团体之间的关系。正是在这些团体的范围内,撒慕尔先后让撒乌耳和达味接受了一种过渡仪式,我们可以猜想,这是一种真正的入门礼(撒上 10:9-12,19:18-24)。然而,我们不能简单地抹消先见者的立场与"出神说妙语"的先知的立场之间的差别,这种差异是我们可以从文本语境和圣经注释中看出来的。"先见者"首先是占卜者,他在某种程度上关联于一种宗教崇拜和一个地点。他求助于哪一种神性或哪一个灵异,可能无关紧要,重要的是预言的结果,而非来源。相反,出神说妙语的先知团体处于社会的边缘地带,当人们看见撒乌耳也参与其中,不由感到十分讶异:"连撒乌耳也列在先知中吗?"(撒上 10:11)在先见者这方面,是一种可操控的知识,参与着整个社会的运作;而在先知团体的一方,是一种形式殊异的经验,让这个群体被排斥在社会主流之外。在撒慕尔身上,先知职能的出现意味着上述两方面的合流:先知(在此,与占卜者对立)带来的不可操控的知识,成了一种社会权威的来源。[19]

---

⑱ 圣经用语本身摇摆不定,表明了某种这样的变化。圣经就是这样向我们讲论的:"先知加得——达味的先见者。"(撒下 24:11)

⑲ 在此我们可以加上对先知的描述:"辨别先知的标志,是一种高度发展的身体敏感性,通过神魂超拔的现象显示出来;然而,先知是社会体制的代表,而不是具有超凡魅力的个体。作为一种社会体制,先知们构成了一种与君主制相抗衡的力量。"Don. C. Benjamin, *Biblical Theology Bulletin*, 21(4),1991, p.142。

一方面,是撒慕尔对圣言的内在经验,另一方面,是占卜术的社会声望及其具备的双重视觉,这二者汇合起来,一种新的身份因之诞生了。代价是三方面的废弃:(1)在先知职位的继承问题上,弃用撒慕尔的儿子们;(2)以色列进入王国时代;(3)撒乌耳遭到废黜。事实上,正是与撒乌耳的关系宣告破裂,撒慕尔才真正成为了先知。先知的伟大原型如此宣告出来:“听命胜于祭献,服从胜过绵羊的肥油脂。”(撒上 15:22)在对达味的拣选中,一切都归于那位洞见一切的上主:“天主的看法与人不同:人看外貌,上主却看人心。”(撒上 16:7)因此,王权从撒乌耳到达味的过渡,表明了一种不可逾越的两面性,它自起初便左右着先知与王权之间的关系,这种关系是一种创设性的废弃,也是一种废弃性的创设。

在撒慕尔和撒乌耳形成的这个组合中,我们清楚地看到一种含混的心理关系,将先见者与其咨询者关联在一起。二者都在对方的表象中观照自己的形象。[20] 最终,撒慕尔的目光从他一直注视着的撒乌耳身上转开,他外氅的撕裂[21]象征着这两位主人公的计划与使命从最深处破裂了。[22] 在恩多尔的招魂事件中,他们有了一场离奇的相遇:撒乌耳驱逐所有占卜者的行动(驱逐一种想要“看见”一切的欲望,一种不再能够被对天主圣言的“听”所调节的“看”)回返到他自己身上,令他晕眩异常,如在镜中。与此同时,撒慕尔作为通灵者的职能在九泉之下仍然继续着:他仍是作为一位先见者而被招起、被看见。从这个招魂事件中,奥立金(Origène)读出了一种悖论性的宣告:一切巫术与魔鬼都被战胜,地

---

[20] 先知的职位不能由撒慕尔传给他的儿子们,而是转移到了撒乌耳身上;撒慕尔称撒乌耳“在全人民中,没有一人可与他相比”(撒上 10:24)。当撒慕尔为撒乌耳悲伤过度的时候,天主责备了他(撒上 16:1)。

[21] “撒乌耳对撒慕尔说:‘……请你宽赦我的罪过,同我一起回去,让我朝拜上主。’撒慕尔却对撒乌耳说:‘我不同你回去;既然你拒绝了上主的命令,上主也拒绝你,不要你作以色列王。’撒慕尔转身就走,撒乌耳用力抓住他外氅的衣边,撕下了一块。撒慕尔于是对他说:‘上主今日从你身上撕下了你的王位,给了一个比你更好的人。’”(撒上 15:24-28)——译者注

[22] 撒乌耳在辣玛再度出神说起妙语(撒上 19:22-24),这无疑表明,撒乌耳的原初经验给他留下了某种创伤性的印记,他难以从中摆脱。在与撒慕尔的密切关系中,撒乌耳同时既是国王又是先见者;在达味身上,这两种职能才得以完全分离。

狱之门被打破。[23] 在以色列的逝者中，撒慕尔继续着先知的使命："撒慕尔在此作出的见证，达到了先知的至高境界。"[24]

这样，在撒慕尔这一形象渐趋精致的呈现过程中，特别是在他与撒乌耳的关系之中，"先见"这一传统职能向其顶峰迈进的路线也渐渐被勾画出来。确切地说，"先见"并没有消失，而是被整合进了先知的角色中，但其代价是种种巨大的危机，恩多尔招魂事件构成了这些危机的顶点，因为在这个事件中，"先见"实现了一种反转：正是通过一名女占卜者、女先见者("那女人一看见撒慕尔"便认出了撒乌耳是国王。撒上 28：12)，先知的训示得到了最完整的表述。难道不应该注意到，正是这个女人，向面临死亡的国王表达了怜悯吗？（撒上 28：21－25）这件事或许并非无关紧要：那刚刚召唤了不可见者的女巫，转而关心起撒乌耳来，看见他饥肠辘辘、恐惧不已。最后的审判有着与之相似的处境，同样涉及到"看见"的问题：人是否"看见"那位挨饿的君王(也就是：挨饿的穷人)？他对此采取什么行动，将成为衡量他的"看见"的性质的依据(玛 25：31－46)。

四、从先知到先见者：厄则克耳

我们已经指出，经典的先知形象的出现，与君主政体的创设是不可分离的。这二者消亡的步调同样也是一致的，并且伴随着作为自主表达形式的"神视"的复现。这整个演进过程，在厄则克耳的形象中得到了最为清晰的体现。

《厄则克耳》一书中，王国的倾覆伴随着天主将再度统治他的子民的宣告："你们幻想说：我们要像异民，像各地的人民一样敬拜木石，你

---

[23] 撒乌耳招魂这一章一开始就引发了广泛的神学和释经学讨论：是否可以相信，一个女巫能够让撒慕尔的亡灵重现？撒慕尔如何身处阴间？难道不应该认为，女巫招上来的是一个伪装成撒慕尔形象的魔鬼吗？塔尔索的狄奥多留(Diodore de Tarse)和奥立金都从字面意义上解读这段记述，而安提约基亚的厄斯塔齐(Eustache d'Antioche)与尼撒的额我略(Grégoire de Nysse)则持相反意见。参见 Manlio Simonetti, *Origene*, *Eustazio*, *Grigorio di Nissa. Lo Maga di Endor* (Florence: Nardini, *Biblioteca Patristica*, 1989)。

[24] Origene, *Homélies sur Samuel* (Paris: Cerf, *Sources chrétiennes*, 1986), p. 203.

们心中所想的决不能成功!我指着我的生命起誓:——吾主上主的断语——我必以强力的手,伸出的臂,暴发怒气,统治你们。"(则 20:32-33)先知坚称,上主将收聚万民:"上主在那里。"(则 48:35)宣布上主的直接统治,岂非印证了神视的直接性与丰富性吗?看见"上主的光荣离开了圣殿的门限"(则 10:18),也就是准备好了倾听那更新的诺言:"他们要作我的百姓,我要作他们的天主。"(则 11:20)

前文中,借着一系列特征,我们得以了解先见者的职能,而所有这些特征都直接展现在厄则克耳身上:眼见的图像,揭示了他对自己周围正在发生的一切暴行的尖锐的意识(尤其见于《厄则克耳》第 8 章);语言的缺失,伴随着这些图像自身的逐渐消抹,为了略微表达那不可言说者的事物;躯体的工作,一直进行在先见者这个病人身上,直到对那侵蚀以色列的"穷凶极恶之事"的神视转变为对那将要到来的治愈的神视。所有那些将厄则克耳置于先见者模型中的特征,我们无法尽述,只能指出其中一二,以能够更精确地描绘与"看"的行为相呼应的事物:

(1)厄则克耳的形象重新拾取了前经典时期的先知的许多特点:"神力"(force d'esprit)——或与之相近的表达"上主的手"(la main de YHWH)——的主题,占据了重要的位置(则 3:14,8:3,11:24)。神力的凸显,圣手的举扬,首先是为了"使人看见"。瓦尔特·齐美尔利(Walter Zimmerli)还指出了"转向"(*qibla*)的重要性:这种姿态,是转身面向听者,以建立一种视觉的接触,"人子,你要面对以色列的群山……"(则 6:1)[25]这同样也是先见者巴郎受命采取的姿态。有时候,注视的力量甚至似乎具备了一种施为性(performativité),这是我们通常归于祝福或者诅咒的话语的性质:"你拿一块砖,放在你面前,把一座耶路撒冷城刻划在上面。……然后朝着城板起面孔,使城好象被围困。"(则 4:1-3)

(2)自始至终,厄则克耳的经验都是一个病人的经验,他深受自己所看见的事物(或者不再能够看见的事物——当上主把他"眼中所喜悦

[25] W. Zimmerli, "Le message du prophète Ezéchiel," in *Foi et Vie*, 72(5),1972, p.7;亦见 Ez 13,17;21,2-7;25,2。

的猝然夺去"(则24:15)的折磨,屡次三番遭到惊愕和失语的打击(则4:15,24:27,33:22)。同样值得注意的是,他剃发焚须的行为,象征着那个"在你(耶路撒冷)境内,为父的要吃自己的儿子,为子的要吃自己的父亲"(则5:10)的时期。对威胁的宣告本身,让我们得以体察先知的这种冲动行为。我们经常观察到,这种冲动使那些与亲子关系(filiation)有关系的事件在身体上留下印记(切口、文身、生理症状等)。[26] 其他一些举动(第三章里吞下书卷和狂热的举动)能够让人联想起一些幻觉的经验。

(3) 视觉经验不仅建构了叙事模型,还唤起过往的历史,宣告正在进行的惩罚。第16章和33章里对以色列历史的比喻式的记述,就是这方面的例子:雅威对圣城耶路撒冷的怜视和装扮,象征着对她的温柔;相反,上主暴露她、使她赤身露体,直到她的一切羞耻都被揭露(则23:29),则象征着上主的愤怒。怜视、使荣耀、使暴露……都是对天主的一切行动的视觉表现手法。相应地,耶路撒冷的行为也由视觉手法体现出来:她转过目光、迷恋"绘画在墙上的人"(则23:14)、招摇自身……目光的清正或者错乱,支配着她相应的所有行为。

(4) 因此,先知亲眼见到雅威的某种光荣,并不以为奇;正是在这种创始性的神视中,厄则克耳像依撒意亚先知一样找到了他的使命的来源。这种"好似雅威的光荣的东西"(则1:26)自始至终持续呈现在他的眼前,直到"上主的光荣从城中升起"(则11:23)。因为厄则克耳看到的天主,在活物的轮子上势不可挡地前进的天主,正是在离去之时的天主。此时,天主的临现,彰示且证实了已经被感受到的他的缺席。先见者被剥夺了视觉本身的欢乐,还有什么事比这更让他感到痛苦呢?"我要在异民中显示我的光荣,……我不再掩面不看他们,因为我将我的神已倾注于以色列家族——吾主上主的断语。"(则39:21,29)人们可以看到上主的时候,就是在他离去的时候。只有在这幽暗的观看之中,人们才能够倾听他的回归。

---

[26] 参见 J. Guyotat, *Etudes cliniques d'anthropologie psychiatrique* (Paris: Masson, 1991), pp. 65–73。

从这一天开始,在等待先知预言实现的过程中,在这个终归只是暂存的国度里,不再会有预言,除非是“暂时的预言”。先知受命将这一切(法律和规定)“在他们眼前写出”(则43:11),自此往后,圣言不再能被“看见”,而只能被书写。这恰恰正是后被掳时期的计划,《厄斯德拉》和《乃赫米雅》[27]这两卷圣经叙述了这一计划的实现。至此,仍然有着先知活动的空间,那就是宣告先知自身的终结(匝13)。[28] 悖论在于:只有在这个不再有先知的时期(加上4:46),[29]那曾经在先知的行动中如此紧密地结合的言语与视象彼此分离的时期,神视、先见、显圣的现象却日渐丰富起来。《达尼尔》一书以数不胜数的末日景观为我们提供了丰富的例子。忠实于书写圣言的犹太人在梦境和神视中获得安慰(加下3:24-31,15:12-16)。由此开启了终末的时期:书写的图象(*l'image écrite*)的时期。天主的圣言许下了承诺:圣言本身将让人看见。还能添加些什么呢?自此之后,是那些标记、图象、神视、先见,指示着许诺的实现。在此期间,“你要隐藏这些话,密封这部书,直到末期”(达12:4)。

五、《路加福音》:“被看见的耶稣”和“先见者耶稣”

对于这种“看”的渴望,对于想要睁开眼睛看见那不可见者的期待,对于朝向内心的注视,每一部福音都以自己的叙述方式认可了它们的价值。来自东方的贤士——先见者“一见到那星,极其高兴欢喜”(玛2:10)。贝特赛达(Bethsaïde)的瞎子眼睛复明,首先看到的是好像树木的行人;他预示着伯多禄的心灵的眼睛渐渐睁开(谷8:22-33)。匝凯首

[27] 思高本圣经命名为《厄斯德拉上》和《厄斯德拉下》两卷。——译者注

[28] “在那一天——万军上主的断语——我要由地上铲除一切偶像的名号,不再为人所记念;并且我还要将假先知们和不洁的神由地上灭绝。将来,如果有人还要冒充先知,生养他的父母必要对他说:你不能生存,因为你藉上主的名字说了谎话。……到那一天,每个假先知,在他说妙语时,必因自己的神视感到羞惭。”(匝13:2-6)原文中的“先知”,思高本在此语境中译为“假先知”。——译者注

[29] “……将那些石头安放在圣殿山上一个适当的地方,直到一位先知来到,再另行安排。”(加上4:46)——译者注

先想要“看看耶稣是什么人”（路 19：3）。“看”本身也是耶稣向门徒们发出的邀请：“你们来看看吧！”（若 1：39）基督的生命是让人看见、让人听见、让人瞻望和触摸的（若一 1：1－4）。

在《路加福音》的前两章中，如果说“看”是一个恒常的主题，那么赐予人看见的，正是天主的恩赐。牧羊人前去看了耶稣；他们看见以后，就把天使对他们讲述的事传扬开来；他们回去以后，为他们所听见、所看见的一切而赞美并光荣天主（路 2：15－20）。西默盎（Syméon）在圣殿里看见了耶稣，便为此赞颂天主：“因为我亲眼看见了你的救援。”（路 2：30）同时，那赐予人看见的事物，却是在悖论中彰显于人的。最明显地获得“神视”的人，是匝加利亚（Zacharie），然而他显得很难去“看”天使向他传报的喜讯。[30] 匝加利亚很可能是一位“话语者”（*homme de parole*），他用亚巴郎曾经说过的话回复天主对他的允诺（路 1：18；创 15：8）。[31] 我们甚至可以说，他从此无法说话，是为了学习如何去看，直到他自身的幽暗被光照亮（路 1：79），直到他看见天主的恩赐并由此涌出真正的话语。最后，被赐予的“看”总是处于允诺和隐没的封印之下：允诺包含在对这个新生儿的观看之中，但这个一直“在眼前”的孩子又将从我们的注视中隐没，直到我们大为惊异地重新看到他（路 2：48）；[32]这种惊异预示着我们的眼睛将会真正睁开。正如《路加福音》开头宣告的那样，在声音与显象的作用下，视觉才得以开启。正是在对纳匝肋的遗忘中、在耶稣在圣殿消失之中，人才能努力睁开内在的眼睛去看。

---

[30] “有一位上主的天使站在香坛右边显现给他。匝加利亚一见，惊惶失措，害怕起来；但天使向他说：‘匝加利亚，不要害怕！因为你的祈祷已蒙应允，你的妻子依撒伯尔要给你生一个儿子，你要给他起名叫若翰。……’匝加利亚遂向天使说：‘我凭着什么能知道这事呢？因为我已经老了，我的妻子也上了年纪。’天使回答说：‘我是站在天主面前的加俾额尔，奉命来向你说话，报给你这个喜讯。看，你必成为哑巴，不能说话，直到这些事成就的那一天，因为你没有相信我的话。’”（路 1：11－25）——译者注

[31] 在天主的允诺面前，亚巴郎和匝加利亚同样说了这话：“我如何知道这事呢？”——译者注

[32] “过完了节日，他们回去的时候，孩童耶稣却留在耶路撒冷，他的父母并未发觉。……过了三天，才在圣殿里找到了他。他正坐在经师中，聆听他们，也询问他们。……他们一看见他，便大为惊异，他的母亲就向他说：‘孩子，为什么你这样对待我们？看，你的父亲和我，一直痛苦的找你。’”（路 2：43－49）——译者注

如何从失明中走出?正是这个问题激发耶稣向他的本乡人宣告了启示(路4:16-30)。[33] 在耶稣的宣告中,盲人的复明是经文应验的记号本身。[34] 这里开启的主题在后面的经文中不断得到扩展:“向盲者宣告复明”(4:18),这等同于问:“而你竟看不见自己眼中的大梁呢?”(6:42)或者等同于质问法利塞人是否真正看见了他面前的这个妇人(参7:44)。[35] 在此语境中,身体的治愈具备独特的意义:“恩赐许多瞎子看见”(7:21),“瞎子看见”(7:22)。耶稣使用比喻教导,是为了“使那看的,却看不见”(8:10),同时他又打比喻说,灯要放在灯台上,“为叫进来的人看见光明”(8:16)。因此,我们不应惊讶于耶稣警醒人们的话:“你们应当留心(voyez)要怎样听。”(8:18)[36]

这样,讨论渐渐集中到“看看耶稣是谁”这个问题上来。通过这一“看”,通过这个“看的中心”,所有事物都染上了一层别样的色彩:当耶稣的目光打开了匝凯的眼睛,匝凯便能够真正想到那些穷人和被剥夺的人,并且去施舍和赔补他们(路19:1-10)。去“看”,也就是让心内长留耶稣临在的明证(19:5);[37]若望也正是如此记述耶稣与他的第一批门

㉝ “他来到了纳匝肋……就在安息日那天进了会堂,并站起来要诵读。有人把《依撒意亚先知书》递给他;他遂展开书卷,找到了一处,上边写说:‘上主的神临于我身上,因为他给我傅了油,派遣我向贫穷人传报喜讯,向俘虏宣告释放,向盲者宣告复明,使受压迫者获得自由,宣布上主恩慈之年。’……他便开始对他们说:‘你们刚才听过的这段圣经,今天应验了。’”(路4:16-21)

㉞ 让-诺埃尔·阿勒蒂(Jean-Noël Aletti)强调,通过一些修辞手法,“盲者复明”被置于了“耶稣纳匝肋讲道”的叙事的中心。参见 *L'Art de raconter Jésus-Christ*(Paris: Seuil, 1989), p. 60。

㉟ “那时,有个妇人,是城中的罪人,她一听说耶稣在法利塞人家中坐席,就带着一玉瓶香液,来站在他背后,靠近他的脚哭开了,用眼泪滴湿了他的脚,用自己的头发擦干,又热切地口亲他的脚,以后抹上香液。那请耶稣的法利塞人见了,就心里想:‘这人若是先知,必定知道这个摸他的是谁,是怎样的女人:是一个罪妇。’耶稣……对西满说:‘你看见这个妇人吗?……我告诉你:她的那许多罪得了赦免,因为她爱的多;但那少得赦免的,是爱的少。’”(路7:37-47)——译者注

㊱ Aletti, *L'Art de raconter Jésus-Christ*, pp. 105-106.

㊲ “耶稣来到那地方,抬头一看,对他说:‘匝凯,你快下来!因为我今天必须住在你家中。’”(路19:5)——译者注

徒的相遇，并未言及其他。[38] 打开耳朵的，是话语；打开眼睛的，是目光，是向人的注视。

耶稣本人的目光因而取得了越来越重要的意义。耶稣不仅仅是被人看见；他也在注视，也在看。他抬眼一看，望见了匝凯（19：5）；在匝凯身上，耶稣看见了什么，以致洞悉了他的名字和他最深的渴望？耶稣也这样向我们呈现：在祝福和擘开五饼二鱼之前，他抬眼"望着天"（9：16）。在耶稣的默观中，在抬眼看人与举目望天——望向一切恩赐的源泉——的同一行动中，耶稣的默观同时穿透了暴力的图象及其具有的蛊惑性："我看见撒殚（Satan）如同闪电一般自天跌下。"（10：17）孩童的目光能够看到智者的言语所不能及的事物，因为他们不被仇敌的力量慑服。在这样的注视中，人的面容彰显出天主的恩赐，天主的恩赐照亮了人的面容，而进入这注视的人，也就进入了"看"所渴望的真理之中："见你们所见之事的眼睛是有福的。"（10：23）

升向真理的邀请，是在矛盾中展现的。这个矛盾最令人心碎之处，可能就在于耶稣看见耶路撒冷的那一时刻：他看见了那等待着圣城的命运，并且为她哀哭，因为平安的消息就隐藏在她的眼前，她却看不见（路 19：41－44）。平安的目光能够战胜暴力的蛊惑，觉察不到这一点，就会屈服在这暴力之下。路加极力强调，耶稣让人去看，而正是在他的受难之中，人们看到的景象辉煌地彰显出了它的力量：十字架上的耶稣得到了承认。"百夫长看见所发生的事，遂光荣天主。"（23：47）"所有同来看这**景象**（*theoria*）的群众，见了这些情形，都捶着胸膛，回去了。"（23：48）"所有与耶稣相识的人，和那些……妇女们，远远地站着，观看这些事。"（23：49）因此，"对于围绕在十字架下的群众，黑暗并未成为他们去'看'的障碍，而是似乎构成了让他们能够睁眼去看的条件。尽管有黑暗，或者，多亏了这黑暗，让这所有人都得以看见，因而赞美天主、悔

---

[38] "那两个门徒……便跟随了耶稣。耶稣转过身来，看见他们跟着，便问他们说：'你们找什么？'他们回答说：'辣彼！——意即师傅——你住在那里？'他向他们说：'你们来看看吧！'他们于是去了，看了他住的地方；并且那一天就在他那里住下了。"（若 1：37－39）——译者注

改自身;这意味着,耶稣的死亡完成了真相的展示。”[39]在这里,十字架就是观看(*theoria*),是清晰地看见。十字架在什么程度上广阔地张开,也在什么程度上让人的眼睛大大地睁开。

空坟墓也是一种敞开:妇女们见坟墓已空,耶稣的尸身不见,在传讯天使的夺目光明中,她们低垂双眼。伯多禄“只见有殓布,就走了,心中惊异”(路 24:1-12)。厄玛乌(Emmaüs)的两个门徒“眼睛却被阻止住了”,认不出与他们相遇的耶稣(24:16);在后来,“他们的眼睛开了,这才认出耶稣来”(24:31)。正是在言语和目光的重逢之中,在福音所记叙的、耶稣对门徒的一路陪伴所呈现的这个形象中,这种“开眼/认出”才得以实现。在开启的这条道路上,火热的心与仍然蒙蔽着的眼睛结合在一起。认出复活的耶稣,这是对先知的神视的延续和完成:在神视中,被看到的总是一个行动,正是在这个行动的运行之中,看到了离去,看到了消失和空缺:“他却由他们眼前隐没了。”(24:31)同时,这种消失被视为一种渡越,一种进行中的临在。敞开(béance)成为渡越(passage):这是一种空无的光照,是从最深的缺席中完满涌现的临在,它正是“那些自始亲眼见过”的人(路 1:2)受召去宣告的东西。这一见证,通过让听众认识到自己失明,而开启了他们的眼睛,让他们就在认识到失明的那一时刻,眼睛上的“鳞甲一样的东西”纷纷掉落(宗 9:18)。“你们的儿子和女儿都要说预言,青年人要见异象,老年人要看梦境。……在我的仆人和我的婢女身上,我也要倾注我的神。”(宗 2:17-18)

六、结　语

上述解读或许能够让我们超越“看见”与“相信”这两个行动之间的张力,超越一种二者择一的局面:我们是否应该为了看见而相信,通过信仰的真诚努力去净化我们天生的感官,只有这样才能让我们从信仰(*fides*)达到看见(*visio*)?抑或,我们应该为了相信而看,因为只有“睁眼看见”才是信仰诞生的前提条件?“看见”与“相信”这两个非此即彼的

---

[39] Aletti, *L'Art de raconter Jésus-Christ*, p. 175.

词，似乎应该被放在同一运动中去理解。我们已经指出了为何以及如何去把握它们：

（1）为相信而看：这是信仰的努力。在信仰之先，未曾看见任何惊异的、新奇的、前所未有的事物。正是在睁眼所见的新颖性中，浑然不可或分的知识与图像才能够被动员起来，渐渐调整以适应于信仰主体的身份建构。

（2）为看见而信：在信仰涌现的运动中，相应于人对自我控制的放弃，他也能渐渐看到一种新颖性，预见到这种新颖性的力量。随着这种预见和这种渴望的不断增长，信仰本身也相应地增长。"看"的渴望，在暗中被目光的交换所照亮：他寄予信仰的**存在**本身，居住在他自身中。

从这个角度看，相信，就是让空无不断深化，在这空无之中，词语、光线、气息与生命——圣神——流转相通。信仰只会存在于大大睁开的眼睛中，敞开的心灵和张开的双手中。诚然，信仰是一种习性（*habitudo*），但如果我们要从对立面来定义这种"习性"的话，它所对立的就是感知的习性（*l'habitude de percevoir*）。奥古斯丁着重指出：奇迹是不会重复产生的，由于我们对事物的感知依赖于我们对事物的习惯，重复性会让奇迹完全失去价值：

> 事实上，请告诉我有谁是第一次感受到日夜的交替，看到日月星辰恒定的秩序，体会到一年四季的轮换，看到树叶掉落、新芽萌生，认识到种子中蕴含的无穷潜力，光线的美，多种多样的色彩、声音、味道与气息；我们便可以与他谈谈，他将因这些奇迹而震撼，心悦诚服；但我们却对这一切事物麻木不仁，其原因并非是这些事物很容易认识（没有什么比现象与原因之间的关系更加深奥难解的了），而是我们已经习惯了对它们的感知。[40]

这是一种幻想中的境况：人如初见般看见一切，并且能够倾听，能够以这样一种语言去讲述，这种语言处在对世界的种种感知的错综复杂

---

[40] Augustin, *De Utilitate Credendi*, ch. XVI.

的编织之中。这也是一种象征性的境况,是信仰努力的朝向:使习性的熔炉转化为这种空无,一种全新的眼光将从中涌出。朝向这种悖论般的新颖性的运动,有着不可胜数的表达。在《神婚的美饰》(*L'Ornement des noces spirituelles*)中,吕斯布鲁克(Ruysbroeck)以对十童女的比喻的解读作为全书的导线,他这样评论道:

> 太初之始,基督——天父的智慧——就在每个人的灵魂至深处说话,并且让人听见他的话语:"看!"因为我们必须去看。[41]

睁眼看世界,直到在"我们睁开眼睛"的方式之中感受到意想不到的挑战,基督信仰的传统已经认识到了这一基本行动的影响;不仅如此,信仰传统还一直呼唤人们,在这些挑战中"把目光专注于基督":"正如梅瑟曾在旷野里高举了蛇,人子也应照样被举起来,使凡信的人,在他内得永生。"(若3:14-15)

从此角度出发,可以阐明我们对当代世界中的灵性经验的研究方式。接纳并倾听今天的**观看的人**的讲述,就意味着倾听那些奇异的、疑难的、脆弱的甚至是虚幻的事物,意味着准备在这些讲述中分辨一种灵性冒险的开端,而这种冒险的表达常常是以语言和思想的退行为代价的。也就是说,有时候我们需要去理解那些古老的词语是如何被重新发现、重新使用、重新创造的。然而,各种力量交相编织而又撕裂着这个宇宙,在它的明暗对比中,几乎没有任何东西能够宣告基督实现的归聚(récapitulation)与修和;相反,我们看到的是"众人要因恐惧,等待即将临于天下的事而昏绝"(路21:26)。或许,正是这种恐惧反过来指出了神学当前的某种任务:我们需要知道如何去收集和解读时代的征兆,迎接并且重新研究这一切零散记述所表现的感官的活动——对于这些记述,本文仅举出了很少的几个例子。在某种意义上,这是今天的神学工作常常缺乏的一种先知品味,如果我们希望神学能致力于回应这些关于"看"的叙事,它就需要这种品味。一种神学,只有当它有能力进入关于

---

[41] Ruysbroeck, *L'Ornement des noces spirituelles* (Paris: Éditions Universitaires, 1966), p. 17.

这个不断重构中的宇宙的始动性的神视之中，它才将会发现天主在其中的行动，不断延续着的创造的行动。当神视在厄则克耳眼前展开，他在风暴呼啸中辨认出了那不可阻厄地前进的力量：“神力催迫它们往哪里去，它们就往哪里去。”（则 1：12）分辨圣神的工作，直至深入那充斥今日之人目光的幽暗景象，这也就是让它沉浸在活水的源头中，沐浴在那让我们看见光的光明之中。

《约翰福音》20：1－18中抹大拉的马利亚见证的解析

徐　俊

【内容提要】《约翰福音》20：1－18描写了抹大拉的马利亚见证耶稣的复活，但马利亚的见证一直被人们所忽视。在《约翰福音》20：1－18中，马利亚的见证有重要的作用。作者通过《约翰福音》20：2－10的加插，使彼得、主所爱的那门徒和马利亚达成制衡的状态：彼得首先到达空坟墓，但没有进入；主所爱的那门徒第一个进入空坟墓；然而是马利亚首先见到复活的耶稣。彼得、主所爱的那门徒和马利亚之间的矛盾与制衡，反映了约翰群体当时的历史处境和早期基督教的体制化过程。对彼得的重视和对马利亚见证的修改，表现了教会体制化过程中，约翰群体对使徒传统的退让和对先知传统的压制。

【关键词】《约翰福音》20：1－18　抹大拉的马利亚　约翰群体　彼得

一、引　言

《约翰福音》20：1－18在整卷书中占有重要的地位，因为它记载了耶稣死后复活的第一次显现。但是，和同观福音相比，《约翰福音》20：1－18不仅将见证耶稣复活的妇女减少到抹大拉的马利亚一人，描写了马利亚的信仰发展过程，而且它加入了彼得和“主所爱的那门徒”这两个重要角色，这种特别的修改是由于约翰群体的特殊历史处境造成的，这是受到了公元1世纪末基督教体制化进程的影响。下面，本文就在综合前人对“抹大拉的马利亚的耶稣复活见证”（下文简称“马利亚见证”）研究的前提下，运用文本分析和历史处境分析的方法，来对《约翰福音》20：1－18进行解读，研究这段经文是如何对“马利亚的见证”进行描写的，以及这种描写是怎样表现1世纪末约翰群体的特殊历史处境的。

二、前人对“马利亚见证”的看法

1. 传统教会对“马利亚见证”的看法

抹大拉的马利亚“见证耶稣复活”的记载出现在四福音书中（可16；太28；路24；约20），①在此之后，虽然《哥林多前书》15：3－8也列举了耶稣复活的见证者名单，但是保罗并没有提到马利亚或其他妇女的名字。② 在公元3世纪左右，塞尔苏斯（Celsus）为了反对基督教，而称“马利亚等妇女的耶稣复活见证”不过“是一些妇女歇斯底里状态下的想象”，③而奥利金（Origen）为了维护基督教，对“马利亚见证”提出辩护，

---

① 虽然《约翰福音》20：1－18和《马可福音》16、《马太福音》28、《路加福音》24的关系尚在争论中，但是现有研究并没有充分的证据来说明，《马可福音》16：9－11、《马太福音》28：9－10、《路加福音》24：1－12和《约翰福音》20：1－18拥有共同的来源，或者彼此之间相互借用。它们对马利亚见证的不同记载，只能说明该传统在不同的教会团体中的流传。具体分析，参见Holly E. Hearon, *The Mary Magdalene Tradition*: *Witness and Counter-Witness in Early Christian Communities* (Collegeville, Minn.: Liturgical Press, 2004), pp. 48－75。

② 这一方面可能是因为保罗所继承的传统中没有“妇女见证耶稣复活”这一部分，但另一方面也可能是因为保罗为更好地保存彼得传统，或为了反对哥林多活跃的女先知活动，而将妇女排除于见证耶稣复活的名单之外。参见Robert Gordon Maccini, *Her Testimony Is True*: *Women as Witnesses According to John* (Sheffield: Sheffield Academic Press, 1996), pp. 229－230。

③ Ibid., p. 229.

他说:“抹大拉的马利亚等妇女是耶稣复活的真正见证者,对她歇斯底里的指控是不成立的。”④

在奥利金(Origen)之后的大部分神学家,则倾向于将抹大拉的马利亚描写成在耶稣的脚下流泪忏悔的女罪人。他们弄混了抹大拉的马利亚和伯大尼的马利亚之间的区别,⑤而将《路加福音》7:39 中,伯大尼的马利亚的“女罪人”的描写,安插在抹大拉的马利亚的身上;又因为抹大拉在耶稣的时代是一个有名的放纵享乐的城市,⑥所以,中世纪的人们普遍倾向把忏悔前的抹大拉的马利亚看成是一个女罪人(路 7:39),只有当她俯在耶稣的脚前流泪请求宽恕时,才会被人们所接受。比如大格里高利(Gregory the Great)曾说:“她之前所做的使她声名狼藉。但她现在以值得称赞的方式奉献神……她将她的罪转化为美德,为了在忏悔中侍奉神”。⑦ 大格里高利对抹大拉的马利亚的描述不但代表了中世纪男性对她的看法,同时也深深地影响到了后来的神学家们。自此之后,马利亚不再拥有“耶稣复活的第一见证人”的荣光,而成了罪人忏悔的典范。⑧

---

④ Ibid.

⑤ 在四福音书中,“膏耶稣”的是伯大尼的马利亚,而“见证耶稣复活”的是抹大拉的马利亚。“伯大尼的马利亚”和“抹大拉的马利亚”是两位不同的女性。《马可福音》14:1-9、《马太福音》26:6-13、《约翰福音》12:1-8 清楚记载了“伯大尼的马利亚膏耶稣”的事迹。虽然《路加福音》7:36-50 将“膏耶稣”的女性的名字隐去,而说她是一个女罪人,但是,这种改编可看成是对“原伯大尼马利亚膏耶稣”传统的改编,它和“抹大拉的马利亚见证耶稣复活”的传统并无直接关系。中世纪人们对两个传统的误解,是因为《马可福音》16:9 和《路加福音》8:2 记载“耶稣从抹大拉的马利亚身上赶出七个鬼”,而认为抹大拉的马利亚也是一个充满罪孽的女性,因此和《路加福音》7:36-50 的“女罪人膏耶稣”的传统相联系后,就变成了“抹大拉的马利亚”就是“伯大尼的马利亚”,她不但“膏耶稣”而且“见证耶稣复活”,这是一个很大的误解。“伯大尼的马利亚”和“抹大拉的马利亚”的事迹的区分,以及分析,参见 Bart D. Ehrman, *Peter, Paul, and Mary Magdalene: The Followers of Jesus in History and Legend* (Oxford: Oxford University Press, 2006), pp. 188-190。

⑥ Ibid., p. 198.

⑦ Gregory the Great, *Homily*, 33;引自 Susan Haskins, *Mary Magdalen: Myth and Metaphor* (New York: Harcourt Brace and Company, 1993), p. 96。

⑧ Bart D. Ehrman, *Peter, Paul, and Mary Magdalene: The Followers of Jesus in History and Legend* (Oxford: Oxford University Press, 2006), pp. 190-191.

2. 传统的圣经研究对“马利亚见证”的看法

不重视“抹大拉的马利亚的耶稣复活见证”的趋势，一直延续到了现代。[⑨] 虽然圣经的开放性阐释早就已经开始，并且拥有不少的研究成果，但是仍有很多圣经批评者不承认“马利亚的见证”，而认为男使徒（例如彼得）才是耶稣复活的第一见证者。比如：威廉·汤普逊（William Thompson）认为，虽然两部福音书（太 28；约 20）将妇女描述为耶稣复活的第一见证人，但是事实上彼得等男使徒才是耶稣复活的第一见证者。[⑩] 霍奇斯（Z. C. Hodges）认为，《路加福音》中男使徒的见证才是耶稣复活的核心，而妇女们“看见主的使者”只是做了铺垫，为了将男性见证推向高潮。[⑪] 鲁道夫·施纳肯堡（Rudolf Schnackenburg）虽然认为《约翰福音》中抹大拉的马利亚传播基督的福音，但是最后他还是贬抑了女性见证的重要性，他选择相信《路加福音》的彼得（而非马利亚）是耶稣复活的见证者。[⑫]

由此可见，虽然“马利亚见证”在新约福音书中占有重要的地位，但是以前的学者对“马利亚见证”并不重视。这一方面是受到教会传统的

---

⑨ 在传统的圣经研究中，抹大拉的马利亚并不被研究者所重视。直到近五六十年来，人们才展开了对她的研究。霍利·赫伦（Holly E. Hearon）认为随着研究的进展，人们对马利亚的认识也不断改变：在马利亚的研究兴起之初，研究者们的着眼点在于历史中的马利亚的身份确定：《路加福音》7：36－50 中的女罪人是不是她？她是否居住在伯大尼？来自抹大拉？新约福音书中的马利亚是否为同一个人？随着研究的进展，学者们开始关注马利亚传统在不同历史文献中的表现：马利亚在新约四福音书中是如何被描写的？同观福音和《约翰福音》之间的马利亚传统有什么关系？而在近二三十年，马利亚“膏耶稣”和“见证耶稣复活”的事件才慢慢被重视，她的地位逐渐被承认，被认为是耶稣忠诚的追随者。参见 Holly E. Hearon, *The Mary Magdalene Tradition: Witness and Counter-witness in Early Christian Communities* (Collegeville, Minn.: Liturgical Press, 2004), pp. 3－4。

⑩ William Thompson, *The Jesus Debate: A Survey and Synthesis* (New York: Paulist Press, 1985), p. 232.

⑪ Zane Clark Hodges, "Women and the Empty Tomb," in *Bibliotheca Sacra*, vol. 123 (1966), p. 309.

⑫ Rudolf Schnackenburg, *The Gospel according to St. John*, vol. 3 (New York: Crossroad, 1982), pp. 301－321.

影响，正统教会只承认彼得等人的使徒见证，另一方面，也是因为新约学者较少对抹大拉的马利亚进行研究。对于这种倾向，本人是持反对态度的。新约研究应该以文本为基础，实事求是地描述早期教会的活动情况。中世纪教会在发展过程中，由于当时的历史处境，扭曲了新约部分经文的真实含义，并对某些历史人物持有偏见。新约学者不能受教会传统的影响，忽视马利亚见证的重要性。在新约中，马利亚等女性门徒，不仅用自己的财物供给耶稣和门徒（路8：1－3），而且她们还是教会重要的成员。所以，应该重视马利亚的见证。下面，本文将以约20：1－18的经文为基础，对马利亚见证进行分析。

三、《约翰福音》20：1－18中"马利亚见证"的特殊编排

通过《约翰福音》20：1－18的描写可知，马利亚是第一位见证耶稣复活的人。虽然英格丽·基特斯伯格（Ingrid Rosa Kitzberger）根据《约翰福音》20：1－18得出了"抹大拉的马利亚是耶稣的真使徒"的结论，[13]但是在20：1－18中，编纂者对于"马利亚见证传统"的采用，还是经过特殊的编排的。一方面，他在20：1－18中表现了马利亚的信仰发展过程"，另一方面，他通过20：2－10的加插使"马利亚—彼得—主所爱的那门徒"达成巧妙的制衡状态。下面，本小节就这两个问题进行分析。

1.《约翰福音》20：1－18中马利亚信仰的发展过程

《约翰福音》20：1中马利亚在天还"黑暗"（σκοτία）的时候来到耶稣的坟墓。霍利·赫伦（Holly E. Hearon）认为，"夜间"（σκοτία）一词在《约翰福音》中出现多次，多指世人不认识耶稣的信仰蒙昧状态，而耶

---

⑬ Ingrid R. Kitzberger, "Mary of Bethany and Mary of Magdala-Two Female Characters in the Johannine Passion Narrative: A Feminist, Narrative-Critical Reader-Response," in *New Testament Studies*, vol. 41 (1995), p. 583.

稣代表着“光”。[14] 比如：法利赛人在“夜里”来见耶稣，是因为他不明白耶稣的福音(3：2)。犹大在“夜间”从最后的晚餐中出来，暗示了他的背叛(13：30)。“天快亮”的时候，耶稣才向门徒显现(21：4)。由此可见，抹大拉的马利亚在“天还黑”时来到耶稣坟墓(20：1)，也指她尚未理解“耶稣的复活”：她在看到空坟墓后，一开始认为“有人将主从坟墓里挪了去”(约20：2)而不是耶稣已经复活。20：11中的“哭泣”(κλαίουσα)和16：20的“痛哭、哀号”相对应，[15]并与11：33的“哭”形成反讽。[16]

在20：16中，“马利亚就转过来”具有特别的含义。在20：14中，马利亚已经是面向耶稣，但当耶稣唤马利亚的名字时，她“转过来”(στρ έφω)(20：16)，这并不是指实际的“转身”，而是指信仰的启发过程。12：40也用“回转”(στρ έφω)表示信仰的领悟：“……以赛亚又说，主叫他们瞎了眼……免得他们眼睛看见，心里明白，回转过来……”(12：39－40)

马利亚“被唤名而认主”的描写(20：16)和“牧羊人唤羊的名字，使它跟随”的比喻(10：3－6)相符合。在10：3－6中，羊不认陌生人的声音，只认牧羊人的声音，牧羊人按名叫自己的羊，把羊领出来。因此，在20：14－16中，马利亚见到耶稣后，并没有认出他。只有在耶稣叫她的名字后，她才认出耶稣。

所以，本人认为，20：1－18表现了马利亚的信仰发展过程。马利亚看到耶稣的坟墓空了，以为有人把耶稣的尸体搬走(20：2)，她没有觉察耶稣已经复活。当复活的耶稣出现在她面前时，她仍没有认出他(20：15)。只有当耶稣喊马利亚的名字时，她才回转过来(20：16)。20：1－18表现了马利亚“寻找耶稣—不认识耶稣—认出耶稣”的过程，

---

[14] 该词表示“黑暗”的经文有：《约翰福音》1：5；8：12；12：35；12：46。引自 Holly E. Hearon, *The Mary Magdalene Tradition: Witness and Counter-Witness in Early Christian Communities* (Collegeville, Minnesota: Liturgical Press, 2004), p. 152。

[15] 在16：20中，耶稣预言自己死后，门徒们“将要痛哭，哀号”。Ibid., p. 154。

[16] 在11：33中伯大尼的马利亚为死去的拉撒路哭泣，求耶稣使他复活；但在20章中，当耶稣已经复活并站在抹大拉的马利亚面前时，马利亚却不认识主，并为耶稣的身体被人挪去而哭泣。

在这个过程中,她的信仰从蒙昧发展到领悟。另外,霍利·赫伦认为,20:1-18中对马利亚“信仰发展过程”的特殊描写,和《约翰福音》中“门徒寻找耶稣—不认识耶稣—耶稣通过唤名确认门徒”的主题相统一。[17] 马利亚的“耶稣(的尸体)在哪里”的疑问贯穿整个第20章,“耶稣在哪里?他来自何处?将要往哪里去?”(1:38;7:34;8:14;9:30;12:26;13:33;14:5;16:5)的疑问是整部《约翰福音》的主题。[18] 即使耶稣多次向门徒表示他来自天父(14:28;16:5,10,17,28),但是门徒依然要问这些问题(13:36;14:5;16:17)。因此,马利亚的“我们不知道他在哪”代表了所有门徒对耶稣的疑问,而这一疑问和焦虑在第20章中达到了高潮。耶稣通过唤名使马利亚认出主,通过10:3-6的“牧羊人唤羊的名字”的隐喻,来说明耶稣“死而复活”的意义:“我就是门,凡从我进来的,必然得救……我是好牧人,好牧人为羊舍命。”(10:9-11)

2.《约翰福音》20:2-10的加插

在20章,马利亚在见到石头被从坟墓口挪开后,跑去对彼得和“主所爱的那门徒”说:“有人把主从坟墓里挪了去,**我们**不知道(ο ὐκο ἰδαμεν)放在哪里。”(20:2)但在20:13中,当天使问她为什么哭时,马利亚回答:“因为有人把我主挪了去,**我**不知道(ο ὐκο ἰδα)放在哪里。”针对20:2的“我们”和20:13的“我”的矛盾,[19]有学者认为,20:

---

[17] 在《马可福音》16:8中,抹大拉的马利亚等妇女听少年人说耶稣复活而惊恐逃走,《马太福音》28:8抹大拉的马利亚等妇女在从天使处得知耶稣复活后,欢喜地将此消息散播出去,《路加福音》24章中抹大拉的马利亚等妇女则直接被剥夺了耶稣复活的第一见证者的身份。而《约翰福音》20:1-18的描写,体现了编纂者对“马利亚见证传统”的有意编排。参见 Holly E. Hearon, *The Mary Magdalene Tradition: Witness and Counter-Witness in Early Christian Communities* (Collegeville, Minnesota: Liturgical Press, 2004), p.153。

[18] Ibid., p.158.

[19] 对于《约翰福音》20:2中“我们”和《约翰福音》20:13中“我”的矛盾,有学者认为,马利亚第一次去空坟墓的时候,有人和她一起去,但是作者没有写其他人的名字。20:13中马利亚以“我”自称,说明此时只有马利亚一个人。参见 Leon Morris, *The Gospel according to John* (Grand Rapids, Mich.: W.B. Eerdmans Pub. Co., 1995), pp.734,739-740。这种观点的缺陷是:20:1中并没有提及其他人的名字,20:1-10也只是提到马利亚、彼得和主所爱的那门徒三个人,没有其他人,所以,本人更支持“20:2-10是加插”的观点。

1－18 并不是一个连贯的整体，20：2－10 属于后人加插进去的。[20] “马利亚见证传统”的原来次序为：马利亚在来到耶稣坟墓后（20：1），并没有跑去告诉彼得和“主所爱的那门徒”（20：2－10），而是独自站在那里，看着坟墓，直到天使和耶稣出现（20：11－18）。

那么，编纂者加插 20：2－10 的用意是什么？虽然詹姆斯·查尔斯沃思（James Charlesworth）认为《约翰福音》的作者如此做是出于犹太人习俗的考虑，因为妥拉（Torah）上记载着两名男性参与的见证才是真的见证。[21] 但是针对这一点，已经有不少学者提出了批评。[22] 比如，罗伯特·马西尼（Robert Gordon Maccini）认为虽然在 20：1－18 中多了两名男性，但是真正见证耶稣复活的人还是马利亚一人，因此，彼得和“主所爱的那门徒”的作用不是为了符合犹太人作见证的习俗。[23]

霍利·赫伦认为，《约翰福音》的作者将 20：2－10 插入 20：1－18 中，是为了达到“马利亚—彼得—主所爱的那门徒”之间的制衡。[24] 首先，从“主所爱的那门徒”的角度来看，他虽然先于彼得到达空坟墓，但是他是在彼得进入坟墓后，才跟着进入的。20 章中“主所爱的那门徒”看到“耶稣的裹头巾”和“细麻布”就“信”（ἐπίστευσεν）了（20：8）。但是原经文并没有明确说明“主所爱的那门徒”的“信”的内容是什么：是

---

⑳ 参见 Holly E. Hearon, *The Mary Magdalene Tradition: Witness and Counter-Witness in Early Christian Communities* (Collegeville, Minnesota: Liturgical Press, 2004), pp. 148－149。巴雷特（C. K. Barrett）认为，20：2 中的“我们”，说明这段经文可能和同观福音一样，采用相同的见证传统。参见 C. K. Barrett, *The Gospelaccording to St. John: An Introduction with Commentary and Notes on the Greek Text* (Philadelphia: Westminster John Knox Press, 1978), p. 563。

㉑ James Charlesworth, *The Beloved Disciple: Whose Witness Validates the Gospel of John* (Valley Forge, Pa.: Trinity Press International, 1995), p. 203.

㉒ Robert Gordon Maccini, *Her Testimony Is True: Women as Witnesses according to John* (Sheffield: Sheffield Academic Press, 1996), p. 228.

㉓ 本人认为，虽然马西尼在分析经文后得出结论，加插的部分是为了表现“主所爱的那门徒”在看到耶稣的裹头巾和细麻布后，就“信”了耶稣已经复活。但是这并不能解释编撰者为什么将彼得也引入文中，使他第一个进入空坟墓。Ibid., p. 228。

㉔ Holly E. Hearon, *The Mary Magdalene Tradition: Witness and Counter-Witness in Early Christian Communities* (Collegeville, Minnesota: Liturgical Press, 2004), pp. 165－167.

相信马利亚所说的“主被人从坟墓中挪去”的话,还是“相信耶稣复活”?虽然“主所爱的那门徒”在进入空坟墓后,什么也没说就直接回到了住处,但这并不能说明他不相信“耶稣复活”,因为他毕竟没有看到“耶稣复活后显现”,所以他也没有大声宣扬的理由。卡尔佩伯(R. A. Culpepper)提出,类似的“主所爱的那门徒”看见、理解、相信却不声张的例子还可见于“最后的晚餐”,以及“十字架上的血和水”。[25] 阿伯特(E. Abbott)也认为,虽然“主所爱的那门徒”相信耶稣复活,但是他并没有见到耶稣或其他异象,更没有接到“天使”或“神的使者”让他将消息散播出去的命令,因此他保持沉默是合理的。[26] 并且,空坟墓中整齐摆放的“耶稣的裹头巾”和“细麻布”已经造成了“不是有人挪走耶稣尸体”的迹象。[27] 如果“主所爱的那门徒”根据这些迹象而推论出“耶稣已经复活”,但是由于没有亲自见到而保持沉默的话,那么马利亚将不是第一位相信耶稣复活的人,马利亚“第一见证者”的地位将大打折扣。另一方面,就算“主所爱的那门徒”信的不是“耶稣已经复活”,而是马利亚所说的“耶稣被人挪走”的话,那也会对马利亚产生不良的影响,因为这说明“主所爱的那门徒”事先是不相信马利亚的,那马利亚在耶稣的门徒间的信誉也是有问题的。总之,无论“主所爱的那门徒”信的是什么,都会对马利亚的地位产生不好的影响。

另外,彼得对“主所爱的那门徒”也有一定的制衡作用,虽然彼得晚于他来到耶稣的坟墓,但是彼得是第一个进入空坟墓的,并且经上并没有明确说明看到空坟墓的迹象后,彼得没有“信”(马利亚的话或耶稣复活)。彼得是否先于“主所爱的那门徒”而“信”,这一直是学者们争论的焦点。布特曼(R. Bultmann)认为,彼得是先于“主所爱的那门徒”而信

---

[25] R. A. Culpepper, *Anatomy of the Fourth Gospel: A Study in Literary Design* (Philadelphia: Fortress Press, 1983), p. 44.

[26] E. A. Abbott, *Johannine Vocabulary: A Comparison of the Words of the Fourth Gospel with those of the Three* (London: A. & C. Black, 1905), p. 238.

[27] Robert Gordon Maccini, *Her Testimony Is True: Women as Witnesses according to John* (Sheffield: Sheffield Academic Press, 1996), p. 224.

的，因为如果彼得没有信，那么经上应该会明确说明彼得的“不信”。[28] 但是斯托弗（E. Stauffer）认为，作者如此安排是为了表现，二人进入空坟墓之后，只有“主所爱的那门徒”相信，而彼得没有相信。[29] 所以，编纂者将 20：2－10 加插入马利亚的见证中，使彼得、主所爱的那门徒和马利亚形成巧妙的平衡，他们彼此制约；在见证耶稣复活的事件上，他们具有平等的地位。

四、《约翰福音》20：1－18 表现约翰群体的特殊历史处境

1. 约翰群体中主所爱的那门徒、彼得传统和马利亚传统之间的矛盾

保罗在《哥林多前书》9：1 中曾说：“我不是自由的吗？我不是使徒吗？我不是见过我们的主耶稣吗？你们不是我在主里面所作之工吗？”通过这一系列反问，保罗以他亲自见过“复活的耶稣”来确定自己的使徒地位。雷金纳德·富勒（Reginald H. Fuller）认为，在早期教会中，“见过耶稣或复活的耶稣”是确立使徒领导权的重要因素之一。“使徒不可以通过第三方见证来确立自己的信仰，他们必须亲自见过耶稣，以便提供第一手的见证资料。”[30]

但是，《约翰福音》20：1－18 没有说明“谁是最重要的见证者”。编纂者特意将 20：2－10 插入 20：1－18，是为了减弱马利亚作为第一见证者的重要地位。马利亚、彼得和“主所爱的那门徒”在见证中的作用，也是模糊不清。三者之间相互的权力压制，生动地表现了公元 1 世纪末约翰群体对主所爱的那门徒、马利亚和彼得传统的态度与接纳状况。

“主所爱的那门徒”是约翰群体的代表。因为比起同观福音，《约翰福音》一再强调“主所爱的那门徒”的重要位置：比如，在最后的晚餐时，他靠在耶稣的胸膛（13：25）；在钉十字架时，耶稣将自己的母亲马利亚

---

[28] R. Bultmann, *The Gospel of John: A Commentary* (Philadephia: Westminster Press, 1971), p.684.

[29] E. Stauffer, *Jesus and His Story* (London: SCM Press, 1988), p.124.

[30] Reginald H. Fuller, *The Formation of the Resurrection Narratives* (New York: Macmillan, 1971), p.101.

交托给他(19:26－27);他和彼得一起见到复活的耶稣(21:7)。而且,从21:24可知,《约翰福音》是以"主所爱的那门徒"的"耶稣事迹见证"为重要来源的。[31] 虽然有学者认为"主所爱的那门徒"并不是一个真实存在的历史人物,但是"主所爱的那门徒"是约翰群体的精神象征,这一点获得大部分人支持。[32]

"彼得"代表着使徒教会的传统。在早期基督教的发展中,地方教会是要受到使徒教会的约束的。因为早期的教会主要有两种形式,"外出传道型"和"家庭教会型",前者包括使徒教会对外委派的传道者,这些传道者在到达地方的教会后,会对当地的教会实施"管理性影响"。[33] 但是,由于传道者的流动性,他们在离开后,当地教会又会发展出自己的管理者和教会传统,与之前的使徒教会传统形成分裂。比如:保罗在哥林多居住了几年,并对该教会进行管理,但在保罗离开后,哥林多教会又发展出了自己的先知传统和相应的管理者。地方教会和使徒教会之间的冲突,也表现在20:1－18中:编纂者一方面要维持本群体的精神领袖,确保"主所爱的那门徒"的地位,可另一方面,又不得不对以彼得为代表的使徒教会做出让步。这种矛盾在经文中,表现在:主所爱的那门徒和彼得在听到"马利亚的讯息"后,争相跑向空坟墓,彼得虽然晚于主所爱的那门徒到达,但他却第一个进入空坟墓,而主所爱的那门徒在见到耶稣的细麻布和裹头巾后,就"信"了。在约20:1－18中,彼得与主所爱的那门徒的矛盾,是约翰的教会群体向使徒教会传统退让的结果。

2. 早期基督教体制化进程对"马利亚见证传统"的影响

本人认为,20:1－18表现了约翰群体对女先知传统的接受,以及约

[31] "为这些事作见证,并且记载这些事的,就是这门徒,我们也知道他的见证是真的。"(约21:24)

[32] Hans Conzelmann and Andreas Lindemann, eds., *Interpreting the New Testament: An Introduction to the Principles and Methods of N. T. Exegesis*, trans. Siegfried S. Schatzmann (Peabody, Mass.: Hendrickson Publishers, 1988), p. 257.

[33] 关于"传道模式"和"家庭教会模式"在早期基督教历史中的发展,以及前者对后者的影响,参见 Elisabeth Schuössler Fiorenza, *In Memory of Her: A Feminist Theological Reconstruction of Christian Origins* (New York: Crossroad, 1983), pp. 168－184。

翰教会体制化进程对先知传统的压抑。马利亚的“耶稣复活见证”是和先知传统有关的，因为她的复活见证是用口头传达的；而且，她的话语中还包括耶稣要她传达的消息：“告诉他们说：我要升上去见我的父，也是你们的父；见我的神，也是你们的神。”（20：17）弗朗克斯·博文（François Bovon）认为，马利亚和复活的耶稣直接交谈后，将主的讯息传达给其他人的做法，是可以被视为先知行为的。[34] 而20：17中的“弟兄”（ἀδελφοῦς）一词，是包括男性和女性的泛指。[35] 也就是说，耶稣要马利亚传达的“复活讯息”，是传给所有门徒的。因此罗伯特·马西尼认为，马利亚的这种“先知行为”间接影响了以耶稣复活为基础的五旬节复活运动。[36]

约翰群体对“马利亚见证”的采用，表现了该群体对当时“女先知传统”的接纳。编纂者限制“马利亚见证”的行为，表现了约翰教会的体制化对“先知传统”的压抑。在基督教历史的最早期，先知和预言是被信徒所重视的。先知和预言来自于圣灵，它是为建立教会而降下的恩典（林前14），使徒、先知和教师是早期基督教的三大领袖（林前12：28）。凯伦·托金森认为，使徒主要是巡游的传道者，他们在不同的教会中传福音，讲述耶稣的生平和教训。先知和教师多属于地方教会。[37] 先知是基督和信徒之间的中介，他们主要传达圣灵的启示。

在早期基督教会中有很多女先知，一些文献有女先知的记载。比如：在《路加福音》1：41－55中，伊利莎白被圣灵充满，预言马利亚所怀的胎是有福的，马利亚也以预言回应。在《马可福音》14：3－9中，有一个女人用香膏膏耶稣，预言了他的死亡。在《使徒行传》21：8－9中，记

---

[34] François Bovon, *Le privilège pascal de Marie-Madeleine*，转引自 Holly E. Hearon, *The Mary Magdalene Tradition: Witness and Counter-Witness in Early Christian Communities* (Collegeville, Minn.: Liturgical Press, 2004), pp. 6－7。

[35] Fernando F. Segovia, *What is John* (Atlanta, Ga.: Scholars Press, 1996－1998), p. 166.

[36] Robert Gordon Maccini, *Her Testimony Is True: Women as Witnesses According to John* (Sheffield: Sheffield Academic Press, 1996), p. 226.

[37] Karen Jo Torjesen, *When Women Were Priests: Women's Leadership in the Early Church and the Scandal of their Subordination in the Rise of Christianity* (San Francisco: Harper Collins, 1993), p. 23.

载了教会执事腓利的四个女儿,她们都是先知。[38] 先知和信徒的灵性生活有着密切的联系。据苏珊娜·海涅(Susanne Heine)调查,在早期教会的团体中,对"灵性生活"(The Pneumatic Life)和"圣灵"越重视,女性先知的地位越高,而马利亚的"耶稣复活见证",也会被更多人所接受。[39]

但是在公元1世纪末至2世纪初,随着主教制的发展,出于教会统一管理的需要,正统教会开始逐渐限制这种灵性的(甚至是迷狂的)预言经验,"主教的管理"开始取代"圣灵启示下的灵性经验",正统教会开始要求,信徒要顺服"主教的话语",而不是先知所说的预言。在《克莱门一书》(*The First Epistle of Clement*)中,哥林多教会因罗马教会的介入产生不满,作者强调罗马教会源自使徒传统,要求他们服从使徒教会的权威。伊格那丢(Ignatius of Antioch)赋予主教制神学意义,他认为,主教必须在教会中占据核心位置,应该被长老和执事所辅佐。主教、长老和执事的权力次序来自天上,主教的位置相当于上帝,执事相当于基督,长老相当于使徒。[40] 那些没有被纳入体制化进程中的先知会被排斥为"假先知"或者是"异端"。比如,在《十二使徒遗训》(公元1至2世纪)第11章中,对先知有严格的管理:当巡游先知到达地方教会后,教会可以供给他的生活,但是,先知只能在教会停留两日,不能向地方教会索要钱财,否则就是骗取财物的假先知。信徒要观察先知的行为,看他是否遵守主的教导,如不遵守,他就是假先知。在《黑马牧人书》(公元2世纪)中,真正的先知是温柔谦卑的,他们远离情欲,过清贫的日子。当他被人询问时,他不一定要回答,只有上帝要他开口时,他才说话。[41] 上面这些文献说明,在公元1世纪末,随着教会体制化的发展,使徒教会加强

---

[38] Ibid., pp. 26 – 27.

[39] Susanne Heine, "*Eine Person von Rang und Namen. Historische Konturen der Magdalenerin*," 转引自 Holly E. Hearon, *The Mary Magdalene Tradition: Witness and Counter-Witness in Early Christian Communities* (Collegeville, Minnesota: Liturgical Press, 2004), p. 191。

[40] Elisabeth Schüssler Fiorenza, *In Memory of Her: A Feminist Theological Reconstruction of Christian Origins* (New York: Crossroad, 1994), pp. 291 – 294.

[41] 这段经文属于《黑马牧人书》"命令"(Commandments)这一部分,译文参见 Bart D. Ehrman, ed., *The Apostolic Fathers*, vol. II, trans. Bart D. Ehrman (Cambridge, Mass.: Harvard University Press, 2003), p. 287。

了对地方教会的管理,先知的地位逐渐降低。在地方教会的内部,由于人员权力等级逐渐分明,先知由于其迷狂的经验和不确定的预言,逐渐被排斥在教会的等级体制外。

在教会体制化的发展中,女性先知特别受到排斥。凯伦・托金森(Karen Jo Torjesen)认为在希腊罗马社会,女性主要负责家庭事务,和男性相比,她们较少管理社会的公共事务。[42] 在基督教发展初期,家庭教会占有很大比例。很多富裕的女性,因为在家庭中具有主导权,她们在教会中具有较高的威望。她们参与教会事务,讲说预言。但是,随着教会体制化的发展,教会的聚会地点逐渐从家庭转向较公开的地方,女性在教会中的参与也受到限制。保罗曾经告诫哥林多的女基督徒,在崇拜时要蒙着头(林前 11：1－16)。马可・芬尼(Mark Finney)的研究说明,在当时的罗马社会,已婚女性在外出时需要带上头巾,剪发或不蒙头巾的女性,一般是妓女或因犯通奸而被休的妇女。[43] 因此,当早期教会逐渐脱离家庭教会的形式,女性的活动就受到了限制。女先知被圣灵充满时的灵性经验,更是被使徒教会所排斥。所以,抹大拉的马利亚的见证也逐渐被使徒见证所取代。沿承了女先知传统,"直接从上帝获得启示""以两个女先知为助手"的孟他努主义者(The Montanist)则被斥为异端。

抹大拉的马利亚传统和使徒传统的冲突在典外文献中有着生动的体现。比如,在《使徒书信》(公元 2 世纪)中,抹大拉的马利亚告知门徒"主已经复活了",但是,门徒们都不相信她的话,只有当复活的耶稣再次出现,让他们摸到他复活的身躯后,他们才相信马利亚的话。在《马利亚福音》早期希腊文版本(公元 2 世纪)中,[44]彼得质疑马利亚的见证和

---

[42] Karen Jo Torjesen, *When Women Were Priests: Women's Leadership in the Early Church and the Scandal of their Subordination in the Rise of Christianity* (San Francisco: Harper Collins, 1993), pp. 11－12.

[43] Mark Finney, "Honour, Head-coverings and Headship: 1 Corinthians 11: 2－16 in its Social Context," in *Journal for the Study of the New Testament*, vol. 33(2010), pp. 31－58.

[44] 《马利亚福音》可能在公元 2 世纪以希腊文写成,现存有两部抄本:希腊文抄本(公元 3 世纪)和科普替文抄本(公元 5 世纪)。

她的领导权。在这部福音中,当信徒们为传福音感到不安时,马利亚安慰他们,使他们的心转向美善,并向他们传达基督的启示,而这启示向其他人隐藏,只传给了马利亚。马利亚对众人的劝勉和启示说明了她的核心地位。但是,之后彼得对她所传达的启示表示怀疑,他不相信基督会瞒着他们,只向一个女人传达重要的启示。对此,利未为马利亚辩护:基督爱马利亚比其他人更多,她配得基督的启示。这部福音清楚地表现了马利亚和彼得之间的冲突。马利亚作为女先知的代表,在一些群体中具有领导地位,但是,她受到以彼得为代表的使徒教会的质疑,并在教会的历史发展中,逐渐被使徒教会所取代。在《马利亚福音》较晚的科普替(Coptic)的版本(公元5世纪)中,[45]使徒传统已经成功压制马利亚传统。在这个版本中,彼得认为马利亚所传的讯息是奇怪的,并反对妇女传达讯息给男性。而利未对此只是无奈地说:救世者爱马利亚超过其他人,并且提醒大家不要为此事延误了福音的传播。利未并没有像较早的希腊文版本那样,为马利亚辩护、肯定她的话语和权威。

“基督教体制化”和“先知传统”的冲突也表现在《约翰福音》。约翰的群体接纳了先知的传统,因为《约翰福音》具有先知的特色:很多经文以“我是”开头(6:35;8:12;14:6;15:1等),在公元2世纪,被称为新先知运动的孟他努主义,有很多“我是”的表述。[46] 约翰群体虽然接受了先知传统,但另一方面,它也受到使徒教会的约束。有些学者认为,《约翰福音》大致成书于公元80-100年,[47]在这段时期,使徒教会不断发展,教会体制逐渐规范,先知传统逐渐衰弱。所以,在20:1-18中,由于基督教体制化的发展,编纂者不得不做出让步,对“马利亚见证”进行限制,使彼得成为第一个跑到空坟墓的人。但是,编纂者并不像《路加福音》那样,直接将“耶稣复活的见证者”换成“彼得”,而是通过对原“马利

---

[45] 《马利亚福音》希腊文和科普替(Coptic)版本的论述,参见 Ross Shepard Kraemer and Mary Rose D'Angelo, eds., *Women & Christian Origins* (New York: Oxford University Press, 1999), p. 123。

[46] Ibid., p. 132.

[47] Francis J. Moloney, *The Gospel of John* (Collegeville, Minn.: Liturgical Press, 1998), pp. 2-3. Andreas J. Köstenberger, *John* (Grand Rapids, Mich.: Baker Academic, 2004), p. 8.

亚见证”的加插(20：2－10)，使彼得和主所爱的那门徒对马利亚进行制约。经文并没有明说“谁才是第一个理解耶稣复活的人”，无论哪个传统也不能凭借着这段经文来确立自己在约翰群体中的地位。编纂者将事情模糊化的背后隐藏了对自己群体代表(主所爱的那门徒)的彰显，对使徒教会传统(以彼得为代表)的退让，以及对先知传统(以马利亚为代表)的小心压制和采用。

五、结　论

本文系统分析了20：1－18中约翰群体对“马利亚见证”的采用和修改，并阐释了“马利亚的信仰发展过程”和“马利亚、彼得和主所爱的那门徒之间制衡”这两个特点。“马利亚、彼得和主所爱的那门徒之间的制衡”是和约翰群体在当时的历史处境有关的。该群体一方面想要保留本群体的传统，想在见证事件中彰显主所爱的那门徒，另一方面也想要保留对“马利亚见证”的采用，可是碍于以彼得为代表的使徒教会的压力，编纂者不得不将三者设置成一种“平衡的牵制模式”，这样一来，既可以保留本群体原有的特点，另一方面也表示了对使徒教会体制化过程的顺服。

但是，虽然一方面，编纂者充分尊重了“马利亚见证”的原传统，保留了“马利亚是耶稣复活第一见证者”的地位；可是另一方面，他们也对原有的“马利亚见证”进行修改，降低了抹大拉的马利亚在本事件中应有的地位。虽然编纂者这么做是出于当时历史处境的考虑，但是随着新约的正典化，以及正统教会的进一步发展，马利亚的见证也越来越不被人所重视，以至于有些现代圣经研究者选择相信“彼得见证”。因此，后代对“马利亚见证”的忽视，也是因为受到《约翰福音》(和其他基督教文献)对马利亚见证模糊化描写的不良影响。

礼仪分歧与政治博弈的纠葛

——重回1054年大分裂的历史现场

李 腾

【内容提要】 1054年东西教会大分裂长期以来被视为基督教会史上的重要事件。过去研究常将"和子句"视为分裂的重要原因,并归咎于西方教会特使的傲慢与暴躁。本文从地缘政治、礼仪分歧和政治博弈角度论证分裂缘起于南意大利地缘政治平衡的打破,无酵饼和有酵饼之争成为导火索,拜占庭帝国内部皇帝、牧首与驻南意大利总督间的冲突关系使这一事件从宗教冲突演变为政治斗争。在厘清各方复杂关系和还原具体历史语境的基础上,本文试图通过重回历史现场,对1054年大分裂的发生进行全面的描述与解读。

【关键词】 1054年大分裂　无酵饼　礼仪分歧　拜占庭教会　东西教会关系

长期以来,1054年被视为教会历史的"关键时刻"(crucial moment),是天主教和东正教决裂的标志性事件。[①] 20世纪中期以来的研究强调

---

① 由于历史原因,1054年大分裂的相关文献有所散逸,现存最全且最权威的文献汇编为 Cornelius Will, ed., *Acta et Scripta: Quae de ControversiisEecclesiae Graecae et Latinae Saeculo Undecimo Composita Extant* (Parusuus, Petropoli, Romae: Lipsiae et Marpurgi, 1861),下文简写为 *Acta et Scripta*。早期的专业化研究,参见 Louis Bréhier, *Le schism oriental du XIe siècle* (Paris: Ernest Leroux Éditeur, 1899); Anton Michel, Humbert und *Kerullarios*, (转下页)

双方的差异是在数个世纪历史中逐渐产生的，而且此后东西方也一直维系着政治、军事、外交和宗教上的往来关系，这些研究也在很大程度上促进了天主教和东正教对话的开展。[②] 1965 年梵蒂冈第二次大公会议结束前夕，当时的教宗保禄六世（Paul VI）与君士坦丁堡牧首雅典纳哥拉一世（Athenagoras I）分别在罗马和伊斯坦布尔宣读了一份联合声明，对 1054 年大分裂中的言辞表示遗憾，并且撤销了当时的“相互绝罚”。[③] 这一举动被视为天主教与东正教重新走向对话的重要标志。

重新回到历史现场进行考察，我们就会发现 1054 年大分裂事件的爆发具有很大偶然性。正如英国中古史家理查德·威廉姆·索森（Richard William Southern）所说，1054 年大分裂是数世纪以来分歧的集中爆发。[④] 这次爆发不仅延续了此前数个世纪的分歧，更与当时的东西方教会改革思潮、多方地缘政治博弈，尤其是拜占庭帝国高层的政治斗争紧密相关。英国学者J. R. 瑞德（J. R. Ryder）强调，当下关于大分裂的研究一方面要突破教派化偏见，另一方面也应重新回到历史现场。他特别指出，对于具体历史细节掌握的缺失使 1054 年的面貌变得更加模糊，历史的细节应当被放在研究的首要位置，否则概括性、理论性的结论

（接上页）2 vols（Paderborn: Schöningh, 1924 – 1930），但均有较为浓厚的教派色彩。近年来关于东西教会关系的综合性研究，参见 Henry Chadwick, *East and West: The Making of a Rift in the Church from Apostolic Times until the Council of Florence*（Oxford: Oxford University Press, 2003）; A. Edward Siecienski, *The Papacy and the Orthodox: Sources and History of a Debate*（New York: Oxford University Press, 2017）。

② Yves Congar, *After Nine Hundred Years: The Background of the Schism between the Eastern and Western Churches*, trans. Paul Mailleux（New York: Fordham University Press, 1959）, pp. 1 – 3, 71; P. Lemerle, “L'Orthodoxie byzantine et l'œcumnismé médiéval: Les origines du ‘schisme’ des Eglises,” in *Bulletin de l'Association Guillaume Budé*, vol. 1（1965）, pp. 228 – 246.

③ 参见 http://w2. vatican. va/content/paul-vi/en/speeches/1965/documents/hf _ p-vi _ spe _ 19651207_common-declaration. html，访问日期 2018 年 6 月 24 日。

④ R. W. Southern, *Western Society and the Church in the Middle Ages*（Harmondsworth: Penguin, 1970）, pp. 67 – 68.

就会与历史事实相背离。[5] 对细节尽可能全面的呈现才能够帮助我们更好地认识真实的历史场景。

因此,在理解1054年大分裂问题上,第一步就是要破除过去长期以来形成的刻板印象。首先,“和子句”的教义之争常被视为东西方教会分裂的导火索。事实上,这个争议从古代晚期就一直存在并在9世纪时达到一个高潮,却未在1054年的事件中占据显要地位。[6] 其次,过去的研究中突出亨伯特(Humbert of Silva Candida,约1015－1061年)枢机主教的“暴躁、傲慢”形象,尤其是他“戏剧性地绝罚”了君士坦丁堡牧首,更为其“脸谱化”添加了浓墨重彩的一笔。在传统叙事中,拜占庭一方一直是拉丁教会挑衅的承受者,但分裂的最终形成并非单方面行动。最后,所谓东西方教会的“相互绝罚”也应当重新审视。在保禄六世和雅典纳哥拉一世的联合宣言中明确提到的“被绝罚者”包括当时的君士坦丁堡牧首米哈伊尔·凯卢拉利乌斯(Michael I Keroularios,1043－1058年在位)和“其他两个人”以及亨伯特枢机。然而重新回到文本当中,我们会发现其中呈现出了更为复杂的内容。不仅“绝罚令”的内容有刻意改动,而且拜占庭帝国内部的政治斗争所引发的猜忌和过激反应也在很大程度上成为了导致最后“分裂”的直接导火索。

有鉴于此,笔者不揣浅陋,试图在结合前辈学人的研究成果和对核心文献重新审视的基础上,对这一重要历史事件进行全面梳理,以期在礼仪分歧和政治博弈的框架下,厘清各方复杂纠缠的博弈关系,使1054年大分裂呈现出更为详细、立体和全面的历史图景。

---

⑤ J. R. Ryder, “Changing Perspectives on 1054,” in *Byzantine and Modern Greek Studies*, vol. 35(2011), pp. 21,29.

⑥ 尽管“和子句”的争议在历史上绵延不断,但直到12世纪才占据主要地位,参见Francis Dvornik, *Byzantium and the Roman Primacy*, trans., Edwin A. Quain (New York: Fordham University Press, 1966), pp. 14－15。近年关于“和子句”历史争议的全面研究,参见Anthony Edward Siecienski, *The Filioque: History of a Doctrinal Controversy* (New York: Oxford University Press, 2010)。

一、诺曼人与无酵饼：大分裂的地缘政治和礼仪神学背景

要理解11世纪中期东西方教会的关系，首先要着眼于意大利南部。这一地区的地缘政治变动为两大教会的关系变化奠定了基础。当时的拜占庭帝国在南意大利仍然有很大的控制权，与拉丁西方诸国处于一种实力均衡状态。但从1040年代以来，以奥特维尔家族（The Hautevilles）为首的诺曼人开始在意大利南部建立自己的政权。诺曼人的出现不仅打破了地中海地区的势力均衡状态，也在某种意义上直接拉开了1054年大分裂的帷幕。

当时各方冲突的焦点阿普利亚（Apulia）地区从8世纪以来就是拜占庭人和伦巴德人的必争之地。⑦ 从地理上来说，这里与希腊本岛隔海相望，希腊人在此地区人口中占多数。从宗教上而言，阿普利亚的主教区长期处于拉丁-希腊教会礼仪并存的状态。具体来说，当地拉丁团体有时会对拜占庭表示政治上的效忠，但在教会管理上服从罗马，希腊团体则由拜占庭派来的神职人员负责。⑧ 诺曼人在带来军事威胁的同时，也引发了宗教上的矛盾，为东西方军事联盟埋下了隐患。诺曼人虽然信奉天主教但对罗马教廷持有敌意，曾阻碍亨伯特就任西西里主教，甚至在1053年软禁了教宗利奥九世。然而，诺曼人在其统辖的地区强力推行拉丁礼仪，在政治上体现了试图将当地希腊群体“拉丁化”和强化认同感的意图。

1052年，阿普利亚地区的诺曼人当局正式发布政令，要求所有希腊团体在弥撒礼仪中必须采取拉丁教会的礼仪形式和使用无酵饼。⑨ 在君士坦丁堡牧首凯卢拉利乌斯的授意下，位于今天保加利亚境内的奥赫

---

⑦ Peter Herde, “The Papacy and the Greek Church in Southern Italy between the Eleventh and the Thirteenth Century,” in Graham A. Loud and A. Metcalfe, eds., *The Society of Norman Italy* (Leiden, Boston and Köln: Brill, 2002), pp. 214 – 215.

⑧ Graham A. Loud, *The Latin Church in Norman Italy* (Cambridge: Cambridge University Press, 2007), pp. 495 – 500.

⑨ Steven Runciman, *The Eastern Schism: A Study of the Papacy and the Eastern Churches during the XI and XII centuries* (Oxford: Clarendon Press, 1955), pp. 48 – 49.

里德总主教利奥(Leo archbishop of Ohrid,? —约1056年)致信特拉尼主教约翰(John of Trani,生卒年不详),提醒他要抵制在弥撒中采用无酵饼的行为。[10] 这位曾任圣索菲亚大教堂档案司库的主教认为,拉丁教会效法犹太人的逾越节风俗,采用未经发酵的面包来举行弥撒,其圣事是无效且非法的。除此之外,他还批评了拉丁教会的其他“恶劣习俗”,包括食用动物的血、四旬期不咏唱“哈利路亚”以及神职独身制度和不蓄须等习俗。[11] 约翰·梅耶多夫(John Meyendorff)指出,这封信在历史上首次将东西方教会之间的宗教分歧指向了礼仪和纪律方面,而这一转向也确定了此次东西方教会争议与前代不同的基调。[12]

抨击拉丁教会使用无酵饼的来信引发了一系列后续的影响,使东西方教会之间关系迅速紧张升级。刚刚擢升为枢机主教的亨伯特将此信译为拉丁文呈送给利奥九世,与此同时,从东方传来了君士坦丁堡关闭城内外所有拉丁礼仪教堂的消息。[13] 这一禁令使在帝国首都的拉丁商

---

⑩ 特拉尼地区的政治和宗教形势有些特殊。它地处意大利南部,长期属拜占庭的势力范围,在历史上有多位主教出身于希腊教会,但教区神职人员却多来自原伦巴德诸公国地区,采用拉丁礼仪,参见 Graham A. Loud, *The Latin Church in Norman Italy*, pp. 40 - 41; Peter Herde, “The Papacy and the Greek Church in Southern Italy between the Eleventh and the Thirteenth Century,” pp. 213 - 217。关于凯卢拉利乌斯在这一事件上的影响,参见 Georgij Avvakumov, *Die Entstehung des Unionsgedankens: Die lateinishce Theologie des Hochmittelalters in der Auseinandersetzung mit dem Ritus der Ostkirche* (Berlin and New York: Walter de Gruyter, 2002), pp. 68 - 74。

⑪ *Acta et Scripta*, pp. 56 - 60. 这位特拉尼的约翰主教在1063年遭教宗亚历山大二世罢免。

⑫ John Neyendorff, “Leo of Ohrid,” in Alexander Kazhdan, ed., *The Oxford Dictionary of Byzantium* (Oxford and New York: Oxford University Press, 2005), p. 1215.

⑬ 蒂亚·科尔巴巴(Tia Kolbaba)认为,拜占庭关闭拉丁礼仪教堂是西方教会为了指责希腊教会应对大分裂负责所编造出来的借口,参见 Tia Kolbaba, “On the Closing of the Churches and the Rebaptism of Latins: Greek Perfidy or Latin Slander,” in *Byzantine and Modern Greek Studies*, vol. 29 (2005), pp. 39 - 51。然而,这一判断基于她认为拉丁教会当时的记录不可信,却无法提供当时教堂仍在正常运行的文献证据。事实上,德国学者阿克塞尔·拜尔对这一问题做了令人信服的论述,参见 Axel Bayer, *Spaltung der Christenheit: Das sogennante Morgenländische Schisma von 1054* (Köln und Weimar: Böhlau Verlag, 2004), pp. 60 - 63。对科尔巴巴的批评,另见 J. R. Ryder, “Changing Perspectives on 1054,” pp. 32 - 35。

人们非常愤怒,也使罗马教廷不得不出面回应。在 1053 年的奇维塔特之战(Battle of Civitate)后,利奥教宗就一直处于诺曼人的软禁中,但仍可处理教会事务,遂委派亨伯特枢机前往君士坦丁堡处理这一纠纷。

为什么无酵饼和有酵饼会成为当时争议的焦点呢?⑭ 东西方教会在早期对这两种模式都普遍接受,加洛林时代著名学者阿尔昆(Alcuin of York, 735 - 804 年)就在一封写于 798 年的信中明确记录了两种礼仪共存的现象。⑮ 然而,这种和平共存的状态在 9 世纪之后逐渐恶化。这一方面是由于弗提乌斯分裂(The Photius Schism)所带来的影响,另一方面也与拜占庭方面对亚美尼亚基督徒的认识,以及西方教会在圣体圣事上的神学争议密切相关。⑯

首先,双方关于使用何种面饼的争议源于各自的实践传统和神学倾向。从神学上来看,西方教会更多地秉承了对观福音书的立场,东方教会则以希腊哲学思想渗入了约翰福音中对"逾越"开启新时代的理解。⑰ 拜占庭帝国于 1025 年后占领保加利亚等东欧地区,接触到了大量信奉基督一性论(Monophysitism)的亚美尼亚基督徒,他们在弥撒礼仪中就使用无酵饼。因此,拜占庭神学家在批判其基督一性论时,也认为无酵饼象征一性论。在他们看来,未经发酵的面包不能称为真正的面包,要经过发酵才能为面饼赋予生命,而未经发酵的面饼则意味着死亡。另外,他们还认为无酵饼是犹太人的风俗,基督信仰作为对犹太教信仰的更新应当使用代表新生命的发酵面饼。⑱ 与此相反,拉丁教会从加洛林时代

---

⑭ 关于无酵饼和有酵饼之争的经典研究,参见 Mahlon H. Smith III, *And Taking Bread ... Cerularius and the Azyme Controversy of 1054* (Paris: Éditions Beauchesne, 1978)。

⑮ G. Avvakumov, *Die Entstehung des Unionsgedankens*, pp. 46 - 49.

⑯ 无酵饼争议在 10 世纪的起源,参见 Tia Kolbaba, "Byzantines, Armenians, and Latins: Unleavened Bread and Heresy in the Tenth Century," in George Demacopoulos and Aristotle Papanikolaou, ed., *Orthodox Christianity and Contemporary Thought: Orthodox Constructions of the West* (New York: Fordham University Press, 2013), pp. 45 - 57。

⑰ Brett Whalen, "Rethinking the Schism of 1054: Authority, Heresy, and the latin Rite," in *Traditio*, vol. 62(2007), pp. 13 - 16.

⑱ John Neyendorff, *Byzantine Theology: Historical Trends and Doctrinal Themes* (New York: Fordham University Press, 1974), pp. 95 - 96.

就明确了在弥撒中采用无酵饼的传统,且在礼仪神学传统中特别强调新旧约之间的延续性以及基督对犹太律法的成全与更新。而且,耶稣基督本人在最后晚餐时也是按照犹太人的逾越节传统使用无酵饼,因此应保持这一传统。另外,从实践方面来看,无酵饼不容易变质和产生碎屑,便于在礼仪中分发给会众和在圣体龛中保存。

其次,西方教会中关于圣体变质说的神学争论在 11 世纪中期正如火如荼,这也使得弥撒面饼问题变得更加敏感。神学家图尔的贝伦加尔(Berengar of Tours,约 999 - 1088 年)认为,弥撒中祝圣的饼酒只是耶稣受难的象征,饼酒本身不会真正变成耶稣的身体和血,此种说法严重违背天主教长期以来"变质说"(trans-substantiation)训导,也在教会内引发了许多争议。[19] 教宗利奥九世即位不到一年,就在 1050 年谴责了贝伦加尔"圣体象征说"的思想。利奥九世的传记作者则更明确地指出,当时兴起了一种异端,利用攻击弥撒礼仪中使用无酵饼来攻击罗马教会和教宗的权威。[20] 特别值得一提的是,正是出使君士坦丁堡的亨伯特枢机在 1059 年主持了对贝伦加尔的神学审查,使后者最终放弃了原先的想法,承认经过祝圣的面饼是"真实的基督的身体"。

最后,弥撒礼仪中所用面饼直接关系到双方各自的身份认同和教会权威。科尔巴巴指出,拜占庭对发酵饼的强调突显了自身认同,藉以强化同犹太人、亚美尼亚人乃至拉丁人之间的区隔。[21] 在诺曼人侵入南意大利、长期均衡状态被打破的情况下,拜占庭对于海外领地的控制也需

---

⑲ 关于贝伦加尔的思想,参见 N. M. Haring S. A. C, "Berengar's Definitions of Sacramentum and Their Influence on Medieval Sacramentology," in *Medieval Studies*, vol. 10 (1948), pp. 109 - 146。关于贝伦加尔在西方引起的争议和教宗的干预,参见 H. E. J. Cowdrey, "The Papacy and the Berengarian Controversy," in Peter Ganz et al., ed., *Auctoritas et Ratio: Studien zu Berengar von Tours* (Wiesbaden: Harrassowitz Verlag, 1990), pp. 109 - 138。

⑳ Ian Robinson, ed. & trans., *The Papal Reform of the Eleventh Century* (Manchester: Manchester University Press, 2004), pp. 146 - 147.

㉑ Tia Kolbaba, "Byzantine Perceptions of Latin Religious 'Erros': Themes and Changes from 850 - 1300," in Angeliki Laiou and Roy Parviz Mottahedeh, ed., *The Crusades from the Perspective of Byzantium and the Muslim World* (Washington, DC.: Dumbarton Oaks Research Library and Collection, 2001), pp. 117 - 143.

要加强。约翰·埃里克森(John Erikson)认为,对于11－12世纪的拜占庭教士而言,与拉丁教会真正的分歧不在于教宗首席权或"和子句"上,而正是弥撒中应当使用有酵饼还是无酵饼的问题上。[22] 笔者认为,面饼争议的背后恰恰突出地反映了双方对教会权威的争夺和各自的统一化改革。尤其是对于罗马一方而言,圣事礼仪的正确举行方式是整个基督信仰外在表现的顶峰,在这个问题上决不能接受其他的呈现形式。这一点在1053年利奥九世致凯卢拉利乌斯的信中表述得最为明确:

> 你们没有仔细地衡量你们的说法,说在天上的父对彼得隐瞒了唯独通过他独生子所完成的可见祭献的崇敬礼仪……他(指上帝)将其圣子不可见神性的奇妙奥迹向他(指彼得)完全地显现了出来。诸天使和诸先知之主没有通过一位天使或一位先知告诉他(彼得),而是从他(耶稣)的口中亲自对他(彼得)说了下面的话:"我对你说,你是彼得,我要在这磐石上建立我的教会。"[23]

将彼得的使徒之长的身份与罗马教宗的权威结合起来,更体现了拉丁教会在改革进程中的核心诉求。于是,一个小小的面饼开始搅动整个东西方教会的关系,而其背后则是地缘政治的变化、宗教身份认同的强化和教会的统一化诉求。这是理解1054年大分裂发生的一个重要背景。

二、宗教与政治的纠葛:1054年大分裂的主要参与者

讨论了历史现场的大背景之后,我们将在这一部分聚焦于其中的参

---

[22] J. Erickson, "Leavened and Unleavened: Some Theological Implications of the Schism of 1054," in *St. Vladimir's Theological Quarterly*, vol. 14(1970), pp. 155－176.

[23] *Acta et scripta*, p. 698. 在这份回复中,教宗(也可能是亨伯特代为起草)强调了伪《君士坦丁赠礼》中关于罗马主教权威的内容,更详细的分析,参见H.-G. Krause, "Das *Constitutum Constantini* im Schisma vom 1054," in H. Mordek, ed., *Aus Kirche und Reich: Studien zu Theologie, Politik und Recht im Mittelalter; Festschrift Kriedrich Kempf* (Sigmaringen: Jan Thorbecke Verlag, 1983), pp. 131－158。

与者,以他们的思想行为和深层动机为切入点,审视大分裂何以在1054年发生,他们又在这些活动中产生了哪些影响。因尤为令人不解的是,西方诸国和拜占庭帝国在共同面临诺曼人威胁的情况下,为何不更为谨慎地处理宗教问题?㉔ 因此,在宗教争议的背后隐藏着许多个人思想的倾向性与各种现实考量,每一个主要参与者都在这场博弈中扮演了独特的角色。

如前所述,既往研究存在着一种过分夸大亨伯特的"傲慢、无知和火爆脾气"而导致大分裂的倾向。㉕ 从利奥九世担任教宗以来,亨伯特一直是他的左膀右臂。这位隐修士出身的枢机主教以其积极的行动能力、毫不妥协的斗志和严格的改革理念成为11世纪中期教会改革激进派的代表。他不仅对买卖圣职、教士姘居等现象极为不满,甚至直接质疑这些神职人员的圣事有效性,特别强调罗马教宗的至高权威和罗马教会神学与礼仪的正统性。㉖ 而且,亨伯特对希腊的礼仪、神学都不陌生,有一定的希腊文造诣,还长期从事对教父著作、教会法典和早期教宗书信等文献的搜集整理,并藉以论证罗马教宗的权威。㉗ 同时,亨伯特多次参与同拜占庭、诺曼方面的斡旋,具有丰富的外交经验。可以说,无论是从神学还是实际事务上考量,亨伯特都堪称处理与拜占庭教会分歧的不二人选。当然,也要注意到他的整体观念相当激进,这也的确对1054年分裂产生了负面影响。㉘

㉔ Gerd Tellenbach, *The Church in Western Europe from the Tenth to the Early Twelfth Century*, trans. Timothy Reuter (Cambridge: Cambridge University Press, 1993), pp. 191 –192; Bayer, *Spaltung der Christenheit*, pp. 207 – 209.

㉕ 关于亨伯特"傲慢、武断且易怒"形象的经典描述最早源于20世纪初的研究,参见A. Michel, *Humbert und Kerullarios*, vol. 2, pp. 220 – 227。

㉖ 亨伯特在教会改革上的观点,参见J. T. Gilchrist, "Humbert of Silva-Candida and the Political Concept of *Ecclesia* in the Eleventh Century Reform Movement," in *Journal of Religious History*, vol. 2(1962), pp. 13 – 28。

㉗ J. T. Gilchrist, "Cardinal Humbert of Silva-Candida, the Canon Law and Ecclesiastical Reform in the Eleventh Century," in *Zeitschrift der Savigny-Stiftung für Rechtsgeschichte. Kanonistische Abteilung*, vol. 58(1972), pp. 338 – 349.

㉘ 最近出版的研究中仍然着重描绘亨伯特的"个人性格"不适宜于这一任务,但同时也强调了凯卢拉利乌斯的政治野心,参见A. Edward Siecienski, *The Papacy and the Orthodox*, pp. 249 – 250。

1054年1月前后，在罗马教会礼仪长洛林的弗雷德里克(Frederick of Lorraine，后来的教宗斯提芬九世，1057－1058年在位)和阿马尔菲宗主教彼得(Peter archbishop of Amalfi，当时君士坦丁堡的拉丁商人中多数来自阿马尔菲地区)的陪同下，亨伯特经由贝内文托去君士坦丁堡，首先同拜占庭驻南意大利的总督阿吉罗斯(Argyros，约1000－1058/1068年)会面。

在既往研究、尤其是一些通史作品中，往往忽视了阿吉罗斯对1054年大分裂的重要意义。阿吉罗斯从民族上来说是意大利伦巴德人，他的父亲正是最早在南意大利地区引入诺曼人雇佣军的巴里的梅勒斯(Meles of Bari, 1020年去世)。由于受到君士坦丁九世(Constantine IX Monomachos, 1042－1055年在位)的赏识，阿吉罗斯成为了历史上第一个担任拜占庭南意大利占领区长官的伦巴德人。[29] 由于阿吉罗斯信仰天主教，在拜占庭统治集团中长期受到君士坦丁堡牧首和其他高层教士的轻视和排挤，凯卢拉利乌斯公开禁止他在君士坦丁堡领受拉丁礼圣体，双方为此甚至发生过数次当面争执。[30] 马伦·H. 史密斯(Mahlon H. Smith)曾将之简单地解释为“对坚持生活于东正教传统之外的拜占庭官员的训诫”，但这一评价远远低估了阿吉罗斯与凯卢拉利乌斯之间的紧张关系及其背后的权力争夺。[31] 阿吉罗斯从1051年就开始寻求与教宗结盟，共同抵御诺曼人。正当双方即将正式结盟之际，君士坦丁堡关闭拉丁教堂的行为使东西方教会冲突公开化，军事同盟也因利奥被诺曼人软禁而搁浅。[32] 但阿吉罗斯一直没有放弃通过教宗与西方诸国结盟以共同抵御诺曼人的努力。[33] 因此，凯卢拉利乌斯对阿吉罗斯的训斥实际上是在公开表达对阿吉罗斯的不信任，认为他的信仰和民族出身使其极有可能背叛拜占庭帝国的利益。

---

[29] Axel Bayer, *Spaltung der Christenheit*, pp. 56－57.

[30] *Acta et scripta*, pp. 175, 177; A. Michel, *Humbert und Kerullarios*, vol. 2, pp. 112－118.

[31] Mahlon H. Smith, *And Taking Bread*, pp. 121－122.

[32] 关于阿吉罗斯与教宗的军事结盟，参见Axel Bayer, *Spaltung der Christenheit*, pp. 57－63。

[33] 阿吉罗斯的外交政治生涯，参见Graham Loud, *The Age of Robert Guiscard: Southern Italy and the Northern Conquest* (New York: Routledge, 2004), pp. 95－97。

拜占庭统治集团内部对与罗马结盟以及使团的到来看法不一。拜占庭皇帝君士坦丁九世本人非常乐见使团来访,举行了盛大的欢迎仪式。他的首要考量是如何共同对付诺曼人,稳固拜占庭在南意大利的控制,因此极力避免与西方发生灾难性的冲突。在这里只举一个例子就可以看出皇帝对于拉丁使团的宽容乃至"纵容"。亨伯特在抵达若干天后向皇帝抗议,希腊神学家尼基塔斯·斯特塔托斯(Nicetas Stethatos,约1005-1090年)撰写的小册子抨击了西方教会礼仪和神职人员独身制度,皇帝迅即下令公开焚毁这部作品以安抚西方特使。㉞

然而,在当时的君士坦丁堡城中,最有权威的人物却是牧首凯卢拉利乌斯。皇帝与牧首的关系并不融洽,且明确感受到了牧首对其权威和地位的威胁。㉟ 在亨伯特等人到达君士坦丁堡之后,凯卢拉利乌斯一直拒绝接见他们,且禁止他们在城内任何教堂举行拉丁礼仪的弥撒。㊱ 皇帝对于特使的安抚举措则使他愤怒,并担心皇帝可能以正统信仰和教会利益为代价而达成军事结盟。这种结盟一旦达成,必然会使牧首陷入岌岌可危的境地。

20世纪初期的研究中已经注意到凯卢拉利乌斯本人的政治野心在大分裂中的作用,但后来的研究中却对此有所淡化。㊲ 根据同时代人的记载,凯卢拉利乌斯为人聪明绝顶,做事雷厉风行,早年积极投身于各种政治活动,因参与反对皇帝米哈伊尔四世(Paphlagonian Michael IV,1034-1041年在位)的政变而被迫成为僧侣。君士坦丁九世准备继位

㉞ 在这份小册子中,斯特塔托斯将拉丁人称为"野狗、坏工人、分裂者、伪善者和说谎者"。全文参见 *Acta et scripta*, pp. 126-136。亨伯特对拉丁使团在君士坦丁堡主要活动的记录,参见 *Acta et scripta*, pp. 150-152。

㉟ Michael J. Angold, "Imperial Renewal and Orthodox Reaction: Byzantium in the Eleventh Century," P. Magdalino, ed., *New Constantines. The Rhythm of Imperial Renewal in Byzantium, 4th-16th Centuries* (Aldershot: Ashgate, 1994), pp. 231-246.

㊱ *Acta et scripta*, p. 151; Runciman, *The Eastern Schism*, pp. 44-46.

㊲ L. Brehier, *Le schisme oriental du XIe siecle*, pp. 63-78; A. Michel, "Praedestinatus, eine ungenannte Quelle Kardinal Humberts im Kampfe gegen Kerullarios," in Heinrich M. Gietl and Georg Pfeilschifter, ed., *Festgabe Alois Knöpfler zur Vollendung des 70. Lebensjahres gewidmet von seinen Freunden und Schuölern* (Freiburg im Breisgau: Herder, 1917), pp. 240-247.

时他曾出谋划策,故皇帝在登基之后力排众议,在 1043 年将之任命为君士坦丁堡牧首。[38] 在任牧首期间,他对权力的追求更为明显,不仅在城中出行的马队比皇帝还要壮观,甚至敢于穿着皇室服色,并认为牧首与皇帝的权力并无二致。凯卢拉利乌斯在君士坦丁堡城的民众中享有很大威望,甚至被视为最有权势的人。当时就有人说,凯卢拉利乌斯关闭首都拉丁礼仪教堂就是为了制造与罗马的紧张对立情绪,使阿吉罗斯的联盟计划破产,进而阻碍皇帝与西欧诸国的结盟计划,以使自己在政治博弈中占据优势。[39] 科尔巴巴更为明确地指出,凯卢拉利乌斯早年就曾将自己描述为"正教和正义"的捍卫者以对抗不受欢迎的皇帝。在这位牧首看来,政治和宗教必然要纠缠在一起,而且宗教应当为政治指明"应当发展的道路"。[40] 他的政治野心在 1054 年大分裂之后的历史发展中更加显露,先后参与了三个皇帝人选的确定,还亲自主持了叛乱将军伊萨克·科穆宁(Isaac Comnenus, 1057 - 1058 年在位)的加冕。[41]

事实上,从 1025 - 1081 年之间,拜占庭帝国一直处于"皇帝孱弱、牧首强势"的状况中,凯卢拉利乌斯时期牧首势力的扩张达到顶峰。从比较视野来看,这与西方教会同时正在进行的与世俗权力争夺最高统治权

---

[38] 其早年活动,参见 J. M. Husssey, *The Orthodox Church in the Byzantine Empire* (Oxford: Oxford University Press, 1986), pp. 129 - 131。更为详尽的解读,参见 Franz Tinnefeld, "Michael I. Kerullarios, Patriarch von Konstantinopel (1043 - 1058). Kritische Uberlegungen zu einer Biographie Michel I Cérulaire, patriarche de Constantinople. Réflexions critiques sur une biographie," in *Jahrbuch der österreichischen Byzantinistik*, vol. 39(1989), pp. 95 - 127。

[39] Michael Psellus, *The Chronographia*, trans. E. R. A. Sewter (New Haven: Yale University Press, 1956), p. 204; L. Brehier, *Le schisme oriental du XIe siecle*, pp. 55 - 58.

[40] Tia Kolbaba, *The Byzantine Lists*, p. 28; Tia Kolbaba, "The Legacy of Humbert and Cerularius: The Tradition of the 'Schism of 1054' in Byzantine Texts and Manuscripts of the Twelfth and Thirteenth Centuries," in C. Dendrinos et al., eds., *Porphyrogenita: Essays on the History and Literature of Byzantium and the Latin East in Honour of Julian Chrysostomides* (Aldershot: Ashgate, 2003), pp. 47 - 48.

[41] Michael Angold, *Church and Society in Byzantium Under the Comneni*, 1081 - 1261 (Cambridge: Cambridge University Press, 2010), pp. 23 - 24. 珀塞留斯曾记述说伊萨克在得知凯卢拉利乌斯的死讯后非常悲伤,并且后悔将他放逐了,参见 Michael Psellus, *The Chronographia*, p. 240。

威的改革运动颇有异曲同工之处。[42] 甚至出身东正教会的学者安德鲁·鲁斯(Andrew Louth)也承认,凯卢拉利乌斯对牧首权力的追求与拉丁教会中关于教宗权威的激进主张没有什么不同。[43] 这就在东西方教会以及教会与世俗政权关系之间形成了复杂而难以调和的冲突与张力,礼仪分歧、政治冲突、权力博弈和对权威地位的争夺形成一股合力,最终在宗教的外衣下爆发出来。

三、东西方教会"相互绝罚"文献再审视

两个教会的"相互绝罚"是我们对1054年东西教会大分裂的另一个根深蒂固的印象。1965年天主教和东正教的联合声明中含蓄地指出,这一所谓绝罚仅针对个人,而非两个教会之间的完全决裂。在过去的研究中,亨伯特于1054年7月16日在圣索菲亚大教堂傲慢地将"绝罚书"(*Excommunicatio*)扔在祭台上,成为了这一事件最富戏剧性的高潮。[44] 然而,人们却常常忽略了这封信里面究竟写了什么。与此同时,一周后的7月24日,凯卢拉利乌斯召开了一次主教会议,且颁布了会议教令(*Edictum Synodale*)作为对亨伯特"绝罚书"的回应,这一文献的内容也未受到应有重视。[45] 现今对1054年的刻板印象在很大程度上都源于对这两份文献之意义的过度阐释而对其内容的相对忽视。事实上,这两份文献明确说明了双方争议的焦点所在,尤其是后一份文献中,清晰反映出拜占庭内部的政治斗争在大分裂中的关键作用。

---

[42] Steven Runciman, *The Byzantine Theocracy* (Cambridge: Cambridge University Press, 1977), pp. 108 – 109; Michael Angold, *Church and Society*, p. 25; Bayer, *Spaltung der Christenheit*, p. 209.

[43] Andrew Louth, *Greek East and Latin West: The Church, AD 681 – 1071* (New York: St Vladimir's Seminary Press, 2007), p. 309.

[44] 关于这一戏剧性事件的传统描述,参见 Richard Mayne, "East and West in 1054," in *The Cambridge Historical Journal*, vol. 11 (1954), pp. 134 – 136; Runciman, *The Eastern Schism*, pp. 40 – 50。

[45] 亨伯特的"绝罚书",参见 *Acta et scripta*, pp. 153 – 154;凯卢拉利乌斯主持的宗教会议教令,参见 *Acta et scripta*, pp. 155 – 168。

首先来看亨伯特的“绝罚书”。他首先表明“神圣的罗马首席宗徒宗座”为了教会的和平与益处，委派他们三人作为特使（*Apocrisiarius*）来到君士坦丁堡，以核查传到罗马的风闻是否属实。在赞扬了君士坦丁堡作为帝国支柱的都城、可敬的居民都是最为正统的基督徒后，亨伯特将矛头直指凯卢拉利乌斯及其亲近的追随者，还列举了希腊教会的十大罪状：

> 他们像买卖圣职者（simoniacs）一样售卖天主的恩赐；像瓦拉习安派（Valesians）一样阉割他们的来访者，且不仅将这些人祝圣为神父，甚至还擢升到主教的位置；像阿里安派（Arians）一样对已经洗礼过的人——尤其是拉丁人——以天主圣三之名进行再洗礼；像多纳图派（Donatists）一样相信除了希腊教会之外，基督的教会及其真实的（弥撒）祭献和洗礼已从全世界消失；像尼古拉派（Nicolaitists）一样允许和捍卫神圣祭台上的神职人员（肉欲的）婚姻；像塞维里安派（Severians）一样坚持认为摩西的律法应受谴责；像圣灵受造派（Pneumatomachoi）一样将圣灵由子所发出（的信条）从信经中删除了；像摩尼教徒（Manichaeans）那样认为所有经过发酵的食物都是活的；如纳扎勒派（Nazarenes）一样坚持犹太人式的身体洁净到如此程度，乃至否认对出生后八天内去世的婴儿之洗礼，不给经期中或即将生产的妇女领圣体，或者这样的妇女是异教徒则拒绝她们领受洗礼；而且，他们还像纳扎勒派那样还蓄发留须，且不接受那些按照罗马教会习俗剃须削发者的圣体圣事。[46]

我们可以清楚地看到，虽然圣灵发出的神学论争也有所体现，但其在整体上同保加利亚来信一样，主要是对希腊教会若干礼仪实践、教会纪律传统等具体行为的抨击，没有上升到对整个希腊教会的否弃。亨伯特继而指出，在教宗指出其错误甚至特使已经抵达君士坦丁堡之后，凯

---

[46] *Acta et scripta*, pp. 153 - 154. 亨伯特在每一项质疑中都将之与古代异端相联系，也是10世纪以来拉丁教会指控希腊教会是异端思想温床的传统做法。

卢拉利乌斯不仅拒绝磋商,甚至变本加厉地毁谤拉丁教会,压制当地拉丁团体,使局势进一步恶化。但最为重要的是,亨伯特指责凯卢拉利乌斯甚至胆敢羞辱罗马教宗,自称"普世牧首"(*oecumenicum patriarcham*),这就直接挑战了教宗的绝对权威。[47] 因此,亨伯特要求希腊教会全面改正这些"异端"的行为,遵从西方教会的礼仪实践和神学理解,最核心的是要服从罗马教宗的最高权威。而凯卢拉利乌斯的拒绝态度与不作为,迫使拉丁使团以激烈的方式对之进行回应。在最后所谓的"绝罚部分",亨伯特明确点出了被视为"假牧首"的凯卢拉利乌斯、奥赫里德总主教利奥、凯卢拉利乌斯的亲信司库撒切拉里乌斯(Sacellarius)以及践踏过拉丁圣体的君士坦丁努斯(Constantinus)四个人。同时,亨伯特声明那些支持他们的人除非公开改正自己的错误,否则将同受谴责。换句话说,亨伯特其实只是"绝罚"了牧首及其最亲密的追随者,并非通常所误解的绝罚了整个希腊教会,甚至还为这些被绝罚的高级教士保留了悔改的空间。

然而,因为教宗利奥九世已于1054年4月15日去世,亨伯特"绝罚"的有效性也引发了学者们的争议。一派认为随着利奥教宗去世,亨伯特受派遣的使命也随之丧失合法性,所谓绝罚令只是他个人的僭越行为。[48] 另有一派学者则认为因当时仍处"任务尚未完成状态",亨伯特依据利奥九世的指示在君士坦丁堡的行为都应当被视为其特使职责的延续。[49] 根据1965年天主教与东正教联合声明来看,双方教会都承认了这

---

[47] *Acta et scripta*, p. 154. 有趣的是,利奥九世给凯卢拉利乌斯的第一封信题为"致君士坦丁堡牧首米哈伊尔信"(*Epistola ad Michaelem Constantiopoltanum Patriarcham*),而第二封信则题为"致君士坦丁堡宗主教米哈伊尔"(*Epistola ad Michaelem Constantinopolitanum Archiepiscopum*),此处称谓的变化表明了罗马教宗对凯卢拉利乌斯态度的变化。两封信的抬头分别见于 *Acta et scripta*, pp. 65, 89。当然,此处凯卢拉利乌斯所自称的"普世牧首"在拜占庭希腊文的语境中,可能是指代"帝国范围内"而非拉丁教会所理解的"普世教会"。

[48] Romilly James Heald Jenkins, *Byzantium: The Imperial Centuries, AD 610 - 1071* (Toronto: University of Toronto Press, 1987), p. 359.

[49] R. L. Odom, "The Sabbath in the Great Schism of A. D. 1054," in *Andrews University Seminary Studies*, vol. 1 (1963), p. 76.

一绝罚的实际效果。但无论如何,在当时的情况下东方教会都要面对历史上来自罗马教会对君士坦丁堡牧首的首次直接公开绝罚。

凯卢拉利乌斯对这一事态发展的反应更加耐人寻味。此前有论者认为,凯卢拉利乌斯不肯接见亨伯特等人是因为他此前两年与利奥九世的通信文辞友好,未预料到亨伯特所带来之教宗信函言辞峻烈。他还怀疑教宗书信的封印被动过,故而认为阿吉罗斯篡改了信中内容,进一步怀疑使者身份。这在他事后给安提阿的彼得的信中提及。[50] 但是,另有一些证据表明牧首当时实际上是相信特使是真的。据其当时身边一位名为穆赫塔尔·伊本·巴特兰(Al-Muhtar Ibn Butlan,? —约1075年)的叙利亚医生记述,他在"绝罚信"事件四天后面见牧首时后者显得忧心忡忡,对医生说他担心罗马的谴责将使他失去对局面的控制。与此同时,他不断地接见高层教士以商讨应对的措施。[51] 在凯卢拉利乌斯看来,阿吉罗斯在东西方关系中始终是一个重大隐患,这就使以宗教争议为导火索的冲突迅速演变成为一场政治权力斗争。

经过一周酝酿,凯卢拉利乌斯在君士坦丁堡召开主教会议,且在公共广场上聚集了大量民众。[52] 在主教会议后发布的声明中着重描绘了拉丁使团在抵达帝都之后要求公开举行拉丁礼仪弥撒和攻击东正教僧侣神学家的无理行为,历数拉丁人长期以来对拜占庭的偏见。而就亨伯特"绝罚信"中所列举的十大罪状,声明只简单回应了教士婚姻和"和子句"问题。更为重要的是,凯卢拉利乌斯试图将这一事件描绘为一场亨伯特和阿吉罗斯相互勾结的政治阴谋,从而摆脱对自己的指控,将矛头引向阿吉罗斯。教令中明确地说:

> 他们假装是由教宗派遣来的。但真相是,他们是由欺骗者阿吉罗斯和他若干亲信和顾问所派来的,他们是自行来到这里的,根本

---

[50] *Acta et scripta*, pp. 179 – 183; Smith, *And Taking Bread*, pp. 121 – 124; Runciman, *The Eastern Schism*, p. 45.

[51] G. Graf, "Die Eucharistielehre des Nestorianers Al-Muhtar Ibn Butlan," *Oriens Christianus*, vol. 35(1938), pp. 44 – 70, 175 – 191.

[52] J. Hussey, *The Orthodox Church in the Byzantine Empire*, p. 134.

不是教宗的信使。而且他们还伪造了声称是教宗给他们的信函。[53]

牧首虽然在信中指摘拉丁教会的若干错谬,但从未直接攻击教宗本人,甚至也没有否认教宗权威(当然也没有承认亨伯特所宣称的那种权威)。因此,正是凯卢拉利乌斯将这一事件的性质从宗教冲突转化为政治阴谋。他的绝罚部分只涉及亨伯特等三位使者,完全没有涉及利奥九世教宗和作为整体的罗马天主教会。这一方面可以使牧首保全宗教层面上的合法性和控制力,另一方面也借此打击异己。

此外,这份声明有两个方面值得特别注意。首先,其中特别强调牧首所做的一切都已获得皇帝首肯,并且表明是在皇帝授意下完成的。这既体现了政治斗争对1054年发生分裂的深刻影响,同时也表明当时拜占庭教会仍然需要维持传统的宗教会议模式,即所有宗教会议教令需要得到皇帝的认可。而且,这份教令中最重要的结果不是对拉丁使节的绝罚,因为他们当时已经离开了君士坦丁堡,而是将阿吉罗斯的儿子和女婿投入牢狱之中。根据当时的人记载,牧首此前非常不耐烦地强迫皇帝接受他的处理方案,甚至威胁说他既然能协助君士坦丁九世获得帝位,也能将他扳倒。[54] 这些细节都明确指向了牧首的政治考量和对局势的把控。

其次,一个为前辈学者所忽略的是这份声明中刻意扭曲了亨伯特"绝罚信"的内容,将亨伯特对牧首及其亲信的绝罚转述为:

> 无论谁违反了罗马和宗座的信仰和祭献,就让此人受到绝罚且不被视为正统(亦即被视为异端),而将之称为有酵饼者(*proazymite*)和新的敌基督者。[55]

---

[53] *Acta et scripta*, pp. 160 – 161.

[54] Deno John Geanakoplos, ed. & trans., *Byzantium: Church, Society, and Civilization Seen Through Contemporary Eyes* (Chicago: The University of Chicago Press, 1984), p. 141; *Acta et scripta*, pp. 165 – 167; A. Michel, "Praedestinatus, eine ungenannte Quelle Kardinal Humberts im Kampfe gegen Kerullarios," pp. 244 – 245.

[55] *Acta et scripta*, pp. 161 – 162.

如同上文所见，这个希腊文撰述版本中的措辞严厉程度大大超过了亨伯特的本意，而这种翻译上的歪曲也造成君士坦丁堡民众对拉丁教会敌意的加剧，使牧首可以利用民众情绪来对抗，实现对局势的控制，甚至藉此胁迫皇帝打击自己在政治上的对手。如果从这个角度来看，1054年东西教会分裂的最重要的推手并非暴躁的拉丁特使亨伯特，而是竭力维护其政治影响与权威地位的东方牧首凯卢拉利乌斯。

四、结 语

综上所述，地缘政治平衡的打破、东西方教会在礼仪和改革思想上的冲突以及事件参与者的自身利益与过激反应等多方面因素共同塑造了“1054 年大分裂”。首先，虽然东西方教会长期以来存在若干分歧，1054 年的爆发却极具偶然性，甚至堪称一场宗教外衣下的政治斗争。其次，在当时的语境中，具体的礼仪实践比教义分歧更为重要。弥撒面饼、教士婚姻、是否蓄须留发等问题不仅体现何种神学解释才是教会正统，更意味着哪一方具有裁决正统的权威。最后，过往研究中强调拉丁教会一方的激进改革所导致的冲突，而忽略拜占庭教会在凯卢拉利乌斯的领导下事实上也进行着类似改革，试图借助统一礼仪以强化牧首对整个东方教会的控制。而且就 1054 年分裂的结果而言，并未出现我们一般意义上所理解的整体性“相互绝罚”，最终被拜占庭一方引向了政治而非宗教领域。

对当时的人而言，这一事件并未立即对东西教会关系造成巨大影响，拜占庭文献中直到 12 世纪才开始出现“分裂”的字样。[56] 唯有安提阿主教彼得批评凯卢拉利乌斯制造了与罗马的分裂，认为无酵饼的习俗虽然有误，但终究无伤大雅。[57] 而在君士坦丁堡，凯卢拉利乌斯则被塑

---

[56] A. Michel, *Humbert und Kerullarios*, vol. 1, pp. 30 – 33.

[57] 在文献中，只有这位主教特别强调了“和子句”的重要性。但是他也为拉丁教会辩护说，可能因为西方长期处于蛮族人的统治下，他们忘记了《尼西亚信经》的正确版本。原文参见 *Acta et scripta*, pp. 193 – 203。简述参见 Siecienski, *The Filioque: History of a Doctrinal Controversy*, pp. 115 – 116。

造为阻挡西方异端洪流、捍卫正统信仰的代表。在他去世后,新皇帝伊萨克一世的重臣波塞留斯(Michael Psellus, 1018-1096年)亲自为凯卢拉利乌斯致悼词,称他为“最好、最神圣和最被误解的人”,着重赞扬了他对东方教会的捍卫。[58]

东西方教会在11世纪中期都存在着扩张教会权力、建立权威统治的趋势,利奥九世和凯卢拉利乌斯在自身的权威地位、教会与帝国关系的认识上有很大的近似性。如果说其中有所差异的话,核心就在于西方想把教宗权威延伸到东方教会的传统领地,而东方则试图在控制安提阿和耶路撒冷等东方宗主教区域的前提下,保持与罗马平起平坐的地位。也应看到,随着拜占庭新的军事将领成为皇帝,东方教会重新回到了隶属帝国的位置,无论是在民间还是政治、军事高层当中,双方仍然默认彼此是基督教兄弟,这也是后来东方向拉丁世界求援,乌尔班二世发动第一次十字军东征的基础。但许多学者也指出,1054年大分裂标志着独特的西欧文明之出现。克里斯托弗·道森就将之视为西欧文明真正诞生的标志性事件。[59] 美国学者威廉姆·乔丹也认为,这一事件标志着西欧拉丁天主教文明和东欧希腊东正教文明的彻底分离。[60] 从宗教认同的角度来说,1054年大分裂使双方在宗教情感和理念上渐行渐远。在此后将近两个世纪中,拉丁教会在教会管理体制的改革之外,在神学思想上也取得了重大突破。经院神学的建立、新兴修会的兴起和对教宗权威的极度推崇,使东西方教会在各个方面都越发难以相互理解。直到第

[58] Kōnstantinos N. Sathas ed., *Bibliotheca Græca Medii Ævi*, IV (Paris: Maisonneuve Et Cie, 1875), pp. 326-328. 一件大约制作于1057年9月的十字架文物表明,当时的人们认为凯卢拉利乌斯在1054年抵挡了罗马教会的异端洪流,相关历史和艺术分析,参见 Romilly J. H. Jenkins and Ernst Kitzinger, “A Cross of the Patriarch Michael Cerularius with an Art-Historical Comment,” in *Dumbarton Oaks Papers*, vol. 21(1967), pp. 233-249。

[59] Christopher Dawson, *The Making of Europe: An Introduction to the History of European Unity* (Washington, D. C.: The Catholic University of America, 2002), p. 183; Christopher Dawson, *The Formation of Christendom* (San Francisco: Ignatius Press, 2008), p. 261.

[60] William Chester Jordan, “Europe in the Middle Ages,” in Antony Pagden, ed., *The Idea of Europe from Antiquity to the European Union* (Cambridge: Cambridge University Press, 2002), p. 75.

四次十字军东征之前,东方对西方的排斥和不信任感日益加强,在拉丁人攻陷君士坦丁堡并建立拉丁帝国之后,双方关系才无可挽回地决裂了。而在对双方关系的历史回溯中,1054 年逐渐被视为分裂的起点,才最终构造出"1054 年东西教会大分裂"这一共同的历史记忆。

格里高利改革对教会腐败的整治及其历史影响

孙怀亮

【内容提要】 11世纪之前西部教会深陷大规模腐败，其主要是由封建制度体系对教会的影响所致，格里高利改革正是针对这一现象的整治。那场改革可大体分为两个阶段：即神职人员单身制的拓展和教会公职体系开放性的拓展，授职权之争和以教宗制为骨架的集权制的确立。然而以绝对权为特征的教宗制亦引发和酝酿了新的危机，16世纪新教改革即为其反动。那场宏大改革的目标正当性、体系性和连续性是其留给后世的巨大史鉴，对那一段斑斓而复杂的改革史的分析对我国当下的反腐亦具有现实参考价值。

【关键词】 格里高利改革　教会腐败　封建制　教宗制　绝对主义

一、问题的提出

西部欧洲——本文中的“西部”主要是指与东罗马-拜占庭体制覆盖地区相对应的概念，而不是地理概念，11世纪的意大利南部、威尼斯等属东部体系——在格里高利改革之前，尤其是在被称为“黑暗的世纪”(Saeculum Obscurum)的10世纪，世俗权贵对教会事务的干预等是体系性的、怵目惊心的，不仅直接侵蚀了教会本身，威胁到了整个西部欧洲文明体的精神品质，甚至构成了某种程度上的社会溃败。若进而考虑到外部问题，如西部与东罗马-拜占庭帝国的文明对比，诺曼人、[1]匈牙利人、阿拉伯人对欧洲既有格局的挑战和冲击；[2]以及内部因素，如教会在中世纪承载着教育、慈善等诸多公共职能，是公共活动的重要场所，是婚姻、生老病死等必经的归宿，圣座（Sancta Sedes）[3]具有主权并在国际事务中发挥着巨大影响，教会与神圣罗马帝国和法国的特有关系等等，那么我们就不难理解教会改革的时代迫切性及其对西部欧洲文明所肩负的基石性作用。

在上述因素中特别值得一提的是西欧与东罗马-拜占庭帝国的文明对比。处在同一时期的东部帝国的朝系主要有希拉克略王朝（Heraclian Dynasty，610－717）、伊苏利亚王朝（Isaurian Dynasty，711－802）、弗里尼亚王朝（Phrygia Dynasty，820－867）、马其顿王朝（Macedonia Dynasty，867－1057），马其顿王朝尤有光荣和鼎盛的历史记录。因而正面阻击阿拉伯人西进的主要正是东部帝国，如678年和718年君士坦丁堡的防守反击战对阿拉伯海军造成了毁灭性打击，740年在Akroinon的决战又再创其主力。相比之下，732年图尔（Tours）之战的胜利固然也很重要，但其规模和地缘政治毕竟无法和东部主战场相比。此外，在西部和东部的交往中，作为罗马统绪毫无争议的嫡传的东部帝国对10、11世纪西部教长沦为权贵奴仆等现象，无论是在外交还是在史书记录中都充满了斥责和嘲讽。如下历史闹剧或许有助于说明这一点，即（对立）教宗本笃七世（Bonifatius VII）974年逃到君士坦丁堡避难，984年试图返回就位，但暴死于罗马。

---

① 诺曼人的一支归顺了法国，并在11世纪对英格兰进行了“诺曼征服”，另外一个比较著名的分支则占领了西西里，12世纪后脱离了东罗马-拜占庭帝国并逐渐融入了西部体系。

② 伊斯兰军力曾一度控制了西班牙，意大利南部某些地区，如西西里、撒丁岛，并于846年洗劫过罗马城郊。

③ 国内学界、政界普遍将圣座不恰当地称之为“梵蒂冈”或“教廷”，相关分析，参见孙怀亮：《圣座主权和宗座大使：教会法和国际法的二元法律分析》，载《中国基督教研究》2017年第9期。

所幸者是,格里高利改革(Gregorian Reform,又译“额我略改革”)构成了西部欧洲法律和文明发展史中一个极为重要的分水岭,它确立了神职单身制(celibacy)和以教宗制为核心的集权制等,这些举措强有力地抑制了此前的体系性教会腐败、宗教品质下降等重大问题,世俗权贵对教会事务的介入受到了比以往更强有力的规范和制约,并因而形成了影响深远的教会法-世俗法的二元法体系,教会腐败得到遏制,欧洲所特有的大学(universitas)开始兴起,[④]真正意义上的市民社会也开始孕育和发展。可以说,若没有格里高利改革,西部基督教文明共同体的精神品质和历史命运无疑将是另外一番局面。

此外需要提及的是,就文意而言,形容词 Gregorian 含有“格里高利式的”“格里高利时期的”“格里高利在位期间的”等多重意思,在西文中它的内涵是丰富的、模糊的。但总的说来,“格里高利改革”指的是格里高利式的改革,这也正如法国教会法史学家高德梅(Jean Gaudemet,1908-2001)所论:“人们在使用‘格里高利改革’(Riforma gregoriana)名称时指的是一个庞大的改革运动,它起始于约 11 世纪中叶,截止于 1120 年左右。教宗格里高利七世(Gregorio VII, 1073-1085)既不是起点,也不是最后的终点。”[⑤]高德梅的这一论述属主流意见。[⑥] 当然也有反对使用“格里高利改革”术语的学者,如美国的中世纪史学家洛根(F. Donald Logan, 1930-)即这样认为:

> 这一用法隐藏了两个危险。首先,它认为这是一场教宗主导的改革运动,而这一点只是部分地正确,它扭曲了历史的真实性。其次,它给了格里高利七世在该运动中的核心角色的位置,而这一角

---

④ 关于早期大学和公教权威体系之间的关系的说明,参见瓦尔特·吕埃格总主编:《欧洲大学史》,第一卷《中世纪大学》,张斌贤等译,保定:河北大学出版社,2008 年。

⑤ Jean Gaudemet, *Storia del Diritto Canonico: Ecclesia et Civitas* (Torino: San Paolo, 1998), p. 332.

⑥ 高德梅的界定为众多学者所认同,如 Giuseppe Scellini, *Storia Del Diritto Canonico* (Milano: Giuffrè, 2014), p. 18, nota. 2;以及 *New Catholic Encyclopedia* (Detroit: Gale Group, 2003), vol. 5, “Gregorian Reform”, pp. 468-469。

色是很难找到历史记录支撑的。而"11世纪改革"(Eleventh-century Reform)则更好地描述了整个世纪以及下一个世纪前25年中出现的斑斓而复杂的各种力量。[⑦]

尽管我们不一定要废弃"格里高利改革"这一术语,其毕竟已成为了约定俗成的表达,况且"Gregorian"并非指其本人,但洛根教授的意见无疑是需要高度重视的,在其主张背后的乃是社会学方法的影响(美国学界在此表现十分突出),它有助于我们不被过度的精英史观所左右。无庸讳言,忽略教会改革的微观考察及其重要性的现象在我国目前尚较为普遍。

最后,也是最重要的,体制改革的迫切性和改革具体内容的正当性毕竟是不同的问题,即便改革在特定时段内缓解了问题,也不意味着其解决方式是不容质疑的、永恒的。格里高利改革特定化的体制改革直接或间接引发和孕育了新的历史问题,如教会大分裂(1378-1417年)、15世纪教廷的体制性腐败以及16世纪新教改革等。因之,对格里高利改革进行制度分析不仅有助于我们深入理解这场影响了整个欧洲历史的改革的学理价值和意义,也有助于从中获取史鉴和教训。

二、教会腐败体制成因分析

1. 教会腐败及其历史复杂性

关于腐败首先需要说明的是圣职买卖(simonia),[⑧]在当时它是十分突出的问题,那个时代的教会法也有很多直接针对它的款项,[⑨]中世纪

---

⑦ F. Donald Logan, *A History of the Church in the Middle Ages* (London and New York: Routledge, 2002), p. 106.

⑧ Simonia 来源于新约记载,宗徒圣伯多禄/彼得(Petrus)拒绝了 Simon 购买洗礼权能的贿赂(事见 Acts, 8: 9-25),该词后来便特指教会中的买官卖官现象。

⑨ 1060年拉特兰会议对圣职买卖的规定和论述是相对比较详细的,拉丁文-汉语对照本的部分内容,参见邓琴格(Heinrich J. D. Denzinger)、恩梅茨尔(Adolf Schönmetzer)编:《公教会之信仰与伦理教义选集》,辅仁神学著作编译会译,台北:光启文化事业,2013年,第350-351页。

史著作也大都会触及这个必不可少的主题。然而不得不说的是,圣职买卖只是教会腐败的表现之一,有些严重的腐败并不或很少直接涉及圣职买卖和不正当经济利益输送,而是表现为教会公职及其权力的私家化、寡头化和裙带化,乃至使教会高层权力领域变成了世俗名利场。换言之,体系性破坏教会内部的正当秩序和宗教目的才是最根本性的腐败,那种将目光仅仅聚焦于圣职买卖现象无疑是经济中心论的变相表现,它将扭曲我们对诸多重大制度问题的分析和判断。

其次,今人在分析那个时代圣职买卖等腐败现象时往往会受到现代人视角潜移默化的影响而将历史的复杂性简单化,这其中以自有教堂(ecclesia propria)[10]现象最为典型。实际上它在中世纪前期并非没有任何正当性,对此德国教会史学家毕尔麦尔(Bihlmeyere, 1874 - 1942)做了较为精确的定义性论述,参见如下:

> 自有教会制度指的是这种现象:地产所有人(Grundherr)在其土地上兴建了一个教堂(Kirche)或小圣堂(Kapelle),并另外加上不动产为其提供生计(und mit Liegenschaften zu ihrem Unterhalt ausstattete),他认为这就是其完全的所有物(volles eigentum)(ecclesia propria,自有教堂),而他为自己要求(beanspruchte)这种权利,即自由地安排该教堂(Kirchengebäude)和该财产(Vermögen),而无需主教同意便可聘用(bestellen)神职人员。……在此很容易有滥用之危险。[11]

据毕尔麦尔的考证,在8世纪时这种教堂在数量上就已经远远超过

⑩ 该词现多译为“私有教堂”或“私有教会”,但中世纪的皇帝君侯是公主体,且教会绝不能私有,故不宜将 ecclesia propria 译为“私有教堂”。经征询人民大学雷立柏(L. Leeb)教授之意见,本文一律采纳“自有教堂”之译法,并因之调整了其翻译的毕尔麦尔编著的《古代教会史》《中世纪教会史》中相应引文。

⑪ 毕尔麦尔编著:《古代教会史》,雷立柏译,北京:宗教文化出版社,2009年,第239页。引文相对汉译本有所修订并为雷立柏教授所认同,原著参见 D. Dr. Karl Bihlmeyere, *Kirchengeschichte*, vol. I (Verlag Ferdinand Schoningh: Paderborn, 1966), p. 318。

了教区教堂。[12] 数量如此庞大的自有教堂引发了教堂/教会的负担、利益和管理权的问题,包括什一税、献仪等中有相当多的部分掌握在了世俗权贵之手。除此之外,高德梅还提到了一个更为棘手的细节,即"自8世纪起,自有教堂被频繁转卖和易手"。[13] 由于地产所有权和管理权是联系在一起的,它就不可避免地带来了教会管理体制上的碎片化和飞地化,[14]教区体制也因之受到了直接冲击(西欧封建世俗版图也普遍存在这种情况)。而国王自有教堂的问题则更为突出,他们就此可名正言顺地介入高级教长的任命/提名(nomination)或指派(assignment)等教会事务。在有些情况下,教长职务越重要,其掌握的各种资源和影响力就越大,故世俗政府介入的动力反而就越强,乃至经常出现平信徒被推选、任命为重要教长之事。

但另一方面也必须看到的是,世俗权力和教会权力之所以处在一种理不清的胶着状态也是因为在当时人们尚未在法理和技术上发展出后世意义上的教会事务(res ecclesiae)和世俗事务(res civile)的划界。[15] 需知,封建时代王国境内的教长(praelatus)同时亦为政府官员,在一定程度上也拥有 regalia("世俗治权象征器物",与象征教会治权的戒指相对,其具体内容为开市权、造币权、司法权等),[16]有时还有封臣的名分,中世纪早期甚至还有提供兵源、出征或决斗等的相关义务,否则我们就

---

[12] 汉语文献参见毕尔麦尔:《中世纪教会史》,雷立柏译,北京:宗教文化出版社,2010年,第101页;以及"96.教产和自有教堂制度""97.圣统制中高级圣职人员在政府中的政治地位以及王侯对教长职务的指派"(Die staatspolitische Stellung der höheren Geistilichkeit und die Besetzung der Prälaturen durch die Fürsten),第100－105页。Besetzung 原译为"任命",经征询雷立柏教授,现均改译为"指派"。

[13] Jean Gaudemet, *Storia del Diritto Canonico*: *Ecclesia et Civitas*, p.279.

[14] 教产在教会内部易手的相应冲击很小,参见 Jean Gaudemet, *Storia del Diritto Canonico*: *Ecclesia et Civitas*, p.280。

[15] 对此高德梅还提及了另外一个背景:"中世纪盛期(L'alto Medio Evo)并不是一个宏大神学思辨的时代。关于这些问题的分析要等到13世纪才会出现更为精微的理论。"参见 Jean Gaudemet, *Storia del Diritto Canonico*: *Ecclesia et Civitas*, p.296。

[16] 关于 regalia 的说明详见 *New Catholic Encyclopedia*, vol.12, "Regalia", p.27。另见 *New Catholic Encyclopedia*, vol.7, p.42,该处为"Holy Roman Empire"词条,它给出了神圣罗马帝国 Regalia 四件器物的图片:王冠、权杖、十字架、宝球。

完全无法理解加洛林王朝、奥托王朝为什么会怀着提升教会品质的目的而广泛介入到教会事务,并导致了与王室关系密切的未成年人或宗教品质并不显著的人被指派为教长之事。不过这些介入是封建制和王朝制的一般特点,并不是针对教会的,世俗官职更是如此。

总之,教会腐败现象有着高度的历史复杂性和模糊性,并不都是公然对合法体制的毁坏或利用。**在特定时段内**,它甚至还有积极的价值,那就是使教会权力不被地方性势力或怀有异志的权贵所掌控,这也正如乌尔曼所说的:"唯有藉主教和修会长,任何王室政府的稳定才能获得保障。"[17]但不管怎样,随着教会和时代的发展,其体制弊病越来越明显,教会深陷封建体系最恶劣的产品就是教职私家化和寡头化现象泛滥,教宗选举深受罗马城权贵摆布的现象亦非常普遍。这些都不可避免地扭曲了教会公职系统的晋升和评选标准,进而引发了西部宗教和精神品质的严重降低。

2. 教会腐败的体制成因

当说"那个时代最大的恶就是自有教堂制度"时,[18]我们需要注意的是,东罗马-拜占庭地区始终没有出现西部教会的那种体系性腐败,这表明西部教会问题有其特殊的体制成因。历史表明,自800年圣诞节查理称帝之后,西部获得了有别于东罗马-拜占庭法统的法统独立性,但王制-封建-臣民制度体系的展开和推进也导致了世俗权力介入教会事务的突出问题,从乡村教区神父(彼时西部欧洲的大规模城市化尚未出现)到主教、教宗之职都盖莫能免,故乌尔曼的这一论断是精当的:所谓自有教堂制度(the so-called proprietary church system)是由法兰克人王朝体制(Frankish royal system)所致。[19]

对此有两点需要补充说明:第一,宗座国(Status Pontificius,又译"教皇国")不在西部帝国疆土之内的现象也在很大程度上构成了教会

---

⑰ Walter Ullmann, *A Short History of the Papacy in the Middle Ages* (London and New York: Routledg, 2003, 2nd edition), p. 92.

⑱ Ibid.

⑲ Ibid., p. 63.

腐败的促成性因素之一。通常认为丕平赠与之后宗座国即正式摆脱了拜占庭法统,获得了独立地位。这一特有现象虽然支撑起了圣座(Sancta Sedes)主权,但也滋生了罗马本地权贵对教宗选举等教会事务的干预问题,很多与宗座并不相称的人即因此而被推上了大位。以教会史著作大都会提及的约翰内斯十二世(Ioannes XII, 955 - 964)为例,"即便这位不成熟的宗座(immature pontiff)不足 18 岁,并不像 Liutprand 所描述的那样有那么多不堪的恶行(*Monumenta Germaniae Historica*: *Scriptores* 3: 340 - 346),但无偏见的证据充分表明他与其职位并不相称。"[20]这一问题直接涉及宗座国的体制问题,[21]这里只能简单地说,宗座国虽然在法理上是"圣伯多禄/彼得之地"(terra sancti Petri),但仅凭宗座自身并无法保障教会免于罗马权贵的干预,有时甚至就教宗本人和教廷的安全也需要外部权力的协助,皇帝奥托一世(Otto I, 936 - 973)、奥托二世(Otto II, 973 - 983)、奥托三世(Otto III, 983 - 1002)、亨利二世(Henricus II, 1002 - 1024)、亨利三世(Henricus III, 1039 - 1056)等带兵进入罗马整顿秩序即与此有关。[22]

第二,教会治理长期以来以宗徒(Apostoli,新教译"使徒")及其继承人主教为拱石,[23]这一点在形式上就突出表现为司铎和执事在晋秩礼中需向主教宣效忠之誓(主教问:你愿意效忠我和我的继承人吗?晋秩者答曰:我愿意!)。很显然,这一理念及其做法若不加限制必然容易诱发教会内的地方势力问题,教长利用权力买卖圣职、任人唯亲等裙带现象即是其鲜明表现,这一现象也是促使主教任命权收归中央的深层制度原因。

---

[20] *New Catholic Encyclopedia* (Detroit: Gale Group, 2003), vol. 7, "John XII, Pope", pp. 925.

[21] 宗座国宪法性体制沿革,详见 *New Catholic Encyclopedia* vol. 13, "States of the Church", pp. 490 -497。

[22] 关于这段历史的汉语文献,参见毕尔麦尔:《中世纪教会史》,雷立柏译,北京:宗教文化出版社,第 52 - 63 页。

[23] 包括盎格鲁教会在内的新教宗派虽自认是使徒(Apostoli)统绪的最佳继承者,但这只是比喻的说法,其与东正教的重大区别之一就在于其没有任何教派具有使徒统绪的历史传承,这也是其忽视使徒遗迹、遗物及其相关历史追忆的重要原因。

尽管西部体制并非没有任何积极因素,如圣座主权使罗马教会获得了相对更大自由度,君主和贵族对教会事业也热心有加,但其消极方面却是主要的:封建制度体系和平信徒干预教会事务的交织,严重降低了教会宗教品质,有宗教抱负的人士对此尤为不满。教会改革因而以消除封建影响和地方势力为其主要诉求,这也正如伯尔曼之所论:

> 在10世纪和11世纪早期出现了一场强大的运动,它旨在清除封建势力和地方势力对教会的影响,以及不可避免与之相伴的腐败。㉔

伯尔曼在此传达了两层含义:(1)"封建势力的影响"主要指的是查理曼体系后的世俗权力对教会的影响,而教会体制本身与世袭世选的封建制在法理上没有必然关系;(2)"地方势力的影响"主要指教会中的地方性势力,但罗马本地贵族的影响事实上也是一种地方势力,它们盘根错节地左右了教会治理。教会腐败和宗教品质下降等与这两重因素深度相关,所以教会改革才指向了它们。

既然教会职务在法理上不是封建体制下的私物,我们对教会腐败的制度分析就容易得到更恰当的结论。以圣职买卖为例,它主要(但不限于)表现为两大类型:一类是与前述自有教堂相关(具有部分正当性),另一类与教会公职的私家化、寡头化问题相关。公权私家化是指公职虽不是法律上的私物,但官职的选拔、晋升和考核等事项的实质控制具有高度寡头化和私家化特点,没有正当性。相应制度缺陷正是教会腐败现象的主要成因。因此不仅教会体制内的实权人物可以出售圣职,世俗权贵也可以因对教会的实质控制而出售圣职。

基于上述病理学判断,教会改革派大体达成了这样的共识,即要通过与世俗权力争夺授职权来完成体制改革,而这也正是那场改革被冠以"授职权之争"的根本原因。当然,争夺授职权所争取者只是使教会事务从世俗权力的**不正当介入和干预**中摆脱出来,以获得教会自由和自

㉔ Harold J. Berman, *Law and Revolution: The Formation of the Western Legal Tradition* (Harvard University Press, 1985), p. 89.

治,而不是要清除帝国政治权力对教会的**正当介入**——神圣罗马帝国皇帝有义务保护教宗和教廷不被地方权贵所裹挟——也不是要清除教会和政府的交叉任职现象。相应地,“教会自由”(Libertas ecclesiae)则成为了当时改革派的旗帜,其诉求也主要是指从世俗权力对教会事务的不当干涉中摆脱出来,套用今天的表达即为“免于世俗干预的自由”。这一旗帜当然具有高度正当性,也是“格里高利改革”和“授职权之争”(La Lotta per Le Investiture)可以归为“教会自由之争”(La Lotta per la Libertà della Chiesa)的道理所在。[25]

三、改革第一阶段:神职单身制的推广

历史表明,西部教会在10-11世纪初针对圣职买卖等腐败问题并非无动于衷,如在皇帝奥托一世、奥托二世的促进下就采取了很多整治,但效果都十分有限,而这对我们理解格里高利改革为什么以建构神职单身制和教宗制为主要目标是极为关键的。

1. 推广神职单身制及其动机

首先,主教单身是当时东西部教会的共同规制,东正教迄今依然沿袭着这一做法(主教主要来自修道院),保留了主教制的盎格鲁教会(Ecclesia Anglicana/Anglican Churches,现多译“圣公会”)[26]也长期以之为主流。西部教会由于深受封建制影响,主教单身受到了相当的冲击,而其之所以要“矫枉过正”对单身制进行深度拓展主要是因为根据那个时代的看法,将神职隔离于婚姻生活可以强有力地遏制教会公职的私家

---

[25] 在高德梅的著作中,格里高利改革和授职权之争(La Lotta per Le Investiture)两节共属“教会自由之争”(La Lotta per la Libertà della Chiesa)的大标题之下,参见 Jean Gaudemet, *Storia del Diritto Canonico: Ecclesia et Civitas*, pp. 331-347。

[26] “圣公会”的汉译已约定俗成,但其汉译并不接近词根 Anglia,而反倒最接近公教会的全称,公教会全称为“至一、至圣、大公、传自宗徒的基督教会”(the one, holy, catholic, and apostolic Church of Christ)。为强调二者在汉语表达中的差异,本文不采用“圣公会”之译法。

化等弊病,修道院(monastery,又译"隐修院")体制的复兴拓展和教会早期的整顿经验也证实了其对提振宗教品质的确具有明显作用,如毕尔麦尔即明确指出:"克吕尼(Cluny)的隐修院改革导致了11、12世纪的普遍教会改革运动。"[27]

关于修会和神职单身制乃至教宗制之间的关系所涉甚多,这里只简要提及一点,即公教内部多样化的主要表征之一,即是修会的异彩纷呈,如本笃会(Ordo Sancti Benedicti)盛产教宗和教会行政管理人才,德意志骑士会(Ordo Teutonicus,又译"条顿骑士团")这类军事修会(ordo militum)[28]以保护朝圣者免遭异教武装侵害乃至收复圣地为己任,耶稣会、圣言会等以学术宣教和兴办教育为擅长,林林总总的修女会则负担了大量社会工作,如孤儿院、麻风病院、残障护理、基础教育等。因此修会的活跃程度是衡量一个时代或地区公教活力的重要指标。因此对公教的考察也不能只以圣统制为中心(圣统制内部官僚化十分严重),而更要关注修会,后者相对更能表现出公教的特征和品质。这样的历史线索有助于我们对神职人员单身制的历史背景和成因有基础性的理解。

其次,关于神职单身制的确立顺序,高德梅曾这样论述道:"在就任宗座的初期,格里高利七世发起了针对圣职买卖(simonia)和神职结婚(nicolaitismo)的战斗,而没有反对法国和帝国的授职权。"[29]伯尔曼用"教皇革命"(Papal Revolution)去简约格里高利改革的做法,因而是有争议的。[30] 教宗制的建构诚然具有无可否认的基础性作用,但它并不是改

---

[27] 毕尔麦尔:《中世纪教会史》,第118页。关于10-12世纪修院的复兴和影响,参见第115-119页,以及第193-212页。

[28] 该词现多译为"骑士团",但考虑到ordo militum(军事会)或ordo equitum(骑士会)在本质上是修会团体,都发"神贫、贞洁和服从"三愿,故本文不采"军事团"或"骑士团"之译法。此外,这类修会的设立目的和宗旨与保卫圣座无关,即便圣座受到军事胁迫或出现对立教宗等,各方也不能调动这些军事力量以为己用,这种现象有助于我们充分理解教会权力体系的文官性质。

[29] Jean Gaudemet, *Storia del Diritto Canonico: Ecclesia et Civitas*, p. 343.

[30] 详见Berman, 1985, Part I, "1. Papal Revolution and the Canon Law", pp. 49-84。在伯尔曼的论述中,"教皇革命"(Papal Revolution)是"格里高利改革"的代名词,这一判断构成贯穿其论述的红线。

革的全部。从方法论角度说，伯尔曼的论断具有明显精英史观的色彩，这导致了他对教会改革中扮演了重要作用的中下层的力量有明显的忽略，那场宏大改革中的微观动量也因之没有受到应有的重视。

就具体过程而言，推广神职单身制的努力至少在10世纪后期即已启动，如"奥古斯堡主教会议(The Synod of Augsburg, 952)、安塞和普瓦捷会议(the Councils of Anse and Poitiers, 994,1000)就制定了神职单身制的法令"。[31] 而皇帝亨利二世(Henrius II)支持下的1022年的帕维亚(Pavia)大会也重申了神职单身制的原则。但一般认为，1123年第一次拉特兰大公会议(第九次大公会议)以法典(Codex)形式对此加以规定是其最庄重和最高级别的法律表达。[32] 与此相应的是，教会治权(Potestatas Regiminis)也被授予了这个单身化的神职阶层，已婚人士出任神职的现象被制度性遏制，平信徒参与教会事务核心决策普遍被视为对教会自由和教会自治的损害和干预，这一宪法性原则沿袭至今(已婚人士可出任终身执事，但终身执事是被锁定的神品，不得晋铎和祝圣为主教)。

与神职单身制紧密相关的是神职人员的培养机制和团体生活。教会在相当大的程度上将培养神职人员的神职学院(siminary，又译"神学院")和修道院元素结合了起来。自此以后，作为预备性神职人员的修士就必须接受相对封闭化的、长期的修道培育(现大约为6-7年)，这也成为了晋秩的资格性条件。[33] 此外，神职人员还要过与世俗生活保持特定隔离的团体生活。当然，团体生活并不是简单的聚居，这也正如Arrieta注释本所论述的："团体生活(la vita comune)不仅指以组织归属

---

[31] *New Catholic Encyclopedia* vol. 3, p. 326. 神职单身制的历史沿革详见该卷词条"Celibacy, Clerical, History of", pp. 322-328。

[32] 关于该条的原文拉丁文-汉语对照本，参见邓琴格(Heinrich Joseph Dominikus Denzinger)、恩梅茨尔(Adolf Schönmetzer)编：《公教会之信仰与伦理教义选集》，辅仁神学著作编译会译，台北：光启文化事业，2013年，第358-359页。

[33] 高德梅曾提及以前的规定：538年第三次奥尔良大会第6条(III concilio d'Orlean del 538, c. 6)和第4次托莱多大会第19条(IV concilio di Toledo del 533, c. 19.)都规定晋升执事年龄为25岁，晋铎为30岁，晋主教为40岁。参见 Jean Gaudemet, *Storia del Diritto Canonico: Ecclesia et Civitas*, p. 231。

(incorporazione)的方式成为具有某特质的社团的一员,也指以内部方式在团体住所(casa)中过团体生活,并受其纪律约束。"[34]它具体地表现为神职人员原则上须住在规定的座堂、教堂或教会机构,而不能自由地混居于市井民巷之中,因为混居不仅无法保障单身制,也无法使他们摆脱世俗名利和各种社会关系的纠缠。

总的说来,修会理念和规制中的封闭化、准军事化、甚至是共产主义化的组织方式经过一定柔化处理被大规模拓展到了神职人员的培养、工作和生活之中。从组织行为学的角度说,这些规定具有格外的意义。首先,王侯权贵的亲眷若没有长期修院培育无法出任神职,哪怕是鳏居的王侯本人异想天开地有意**兼任**教长也是枉然,他不仅没有修院的长期培育,没有晋秩,也不懂繁琐的教会礼仪和程式,还不能随意离开教会驻地,如主教府。其次,长时间的半封闭培育和没有经济压力的团体生活为教会培养了大量高素质、高专业化且忠诚于教会理念的人才,也使教会在人才的使用和擢升方面可以在很大程度上逐渐摆脱出身或封建门阀的控制,为提升宗教品质、降低腐败等提供了契机,在遏制世俗权力对教会事务干预方面起到了重大作用。

2. 推广神职单身制与教会公职系统的开放

从涉及人群的数量和分布比例上看,神职单身制固然指向教长,但更主要地则指向教阶体系的中下层。这种献身行为尽管也为某些贵族所喜悦,如虔诚者威廉(William, 875－918年,于910年创立克吕尼修会)、方济各(Francesco di Assisi, 1182－1226年,于1209年创立方济各修会)和圣伯纳尔德(St. Bernardus, 1090－1153年,熙笃会"第二创始人")等均出身贵族,但贵族在数量上毕竟有限。为数众多的中下层阶层所受到的损失是显而易见的,在可预见的未来,出任神职必然意味着放弃婚姻生活。随之而来的问题便是基层神职人员的牺牲如此巨大,有些地区还出现了观望和懈怠,但为什么这个制度为主流所认可呢?它历

---

[34] Juan Ignacio Arrieta, *Codice Di Diritto Canonico E Leggi Complementari: Commentato* (Roma: Coletti a San Pietro Editore, 2013), p. 452.

经了16世纪的宗教改革和现代社会的强烈冲击为什么屹立而不倒呢?对此本文将从三个方面予以说明:

第一,就格里高利改革本身而言,它对已婚神职人员大体上没有采取野蛮的、简单的抛弃,而是采取了尽可能的安置安抚,如让已婚神职人员转到教会学校当教师等。这里要特别强调的是,不让已婚司铎主持圣事并不意味着他们不能留任任何教会公职,而只是说他们在教会治理和圣事中的地位被边缘化。这些过渡性措施大大降低了改革本身的阻力和酷烈程度。那种动辄让个体为共同体的发展放弃原有正当权益和预期的改革显然是反文明的,让众多出身卑微的司铎家庭深陷突然“下岗”的窘境(贵族子弟原则上不存在类似问题)无疑将断送或折损教会改革的正当性和教会的声望。

第二,教会经济对神职人员的培养、工作和生活形成了强有力的支撑,这一点的作用十分巨大。众所周知,就是在现今福利明显不均衡的国家,来自下层的家庭也很难获得机会公平和上升渠道,不仅供养子弟持续学习是困难的,经济上的压力和对权贵的依附也无助于独立人格的成长和陶化。但在公教地区,只要一个人发愿进入修会或从事神职,教会就会在经济上供养他,如有天资还可以获得更多的教育机会而完全没有生计压力。不难理解的是,这一制度改革的红利主要为中下层所吸收,他们也因之形成了一股强烈而持久的支持性力量,并构成了改革最终成功的不可或缺的社会力量。

第三,也是更根本的,神职的担任和晋升展现出了更多的公开性和开放性,而不是像以往那样主要取决于少数权贵圈子的亲疏关系。在旧有制度格局中,个人在教会事务上的才干并不是晋升和考核的最高指导原则,而格里高利改革则改变了教会公职体系的考评方式,它极大提升了基层神职人员的工作热情和上升空间,也迅速改善了宗教供给的品质。**与同时代封建制比较而言**,西部教会具有了这样的体制优势,即个人可不因族裔或出身卑微而无法成为神职人员或博学多能的修士,进而光耀门庭。反之,在原有旧制度中,中下阶层的上升空间就极为有限。而这当然也是教会改革能赢得大部分人支持的关键。这些举措即便在现代看来也是制度文明的巨大进步,它把原来属于世袭世选权贵圈子的奶酪向外进行了大幅分摊。

很自然地,上述改革措施使西部教会在组织层面具有了高度开放性。这一历史过程的积极作用也可以从罗马体制中得到侧面说明:布匿战争之后罗马版图迅速扩大并创设了行省制,罗马市民籍开始拓展,212 年的《安东尼努斯宪法》(*Constitutio Antoniniana*,又称"《卡拉卡拉敕令》")[35]构成了其大规模推广的标志,这个过程为行省居民出任帝国元首、元老、高官等扫平了法理障碍,东罗马-拜占庭多个皇帝和朝系创建者等出身于前蛮夷行省的现象,更从侧面印证了帝国四海一家的吸纳力和包容力。[36] 这一历史背景有助于我们更充分地理解格里高利改革所带来的体制开放性,对强化教会共同体方面所起到的促进作用(这一作用亦在大学的兴起中得到强化)。当然,这并不是说宗座一职具有了今天意义上的那种世界性和开放性(意大利人始终为压倒性多数),也不是说高级圣职中的权贵家族世选现象被彻底阻断,而是说教廷、教区、修会乃至教会相关机构等在微观组织上具有了**相对**更高的开放度。历史地说,教会公职系统的开放性在今天也依然闪耀着高度价值,国家亦然,只有当公职体系的开放性和晋升的公正性紧密相联时,政府才能赢得正当性和历史地位,否则就变成了"乱哄哄你方唱罢我登场",而体制并无实质提升,核心权力和财富依然掌控在特定门阀或权贵阶层,那样的政府体制和结构毕竟不足以为文明社会所效法,其不仅无法在历史中留下

---

[35] 罗马法中的 Constitutio 与现代宪法不同,它是复数的、可调整的,就法律性质而言它是皇帝签署并颁布的最高立法性文件。与此对应的,教会法中的相应文件为宗座签署并颁布的,是最高效力的立法文件,故亦称 Constitutio Apostolica(现汉译为"宗座宪章""宗座宪谕")。为强调现代宪法与古典宪法的文意关联,本文一律译为"宪法"。

[36] 尽管罗马帝国体制的包容性是有条件限制的,如帝国中央和行省两个层面没有王制(rex),以及对公民制、公民籍的推广等,但盐野七生的这一论断依然具有穿透力:"若有同样的机会,只怕甘地的精神不会倾注于印度独立,而是致力于维系大英帝国存续吧。——罗马人并非支配其他民族,而是将其他民族都化为罗马人。"参见盐野七生:《罗马人的故事:关于罗马人的二十个问题》,郑维欣译,台北:三民书局,2003 年,第 69 页。顺便提及的是,英帝国和罗马帝国的根本区别就在于前者只有殖民地/海外领地(Colony)而无行省(Provincia),也即它没有、也无意建立真正的一体化帝国机构,而这也是美国、印度等纷纷独立的制度原因。

美誉，甚至还可能会面临颠覆和分裂的危险。

四、改革第二阶段：授职权之争及其妥协

1. 授职权之争的现象学澄清

无论如何，人总是身处种种社会关系的包裹之中，家国、社会关系等利益、压力、价值等都是需要认真对待和考量的，仅仅依靠神职人员单身制和教会的团体生活，对世俗权力干预的遏制作用是有限的。因此，尽管第一阶段的改革有其显然的作用，却不宜过度评价，单单凭借它们去整治教会腐败、维护教会自由等最多只能取得局部性效果，而不可能掀起巨大的历史波澜。唯其如此我们才能更充分地评价授职权之争的内涵及其价值。

所谓“授职权之争”（The Investiture Struggle），顾名思义，指的是教会针对世俗权力对教会授职权（Investiture）的斗争。由于教会没有武装系统，[37]所以它不得不谋求建构内集权体制以对抗外部干扰，而这些对我们理解授职权之争及其妥协是极为重要的背景。

这里首先需澄清的是，皇帝亨利四世（Henrius IV，1056－1106）和教宗格里高利七世的纷争及“卡诺莎（Canossa）事件”（1077）会给人一种印象，即授职权之争首先是教宗和皇帝之间的权力冲突，但这正如高德梅之所论：“在 11 世纪后半叶到 12 世纪第一个十年中，授职权问题使教会和地方官长（signori locali）发生了冲突。”[38]也即授职权之争最初和最基本的部分主要是针对地方性权力的，而不是针对皇帝的，若没有帝权或王权的支持而仅靠教会自身是难以完成授职权争夺的。格里高利改革之前和期间的多位教宗都为德意志人，如锐意改革的教宗列奥九世

---

[37] 教会尽管有 ordo militum（军事会）或 ordo equitum（骑士会），但它们在本质上是修会团体（ordo 是拉丁语中对“团体”的称呼之一），并非宗座或宗座国本身的武装。

[38] Jean Gaudemet, *Storia del Diritto Canonico*: *Ecclesia et Civitas*, p. 341. 这里需要说明的是，上文中的 signori 之所以翻译为“官长”是因为意大利语中的 signore 不仅指封建制下的君侯，也指自治市（comune）中的官长，以及原则上不处在帝国封建体系之中的宗座国（Status Pontificius）内的官长，如罗马城本身的高级行政长官。

(Leo IX, 1049 - 1054,皇帝亨利三世的表亲),甚至就连格里高利七世本人也来自于意大利北部的帝国辖区,他们的当选和改革都得到了皇帝不同程度的支持。对此伯尔曼这样指出道:

> 然而,为使这些努力取得成功,就需要强大的中央权力的支持。而教宗职权(papacy)却是软弱的,它无法达致这个目的;事实上,教宗在当时是从属于罗马城贵族的。克吕尼会士(Cluniacs)成功地争取到了作为查理曼继承者的皇帝们的支持,他们统治的地区包括现在的德国西部、法国东部、瑞士和意大利北部。反之,皇帝们也乐于有克吕尼修会以及其他改革运动的支持,有了这种支持,他们迟早就可以夺取罗马贵族任命教宗的权力。[39]

其次需要澄清的是1059年(时值皇帝亨利四世九岁)由拉特兰会议颁布的、由教宗尼古拉二世(Nicholaus II)签署的封闭选举(conclave)法令《以上主之名》(*In nomine Domini*),[40]它也同样有助于我们对皇帝和教会改革之间的复杂性做出进一步的理解。该法令将教宗选举人狭窄地锁定在了枢机,据此任何人都不能绕过枢机团的选举而出任教宗;同时,教宗原则上应由枢机出任——历史上最后一位非枢机教宗为乌尔班六世(Urbanus VI, 1378 - 1389),他的就任构成了大分裂的直接导火索。就功能而言,《以上主之名》法令首先是教会内的权力重新分配机制,非枢机基本没有出任教宗的可能。据此,尽管世俗权贵依然可以一定程度上参与决定教宗候选人,但包括皇帝在内的世俗权力直接指定教宗的现象毕竟在形式上受到了限制。尽管该法令给亨利四世保留了以往皇帝的“罗马元勋”头衔(Patricius Romanorum,现多译“罗马权贵”或“罗马贵

---

[39] *Law and Revolution: The Formation of the Western Legal Tradition*, pp. 90 - 91. 汉译本参见伯尔曼:《法律与革命》(第一卷),贺卫方等译,北京:法律出版社,2008年,第87页。

[40] 该法令的基本框架来自769年教宗Stephanus III (768 - 772)时期的法令。这一细节有助于我们注意到宏大改革对历史的选择性强调和援引,乌尔曼特别提及这一点并列举了该会议的五个方面的重要性,参见Walter Ullmann, *A Short History of the Papacy in the Middle Ages*, p. 88。其具体内容的拉丁文和英译本亦可参见维基百科。

族")以及"保护"教会的权力,但其提名权却无疑受到了限制。但即便如此,该法令本身也没有引发皇帝和教宗的冲突,在后来选举对立教宗之时,各方也没有废弃该法令的意图。这主要是因为《以上主之名》所直接针对的是罗马本地权贵干预选举罗马主教的(教宗首要身份为罗马主教),而并不针对皇帝。所以帝座和宗座之间虽然有各种纷争,但他们也有休戚与共的一面:在削弱世俗势力干预教会事务的目标上,宗座和帝座有其协和的维度,而不完全都是冲突性的,那种将教会改革化约为"双皇斗"的看法不仅是偏颇的,甚至还具有误导性。

最后需要澄清的是,尽管英语学界很多著名史学家都广泛地使用过皇帝"任命"(appointed)教宗的说法,如乌尔曼就这样说道:"事实上,在955－1057年期间有25位教宗,其中有不少于12位是皇帝直接任命的(straight imperial appointments),其他的是由罗马贵族产生,而有5位教宗则由皇帝撤职或免职。"[41]但必须指出的是,英文中的appointed有宽泛和狭义的两种语用:狭义的使用是指上级在其本权范围内对下级的任命,如教宗对主教的任命或美国总统对部长的任命;宽泛的使用则涵盖提名,如美国总统对联邦法院大法官的提名,而皇帝任命教宗恰恰属于后一种情况,即提名权,因为教宗不是其直接下属。作为教会法史学家的高德梅之所以偏爱相对更为严谨的"提名"(nominare/la nomina)这一措辞即与此有关,他在论述"教宗制"(Papato)时就以追溯"选举"(L'elezione)为开篇:"正如每一个教区主教一样,教宗在理论上是由教区'神职和人民'选举出来的,而这种选举在事实上也经常是相当重要的。"[42]毫无疑问,如果皇帝可以像任命直属臣僚一样任命教宗,那么《以上主之名》法令就剥夺了皇帝的正当法权,而事实当然并非如此。

---

[41] Walter Ullmann, *A Short History of the Papacy in the Middle Ages*, p.82. 伯尔曼的相应用法几乎贯穿了全书。类似的,剑桥中世纪史书系也大量使用了"appoint"或"appointment"的措辞,参见*New Cambridge Medieval History*, vol.4 (Cambridge: Cambridge University press, 2004), c.1024－c.1198, Part 1, "9 Reform and the church, 1073－1122", pp.268－334。

[42] Jean Gaudemet, *Storia del Diritto Canonico: Ecclesia et Civitas*, p.287. 格里高利改革之前教宗选举制历史追溯,参见pp.286－290。

2. 授职权之争的峰值事件及其妥协

首先,国际学界对授职权之争的峰值性事件的判断存有一定的分歧。伯尔曼认为“那场革命的开端——即在1075年《教宗如是说》(*Dictatus Papae*)中——此前的政治和法律秩序被宣告废除”。[43] 但多数学者认为它没有发表,[44]不具备法令的身份,将其汉译为“教宗敕令”或“教皇敕令”都是不可取的(敕令是泛称,不能用来命名具体法令)。毕尔麦尔即认为1075年关于米兰大主教等的授职权之争是冲突的核心,[45]高德梅也持这种观点,其如是论述道:“皇帝在1075年对米兰大主教(arcivescovo)以及对班贝格(Bamberga)、斯波莱托(Spoleto)[46]和科隆主教获选人的提名(la nomina,或译“指派”“任命”)引发了冲突。”[47]

对于上述纷争乌尔曼给出了更为深入的观点,他认为格里高利七世没有对亨利四世的日耳曼国王身份(German kingship)和罗马皇帝身份(Roman emperorship)加以清晰区分,从而介入了虽秉承帝号,但本质上仍是德意志的内政和纷争,而这才是争执以剧烈形式出现的根本原因。[48] 相比之下,教权如日中天的“英诺森三世就从格里高利七世的错误中汲取了教训:教宗(papacy)的确明朗地宣告,与皇帝身份不相干的

---

[43] Harold J. Berman, *Law and Revolution: The Formation of the Western Legal Tradition*, p. 104.

[44] 认为它没有发表的有高德梅,参见 Jean Gaudemet, *Storia del Diritto Canonico: Ecclesia et Civitas*, pp. 348 – 349。乌尔曼也持有这种观点,参见 Walter Ullmann, *A Short History of the Papacy in the Middle Ages*, p. 99。

[45] 参见毕尔麦尔:《中世纪教会史》,第139 – 141页。

[46] 米兰和斯波莱托(Spoleto)在当时属于帝国辖地,其中米兰主教的历史地位一直都非常显赫,迄今依然如此,圣安布鲁斯(Ambrosius, 339 – 397)的圣骸就供奉在 Duomo 大殿主祭台的后侧。

[47] Jean Gaudemet, *Storia del Diritto Canonico: Ecclesia et Civitas*, p. 343.

[48] George Garnett 教授在 *A Short History of the Papacy in the Middle Ages* 一书中特别提及到这一点,参见 Walter Ullmann, *A Short History of the Papacy in the Middle Ages*, “Introduction”。顺便说明的是,神圣罗马帝国皇帝产生机制最早的体系性解决一般认为是1338年的选帝侯会议,其最庄重的法律表达是1356年的 *Bulla Aurea*(黄金诏书),据此德王的合法性主要取决于七个选帝侯的选举。

日耳曼国王身份并非宗座之所关注”。[49] 事实上,乌尔曼的论断还可以从如下事件中得到反面印证,即皇帝狄奥多西一世(Theodosius I, 392-395 年作为全部帝国疆土的皇帝而在位)曾被绝罚,但由于罗马皇帝的合法性主要来源于选举、前任指定、军人拥戴乃至武力夺取等政治方式,故绝罚并不影响其帝位的合法性。[50] 相反,绝罚神圣罗马帝国皇帝则不可避免地触及到了德国内政,用 George Garnett 教授的话说就是:“格里高利的‘策略性错误’(strategic mistake)就是针对国王而战,而不是针对皇帝,即教宗的创制物(a papal creation)。”[51]

其次,帝国和教会关于授职权的冲突不仅消耗了双方大量的精力,也给整个西部欧洲带来了巨大动荡,不断另选教宗的现象对双方的合法性都是一种侵蚀,妥协成为了时代要求。简要地说,皇帝亨利五世(Henricus V, 1105-1125)和教宗加理多二世(Calixtus II, 1119-1124)双方代表于 1122 年签订了《沃尔姆斯政教协定》(*Concordat of Worms*),对授职问题做了技术上的互惠性处理,由此构成了那场宏大的教会改革的终结性标志。

《沃尔姆斯政教协定》由极为简短的两个独立部分构成:第一部分主要内容为教宗肯定皇帝 Patricius Romanorum(罗马元勋)的身份,也即他对帝国境内教长的产生机制享有监督权,如有责任保障没有贿赂和暴力胁迫等;程序有瑕疵时皇帝可以藉主教会议等给出自己的意见或协助解决;教长应通过接受权杖的仪式被授予 regalia。第二部分主要内容为皇帝承认教宗对教长的自由授任权,即通过戒指和法杖的形式来授予主教以教会治权。[52] 就结果而言,《沃尔姆斯政教协定》虽不能说从无到有地创造了、但至少也是划时代地开启了教会和国家在法理和功能等方面

---

[49] Walter Ullmann, *A Short History of the Papacy in the Middle Ages*, p. 104.

[50] 东部被处绝罚的皇帝至少有列奥六世(Leo VI, 886-912)、米海尔八世(Michael VIII, 1259-1282),参见 *The Oxford Dictionary of Byzantium* (New York, Oxford: Oxford University Press, 1991), vol. 2, “excommunication”, p. 768。

[51] Walter Ullmann, *A Short History of the Papacy in the Middle Ages*, “Introduction”.

[52] 关于《沃尔姆斯政教协定》的内容,参见 *New Catholic Encyclopedia*, vol. 14, “Worms, Concordat of Worms”, pp. 849-850。

进行划界的历史序幕,并由此推进了影响深远的、西部地区所特有的教会法-世俗法的二元法体系。

五、作为绝对体制的教宗制及其问题

1. 作为绝对体制的教宗制

前文表明,教宗制主要是西部教会针对封建体系下教会腐败的整治,而它在组织形态上的重要表现就是权力集中化。作为结果,宗座在体制性质上成为了绝对权(absolute power),教宗制也因之成为绝对体制(absolute regime)。[53]

这里首先需要说明的是,公法上的绝对权(absolute power)是指不依赖于异己性权力机构而实现、也不受制衡之权力,而宗座之所以是绝对权,主要是因为普世机构层面不存在着对它加以制衡的、异质性的机关权。同时,由于拉丁主教原则上由宗座任命,因此也不存在因中央-地方权力划界而产生的纵向制衡。相应地,主教权力在地方范围内也不受横向制衡,当地方主教行为不端或有违教会法时,处分和制裁只能来自其上级,即体现宗座权力的教廷。部分地由于这个原因,尽管大公教会是法律共同体(a legal community),但却不是法治共同体(a community of rule of law)。

其次,教宗终身制虽然与当时普遍存在的主教终身制有关,但更主要的却是借鉴罗马帝制的结果,这一点充分地反映在教宗和皇帝(Imperator,又可译"最高统帅")的终身制在机理上的同质性:当共同体高级官员(军政要员和主教)向皇帝或教宗个人效忠、而元老院等议事机构又不能以机关化方式承载共同体最高权威之时,最高掌权者的终身制就必然会相伴而生,否则就会使共同体陷于分裂,而这也是教宗终身

---

[53] 国内学者早已有人注意到 absolute 和 absolutism 应译为"绝对的"和"绝对主义",参见佩里·安德森:《绝对主义国家的系谱》,刘北成、龚晓庄译,上海:上海人民出版社,2000年,"中译者序",第3页。关于"绝对主义"在公教体制中的内涵,参见 *New Catholic Encyclopedia*, vol. 1, "absolutism", p. 44。

制历经现当代民主法治化浪潮的冲击而屹立不动的根本原因之一。当然,教宗终身制和皇帝终身制的主要区别主要在于教宗原则上没有直接指定继任教宗的权力,教宗也是唯一没有储位主教(episcopus coadiutor,现译为"助理主教",主教空缺时享有继位权)的主教。

这里顺便说明的是,本笃十六(Benedictus XVI, 2006 - 2013)宣告退位之后不仅嘱咐枢机们要对未来的继任者有"无条件的服从和尊重"(unconditional obedience and reverence),他本人还明确宣告既不参加、也不介入下一任教宗选举,更不会在下一任教廷中任职。相反,他在梵蒂冈中过起了闭门谢客的隐居生活,这种做法略相当于权力上的自我隔绝,而其主要目的就是为了避免影响后任教宗的权限,当然也是为了取信于新任教宗(梵蒂冈显然不是颐养天年的宜居地)。但这一做法很难制度化,给教宗设定类似于总统制的任期必然会在教会中兴起可预见的党争,平信徒乃至政治国家的介入也因之而有重起之危险,这将直接威胁到 11 世纪以来确立的教会法中的诸多宪法性原则。

2. 教宗制的内在问题

格里高利改革及其妥协对西方法制史产生了极为深远的影响,它强有力地遏制了教会腐败,促进了市民社会的形成,具有浓厚自治功能的行会、大学和城市的迅速兴起等即与之紧密相关。不过其在结果上引发的善并不能使该体制能豁免任何质疑和批评。

就改革的效果而言,格里高利改革并非完全成功,因为此后圣座和帝座、王座的争执以及罗马地方势力对圣座的干扰并没有被彻底杜绝,法国国王的影响更是持续了近百年之久。人们之所以认为它是大体成功的,主要是就确立神职单身制和教宗制的这个维度而言的。**在当时的历史条件下**,教宗制是利大于弊的,但后来的历史却表明,这种向上负责的制度体系在带来诸多制度收益的同时也孕育了巨大的历史问题,如教会大分裂(1378 - 1417 年)、15 世纪教会高层(含教宗)的腐败、16 世纪的新教改革等都与之紧密相关。毫无疑问,尽管以教宗制为骨架的集权制为宗座免于世俗干预提供了强有力的制度支撑,但宗座的绝对权本身却具有不可避免的内在隐忧。绝对主义(absolutism)诚然并非无限制主义(unlimitism),教宗也要受教廷等官僚机构的高度限制,甚至有教宗就感概道"我不过是个教宗"。但受限制与绝对体制并不冲突,个人方式的反对、平衡与法律方式的反对、平衡是截然不同的。

不可否认,绝对体制是一把双刃剑,教宗制在解决问题的同时也给后世埋下了新的问题。以出身美第奇家族的列奥十世(Leo X, 1513-1521年,他率先遭遇了路德问题)为例,这位俗名为 Giovanni 的少年在1489年尚13岁时(这一年他还在学习神学和教会法)就被教宗英诺森八世(Innocentius VIII, 1484-1492)任命为枢机级执事(cardinal deacon)。[54] ——这里需要特别提及的是,从法律形式的角度说,Giovanni 出任枢机并非完全不合规制,其在8岁时即受剃度礼(tonsure)进入了神职序列。[55] ——这主要是因为宗座是绝对权,其对枢机的提名不会受到横向机构的制度性驳回。[56] 无论如何,枢机原则上应该接受过长期神职学院培训且已结业,并具有丰富教会高层经验的成年人(现在教会法中的最低晋铎年龄为25岁,参见1983年《教会法典》第1031条第1款),否则就有违自然正义,但这种有违自然正义的现象都可以被"合法地"突破,可见当时教会高层权力生态是何等境况。

最后需要特别提及的是,11世纪前和15世纪的教会腐败并不是历史的重复:前者主要是封建势力和地方势力干扰所致,而后者则主要是绝对体制本身的缺陷所致。授职权之争以来的教职晋升和选拔的主要方式是上级考核和对上负责,这种制度下的腐败主要是(但不限于)两方面的体制原因所致:(1)针对举荐方、提名方的责任机制的缺失(法治国家中的政治责任机制不仅指向自然人也指向政党法人);(2)制度体系中缺乏独立的、具有驳回功能的机关权,以及可以行使独立监察权或弹劾权的机构。这些正是绝对体制弊病的典型表现。新教体制表明,以

---

[54] *New Catholic Encyclopedia*, vol. 8, p. 485.

[55] Ibid.

[56] 与之相对的是个人方式的驳回。试举一例,在御前会议(il concistoro ordinario)中,教廷重要官员(主要为枢机)当然可以对教宗提出反驳或批评,但御前会议本身却属教宗权下,它不是像国会那样是独立于总统的横向权力机构。换言之,任何人不能以法律的方式(legally)驳回宗座的决定,而只能以个人的方式(personally)为之。

宗座为顶点的集权制只是教会组织形态的选项之一，而不是唯一和全部的选项。

六、结语：格里高利改革史鉴

格里高利改革有其特殊的外部条件，如 1054 年的分裂为西部教会改革提供了彻底独立的内部环境，这使其无需再像以前那样考虑东部教会和共同的大公会议对其改革措施的普世性价值的评价。[57] 但更为重要的则是圣座拥有主权，这个条件是东部教会完全不具备的，故后者完全不可能、也不应出现类似的改革运动。然而世上没有不具特殊性的共同体，过度聚焦特殊性将使这一重大历史事件中的普遍性因素受到遮蔽。对此这里将从积极和消极这两个方面作一简评。

首先，当分析任何一场历史性大型改革时，正当性无疑是最前提性的因素。而格里高利改革的正当性至少表现为两个主要方面：第一，其目的是整治教会腐败和争取教会自由（Libertas ecclesiae），而不是为了特定少数家族或权贵阶层利益的最大化而实施的宫廷式改革，那种改革不能给普通人开放出更多的上升机会，其历史作用相对是有限的。以神职单身制为例，它意味着基层神职人员的个人牺牲，但这种牺牲得到了体制开放度扩大化的预期性补偿，否则它就会彻底失去其正当性，也不可能获得广泛的微观性支持。第二，反对圣职买卖阻断了教会内外的权贵出卖教职的财路，宗座任命主教制度压缩了宗主教（Patriarcha，又译“牧首”）、首席主教（Primatus，又译“大主教”）、教省主教（Metropolita，又译“都主教”）等重要教长的权限，自然也削减了他们炫耀权力的空间（在封建体系中这一点极其重要），而单身制则使所有基层神父不得不做出某种牺牲。但由于其目标具有无可争议

---

[57] 这里需要注意的两个细节是：（1）正统基督教世界（异端地区除外）有五大传统宗主教区（Patriarchate，又译“牧首区”），它们分别为：罗马、君士坦丁堡、亚历山大里亚、安条克（Antioch）和耶路撒冷，其中后四个皆属东部；（2）东西教会分裂之前，双方对对方的教会法管辖权（canonical jurisdiction）有技术上的屏蔽处理，以拒斥其不符合自己的教令，但分裂之后这种技术处理即完全不必考虑。

的正当性,前仆后继的改革者抱着英雄般的担当和使命感,呈现出了巨大勇气和理想主义气概,为了一个更可取的人间制度而将个人荣辱和利益置于度外,格里高利七世客死异地(格里高利七世应享有葬入伯多禄大殿的荣誉),圣列奥九世也在诺曼人的军队里被囚近一年。总之,高远而正当的目标是格里高利改革得以成功的首要因素,这也正如伯尔曼之所论:

> 其政治目的,也即教皇派所称的"教会自由"——将神职人员从帝国的、王室的、封建权力的支配(domination)中摆脱出来,并整合于教宗权威之下。……人们可以看到,它所牵涉的远非权力斗争。它是一场为了世界新秩序以及"新天新地"的、具有末世论意义上的斗争(apocalyptic struggle)。[58]

其次,格里高利改革尽管是长期的,但并不属于渐进改革,这也正如伯尔曼所说的:"这一事实,即这场革命花费了很长时间——数代人之久——才达致其目标,但这并不使其过程成为渐进性的(gradual)。"[59]在澄清了这一判断的基础上,我们将通过如下图表加以说明:

改革类型	短期的	长期的
体系化的(sytematic)	体系化的短期改革	**体系化的长期改革**
散乱无序的(diordered)	散乱无序的短期改革	散乱无序的长期改革

总的来说,格里高利改革在类型学上属于"体系化的长期改革"。格里高利七世虽然不是第一个启动教会改革的教宗,也不是改革期间在位最长的教宗,但后世之所以以其名号命名这场改革,就是因为他杰出

---

[58] Harold J. Berman, *Law and Revolution*: *The Formation of the Western Legal Tradition*, pp. 103 - 104. 中译本参见伯尔曼:《法律与革命》(第一卷),第 99 页,该译本将 apocalyptic struggle 译为了"预示世界未来的斗争",它减缩了原文在神学和意识形态上的色彩。

[59] Harold J. Berman, *Law and Revolution*: *The Formation of the Western Legal Tradition*, p. 104.

的历史贡献：他和他的团队对于改革的总体图景是清晰的，态度是坚决的。与此相应的就是重大制度改革要素在时间上的协调性，以授职权之争为例，若仅仅针对地方主教的授职权进行争夺而不同时对教宗的产生机制进行改革，其局面将不堪设想。正因为此人们才说是格里高利七世奠定了教会改革的理念和格局，其本人也因之有资格列入人类历史上第一流的改革家。

这里需要特别提及的是，尽管渐进改革为很多人所推崇甚至迷信，但其却有明显的前提条件，即大体具有正当性的宏观体制体系的引导和支撑。历史显示，在不正当的宏观体制下，微观改革往往是缺乏配套的、负面性的，甚至可能制度性诱发大量自肥式规制和活动。病理学表明（西方学界从病理学角度去分析政治问题的第一个理论大家通常认为是亚里士多德），匆忙应对重大危机具有毁灭性的危险，但散乱无序的长期改革也同样不可取，它不仅会使原有问题和新问题叠加起来并制造一系列更棘手的局面，甚至还可能断送共同体平稳改良过渡的最佳时机（共同体当然并不仅限于国家）。相比之下，格里高利改革直奔要害，而没有绕圈子，这在很大程度上减少了很多不必要的阻力。人们很难想象，若教会在圣职买卖等主要问题上设定过渡期将会是何种结局，纵容最后捞一把的现象实难避免，而且还会使中间力量摇摆不定、首鼠两端。

再次，格里高利改革最密集的阶段也贯穿了数十年之久，连续性是其成功的重要条件。格里高利改革期间数次出现废黜教宗的现象，以至有的人（含对立教宗）在位不过几年光景，[60]在这样大动荡的背景下通过提拔认同自己理念的人出任枢机（教宗候选人）和重要教长的方式来贯彻改革显然是不可能的。然而教会改革却保持了难以置信的总体连续性，这说明重要教长乃至平信徒对教会改革的理念和方向是有高度共识的。持有精英史观的人常常忽视微观和基层维度，而这是十分致命的，甚至是傲慢的，离开基层微观要素和源源不断的人才支持，任何宏大改

---

[60] 沃尔特·厄尔曼：《中世纪政治思想史》，夏洞奇译，南京：译林出版社，2011 年，第 243－248 页，“中世纪教宗年表”。

革都很难获得坚实的成功,其成果甚至还有被架空或否定的可能!

最后,也是重要的,格里高利改革从根本上说是整治教会腐败的产物,而其所采取的重要手段之一就是集权制。这一路径在机理上具有相当的普遍性,亦为很多世俗政权所采纳。但我们也会发现仅仅依靠集权体制来反腐有其明显的制度局限性,其本身不仅蕴含着直接的风险,还有抑制共同体活力等方面的重大隐忧,如中枢权力机构有成为治外盲点、地方活力受压制等倾向。16 世纪欧陆新教改革之所以普遍反对教宗制、集权制、主教制、神职单身制乃至修会制度(英格兰盎格鲁教会更多地是政治原因所致,属另外的问题),(准)共和式的教会组织结构和治理方式之所以成为其普遍性诉求绝非偶然,而教会腐败问题则不过是新教改革的借口而已。[61] 究竟如何调整集权制教会体制是教会内部事务,但毫无疑问,对格里高利改革深入全面的了解不仅有助于丰富我们对西方某种重大事件及其历史影响的理解,也有助于我们更加全面地评价中央集权制本身的问题。

---

[61] 随着 20 世纪后期国际学界关于中世纪研究的推进,将 16 世纪欧陆新教改革的主要原因归结为腐败的观点已受到修正,而 19 世纪和 20 世纪初这种观点则较为常见,参见托马斯·马丁·林赛:《宗教改革史》(上卷),孔祥民等译,北京:商务印书馆,1992 年。顺便说明的是,林赛的观点为国内很多学者所引用,从而影响到了新教改革的分析和结论,参见朱孝远:《宗教改革与德国近代化道路》,北京:人民出版社,2011 年。

教皇的权力
——读《中世纪的政府和政治原理》*

王　栋

【内容提要】 沃尔特·厄尔曼的《中世纪的政府和政治原理》一书以法律为研究进路,建立了一个系统、流畅而又充满解释力的双元权力框架,确立了20世纪中后期的中世纪政治史解释。该书的一大贡献是对教皇权力的形成进行了细致梳理,即"继承彼得"的观点和保罗主义的观点。上述观点虽然受到学者的批评,但厄尔曼对教皇权力的理解仍然是研究宗教和现代社会的有益进路。

【关键词】 厄尔曼　教皇　权力　继承彼得　保罗主义

沃尔特·厄尔曼(Walter Ullmann)①是中世纪政治思想史研究的大家,也是20世纪中后期该领域的领军人物。他治学兼重理论分析和史实梳理,综合采用历史学、法学和语义学等诸多方法进行政治史分析。他的《中世纪的政府和政治原理》一书确立了20世纪中后期的政治史解释,时至今日他所坚持的"整体的观点、两种权力观和法律在社会中居于

* 本文受国家建设高水平大学公派研究生项目(201706010193)支持。

① 学术界对此姓名有两种译法,侯树栋将其译为沃尔特·乌尔曼,夏洞奇将其译为沃尔特·厄尔曼,考虑到学界习惯,笔者采夏洞奇的译法。相关分析,参见沃尔特·厄尔曼:《中世纪政治思想史》,夏洞奇译,南京:译林出版社,2011年,第273页。

核心地位”等观点仍颇具启发作用。此外厄尔曼对教皇权力的理解仍然是理解宗教和现代社会的有益进路。

一、语境:厄尔曼其人

厄尔曼1910年生于奥地利的一个天主教家庭,深受宗教传统的影响。他于1929年负笈维也纳大学,1931年转学因斯布鲁克大学,1933年获得教会法与民法的“双法学”(doctor utriusque ruris)博士学位。厄尔曼毕业后在因斯布鲁克区法院工作,并在其后担任维也纳大学某刑法教授的助手。1938年纳粹德国吞并奥地利,从父亲处继承部分犹太血统的厄尔曼逃亡英国。在英国期间他先后就职于赖特克里夫学院、利兹大学和剑桥大学,并在其间短暂入伍和入职英国外交部。厄尔曼后期的研究生涯主要是在剑桥大学。他1949年获得剑桥大学的讲师职位,1957年升任高级讲师,八年后成为中世纪教会史教授,并于1972年到1978年间担任中世纪史教授。

二战结束后,厄尔曼于1946年出版了第一部著作《卢卡斯·达朋那所代表的中世纪法律观》,将卢卡斯的学术观点置于更为宽广的社会背景中,并尝试从法律角度研究基督教和中世纪。这既与同时兴起的社会法学派密切相关,也体现出厄尔曼敏锐的学术思考。在这种学术进路的指导下,厄尔曼认为教会大分裂的实质是法律理论引起的纠纷。厄尔曼在此基础上写就了《大分裂的起源:14世纪教会史研究》,并在其中初步提出了自下而上斗争和自下而上斗争的理论。该理论在1961年出版的《中世纪的政府与政治原理》一书中被详细阐述。本书分为三部分:第一部分是教皇制的形成,第二部分是王权中自上而下的神权与自下而上的封建权力的关系,第三部分是中世纪后期自下而上权力的重新兴起。

《中世纪的政府与政治原理》一书的完成标志着厄尔曼理论的成熟,其后撰写的诸多著作更多的是该理论的简介与推广。厄尔曼在1965年和1972年分别出版了面向普通读者的《中世纪政治思想史》和《中世纪教皇制简史》,深刻地影响了学术界和普通知识群体对权力、政治史和中世纪史的认识。此外厄尔曼在此期间笔耕不辍，还陆续出版了《中世纪的个人与社会》《加洛林文艺复兴与王权观念》《中世纪的法律与政治》和《文艺复兴人文主义的中世纪基础》等书。

二、以法律为进路：两种权力观视阈下的教皇权力

相较于之前的研究者，厄尔曼表现出更为明显的方法论自觉。厄尔曼坚持“整体的观点”，认为现代社会区分道德、宗教和政治等诸领域，而中世纪缺乏对应的情形。厄尔曼以法律为进路理解这个整体社会，认为“法律不是脱离社会的一系列静止的概念；它本身不构成实体；它必须被作为社会的一种功能，是组成社会生活诸种因素的产物”。“法律的精确性和客观性——就其关注于外在的、能够证实的行为的意义上说——意味着在探究中世纪的信仰和思想前提时，比起其他任何类型的证据，法律能够提供更可靠的探究工具。”[②]法律在中世纪是“政府运行的载体。政府和法律紧密地联系在一起，以致从不同角度看它们都表现为一个东西，同一的东西”。[③]

也正是在此逻辑下，教皇权力获得了全新的理解：法律是中世纪精神的体现，教皇因为其教会法传统获得了超越宗教性的政治性。教皇使用法律既源于罗马帝国法律治理的传统，也源于圣经中承认的法律是教义的工具。正是在此二元传统下，教会成为法律逻辑和政治实践的结合点。厄尔曼将此种现象称为教皇制，并认为教皇权力是了解教会和中世纪的前提和切入点。这里厄尔曼表现出超越时代的敏锐感，拓展了权力研究的进路。

厄尔曼按照权力来源将权力观念分为两类，一类为自上而下(descending)的权力观，一类为自下而上(ascending)的权力观。自下而

② 侯树栋：《沃尔特·乌尔曼的西欧中世纪研究》，载《史学史研究》2010年第3期，第59页。

③ Walter Ullmann, *Principles of Government and Politics in the Middle Ages* (London: Methuen & Co Ltd, 1978), pp. 18–19.

上权力观认为原初的权力属于民众或共同体本身,自上而下的政治理论与其相对,认为原初的权力属于最高的存在者,即基督教语境中的上帝。在厄尔曼看来,中世纪政治史就是两种权力观的斗争史。自上而下的权力观到13世纪晚期仍一直占据优势,自下而上的权力观只能隐于幕后。之后随着亚里士多德自然理论被再发现,对自然现象的关注由此兴起,促进了“自上而下权力观”的衰败和“自下而上权力观”的兴起。

这种自上而下的权力观或教皇制的权力观获得了非常系统的论证。教皇从两方面论证自己的权力,一方面是“继承彼得”的观点,另一方面是保罗主义(paulism)的观点。首先是彼得获得管理教会的权力。按照《圣经》的记载,上帝将基督教会交付给彼得管理,彼得依据这交付和知识(scientia)引导教会。《马太福音》16:18-19正是教皇权力合法性证明的关键:“你是彼得,我要把我的教会建造在这磐石上……我要把天国的钥匙给你,凡你在地上所捆绑的,在天上也要捆绑;凡你在地上所释放的,在天上也要释放。”其次是彼得所掌握的救赎权力被传给教皇。《克莱门书信集》(*Epistola Clementis*)相传是教皇克莱门一世写给耶路撒冷的圣约翰的信件集,其中记录了圣彼得死前对罗马民众的告诫:“我授予克莱门捆绑与释放的权力,凡他在尘世作出的决定,都将在天国应允,他捆绑应被捆绑的,他释放应被释放的。”④这封信被编入了现存最早的教皇法律集,在5世纪中叶就被远在高卢的宗教会议引用了,成为“继承彼得”理论的关键证据。

同时为了解决教皇的德行无法与彼得相提并论的争论,教会依据罗马法传统进行了调和,即教皇自彼得处继承的是职位,不需要考虑个人品性。这样教皇继承的权力被细分为管辖权力(potestas juristictionis)和圣礼权力(potestas ordinis)。管辖权力直接继承自彼得,教会首先被托付于彼得,而教皇则是“圣彼得的不相称继承人”(indignus haeres beati petri)。圣礼权力则是由罗马主教依据时间顺序代代传承,主要与圣事相关的权力。这些观点来自5世纪的教皇利奥一世,即权力可以继承,死者的资质不能继承。这样教皇的管辖权力不是自他的直接前任继承,

④ Walter Ullmann, *Principles of Government and Politics in the Middle Ages*, p.44.

而是直接地、无需中介地继承了圣彼得,教皇的权力因此被认为完全等同于圣彼得。就这种继承理论而言,厄尔曼更强调罗马法传统对教皇制的塑造,神学的影响被认为是次要的。厄尔曼总结道:"这就是管辖权力和圣礼权力的不同之处。前者是教皇无需中介直接自圣彼得继承而来,后者依据时间顺序及其连续性传承而来,管辖权力是一种神圣的、充满魅力的而非法律的权力。"⑤

"继承彼得"解决了教皇权力的继承问题,保罗主义则进一步证明了教皇权力来自上帝和教皇权力是全权。其中《伪狄奥尼索斯书》(*Pseudo-Dionysius*)是保罗主义的典范代表。此书相传由圣保罗的学生狄奥尼索斯作于1世纪下半叶,实际上是5世纪的作品,作者一般被称为伪狄奥尼索斯。⑥伪狄奥尼索斯认为秩序是低等级对相邻高等级的依附,并最终臣属于一个最高存在,即上帝(上帝也是单一和最高的原则)。上述理论被称为保罗主义,显然保罗主义一定程度上借鉴了新柏拉图主义,认为存在一个最高的上帝,所有权力均来源于上帝。"没有权力不来自上帝"的神学解释在此处披着新柏拉图主义等级制的外衣出现。⑦ 此类作品为当时广为接受的自上而下的权力观提供了一种半哲学、半神学的基础,使那些迄今为止仍旧含蓄的东西变得明确了。

在"继承彼得"理论和"保罗主义"的塑造下,教皇变成了法律意义上的治理者(gubernator),统治被托付给自己的教会。教皇的权力也被细致分析。彼得获得的权力是全权(Plenitudo potestatis),是治理权(gubernation),是制定法律和执行法律的权力。教皇职位是一种政府管理机构,教皇权力也是全权。教皇依据法律进行统治,并对违法者进行惩罚。教皇的法律是通过公会议(general councils)发布的教令集(decretal letters),后者将纯粹的神学理论转变为法律。同样重要的是教会法也吸收了以罗马法为主的其他法律资源。教皇的立法权力并不受前任的限

---

⑤ Ibid., p. 41.

⑥ 王栋:《天使形象在犹太教、天主教和新教中的变迁》,载《基督教学术》(第18辑),上海:上海三联书店,第101页。

⑦ Walter Ullmann, *Principles of Government and Politics in the Middle Ages*, p. 46.

制,因其权力直接继承自彼得。教皇关注基督徒在尘世的作为,君主的行为也位列其中。异端是对最高神的否认,是对教会和教皇的否认。国王必须通过恐怖原则(terror disciplinae)消灭异端。但国王只是执行者,教皇才是裁判者。教皇作为最高君主(supreme monarch)还享有诸多权力,如休战权、开战权、审察贸易、废除关税、禁领圣餐、选择服饰和保护犹太人等等。教皇自成一个等级,不对世上的任何人负责,不受任何权力限制。相反,无论教皇之下有什么样的权力,其或者是教皇明确授予的,或者是教皇含蓄批准的。

教皇制强调教俗机构都要为教皇服务,受教皇制约。国王没有任何权利证书(title-deed),国王的权力来源于教皇并为教皇服务。[8] 即作为天堂和尘世间交汇点的教皇拥有向下分配权力的全权,这些被分配的权力是有着神圣起源的特许权。教皇或皇帝的职位是因彼得的协调或上帝的教皇的协调得来的。教皇不仅废黜德行有亏的君主,还废黜不称职的君王。君主的目标是成为正义之友(amator justitiae),而教皇正是正义标准的衡量者。君主的责任是消灭邪恶(eradication of evil),而确定邪恶的权力属于教皇。[9] 对君主的废黜(deposition)意味着教皇切断臣民对君主的效忠誓约,绝罚(excommunication)则意味着被基督教团体排除出去。[10] 教皇的权力从法律上讲并不受限制,枢机主教团的选举协约也无法约束教皇。作为信众的团体,既然教会并未授予教皇任何权力,它也就没有任何合法的手段来剥夺教皇的权力。对教皇的侵犯将导致上帝的愤怒和收回恩典。这种特许权原则,依其本身定义,排除了被分配者对特许权拥有任何权利。[11]

虽然在教皇制下许多弱小的君王衷心臣服,但不少君主仍试图从两个方面反驳教皇,为王权张目。君主首先试图从精神权力中分离出世俗权力,但并不成功,因为解释宗教理论的权威属于教皇,世俗权力被解释

---

⑧ Ibid., p.54.

⑨ Ibid., p.68.

⑩ Ibid., p.77.

⑪ Ibid., p.59.

为为精神权力服务。另一种反驳则主要是针对教皇个人品德，但是教皇本身的职位性阻断了这种指责。新的思想资源的引入提供了批评教皇制的有力武器，13世纪亚里士多德自然主义被引入，强调和分析了人的作用，教皇被视为耶稣的模仿者（imitatio Christ），这就产生了新的评价体系。教皇被认为必须符合耶稣的行为，即圣经的言行，普通教众因而获得了评价教皇的权力和标准，自下而上的权力观念开始占据上风。

总之，在一个现代国家尚未产生的时代，教皇进行神权统治，教皇权力被认为来自于上帝，国王的权力也是上帝的产物，国王必须承认和接受精神权力的优先性。在具体政治实践中，教皇也借助自己的教令集（Registers, collections of decrees）来证明和发展自己的权力，并由此在历史中创设了一系列的原则。虽然在教皇看来，这些原则只是自上而下基本原则的衍生物罢了。[12] 这种权力观和权力实践难以受到有效制约，长久以来都未曾面临真正的挑战。

三、余论：厄尔曼理论的复兴

总体上而言，教皇制的论述只是厄尔曼思想——教皇政府（papal government）的质料源于圣经，形式却为罗马法所规定——的一维，但是我们可以由此理解其研究进路和思想观念。厄尔曼凭借对法律的关注，建立了一个系统、流畅而又充满了解释力的框架。这个框架既在很大程度上解释了中世纪的政治和法律，又给后来的研究者以启发。不过，随着学界研究的推进，厄尔曼的观点也引来了不少质疑和批判。萨瑟恩和奥克莱都曾撰文与厄尔曼商榷，尤为著名的是奥克莱在1973年发表在《过去与现在》中的《天阶重探：沃尔特·厄尔曼的中世纪政治观》。奥克莱批评厄尔曼曲解文本和误读作家。这些批评不乏准确之处，但并不能认为厄尔曼的观点已完全失去了生命力，相反在80年代及其以后出版的许多著作中，厄尔曼的观点仍被认为是理解中世纪政治的重要途径。如在1988年出版的《剑桥中世纪政治思想史》一书中，主编伯恩斯

[12] Ibid., p.30.

回顾了厄尔曼的“整体观点”“两种权力观”和“法律的中心地位”等观点,并在批判地继承上进行使用。[13] 法律史家约翰·莫里斯·凯利在1992年出版的《西方法律思想简史》中也完全采用了厄尔曼的两种权力观,将其用于中世纪政治和法律研究。[14] 中国学者对厄尔曼的思想也多有借鉴发挥,如孟广林吸收厄尔曼的“封建契约的有限君权”理论,并在此基础上重新探索了封建制度对王权的促进作用,对王权的兴起、王权的政治制度和王权与诸种政治力量的关系等方面都进行了深入分析。[15] 这些颇具影响力的经典著作对厄尔曼观点的采用再次向我们表明了厄尔曼观点的旺盛生命力。我们应当在深刻学习厄尔曼理论的基础上,进行更为深入的探讨和反思。

---

⑬ J. H. 伯恩斯主编:《中世纪政治思想史》(上),程志敏、陈敬贤、徐昕、郑兴凤等译,北京:生活·读书·新知三联书店,2009年,第1-9页。但批评者认为伯恩斯等人并没有像他们宣传的那样通过“专题化或概念化”的方法产生根本性的突破。J. H. 伯恩斯主编:《中世纪政治思想史》(下),郭正东、溥林、帅倩、郭淑伟等译,北京:生活·读书·新知三联书店,2009年,第1068-1069页。

⑭ 约翰·莫里斯·凯利:《西方法律思想简史》,王笑红译,北京:法律出版社,2010年,第69-174页。

⑮ 王栋:《“王在法下”抑或“王在法上”:中西学术视阈下的王权与法律关系研究》,载《史学理论研究》2018年第3期。

中世纪基督教关于圣像画合法性的论争*

牟　春

【内容提要】　在基督教统辖欧洲的中世纪，教会内部曾就是否允许圣像画的存在发生过旷日持久的争论，并掀起了一场长达一百多年的毁坏圣像运动。维护圣像者主张图像能帮助人们理解和记住圣经的教义，并不会导致偶像崇拜；而毁坏圣像者则坚持严格依据圣经禁止造偶像的禁令，主张销毁一切圣像画甚至是具象绘画，以免图像的魔法力量让图像制作者僭越上帝的权力。双方持久的争论以及大规模的毁坏圣像运动对中世纪的绘画风格产生了深刻的影响。

【关键词】　圣像画　圣像之争　圣像毁坏运动　图像魔法

以圣经故事为题材的各种绘画作品意蕴丰富，与基督教思想相得益彰，不仅向人们图解圣经的教义，更能为教堂增光添彩，让祝祷者有身临天国之感。然而，在基督教统辖欧洲的漫长岁月中，教会却屡屡质疑以宗教人物为题材的绘画之合法性，并围绕是否应当捣毁圣像发生过一场轰轰烈烈的社会运动。本文尝试从图像效能和基督教教义之关系的角度来理解这场争论，以便揭示毁坏圣像者憎恶圣像画的潜在动机和深层意图。

* 本文受国家社科基金项目一般项目“瓦尔堡学派的图像学研究”（17BZX130）支持。

一、毁坏圣像运动

所谓基督教圣像画就是指绘有基督、圣母或圣徒的宗教性绘画。据说这些画被毁坏圣像者视为偶像乃是因为其前身是肖像画,是"从希腊罗马的饰板肖像发展而来的"。[①] 历史学家们对发生在中世纪影响甚广的毁坏圣像之争可谓众说纷纭。20世纪初始,以亨利·乔治(Henri Grégoire)为代表的拜占庭研究专家们认为,有关圣像的争论以及随之而起的毁坏圣像运动乃是一场政治社会运动,与人们在理解宗教教义上的冲突无关。[②] 直到一战之后,这种说法才受到质疑,以奥斯特罗戈尔斯基(George Ostrogorsky)、兰德纳(Gerhart B. Ladner)和克什(Lucas Koch)为代表的众多学者纷纷撰文,论证这场运动发生的缘由乃是宗教观念之冲突,而论争的实质就是人们对基督教核心教义的理解抱有分歧。[③]

中世纪之所以被称为黑暗世纪,原因之一就是连西欧人自己对那时究竟发生了什么也知之甚少。对于发生在中世纪的这场旷日持久的争论以及随之而起的毁坏圣像运动就连研究拜占庭历史的专家也难以为我们还原其具体细节。当年争论的史料基本阙如,就连圣西奥多(St. Theodore the Studite)、圣尼斯福鲁斯(St. Patriarch Nicephorus)这些主导争论的神学家们也只留下了若干残篇断简。不仅如此,即使是这些残篇断简也更多是拥护圣像崇拜者的神学论证,那些反对圣像崇拜的神学家们的言论却渺不可闻,因为"原始的文字材料几乎被其

---

① H. W. 詹森:《詹森艺术史》(插图第7版),艺术史组合翻译实验小组译,北京:世界图书出版公司,2014年,第263页。

② 亨利·乔治的文章收录在《拜占庭》一书中。此书收录的文章都写于一战之前。参见 Norman H. Baynes and H. St. L. B. Moss, eds., *Byzantium* (Oxford: Clarendon Press), 1948。

③ 参见 George Ostrogorsky, "Connection of the question of the Holy Icons with the Christological Dogma," in *Seminarium Kondakovianum* I (1927); "Origin and Significance of the Byzantine Iconoclastic Controversy," in *Mediaeval Studies* II (1940); P. Lucas Koch, "Zur Theologie der Christus-ikone," in *Beuron* XIX (1937)。

对手销毁无余,因而其言论只能依靠其反对者的言论才能得到重建”。[4]

虽然原始资料异常匮乏,历史学家们还是为我们大致勾画了这场争论的主要轮廓。有关圣像画合法性的争论由来已久,因为穆斯林和犹太教传统从来都对绘有人物的图像保持着警惕。但由圣像之争而引发的那场轰轰烈烈的毁坏圣像运动则始于公元726年拜占庭皇帝利奥三世颁布的禁止制作宗教肖像的法令。该法令一出,引起了巨大的波澜。大主教日耳曼努竭力反对这一法令,教皇额我略二世对此表示强烈的不满,拉文纳更因此脱离了拜占廷帝国的统治。然而,这些并未阻止毁坏圣像运动的进程。利奥三世之后,君士坦丁五世继续推行这一法令,销毁了大量的圣像雕塑和绘画。此后,拜占庭帝国由女皇伊琳娜摄政,她与拥护圣像者达成妥协,支持毁坏圣像的论辩文书就是在此时被大量销毁的。然而,毁坏圣像的风潮并未就此结束。公元815年利奥五世上台,又开始推行销毁圣像的法令,直到843年米海尔三世继位,这场时起时落的运动才告一段落。中世纪史家告诉我们,这场毁坏圣像的运动影响甚广,不仅使东部拜占廷教会受到重创,也触及到了西部罗马教会的生活。就东部的拜占廷教会而言,其“生活的所有方面都受到了牵连,社会的所有阶层都被卷入其中……经此一役,拜占庭教会内部的统一性受到损毁而再也没有恢复过来”。[5]当然,这场历时一百多年的风潮首先对艺术造成了巨大的冲击。即使风潮平息,其余威仍在,从此基督教神学家们不得不为圣像画存在之合法性反复论证。[6] 所有这一切深刻地影响了中世纪的艺术创造,奠定了中世纪绘画的独特风格。

---

④ George Florovsky, “Origen, Eusebius, and the Iconoclastic Controversy,” in *Church History*, vol. 19, no. 2 (Jun. 1950), p. 80.

⑤ Ibid., p. 77.

⑥ Herbert L. Kessler, “Pictures Fertile with Truth: How Christians Managed to Make Images of God without Violating the Second Commandment,” in *The Journal of the Walters Art Gallery*, vol. 49/50 (1991/1992), pp. 53 – 65.

二、圣像画存在之争

毁坏圣像者们反对从事圣像画的原因与他们反对铸造雕像的原因相似,乃是为了防止人们通过造像进行偶像崇拜。圣经的《出埃及记》《利未记》《申命记》有多处提及有关拜偶像以及造偶像的禁令,摩西十诫的第二诫便是:“不可雕刻偶像。”先知耶利米更是直接痛斥民众拜偶像的习俗:“众民的风俗是虚空的,他们在树林中用斧子砍伐一棵树,匠人用手工造成偶像。他们用金银妆饰它;用钉子和锤子钉稳,使它不动摇。它好像棕树,是旋成的,不能说语,不能行走,必需有人抬着。你们不要怕它,它不能降祸,也无力降福。”(耶10：3－5)从基督教兴起伊始,便有人反对用图像明指或暗示上帝的存在。在其确立统治地位初期,更有信徒强调:经过旷日持久的奋战,可怜的异教徒好不容易才摆脱多神信仰,开始认识上帝,认识这世界唯一的神,一旦在教堂中摆上各种雕像和绘画,他们就又会误认为上帝是古希腊、罗马的众神之一,上帝与众神的差异只不过是因为他有较大的神通,上帝和众神在性质上并无根本不同。有些基督徒就此认为,那些绘有上帝或圣徒的绘画根本没有存在的理由,就像雕刻应该被尽数捣毁一样。后来利奥三世、君士坦丁五世等皇帝颁布的有关禁止偶像崇拜的系列法令,以及随之展开的轰轰烈烈的长达一百多年之久的毁坏圣像运动,援引的就是这样一个防止偶像崇拜的理由。这场运动对绘画艺术的破坏力如此巨大,以至于我们今天甚至很难看到拜占庭东部地区那一历史时期的具象绘画,因为这些毁坏圣像者主张严格遵照圣经有关偶像崇拜的禁令,甚至要效仿阿拉伯人把艺术限制在抽象符号或线条图案的范围内。⑦

不过,与拜占庭的希腊教会主张有所不同,罗马帝国西部的拉丁教会则主张绘画不会引发基督徒拜偶像,反倒可以帮助许多信徒理解和回忆他们所接受的教义。公元6世纪末的格列高利大主教便是这一主张的代表。他维护绘画的名言是:“文章对识字的人能起什么作用,绘画对

---

⑦ H. W. 詹森:《詹森艺术史》(插图第7版),2014年,第264－266页。

文盲就能起什么作用。”[⑧]这个支持绘画存在的理由在当时还是很有说服力的。因为作为一种民众的宗教,基督教针对的对象不仅是那些有识之士,更是目不识丁的贫民百姓。中世纪晚期的法国诗人弗朗卡斯·维龙的一首诗很好地印证了绘画对基督教信仰的注解作用,以及它们对民众的直接号召力和巨大影响力:“老身贫穷且龙钟,无知无识一妇人;乡村教堂见图画,使我欣喜复惊心:天堂融融有竖琴,地狱涛涛惩凶魂。”[⑨]可以说,绘画所展示的这些形象照亮了贫民百姓的精神世界,其感染作用比传教士的言辞更直接更富渗透性。而且如果我们放眼中世纪的欧洲大陆,在漫长的岁月里希腊语和拉丁语的大量文献都在教会束诸高阁,别说大多数民众根本不识字,就连王公贵族的文字水平也不高,那么对基督教而言用绘画来图解神圣教义的要求就更为迫切了。

事实上,不仅西部拉丁教会支持用绘画图解圣经教义,保持中央集权的拜占庭帝国也不是铁板一块地反对圣像崇拜。皇帝捣毁圣像的法令在西部诸省份并没得到彻底施行,否则将难以想象这场运动之后拜占庭艺术的迅速复兴以及它对希腊艺术技法的保存。皇帝的法令之所以无法彻底执行,乃是因为有文化的僧侣阶层援引新柏拉图主义为圣像存在的合理性辩护,他们中最具代表性的人物就是圣西奥多。西奥多援引普罗提诺的流溢说,强调基督的感性形象是基督本体的自然流溢,人们需要通过这种感性形象与上帝建立联系。柏拉图主义贬斥艺术,认为艺术为我们营造了一个虚妄不真的世界,因为绘画的床模仿现实的床,而现实的床模仿理念的床,绘画与本体世界相隔甚远。与此不同,新柏拉图主义却认为艺术形象的目标并非模仿现实,它要直追理念世界,因此上帝的圣像并不会引发拜偶像,而是让人们崇拜形象中的“原型之形”。圣西奥多把基督的形象比喻成基督的影子,就像我们能够在影子中看到物体一样,我们也可以从圣像中看到作为原型的基督。基督曾以人的形象向我们展现,这就表明在艺术创造基督形象之前基督就是有形象的,

⑧ 恩斯特·贡布里希:《艺术的故事》,范景中译,南宁:广西美术出版社,2008年,第135页。
⑨ 同上,第177页。

我们崇拜基督也崇拜其形象,因而圣像并不导致拜偶像。[10] 也许历史偏爱以圣西奥多为代表的圣像拥护者,毁坏圣像运动的风潮过后不久,拜占庭艺术就迎来了第二个黄金期。从9世纪末到11世纪,圣像传统、古典文学和艺术都得到了一个小复兴,其成就为意大利文艺复兴铺垫了道路。[11]

三、圣像画的形式与功能

我们曾谈到圣像画具有希腊罗马肖像画的血统,据说那是一种把颜料悬浮于热蜡之中的技术。中世纪早期的圣像画"色彩鲜艳、笔触活泼,显得卓尔不凡,……与希腊罗马肖像画的联系显而易见"。[12] 然而,令我们不解的是,为什么后来中世纪圣像画以及其他绘画不继续沿着希腊罗马绘画摹写自然的路子走下去?为什么无论是书籍的插图还是教堂的玻璃彩绘,其人物形象总给我们以僵硬呆板之感?如果以生动逼真的标准来看,中世纪的绘画技艺显然是退步的。虽然希腊绘画传世之作不多,我们只能从盛酒的花瓶上略见其风采,但在庞贝古城壁画的映照下,我们不能不感叹中世纪艺术与希腊罗马艺术风格迥异。那么,是由于希腊罗马的绘画技艺到中世纪突然中断或失传了吗?事实并非如此。因为我们在很多中世纪的绘画作品中仍能看到一些希腊罗马的绘画技法,比如短缩法、阴影塑造法以及用衣褶勾勒和暗示形体结构的方法,等等。然而,由于对绘画图像可能导向偶像崇拜的忌讳,就连中世纪保存这些技法最多的绘画作品也不再致力于对自然人生的丰富多彩和生气勃勃的摹写,而是将其整体目标转向了叙述圣经故事和图解圣经教义。当格列高利大主教为绘画存在的合法性辩护时,他所申述的一个理由就是绘

⑩ Saint Theodore the Studite, *On the Holy Icons*, trans. Catherine P. Roth (NY: St. Vladimirs Seminary Press, 1981).

⑪ 毁坏圣像运动法令的推行迫使一些拜占庭学者和艺术家逃离家园来到意大利地区。意大利当地人把拜占庭风格的艺术称为"希腊风格",这些"希腊风格"的艺术作品对之后的文艺复兴大有帮助。

⑫ H. W. 詹森:《詹森艺术史》(插图第7版),第263页。

画不像雕像那么逼真，因此不会导致人们的偶像崇拜。

也正是由于对绘画图解教义这一功能的强调，中世纪绘画的母题大多来源于圣经故事。其风格在我们看来之所以僵硬呆板，是因为在很大程度上我们对西方古典绘画之所是的预期承自希腊和文艺复兴的写真传统。我们观看绘画的"心理定向"[13]是描摹眼见之真，并且预设这种逼真是以短缩法或透视法为代表的技艺来达成的。然而，中世纪绘画中的形象却意不在此，它的功能已经转变为提示宗教意旨，揭示基督精神的核心要义。于是，所有对自然细节的描绘都被省略，一切分散注意力的刻画都被看作干扰。不仅中世纪的圣像画如此，圣经写本里的插图也是如此，就连意大利拉文纳的拜占庭镶嵌画的代表作《查士丁尼大帝和随从》及《皇后西奥多拉和随从》这些描绘宫廷显贵的绘画目标也不是用来展现其卓越风采的。与希腊罗马绘画模仿自然以求愉悦眼目的审美追求不同，中世纪绘画不再注重依靠短缩法和明暗造型来贴近自然，这些形象并不愿让人惊叹其生动并欣赏其美丽，而是为叙述教义或震慑观者。中世纪绘画的惯用手法是使用统一的金色背景突出主要形象，从而使形象获得了庄严、永恒和神秘之感。

值得注意的是，正是图像的这种神圣感给了拜占庭的圣像拥护者们以理由来反对他们的反对者，即那些圣像破坏者，那些决心把一切具象艺术付之一炬的信徒。拜占庭教会内部的这股维护圣像画合法性的力量不仅对圣像破坏者们的担忧不以为然，甚至对拉丁教会格列高利大主教一派支持绘画的理据也不屑一顾。因为在他们看来，图像不仅仅对图解圣经教义有用，它们本身就是神圣。他们辩护说，上帝都曾以耶稣这样一个活生生的人的形象展现在我们的面前，他为什么就不愿意把自己

⑬ "心理定向"(mental set)是贡布里希图像心理学的一个重要概念，主要是指我们对图像的预期。我们把图像认作什么与我们对它的预期密切相关。贡布里希曾举例说，我们看到一个半身像，绝不会把它作为整个身体切下的一截来看待，因为我们已经调好了我们的心理预期，知道那是一种艺术化的程式性表达。贡布里希也曾以希腊瓶画为例，论述希腊人是如何以观看戏剧性场景的"心理定向"来阅读埃及人的图画文字的。参见贡布里希：《艺术与错觉》，林夕、李本正、范景中译，长沙：湖南科学技术出版社，2011 年，第 97 - 98 页。

显现为绘画形象呢？我们不是崇拜绘画形象本身，我们只是通过这些形象崇拜上帝罢了。圣西奥多借圣大巴西尔（St. Basil the Great）之言以模拟的方式向人们阐明：皇帝的画像也叫皇帝，但其权威并不因为其画像而分散；与之相似，基督的圣像也叫基督，但他的权力和荣耀并不因此而分割或损减。我们通过画像来崇拜基督，而不是拜偶像。在毁坏圣像运动的风潮过后，这股肯定绘画的力量重新掌权。843 年，狄奥多拉重新恢复了圣像崇拜的传统。这一时期的拜占庭绘画形象虽然相较于希腊罗马艺术仍显呆板，却是中世纪最接近自然、最多保留写真技法的具象绘画。

四、圣像画的“魔力”

认为绘画形象据有某种魔力并对此产生敬畏并不是中世纪圣像画带给人们的独特体验，更不是中世纪时期信徒由于宗教信仰而获得的神秘观念。史前洞穴壁画中的大型动物图像是远古人们相信图像魔力的见证。根据人类学家的考查，史前人类以感应思维理解洞穴壁画，并不认为壁画上的野牛和实际的野牛有实质性的区别。洞穴壁画里绘有大量被射杀的动物图像，正是因为部落的人们相信这些图像具有“魔力”，在壁画里射杀它们就能使它们在现实世界里被射杀。人类学家列维·布留尔把史前人类的这种思维方式称作“原始思维”，称它遵循“互渗率”的原则，即首先感受到一个可以到处渗透、到处弥漫的神秘本源，这种神秘本源灌注在人和物之中，因而人和物可以在互渗中相互作用。[14]而人类学家列维·斯特劳斯则强调这种“野性的思维”或“原始思维”从来没有从我们的经验中完全被剔除，并且我们所称的艺术正是这种“原始思维”的国家公园。[15]

埃及艺术鲜明地体现了这样一种“原始思维”。埃及人把法老的人像和各种物象描画于金字塔内，正是相信绘画所产生的这些神圣图像可

⑭ 列维·布留尔：《原始思维》，丁由译，北京：商务印书馆，1981 年，第 432 页。
⑮ 列维·斯特劳斯：《野性的思维》，李幼蒸译，北京：商务印书馆，1987 年，第 249 页。

以保证他们所追求的永恒世界。在这些绘画图像中,一切有害的东西都有意被画得残缺不全,以减少它们的伤害性;一切需要保存的东西则通过侧面率尽量保持和展现其结构的完整性。那么,到了理性的希腊时代人们是否就不再执着于"迷信"图像了呢? 是,也不是。柏拉图有感于当时以写真为目的的绘画使物象贬值为对转瞬即逝之物的模仿,因而丧失了其原有的神圣性,所以他一方面在《理想国》中把绘画看作对现实的拙劣模仿,称它与真理(即理念)隔三层,另一方面在《法律篇》中又推崇埃及的绘画,认为只有埃及的绘画才能直追那不变的理念世界。然而,希腊人并不真的完全像柏拉图那样认为逼真的物象只是现实次一级的复制品。

希腊有关皮革马利翁的神话讲述了一个和希腊哲学完全不同的故事。据说皮革马利翁是一位手艺高超的雕刻家,雕刻了一个漂亮生动的女子,最后自己竟爱上了这个作品。于是他请求爱神维纳斯以此雕像为样板给他找个新娘,而维纳斯干脆把这个雕像变成了活的。这个故事提示我们,艺术的强大感召力并不来自于对现实的精工模仿,而在于对另外一种现实的创造。中西历史上与此相类的故事和传说还有很多。比如,《聊斋志异》中"画壁"的故事就和希腊这个广为流传的神话颇有异曲同工之妙。蒲松龄讲述两个书生偶然进入了一座禅院,其中一个看到那里的墙壁"画绘精妙,人物如生",于是"神摇意夺,恍然凝想,身忽飘飘",竟然进入那画中游历了一番,经历了一段香艳的恋情。与此相似的是《红楼梦》第二十五回"魇魔法叔嫂逢五鬼,通灵玉蒙蔽遇双真"中赵姨娘运用"魇魔法"害人的故事。赵姨娘凭借写有宝玉和王熙凤生辰八字的纸人竟使二人犯病发狂。即使在今天民间相信这种"魇魔法"的也大有人在。

不过,在科学昌明的今天我们似乎不再那么笃信"魇魔法"了,也不会再混淆艺术造像和现实对象,那么,我们可不可以由此推论中西古人正是由于不够理性才如此执着于造像的"魔力"呢? 让我们进行一个自我测试:拿一个尖物刺某个亲友的照片。虽然理智告诉我们,对亲友图像的损坏不会对这个亲友造成一丝一毫的实际伤害,但在情感上我们还是无法对这种毁坏行为无动于衷。我们之所以会有这样的情感反应,正是因为图像对我们的魔力从来都没有因为科学和理性的发展而被完全祓除。正如艺术史家贡布里希所言,“人类从来没有一切都是魔法的原始阶段;也从未出现过一个把其前阶段彻底抹掉的进化”,恐怕造像的这种魔力将永远伴随我们,并“玩笑地或正经地表现出来”。[16] 人们参观杜莎夫人蜡像馆,面对那些逼真的蜡像,或许心中竟会划过这样一个念头,这大概不会是真的吧,于是想伸出手来摸上一摸。有趣的是,与一般的博物馆不同,蜡像馆中的蜡像是可以触摸的。据说这是为了满足人们和名人亲密接触的愿望。但人们想去触摸蜡像,或许竟是为了伸出手来一探虚实真假呢。

艺术造像并不只是对现实的模仿,它本身就是一种创造。艺术史家告诉我们,在埃及,雕刻家一词的本义乃是“使人生存的人”。[17] 也许,在漫长的岁月中,激励一代又一代艺术家投身写真绘画实验的并不是记录现实的冲动,而是创造现实替代物的欲望。如果说绘制的图像真的对人类一直或多或少地保有此种魔力,那么,中世纪敏感的信徒们完全可能同样地感到它的存在。一开始我们曾经提到,毁坏圣像者的言论早已被销毁,几乎没有任何第一手的文字材料遗存下来。不过通过其对手(即拥护圣像的圣西奥多等人)的论述,我们知道毁坏圣像这一主张受到拜占廷高层神职人员以及其他有知识、有教养的人们的鼎力支持。在《奥利金、优西比乌和毁坏圣像之争》这篇颇有影响力的文章中,乔治·弗洛罗夫斯基(George Ostrogorsky)反复追问毁坏圣像的“偏见”为什么会在主教、高层神职人员阶层、军队和司法界大有市场。他排除了历史学家给出的种种解释,比如,拜占庭的这些有识之士受到了穆斯林或犹太教习惯之影响;他们是为了在政治上拥护皇帝的法令,等等。弗洛罗夫斯基给出的答案是:这场争论是基督教为了应对希腊文化对它的影响而产生的,表达了“正统派”和“调和派”之间的分歧。正统派采取了一种毫不妥协的希腊立场,一种奥利金-柏拉图主义的主张,即从根本上否认

---

[16] 恩斯特·贡布里希:《艺术与错觉》,第81页。

[17] 同上,第58页。

基督耶稣在历史上曾具有真实唯一的肉身形象。[18] 他们辩论说，即使是基督耶稣道成肉身之际，其形象也不只是一个，“他的外在形象根据看到他的人之能力被裁定”。[19] 可是，如果像有些拥护圣像者所论辩的那样，我们并不把圣像画作为历史上耶稣的真实形象，它只不过是我们崇拜上帝的中介，那么圣像画又有何不可呢？历史学家们、基督教研究者们包括宗教史家弗洛罗夫斯基的回答无法令我们满意，[20]毁坏圣像者多年的执着仍然让我们感到疑惑不解。

那么，让我们来大胆地猜测一番。也许，反对偶像崇拜只是毁坏圣像者们否定各种具象绘画存在的表层原因，对图像魔法力量的深深恐惧以及对上帝创造权力的敬畏才是这些信徒最深层的关切和忧虑。根据《创世记》，天地万物包括人都是上帝的创造，上帝乃是这个世界唯一的创造者。人的位置虽然高于万物，但他也只是被许可管理这个世界。如果说绘画竟有某种创造现实的力量，岂不是让艺术家和上帝有了同等重要的位置？而且上帝的确曾明确教导摩西“不可为自己雕刻偶像；也不可作什么形象仿佛上天、下地和地底下、水中的百物”（出 20:4）。因此，圣经不仅反对崇拜偶像，更反对制作偶像。偶像的范围则不仅包括上帝的、基督耶稣的、圣徒的形象，也包括所有具体的形象。面对拜占庭教会拥护圣像崇拜的信徒和神学家，毁坏圣像者也许会反驳说，凭什么你们就敢保证人们将不崇拜具有魔力的图像本身，而是通过图像崇拜上帝呢。

毁坏圣像运动作为一个社会运动当然与彼时的政治经济等社会生活的方方面面都有关联。然而，圣像崇拜者和反圣像崇拜者之间的拉锯战起起伏伏，居然持续了一百多年，此前此后，西欧教会内部探讨圣像画合法性的争论也屡屡发生。这股否定具象绘画的力量如此执着，大概也是深恐图像制作者僭越上帝的权力，具有取代上帝位置的可能性。基督

---

⑱ George Florovsky, “Origen, Eusebius, and the Iconoclastic Controversy,” in *Church History*, vol. 19, no. 2 (Jun. 1950), p. 96.

⑲ Ibid., p. 90.

⑳ 弗洛罗夫斯基颇具说服力地指出了教义之争对毁坏圣像运动的核心作用。但在《奥利金、优西比乌和毁坏圣像之争》这篇文章的末尾，他也声称自己对于教义之争的实质究竟是什么也无力给出最终的答案。参见 Ibid., p. 96。

教的上帝唯有作为一个无限的、不可辨识的对象才能免于被其他偶像所取代。然而,对于民众而言,上帝丧失了具体的形象,一下子就变得遥不可及,甚至连存在与否也可能成为问题。麦金泰尔谈到基督教时曾尖锐地指出:“事物的存在总是和其具体性纠缠在一起,从希腊罗马的多神论向基督教的一神论的飞跃已经预示了从有神论到无神论的飞跃,虽然后者也许需要几千年的时间。”[21]向民众宣讲一个无踪无影的上帝,用理性去证明上帝的存在,都不如米开朗基罗的西斯廷天顶上接引亚当的圣父形象更具感染力。绘画之所以能有这种感奋人心的力量并不是因为它与现实肖似,而是因为它是另一种被创造的现实,因而永远对我们有着某种召唤力量。

毁坏圣像者的企图最终没能成功,就算中世纪绘画坚持绘画的文字式风格,回避对具体形象的真实刻画,这些努力也阻挡不了图像本身的魔力。图像的魔法力量终于在文艺复兴时期全面爆发出来,以致莱奥纳多·达·芬奇竟敢公然称颂画家是“人类和万物的主宰”。[22] 事实上,对于基督教会本身而言,没有图像的帮助,不识字的信众很难理解和记住圣经琐碎的历史故事和抽象的宗教教义。由于中世纪人们对图像的渴慕,中世纪晚期的哥特艺术和绘画的国际化风格已经开始为文艺复兴进行准备工作。古希腊开创的写真艺术原则及其所追求的戏剧性唤起,在中世纪不是被彻底遗忘了,而是暂时进入了沉睡的状态。等到文艺复兴辉煌时刻来临,透视法、渐隐法等技艺的发明和运用又一次使绘画图像大放异彩,促成了真正的“乱真之作”。文艺复兴的艺术家们以新柏拉图主义为自己的艺术创作立论,认为绘画的目标不只是模仿现实,而是创造一个比现实更完满、更美丽的超越世界,一个和基督宗教精神相平行的超越世界。这个世界不是遥不可及的彼岸,而是此世展现人性光彩和艺术创造的舞台。如果让一个坚持捣毁圣像的毁坏圣像者看到文艺复兴盛期的这幕胜景,他定会扼腕叹息——他那最深的忧虑已然变成了现实。

---

[21] Alasdair MacIntyre, *A Short History of Ethics* (London: Routledge and Kegan Paul, 1967), p. 112.

[22] 恩斯特·贡布里希:《艺术与错觉》,第 68 页。

理性、原罪与静观

——《不知之云》思想初探

杨　杰

【内容提要】《不知之云》是中世纪灵修神学的杰作，倡导以静观的生活方式来体认上帝的临在。本文尝试从中世纪灵修神学的路径出发，参照《不知之云》分析理性、信仰与原罪之间的关系。在初级的静观中，理性不能帮助隐修者认识上帝，人与上帝间仿佛隔着一层厚重的、无可理解的浓云。究其原因，是原罪造成的，它让人的理性认知能力变得残损。高级的静观生活，就是要摒弃一切的精思妙想，不是以理性，而是以充满爱的意志朝向上帝。真正的静观就是一种向着上帝自然涌起的渴慕之情，它就像一枝能穿透“不知之云”的利箭，其属灵意义在于人与上帝的合一。

【关键词】 理性　原罪　静观　意志　不知之云

一、引　言

我们很难找到一个恰切的形容词来概括中世纪的思想（Medieval Thought），若单以“黑暗”①一词来描绘中世纪（*medium aevum*）的整体精

---

① 我们需要理解“黑暗”一词的具体所指，若从古希腊罗马文明的浮沉轨迹来说，中世纪似乎是“黑暗的世纪”，因为它处于古希腊罗马文明的衰颓（公元5世纪）与复兴（文艺复兴）之间。但若从中世纪的思想质量或精神传承的角度来讲，单以“黑暗”来形容似乎欠妥。

神状态,恐怕会显得颇为武断、偏狭。事实上,中世纪尚有不少文献资料有待解读,学者们对中世纪的解读亦在不断更新。但不可否认的是,基督宗教思想象密云般笼罩着几乎整个中世纪时代的上空。阅读中世纪文献的我们,仿佛步履于中世纪的街道、修道院或农庄,只要稍一抬眼,就能感知到头顶上避无可避的基督宗教之层云。

公元1世纪后,基督宗教的宣信者至少可以粗略地划分为以下两个类别:其一是在教理上驳斥异端、解释正统教义(重认知、理解);其二是在内心中通过隐修或密契的方式(重经验、体验)体认信仰的真实。当然,并非所有的皈依者要么走前者的路,要么走后者的路,非此即彼。本文所指的是一种倾向性,即(可能在包含后者的同时)更偏向于前者,或(可能在包含前者的同时)更偏向于后者。这样的划分方式,似乎也可以沿用至中世纪时期。

《不知之云》(*The Cloud of Unknowing*)②是中世纪的一部灵修著作,作者是一位不具名的英国修士,③其成书时间约在14世纪晚期。那时,英法连年征战,暴乱、饥荒和瘟疫时有发生,人心因为恶劣的社会生态而惶惶不安。而当时的基督宗教境况也不容乐观,随着西方教会的分裂(1378年),教会的属灵传统和权威亦被削弱。《不知之云》旨在提醒隐修者要躲避外部世界的纷扰,转而寻求内心的平安。原作是用中古英语(Middle English)写就的,共计75章,每一章的篇幅都不长,却颇耐人咀嚼。原作者故意匿名写作,还特意嘱咐原手稿(original manuscript)的保存者,不要将其中的内容公之于众。目前,在英国东北内陆,人们已经发掘出17个《不知之云》的手抄稿,④因此原作者较有可能是当地某修道

---

② 匿名:《不知之云》,郑圣冲译,台北:光启文化,2004年;英译本为 Halcyon Backhouse, ed., *The Cloud of Unknowing*, trans., Robert Backhouse (Edinburgh, UK: Hodder & Stoughton, 2009)。

③ 有人推测作者是希尔顿(Walter Hilton),因为《不知之云》与同时期的希尔顿的著作有不少相似之处。作者甚至可能是个女人,她未经教会核准就写作,一旦被察觉,可能会性命堪忧,所以才选择匿名。也有一种说法是,在当时的社会,匿名是一种美德,许多虔诚的修士并不热衷于扬名。

④ 关于这些手抄稿的资料,参见 Phyllis Hodgson, *The Cloud of Unknowing* (London, UK: Oxford University Press, 1944)。

院的神父,于退休后写下隐修心得。《不知之云》不是对神学教义的系统总结,也不是在论证基督宗教的合理性,它关注的乃是：如何以退隐修行的方式,与上帝建立亲密的关系。[5] 用书中的话说,这是静观的生活方式(contemplative life,又译“默观”)。

理性与信仰(*ratio et fides*, reason and faith)的关系是中世纪经院哲学(Scholasticism)的核心议题之一,其中,安瑟伦(Anselm of Canterbury)和阿奎那(Thomas Aquinas)都曾以理性论证过上帝的存有,堪称经典。《不知之云》并未证明过上帝的存在,作为一部灵修作品,它面向的读者不是不信者、怀疑者或初信者,而是那些想要在灵修道路上走得更远的人,更确切地说,它不是写给一般信众,或初阶修士,而是写给那些立志追求过更高阶之静观生活的修士。它在处理理性与信仰的关系时,并非止于纾解思维上的困惑,更重在点拨修士实践灵修生活;它不是以缜密的逻辑推演来说服读者,而是以个人在静观生活中的体验为镜,在获得隐修者共鸣的同时,提出进阶的灵修指引。本文尝试以《不知之云》为例,分析中世纪灵修神学如何面对如下问题：理性[6]的局限何在,理性对静观有碍吗,理性是否已被原罪损伤等问题。

奥古斯丁(St. Augustine)对“原罪”(*peccato originali*, original sin)进行了深入研究,自此之后,基督宗教更加确信,原罪对人来说是极具破坏性的。然而,原罪到底损害了人的什么部分,损害到了何种程度,依旧存在疑议。[7]

---

⑤ 亦可称作“基督教密契主义”(Christian Mysticism),麦奎利(John Macquarrie)总结了密契主义的十个特点,参见麦奎利:《天人无间：基督教密契主义导论》,吴恩扬、楼世波译,香港：汉语基督教文化研究所,2013 年,第 3 - 31 页。

⑥ 在《不知之云》中,reason 一词对应的中译多为“理性”,有时也译作“理智”“悟性”“推理”“思考”“推敲”“智力”等。

⑦ 譬如,有学者主张,圣经的原罪观是指向全人的,也就是说,人的所有部分(知性、德性、意志)都受到了原罪的浸染和损伤。与《不知之云》近乎同期的阿奎那却认为,人的知性并未受污,人单凭靠理性依然可以认识上帝。“在阿奎那看来,人的意志(will)堕落了,但理智(reason)并未堕落。这个残缺的圣经堕落观,引发了许多随之而来的困难：人的理智变得自主,现如今,在理智领域,人是独立的。”参见 Francis A. Schaeffer, *Escape from Reason* (Downer Grove, Michigan: InterVarsity Press, 1971), p. 11。

《不知之云》以基督教灵修学(Christian Spirituality)[⑧]的视域来审视原罪之恶果,它试图在原罪的影响之下为修持静观寻找出路。换言之,《不知之云》是在奥古斯丁传统之原罪观的基础上进行延伸的——这种延伸不是单纯地基于头脑里的思维辨析,而是基于实践中的静观体验。本文将尝试沿着中世纪灵修神学的路径,以《不知之云》为参照,对理性、信仰与原罪之间的关系进行探索。

二、理性之界限

关于理性,康德指出:"理性在神学上的单纯思辨运用的一切尝试都是完全无结果的,并且按其内部性状来说是毫无意义的;但理性的自然运用的原则是根本不可能引向任何神学的……因为知性的一切综合原理都具有内在的运用;而为了一个最高存在者的知识却需要对这些原理作某种先验的运用,对此我们的知性是毫无准备的。"[⑨]

理性有界限吗?在《不知之云》成书约五个世纪之后,康德(Immanuel Kant)的回答是肯定的。康德认为,若以思辨理性证明上帝的存有,有且只能有三条径路(自然神学证明、宇宙论证明和本体论证明),而它们都会以失败告终。[⑩] 在康德哲学中,上帝——包含有一切能够思维的东西的可能性的至上条件——是一切存在者的存在者,[⑪]是神学的对象,我们无法获得关于上帝的知识。康德是在书斋里、在思考中遭遇了"理性界限"的问题,尽管康德的日常生活规律而平静,但康德并不是一名修士。《不知之云》的作者却是一位隐修者,他不像康德一样

---

⑧ 麦格夫(Alister E. McGrath)为"基督教灵修学"下了一个定义,可供参考。他说:"'基督教灵修学'一词乃指到那条能够了解何谓基督徒生命的路径,以及那些已被发展成为能够培育和维持与基督关系的明显的敬虔实践活动。因此,基督教灵修学可以被理解为个别基督徒或群体以何种方法旨在深化他们对上帝的体验……"参见麦格夫:《基督教灵修学》,赵崇明译,香港:基道出版社,2004年,第3页。

⑨ 康德:《纯粹理性批判》,邓晓芒译,杨祖陶校,北京:人民出版社,2004年,第501-502页。

⑩ 同上,第471-496页。

⑪ 德文为das Wesen aller Wesen,中译参见康德:《纯粹理性批判》,第283页。

在大学教授哲学,以沉思为业,并著书立说。这位隐修者,是在静观生活中才遭遇到“理性界限”的困惑。

静观生活是一种怎样的生活,它与日常的生活有何差别?作者起码从两个方面作了诠释。首先,静观生活是一种独特的生活(solitary life)。“主内的朋友,我希望跟你谈谈我对基督徒生活的粗浅领悟。一般说,它的成长过程可分为普通的、特别的、独特的和成全的四个阶段。前三阶段可在今世开始与完成,第四阶段,虽在现世开始,却将无止境地、直到进入永福中仍延续不止。”⑫这四个阶段依次递进,普通的阶段(common life)对信仰的热情不温不火;特殊的阶段(special life)则是与上主为友的内心生活;而独特的阶段(solitary life)则是朝向永恒的生活,也可以说是面向成全的阶段(perfect life)——“活在生命核心的深处,学着把心愿指向我所说的‘成全的’、最高的、最后的生活方式”。⑬

“在圣教会内有两种生活方式:积极传教生活与静观生活。积极生活是较低的,静观生活是较高的……积极生活是这样的:它开始于现世,也结束于现世;静观生活虽也开始于现世,却将无止无休地在永生中继续下去。”⑭积极的传教生活以肉身从事慈善或爱德的工作,这样的人难免会忙忙碌碌,周旋于各类琐碎事务之中;而静观的生活(并非什么也不做)则将更多心思放在默想上主一事上,默想自己的罪恶,基督的受难以及永恒的喜乐。

积极生活(active life)与静观生活都各自有高低之分,但它们也有交集,书中这样说:“积极生活又分高低两级,静观生活也分高低两级;这两种生活虽然有相当出入,却是如此相辅相成,没有一项可以脱离另一项而单独存在。原来高级的积极生活趋向低级的静观生活,为此不管怎样积极,同时必然是某种程度的静观者,反之一个完全的静观者,只要还在人世,必然仍过某种程度的积极生活。”⑮换言之,高级的积极生活就相

---

⑫ 匿名:《不知之云》,第 15 页。

⑬ 同上,第 16 页。

⑭ 同上,第 34－35 页。

⑮ 同上,第 34－35 页。

当于是初级的静观生活。在初级的静观生活中，作者首次遇见了“理性界限”的困扰。该困扰与书名（即《不知之云》）有着莫大的关联。

顾名思义，“不知之云”指的是：似乎有一朵未知的、晦暗的、密不透光的云彩，横亘于作者与上帝之间。在初级的静观生活（相当于高级的积极生活）中，人的认知能力就像被一朵乌云遮蔽了似的，以至于无法触及上主。书中这样说：“我用了‘晦暗’及‘云’两个词，不要认定我指的是你在天空中所见的云，或屋内烛光熄灭时的那种黑暗……这绝不是我想要说的，不要这样想入非非。我所说的黑暗是指不可理解。当你无法理解一件事，或忘掉一件事时，你的视线看这件事岂非感到黑暗？这就是心神的眼看不见什么。就像这样，我不说有朵‘云’，而是说有朵‘不知之云’。原来，你与上主之间隔着一片无法理解的黑暗。”⑯这种黑暗在内心中留下了强烈的印象，上帝成了无法理解的对象，上主对隐修者而言，变得疏远、陌生，难以感知。理性可以把握上帝创造的诸多自然事物，然而，在初级静观生活中，理性却不能认识上帝，因为上帝是不可理解的。如同人之肉眼有限的视觉能力一样，理性也是有一定的认知范围的，上帝就是边界所在。这是作者在静观时体验到的——上帝是“不可言传，不可知者”（something unknown）。⑰“不知之云”好比十字路口亮起的红灯，提醒隐修者：理性之光无法穿透这层密云，通向上帝。

值得留意的是，《不知之云》所谓“认识上主”不是指：知道一些关于上帝的故事、概念或者碎片化的信息，而是指一种深化的关系，仿佛密友或夫妻般的熟稔、亲密和契合。知道蜂蜜是甜的，与亲自品尝过蜂蜜的甘甜，是大不相同的。理性不能认识上主，简言之，它指的是：理性不能促使人与上主的关系愈加贴近，理性不能使人获得关于上帝的“第一手资料”。然而，既然人狭隘的悟性无法容纳上主，那么在不理解上主的情况下，静观生活是否还可能开展，又该如何继续下去呢？

对于类似的疑窦，作者将在高级的静观生活中给予解答（详见本文第三部分）。不难看出，隐修者（在初级的静观生活中）遭遇了“不知之

---

⑯ 同上，第26页。

⑰ 同上，第91页。

云”,即“理性无法认知上主”的难题,而高级的静观生活便是要试图跨越这一阻滞。事实上,对于高级的静观生活而言,理性无甚积极的效用,理性往往会弄巧成拙地扰乱静观。一些本身为善的思考题材——好比上帝的属性(慈爱和威严)、圣母玛利亚、天使或者圣人、天堂的福乐等——对于静观生活却几乎毫无用处。

首先,因为以上这些题材并不等于上帝本身。如果某修士执着于思想里的上主,那他将会把那些类似上主(或与上主相关)的东西误以为是上主自身。毕竟,在《不知之云》看来,理性思想是无法认识上帝本身的。其次,这些题材会使修士对上主分心。“如果让上主的观念、恩宠、仁慈和他的作为所左右,使人无法专注于上主,即使那些思想是好的,能给人力量与甘饴,也是不对的。因为它不合时机。这就是忠告你务必摒除一切精思妙想(不管它们是多么圣善,多么有价值)的理由。”⑱可见,即使是清晰的、圣善的思考(何况是俗事),对于静观来说仍是阻碍。非上帝的东西必然会造成人与上帝之间的隔阂。

概而言之,作为属灵的官能的理智尽管能认识不少属灵事务,但它同样有限,绝对不能完全了悟上帝。当隐修者察觉到自己对上帝的无知时,反而成了认知上帝的起点。《不知之云》意识到,认识上帝的绝招:用不知去认知(God is known by unknowing)。⑲

三、原罪之遗害

《不知之云》认为,人的心灵(mind)包含着四种官能(spiritual faculties):理性(reason)、意志(will)、想象(imagination)和感觉(feeling)。前两种官能是主要的官能(major faculties),在属灵领域工作,后两种是次要的官能(minor faculties),在物质领域工作,主要官能协助次要官能认识物质的本性。

人的心灵支配统筹着四种官能。想象和感觉是处理与物质有关的

---

⑱ 同上,第36-37页。

⑲ Anonymous, *The Cloud of Unknowing*, p.86.

事务,它们以肉体的五官为媒介开展工作;而理性和意志(它们本身就不属于物质)则自由地工作,不受想象和感觉的牵绊,直接处理属灵的事务。与理性和意志自动自发地工作不同,想象与感觉必须受到主要官能的援助,才能把握物质的特质。

然而,《不知之云》引入了基督宗教的"堕落"(depravity)概念。"堕落"产生了原罪,后者使人的官能都受到了破坏。人的感觉系统主要有两项功能,其一是关顾身体的需求(physical needs),其二是服务于身体的嗜好(physical appetites)。物质的世界会对人产生刺激,使人有种种不一样的感受,感觉会对其加以管理和调控。感觉服从于意志,在未堕落以前,它是意志的良仆——"它的一切好恶井然有序,符合实际……它不会给意志提供紊乱的感觉,亦不会提供由邪恶所激发的、假的灵性经验。"[20]但堕落之后,意志难以管束感觉,当感觉厌恶纪律的约束时,当感觉盲目向往的邪乐终未达成时,感觉就会感到痛苦,并像脱缰之马般在人的心里横冲乱撞。

想象和理性互为搭档,想象是理性的忠仆。想象的功能在于,为人描绘出物体之肖像。然而,堕落以后,理性失去了驾驭想象的能力。"想象和理性合作无间,犹似一个忠心耿耿的仆役,据实给理性反映出每样事物的实况,因此理性在衡量时,对任何物质或精神的事物,都不会受到扭曲的哄骗。现在自然的完整已经丧失,想象日夜不断地扭曲物质的事物,使它冒充成非物质的东西,或在我们的心灵上唤起属灵事物的幻觉。"[21]可见,人的心幕乃是被一大堆不受约束的幻象占据着。想象为理性提供的多为不实的情况,它所编织的伪像,干扰了理性的判断。由于原罪的遗害,思想的防卫力就变得十分薄弱了。因此,有些恶念(在不经人同意的情况下)会突然侵入人的思想中,勾起爱憎,使思想在其中逗留、驻足、打转,随后孽生出"七宗死罪"(The Seven Deadly Sins)。[22]

---

[20] 匿名:《不知之云》,第164页。

[21] 同上,第162页。

[22] 即骄傲(Pride)、贪心(Covetousness)、暴食(Gluttony)、淫欲(Lust)、懒惰(Sloth)、嫉妒(Envy)和怒气(Anger)。

理性自身的判断能力也下降了,变得残损。“理性是使我们藉以辨别善与恶,善与更善,更善与最善的官能;或在别的情况下,在恶中辨出善,从更恶中辨出恶,从较恶中辨出最恶的官能。人在犯罪前,自然容易地如此操作,如今理性受原罪连累而盲目……在犯罪之前,人没有偏选伪善的危险,因他原始的完整,教他经历的,是每样东西的实情,那时人的一切官能都是健康的,不受蒙蔽。”㉓理性能辨别善恶的能力,让人联想起理解力(intelligence)的含义。英文的 intelligence 源于拉丁词 *intellegentia*,译作“认知”“理解力”“智能”等。*intel* 表示“在……中”(among),*leg* 表示“辨别、识别”(discern)。㉔ 故此,所谓认知指的就是在杂多中的辨识(能)力,而现今这种能力已经大打折扣。理性被原罪伤残后,变得盲目,易受到表相的愚弄,而去选择那些伪装成善的恶。

其实古希腊的柏拉图对于人难辨善恶的状况已有了非常深刻的认识。在《枚木篇》(*Menon*,又译《美诺篇》)中,苏格拉底认为,人皆求善——“没有人愿意要坏的东西”,㉕只不过有的人会把实际上为恶的东西当作善去追求,换言之,他根本就是把实际上为恶的东西误以为是善——这乃是出于对善的无知。“那些追求坏东西的人是不知其为坏东西,他们是在追求自己以为好实际上却坏的东西。所以是那些不知道一件东西坏却以为它好的人,在追求那看来好的东西。”㉖这段论述,也让人联想起“洞喻”(Allegory of The Cave)㉗的内涵。在柏拉图的“洞喻”中,生活在洞中的人几近麻木,只会习惯性地注视着洞壁上的虚影(εἴδωλον, image),没有对“善”(ἀγαθόν, good)的真正认知。洞穴里的生存状态,似乎是在描摹人之灵魂被捆锁和囚禁的状态,这与基督宗教的堕落概念似有异曲同工之妙。

㉓ 匿名:《不知之云》,第 161 页。

㉔ 以 *intel* 和 *leg* 为词根的拉丁词亦多与认知、理解相关。譬如:*intellectus*(understanding,了解)、*intellegens*(intelligent,聪慧的)、*intellego*(to understand,去理解)等。

㉕ *Menon*, 78b. 中译参见柏拉图:《柏拉图对话集》,王太庆译,北京:商务印书馆,1995 年,第 166 页。

㉖ *Menon*, 77e. 中译参见柏拉图:《柏拉图对话集》,第 166 页。

㉗ *The Republic*(《理想国》),514a - 517c。

奥古斯丁在基督宗教的视野下,间接地提到原罪对理性产生的破坏力,他曾祈祷:“主、我的天主,你的秘蕴真是多么高深屈曲,我的罪恶的结果把我远远地抛向外面,请你治疗我的眼睛使我能享受你的光明而喜悦。”[28]“治疗”一词似乎暗示了奥古斯丁心灵的眼睛曾受到损害,致使他无法瞥见上主的荣光。根据上文的提示,是他的罪恶拉开了他与上帝间的距离,这罪恶显然是包含着从亚当而来的原罪(《忏悔录》从第一卷起便开始反思原罪)。[29] 尽管奥古斯丁没有就原罪对理性造成的损害作细致入微的分析,但其字句间却隐含着这层意思。于是乎,一个可能性的推测是,《不知之云》乃是在奥古斯丁传统下,把原罪对理性的负面影响详细地反映出来。即使在堕落以前,人和天使的理智尚且不能容纳上主,遑论堕落之后呢?

总之,《不知之云》要表述的是,原罪破坏了原初官能的完整性,人的灵性因而被降格了。当人的官能受损时,各个官能间的配合也随之变得紊乱。想象为理性输送扭曲的印象,使得原本受亏的理性更加无法准确地识别善与恶,假如理性不能辨认出伪善,意志就将会根据理性的误识,驱动人的爱与愿望趋向于伪善——人就会误把恶当作是善。

由于“我们的推理始终不会是清澈的思想……会把我们导入错谬”,[30]所以在静观中,直觉经验比理智思考更能认识上主。“只需专心致意于一句简单的话,譬如‘罪’或‘上主’,或你更喜欢的任何一句话,不加分析,便足以使你直接经验到所指的事了。不要运用精密思考或向自己说明这句话,也不让自己多方推敲……我不认为思考能帮助静观。”[31]《不知之云》认为,突然之间就能意识到自己的罪和上主的美善,是源于单纯的直觉,这与其说来自于人,不如说来自于神。为了不让上帝以外的任何思维支配人的心灵,《不知之云》的建议是,要把一切心愿浓缩成(对你个人而言)有意义的短词(如“上主”或“爱”等),将其铭记

---

[28] 参见奥古斯丁:《忏悔录》,周士良译,北京:商务印书馆,2016年,第274-275页。

[29] “婴儿的纯洁不过是肢体的稚弱,而不是本心的无辜”(同上,第9页)。当大人们不能服从婴儿的要求时,幼儿便会发怒,并以哭闹的方式来强迫大人们服从他们的意志。

[30] 匿名:《不知之云》,第37页。

[31] 同上,第95页。

于心，并以此（好比一块敲门砖）去敲击“不知之云”。当念到“上主”时，不要让思想纠结于其大小，精神或物质等，不必对这一切斟酌推敲。

四、静观之超拔

“不知之云”仿佛一个标记，昭告着人与上帝之间的难以逾越的鸿沟。静观生活（尤指高级的静观生活）便是尝试以静观的方式，穿越“不知之云”并与上主契合。静观生活是需要有所舍弃的，既想献身于积极生活，又想兼顾静观生活，是不可能的。积极生活与静观生活虽然可以在某种程度上和谐，但却始终无法完全融汇，毕竟，生活的重心总有一定的偏向性。

这就意味着，静观甚至需要付上代价，要遭受苦难的打磨。其辛苦在于：要毫不松懈地赶逐那些干扰静观的杂念，忘掉一切东西，不论是属物质的也好，属精神的也罢。忘掉朋友、仇敌、外人、家人，忘掉一切，忘掉一切侍奉上主所做的工作，其中，忘掉自己是最难的，尤其是忘掉自我的认知和感觉。“因为你的一切认知和经验，深深扎根于你的自我认知和经验。在静观中一旦忘掉了自己，别的种种也就容易忘掉了。”[32]

如何忘掉一切呢？作者引入了一个新的概念——“坐忘之云”。[33]假如在人与上主之间隔着一层“不知之云”的话，那么，在人与一切非上主本身的东西（包括物质和思想）之间，也应该隔着一道“坐忘之云”。这指的是，对任何物质或精神的东西都不在意，无论好坏是非，[34]统统要把它们放在“坐忘之云”下面。要把分心杂念和以往那些对罪的回忆，

---

[32] 同上，第110页。

[33] 同上，第161页。“坐忘之云”是一个精巧的翻译，英译为：the cloud of forgetting，译者在翻译时妙用了《庄子·大宗师》中的“坐忘”概念：“堕肢体，黜聪明，离形去知，同于大道，此谓坐忘”。

[34] 有人会问：有些善美的意念十分鼓舞人心，让人为之痛哭流涕，大受慰藉，难道这样的意念（本身是好的，也有善果）也要丢到“坐忘之云”以下吗？作者的回答是，这些意念对于从事积极传道生活者、初级静观生活者是颇有裨益的，但对于追求高级静观生活、渴望跨越“不知之云”的修士而言，只会产生障碍，并无丝毫助益。参见匿名：《不知之云》，第32－37页。

以及目前新奇的诱惑,都驱赶到“坐忘之云”那里。

按照书中观点,这需要静修者注意当下的每一个意念,因为大罪乃是由一个小的恶念而起。这就需要衡量每一个在心头浮起的细微意念,不能对恶念大开方便之门。除了提防邪念之外,甚至连通常意义上的善的意念也要禁止。“务必坚决地摒弃一切清晰的意念,不管它是多么圣善或甘饴。”[35]忘我的境界甚至要求忘记自己所有的善工和罪恶。执着于一己之罪恶和善工,都不是高级的静观,前者让人自怨自艾,[36]后者让人心生骄傲。而在高级的静观生活中,人是彻底的谦逊,“人可能完全不关心自己的罪恶或德行,却始终不失去对上主无限美善和爱情的意识”。[37]由此可见,在深度的静观中,唯一可称为善的意念就是对上主本身的仰慕,除此之外,别无他善可言。

书中还说:“单是盲目渴慕上主的愿望,就比你能做的任何事更有价值。”[38]以敬虔的渴慕之情(而不是以理性)朝向上主时,就好比用一枝锋锐的箭羽来穿破黑暗的“不知之云”,达至上主跟前。作者主张,要以赤裸裸的热忱渴望上主本身,“要念兹在兹地只想念上主:创造你、救赎你、亲手引领你作静观的上主,不要让别的思念混入你的心灵”。[39] 作者认为,要专心贯注于上主,以谦卑之爱举心向主,而不在乎其他的一切(哪怕是上主的恩惠),只在乎上主本身,忘掉一切事物,不受任何思想的羁绊(哪怕是圣善的思想)。这样的话,自我的意志就会与上主的意志协调合奏。换言之,静观的关键在于,在当下这一刻,人的意志停留在哪里?是停留在上主本身之处,还是停留在上主本身之外?

在《不知之云》看来,堕落以后,人的意志极其容易转向非上主之物或思想。奥古斯丁传统对人之意志(*voluntas*, will,或译为“意愿”)和自由意志(*liberum voluntatis arbitrium*, free choice of will,或译为“自由决

㉟ 同上,第38页。

㊱ 静观者应该为自己的丑陋和罪恶感到悲伤,但不应该止步于此(过分自责会让人消沉颓丧,这也是自我中心的表现),而应该渴慕与上主合一。

㊲ 匿名:《不知之云》,第47页。

㊳ 同上,第38页。

㊴ 同上,第31页。

断")的问题有着极具洞见的探讨,影响深远。教父奥古斯丁区分了几种自由状态:"原初的自由"(*prima libertas*, first freedom)、"奴役中的自由"(*servilis liberas*, servile freedom)和"真正的自由"(*vera libertas*, true freedom)等。奥古斯丁对意志的分析不完全是形而上的或教理性的,而是以他个人的生存经验为参照的,[40]《不知之云》对意志的认知则更加依赖于作者自己在静观生活中的灵修体验。

奥古斯丁主张人类堕落后仍然是有自由的,不过这种自由是"恶的自由",因为人会甘心情愿地爱上受造之物。"这并不稀奇,因为无知,我们没有意志的自由选择,去做那我们以为的善。或者说,因为肉体习惯性的抗拒,即使我们意识到善,也愿意去行善,却始终无法实现。这就是人类一直以来以某种方式自然传遗下来的性情。"[41]可见,堕落之后的人是自愿选择恶的,故此,人应当对自己的选择负责。奥古斯丁的话似乎还暗示了,人不愿意、也不能选择上帝所喜悦的善。《不知之云》认为,只有圣宠可以恢复人原始的完整,因为在堕落以前,人的意志是可以精确自由地转向上主的。在恩宠的帮助下,意志只需要刹那间就能走向它所愿望的对象。

因此,意志需要不断地被唤醒,去渴慕上主。如何唤醒意志呢?《不知之云》认为,精妙的思想和单纯的自我克己、苦修,都无济于事。首先是由于认知是一种阻碍,所以高级的静观生活反而需要摒弃求知的愿望,专心凝神于上主。当然,人的理智并不会那么安分守己,它会自己向自己提出一大堆的疑问,诸如:你在寻找什么,渴愿什么?上主是谁?这时,如果人与自己的思想对话,那么他就将会被思想抓住,思想会与人对话,使人分心。书中的建议是,人应当告诫自己的思想,让思想安静下来,以此来驱逐理性,并以渴慕之情转向上主,这就是举心向主的含义。

---

[40] 譬如,一直以来被传为佳话的例子:奥古斯丁在花园里挣扎和悔改的经历,参见奥古斯丁:《忏悔录》,第 168 页。

[41] *De Libero Arbitrio*(《论自由意志》),Ⅲ,18,52。原文为:"*Nec mirandum est quod vel ignorando non habet arbitrium liberum voluntatis ad eligendum quid recte faciat*: *vel resistente carnali consuetudine*, *quae violentia mortalis successionis quodammodo naturaliter inolevit*, *videat quid recte faciendum sit*, *et velit*, *nec possit implere*."

高级的静观者不会依恃思考，亦不会用精思妙想去静观，因为思考并不能帮助静观。

其次，即使静修者斋戒，病态地逼自己，严格律己、苦待己身（甚至自我鞭打）都是徒劳的。事实上，静观生活不会干扰日常的起居，因为恪守静观生活的人活在自然中，他并不需要刻意地筹划日常的事情，日常诸事便会顺其自然地得到安排。所以，静修者不应该勉强施为，以免失迷。修士该以温和谦恭之心等候上主的恩宠，不然可能会走火入魔。"如果你问我：'怎样才能正确地作静观？'我全然不晓得要怎样回答……对此事，我坦诚我的无知……静观不是任何人可以凭学习获致的。说来难以置信：除非在人心内先有静观之爱，否则就连像做静观的意愿都不会来到任何人，任何天使或圣人心头上的。"[42]换言之，静观的发起者是上主，是上主点燃了人内心乐意静观的愿望，至于什么时间、什么地点完全不由人而定，这乃是上帝的主权。

《不知之云》指出，要做被动的接受者，不要去干扰恩宠，而是要任从。静观者应当自视为一根木桩，任由上帝雕刻。人可能会因为自己所谓的"善行"或"功德"而沾沾自喜，然而，恩宠可能会因为人的骄傲而隐退。但圣宠具体是如何操作的，《不知之云》没有给出详细的回答。但毋庸置疑，在恩宠的基础上，人也需要自我努力，"上主常乐于在那尽力替恩宠作准备的心灵中工作"。[43]《不知之云》提倡要靠着上主恩宠的帮助，尽人所能地忘掉上主以外的任何东西，使意志导向上主。

可见，《不知之云》不是要否认隐修者在高级的静观生活中需要律己的生活方式，而是要树立"恩典"（*gratia*, grace）的原则。恩典是主动的、也是必须的（人一开始对于静观是无动于衷的，并不会去爱慕或企愿）。恩典是静观修行中必不可缺的要素，必须主动临到人的内心中，方能修复人受损的官能。在静观中的修行者，与其说是主导者，不如说是响应者。《不知之云》坚信，设若人做好属于自己的那一份工作，上主就

---

[42] 匿名：《不知之云》，第89页。

[43] 同上，第75页。

自然会做好上主自己的那一份工作。[44] 这个信念隶属奥古斯丁传统一脉,因为奥古斯丁主张,恩典不但不会损害人的自由意志,反而会持续建立和修复它。为此,奥古斯丁还把恩典划分为:在先的恩典(prevenient grace)、运作的恩典(operative grace)和合作的恩典(cooperative grace)。[45] 这三类恩典在静观活动中都得以体现,总之,静观生活是以恩宠为根基的。

按照书中的说法,精炼的静观者(true contemplatives)会意识到,只要是在现世的静观中,人与上主之间始终隔着"不知之云"。因此,遭遇"不知之云"时不必惊慌失措,甚至可以把它看作是高深美妙的——似乎上主就隐藏在这晦暗的密云之中。由此看来,要是人对上主存有纯洁的渴望,那么便可以安住在云中了。安住于"不知之云"中,其实就是安住于"无"(nothing)中。在"无"中,人看清了原罪的根,意识到所有的痛苦都源于其自身之内。这可能会让人感到内疚,流下苦泪,有时他又会品尝到甘美,觉得安宁、幸福。总而言之,在"不知之云"中所经历到的就是"无"(或曰:不知之云的本质就是"无"),静观超越了人理性的局限,把隐修者带入到"无"中,那时,人对物质和精神世界的认知变得焕然一新,恰似跃入了一个全新的世界。

这时的心灵不流连于任何地方,只停留在"无"中。"这'无'原如此深渊莫测,是人的明悟无法到达的。"[46] 如何理解"无"呢?笔者认为,"无"既可以指似乎对上帝一无所知的、理性认知的瓶颈期,也可指心灵不受任何物质或精神世界的东西牵制时的"空无"状态。换言之,当隐修者意识到理性对上帝认知的局限时,当心灵不再受到官能的牵制时,人就开始超越自身,达到了本然之人性无法企及的境界,即与上主契合。当心灵不在任何非上主本身的地方踌躇、停摆时,心灵就安息在上主自身之内。一言以蔽之,人是在"空无"中与上帝相遇的,清醒地意识到上

㊹ 同上。

㊺ 参见麦葛福:《基督教神学手册》,刘良淑、王瑞琦译,台北:校园书房出版社,1998 年,第 441 页。

㊻ 匿名:《不知之云》,第 170 页。

帝的无限,并保持心灵“空无”的状态,就能持续地经历上帝的临在。

五、结　论

综上所言,《不知之云》以为,人不能凭借理性完整地把握上主,堕落所产生的原罪给理性认知能力带来了极其负面的影响。技巧和方法对静观毫无裨益,一颗对上主赤诚的心最为珍贵。静观生活就是尝试换一种方式:凭着爱,去把握上主。隐修者与上帝之间始终隔着一堵无法理解的云层,尽管理性难以逾越,但对上帝充满爱的意志却能穿透云层,与上帝相遇。因此,与其说,上帝是需要去理解的对象,不如说,上帝是需要去爱的对象,爱可以接触和拥抱上帝,思想却无法办到。高级的静观就是充满爱的静观,因为爱完美地涵养着其他一切德行,爱乃是意味着将自己原原本本地献给上主。精炼的静观者已超凡脱俗,他的肉体虽然活在现世,心灵却已然安居于天堂。总之,静观就是一种向着上帝自然涌起的渴慕之情,其属灵意义就在于人与上帝的合一。

埃克哈特大师思辨神秘神学辨析*

李　宜

【内容提要】 本文旨在辨析埃克哈特神学的思辨与神秘的两大特质。这两大特质既是埃克哈特研究通常被提及的范畴，也是容易被人误解的标签。通过对相关术语的一般性考察，以及埃克哈特的核心论题及原创论题的辨析，本文呈现了其神学在思辨与神秘双重维度中的特质，又拓展了相关术语上的认识，提出埃克哈特神学的精髓在于以经历神为背景，在启示中展现人的思辨与天主奥秘之间的张力与合一。

【关键词】 埃克哈特大师　思辨　神秘

埃克哈特大师(Meister Eckhart)(1260? —?)，[①]近年来在欧美神哲界时常被提起的名字，其研究已成为显学。[②] 提到这位中世纪经院哲学

---

* 本文原稿系第十届天主教研究青年学者论坛(2017 年 12 月)会议论文，现为修改稿。术语采用天主教译名。

① 根据现有材料，埃克哈特大师生卒年月仍不能完全确定。Cf. *Encyclopédie des mystiques rhénans d'Eckhart à Nicolas de Cues et leur réception*, édition française par Marie-Anne Vannier (Paris: Cerf, 2011), p. 414。

② Cf. Marie-Anne Vannier, *L'Essor des études eckhartiennes en France*, p. 1. https://halshs.archives-ouvertes.fr/halshs-00537711.

鼎盛时期的“神秘主义者”(mystique),[③]基督教灵修界(spiritualité[④])不得不提的名字,时常与5世纪亚略巴古的托名丢尼修(Pseudo-Denys l'Aréopagite)、12世纪克莱沃的圣伯尔纳铎(Saint Bernard de Clairvaux)、13世纪圣伯纳文图拉(Saint Bonaventure)等基督教神秘神学代表人物相提并举。当然,像其他上述神学家一样,他的标识远不止“神秘主义”这一条。根据《莱茵河畔神秘主义者百科全书》,他是一位生活在欧洲大学萌芽时期[⑤]的知名大学教员,曾两次执教巴黎大学,[⑥]是“生活大师”(*Lebemeister*)与“讲席大师”(*Lesemeister*),[⑦]也是灵心牧者(*pasteur*

---

③ 本文将“神秘”与“密契”这两个在学界有时混用的术语略作区分,前者是侧重神圣者本身的奥秘,是人的理性无法明了的;而后者则是指人一方的神秘体验,近义词有*mysticisme*, *occultisme*等。虽然汉语中,我们也常说某人“神秘”,但本文特指神秘者一方(尽管神与人在交通中可以倾向于合一而难分彼此);而“密契”一词则基本上指人的“神秘体验”,与神圣者的隐秘契合。*mystique*一词在法文中主要有两种词性,三个意思:其一为形容词,在宗教上指的是对神圣性的直观并直接与之合一的研究所相关者;而在哲学领域,则指基于某一关乎本质实在性的信仰,以明晓超越人的理解力的宇宙人生之终极奥秘者。在这两个意思上对应的名词为*mysticisme*——“神秘主义”,也有学者主张译为“密契主义”。其二为名词,指与一项灵修研究相关的实践的全部或者是对神性直觉性合一研究的反思;也可以指从事此研究的神秘主义者或灵修的践行者,后者译为“密契体验者”。故而本文不固定以“神秘”与“密契”对应法文的mystère(拉丁语*mysterium*希腊语*mustêrion*)与mystique(拉丁语*mysticus*,希腊语*mustikos*),而是根据上下文语意的侧重来翻译。当侧重神圣者一方时对应“神秘”;而当侧重个人灵修体验时,则对应“密契”。这里把mystique翻译成“神秘主义者”是因为埃克哈特从不分享个人灵修体验,而是直接关注天主与神性本身的奥秘。

④ 本文主要依据埃克哈特大师新近的法文研究,因此论文中外文引文多为法语。由于灵修学(spiritualité)在西方首先是从法语界兴起的,大公教会传统中法兰西被称为“教会的长女”,法文关于灵修的论著很多,且在埃克哈特时代,法文相对于德语文字来说已经更早地成熟了,故而以法文为主要依据并结合拉丁语和中古高地德语(埃克哈特当时所用的德语)的现代研究,对于中世纪尚无(近现代民族国家意义上的)国界之基督教欧洲研究不失确切,况且埃克哈特在巴黎及斯特拉斯堡等地教学、牧养多年。

⑤ “大学制度出现于12世纪晚期尤其是13世纪,是一项基督教欧洲的发明。”Cf. *Encyclopédie des mystiques rhénans d'Eckhart à Nicolas de Cues et leur réception*, p. 1212。

⑥ 这两次分别是1302-1303年和1311-1313年。Cf. Ibid., pp. 416-417。

⑦ 埃克哈特既是“生活(生命)大师”又是“讲席(阅读)大师”,这二者是不可分开来看的。Cf. Marie-Anne Vannier, *Cheminer avec Maître Eckhart-Au cœur de l'anthropologie chrétienne* (Artège, 2015), p. 191。

d'âmes),[8]是蒙受同侪嫉妒而被控"异端"的受害者,[9]是多明我会一名不可多得的神秘主义者及思辨家。[10] 一言以蔽之,埃克哈特思想是西方教会神秘神学的巅峰。

值得注意的是,提到"埃克哈特大师",学界总是倾向于将其与"神秘神学"(*théologie mystique*)[11]相联系,而不是"密契/神秘"(mystique)[12]一词。实际上,他并没有特地撰写过以此名称或相近名称的论文。像不少哲学家闭口不谈人生经历一样,他采取了同样谨慎的态度,以至于他对自己的属灵经历只字不提,当代有些专家甚至想要解除他与密契体验的瓜葛,不以此范畴名之。[13] 不仅如此,埃氏的拉丁文著作里只提到过两次"神秘神学"(*mystica theologia*)这术语,而且都是单纯引用丢尼修的书,他从未提及"神秘神学"是什么。[14] 事实上,他既没有为"神秘"下定义,也没有说自己是神秘学家(神秘主义者),目前学界就连一张其可信的图像都付之阙如。[15] 也就是说,埃克哈特不仅对"密契"或称"神秘体

---

⑧ 在他第二次执教巴黎大学之后,他被任命为条顿副主教,旅居斯特拉斯堡。参见 *Encyclopédie des mystiques rhénans d'Eckhart à Nicolas de Cues et leur réception*, p.418。

⑨ 埃克哈特在思想史上最出名的莫过于这个被怀疑异端的事件。从1325年起,有怀疑其正统性的文件被提交;1326年科隆的两名多明我会成员 Hermann de Summo 与 Guillaume de Nidecke 分别在科隆和阿尔萨斯向宗教裁判所举报埃克哈特,埃克哈特予以回应,强调二人是出于嫉妒。1327-1328年,埃克哈特离世,在去阿维尼翁(当时宗座所在地)途中或返程途中;1329年,时任教宗的若望二十二世颁布训谕《在主的耕地上》(*In agro dominico*)。Cf. Ibid., pp.419-420。

⑩ Cf. Ibid., pp.420-425.

⑪ 尽管埃克哈特从不谈论自己的密契体验,但他的神学却从未远离天主神圣的奥秘,而且专门探讨其中的奥妙。故而法文 *théologie mystique* 一词我们译作"神秘神学"而不是"密契神学",因后者似乎更侧重个人灵修体验。

⑫ Marie-Anne Vannier, "Mystique et Théologie mystique chez Eckhart," in *Revue de théologie et de philosophie*, 142(2010), p.211.

⑬ K. Flasch, "Meister Eckhart und die deutsche Mystik. Zur Kritik eines historiographisches Schemas," in *Die Philosophie in 14. und 15. Jahrhundert*, hrsg., O. Pluta (Amsterdam: Gruöner, 1988), pp.439-463.

⑭ *Mystique et Théologie mystique chez Eckhart*, p.211.

⑮ Marie-Anne Vannier, *Eckhart*, *fondateur de la mystique rhénane*, in *Mémoire de l'Académie nationale de Metz*-2010, p.249.

验”所指称的名相不愿去谈，甚至连“神秘神学”一词也仅限于引用当时神学界公认的范畴，而不愿或至少对以此概称自己的神学态度消极。这也是思哲界的一个现象，有点类似海德格尔拒绝以“存在主义”与“存在主义者”来称呼自己的作品并为自己贴标签。毋宁说，埃克哈特关注的是如何透过诸般不得不用的术语来看神性与人性本身，却同样对这些语词构建起来的理论大厦保持相当的审慎，其广泛采用的否定路径（voie apophatique）即是明证。同时，他生活的年代正好是德文形成的时期，受莱茵-弗莱芒神秘主义（mystiques rhéno-flamandes）[16]影响，他开启的莱茵河畔神秘主义（mystique rhénane）[17]对德语文学的形成产生了深远影响，也直接或间接地影响了马丁·路德的灵修与写作。而早在维特根斯坦等语言哲学家之前六百年，埃氏就注意通过否定等路径来廓清概念名相对思维（灵心）的捆缚，杜绝其被崇拜而致偶像化的倾向。我们可以在之后的辨析中看到他如何把那些美好的字眼归于人对天主的有限的认识，从而反衬出神性（Gotheit/Deitas）[18]本身的超绝。埃克哈特的语言及意义策略本身就是充满辩证乃至神秘的。

然而，我们仍不免使用这些术语来描绘埃克哈特及其神学，毕竟埃克哈特也认为人可以结结巴巴地谈论天主，[19]完全取消语言也非天主本意，因他是圣言（Logos/Verbum）。那么只要我们辨析得当，对埃氏神学研究的术语也可以明晰起来。

正如不同的神学家有不同的神学面貌，埃克哈特的神学又怎样呢？

根据 Marie-Anne Vannier，埃克哈特神学显然涉及中世纪中后期神学的两大方面：经院神学（théologie scolastique）与修院神学（théologie monastique），而这二者又分别对应他作为一名大学学者（*Lesemeister*）与灵心牧者（*Lebemeister*）的双重身份。埃克哈特从未区别对待这两个方面及其双重身份，而是以一个滋养另一个。[20] 这样，我们可以大致在范畴

---

⑯ *Encyclopédie des mystiques rhénans d'Eckhart à Nicolas de Cues et leur réception*, p. 833.

⑰ Ibid., pp. 827－829.

⑱ Cf. Ibid., pp. 374－379.

⑲ Tome II, *Predigten 25－59* (Stuttgart, 1971), p. 191.

⑳ *Mystique et Théologie mystique chez Eckhart*, p. 212.

上对其神学的“思辨“与”神秘“有初步的了解。

一、否定路径的继承与发扬

提到神秘神学,就不能不提署名为丢尼修的《神秘神学》(*Théologie mystique*),他承袭了古希腊哲学的思维方式,以哲学思辨的形式来描述“自隐”的天主,而这位由爱留根纳(Jean Scot Erigène)译介到西方神学界的希腊语神学家的确影响了埃克哈特。然而,如上所提,埃克哈特对“神秘神学”一词不感兴趣,在其拉丁语著作中唯有的两次提及也都是与丢尼修相关。至少从这一点即可看出二者对何为“神秘(神学)”不同取向之端倪。埃氏没有评注过前者的作品,这倒是“打破了当时西方神学家评论其作品的传统”,而更倾向于将其思想熔铸到其对圣经的解释当中。对他来说,解释丢尼修是第二位的,因为其“服务于对经文的理解,而此理解直接关乎一种属灵经验”。[21] 在埃氏的拉丁语著作中,对丢尼修的著作引用是较多的:“《神名》(*Noms divins*)(84 次),《天阶等级》(*Hiérarchie céleste*)(25 次),《神秘神学》(*Théologie mystique*)(4 次),《教会等级》(*Hiérarchie ecclésiastique*)(3 次),《书信》(3 次)”。在其德文著作中则是同样多,但是多以隐含的方式。这可以看出埃克哈特充分利用他在巴黎的机会获取丢尼修的素材。[22]

从下面的引文中可以看到丢尼修对埃克哈特的影响:

> 一位大师说:“所有我们可以说的关于天主的话都是天主”,另一位大师说:“所有我们可以说的(关于天主)的话都不是天主”。这两句话都说出了实情。奥斯定说:“天主是权能、智慧以及良善的”。丢尼修说:“天主是超智慧并超良善且超乎人所有可以说的”。这是为什么人们在圣经里给予我们的主如此多的名号,而这关乎两个原因:首先是因为他的尊贵无法用语词来理解,因为他外

---

[21] *Encyclopédie des mystiques rhénans d'Eckhart à Nicolas de Cues et leur réception*, p. 343.

[22] Ibid.

在并超越于所有本性,而且他的尊贵是非本性(ungenaturten)的。人们称之为权能,然后是光,然他却超越一切的光。如此我们称他“这个那个”,因为他非这些事物之本义(……)最能论说天主的人也是否定天主最厉害的人。[23]

在这段话里,埃克哈特从肯定两种论说天主的方式——肯定和否定方式,走向否定的方式——否定终极意义上人谈论天主的有效性,从而呈现天主自身超语言性的面向。文中一系列的“超……”的表达呈现出“不在范围内”的超越效果,同时肯定两个对立命题(在不同层面)皆为真,并把类比的因子(天主与光)引入,完整地运用了神学里“肯定”“否定”“超越”并“类比”四种基本方式。而这里也产生出某种神秘的效果,这是几种方法综合运用的效果(尤其是否定与超越两种),呈现出极端思辨的特质。但这种思辨,并非苏格拉底、柏拉图、亚里士多德、黑格尔及马克思各自意义上的“辩证法”,而是那种称之为“对立因子重合”(coïncidence des opposés)的方式。在埃克哈特看来,“高”即是“深”,“顶”即是“底”,灵心中的至高之处,恰是其最低之处,至高者恰恰是作为根基的磐石。这种纵轴式的哲学面向(aspect philosophique de l'axe vertical)[24]熔铸了福音的基本精神——作为天主肖像的神人二性之基督是“磐石”也是“至高者”,而在终极意义的永恒当中,始即是终(亦阿耳法亦敖默加),为先的要为末,为末的要为先——此为永恒性对时间性之超越,而一切存在者的存在之于意义(圣言),都归于某种奇点式(singularité)的效果,即取消了任何对立甚至差别的意义漩涡,却蕴含着无限可能性,从中生发出万般现实。当然同时也是最易为世人所误解的。正如其弟子陶勒所言:“他总是从永恒出发来说的”,[25]理解埃克哈特的难度在于人们(特别是现代人)习惯从有形之物看待天主与形而上

---

[23] Kurt Ruh, *Initiation à Maître Eckhart: Théologien, prédicateur, mystique*, traduit de l'allemand par Janine de Bourgknecht et Alain Nadeau (Universitaires Fribourg Suisse, 1997), pp. 79-80.

[24] http://cahier.spirituel.over-blog.com/article-1927472.html.

[25] "En parlant à partir de l'éternité." Jean Tauler, *Sermon* 15, in *Encyclopédie des mystiques rhénans d'Eckhart à Nicolas de Cues et leur réception*, p. 619.

学,不自觉地从时空意义上理解永恒事物,很“自然”地就会认为在形式逻辑上相反的二者不会原本就为一,就像多数逻辑学家视辩证逻辑是与形式逻辑不同的思维方式,甚至要人为地清除形式逻辑推演中的各种悖论。而在埃氏神学的神秘倾向中,矛盾律和排中律一上来就被排除掉了,[26]因较之从常识与哲学形式出发的对“真实性”的判断,埃克哈特更在意如何描述神秘中神圣智慧为何。

从上可以看到埃氏与丢尼修的不同:后者以柏拉图术语解释神性,侧重将基督教教义以希腊哲学讲求纯形式的方式抽象化且稀薄化,以求放之四海而皆准的普遍性;[27]而前者则不但对种种哲学的思辨方式运用自洽,但作为一名传道兄弟会的佼佼者,他必然以自己的方式关注福音的具体内容,而哲学手段则起到某种反常规的戏剧性效果,迫使听众注意。比如在否定层面上,丢尼修如此说:“我们无所肯定也无所否定,因为唯一的原因(Cause)超越所有的肯定,且超越性也超越所有否定。”[28]而埃克哈特则说得更具体,以描述天主为例:“天主既非存在亦非良善。良善依附于存在且并不比存在更大,因为若无存在则无良善可言,而存在依然比良善更纯粹。天主非好亦非更好,也不是一切中最好的。谁以好来形容天主就如同形容太阳为黑一样错谬。”[29]

作为神学家,埃克哈特在此绝非要否定天主的良善,而是旨在提醒:人若以自己所理解的“良善”来思考天主,且将其置于比较级或最高级的序列中,都是不恰当的,以致于错过天主所是的。因为天主的存在与良善超乎人的想象,且不该与万物的存在以及人的存在与良善归为一类,这就将埃氏与阿奎那的“天主是至高存在(者)”的论题拉开了距离。

---

[26] 当然,埃克哈特也会着力强调这种对逻辑常识的背反,甚至有意利用这种对立在讲道中制造戏剧效果。

[27] 这种方式使用多了则会让人过度依赖这种思辨性来把握信仰,反而有意无意将基督的十字架与复活的属灵性与历史真实性边缘化了。

[28] “Nous n' affirmons rien et nous ne nions rien, car la Cause unique est au-delà de toute affirmation, et la transcendance est au-delà de toute negation.” Denys, *Théologie Mystique* V, 1048 B.

[29] Cf. Maître Eckart, “*Sermon* All^{d}. 9,” in *Die deutschen Werke I* (Stuttgart, 1957), p.148.

与丢尼修相比,虽然都是运用哲学思辨以至于进入神秘之境,但在程度上埃克哈特对纯粹性的强调青出于蓝而胜于蓝。[30] 同时也让我们联想到耶稣回答那位青年财主说,“你为什么称我善呢? 除了天主一个外,没有谁是善的”(路 18:19)。天主子明确地指出善不在于人而只在于天主。他既是天主自己,就可以说“天主一个是善的”。奥斯定指出“人是向(天主)而存在”(*esse ad*),即并非自己而存在;埃克哈特则同样依循这一依存关系(*relatio*)来看待造物主与人的关系,并在上面的话里指出良善与存在的关系——前者依附于后者,且后者更加纯粹。

二、本体论关系、虚无、虚无主义及无神论

在理解存在与天主的关系时,埃氏创意性地提出“存在是天主”(*Esse est Deus*)。[31] 乍看起来,这好像在滑向以万物与天主等同的“泛神论”,但他的本意恰与这种望文生义式的理解不同。此论点的主旨是强调应由天主来规约存在而不是相反:“埃克哈特在阅读《出谷纪》3:14‘我是自有者/我所是的’(*Ego sum qui sum*)时以‘存在以位格化的方式呈现为天主’来理解这其中的形而上原理,他事先确定提问存在问题的指针,即‘存在是什么?’得到的答案是‘存在是天主’。这便引出关乎世界的知识亦是关于圣经的唯一真理。也即,并非天主被存在之概念所决定,反而恰恰相反,存在的概念以及科学诸预设乃是向显现(启示)并宗教体验敞开,正如圣经所明确表达的。”[32]

“天主存在”的论题一向被当作基督教的基本论题看待。而当后世对“存在”一词的理解发生变化时,即开始依循自然理性(根据逻辑与辩

---

[30] 埃克哈特说:“若说天主是良善的,那就是为其增添了什么,违反了天主作为纯粹的一的原则。”他即是在强调:惟有将天主的纯粹性发挥到极致,才能使我们对其普世性的理解拓展到极致。在强调纯粹性的方向上埃氏与丢尼修无异。

[31] 这一论点是埃克哈特基础性的形而上学论点,在其未完成的《三部集》(*Opus tripartitum*)中的第一部分——问题的“提出部”(*Opus propositionum*)即提出这一根基性的论点。

[32] *Encyclopédie des mystiques rhénans d'Eckhart à Nicolas de Cues et leur réception*, p. 471.

证的规则及常识性的清晰明确)、肉眼(包括技术设备,因其是人肉眼视力的延伸)与量化(疏离本质而关注程度)的原则判断何为"存在",这时,由"存在"而定义的"天主"就因"存在"的词义已被潜在地替换为受造物意义上的存在而愈发显得荒谬了。这无疑是源自根植于语言与思维本质中的社会想象的变迁与集体无意识的解构,而对这种变迁与解构的认同还是否定则决定于人内心向真的意愿,而不是凭由先入为主的"客观理性"或"实证精神"来判定。反观埃克哈特的论题,恰恰是把人以及造物的存在对天主的依存性发挥到极致的表达:惟有天主才真实地规定何为"存在"。这与其认为受造物是"纯粹的虚无"的内在逻辑是一脉相承的:埃氏重申奥斯定的关系论——"无受造物拥有存在,因其存在皆于天主之临在中悬置。若天主向其转离一刻,它们旋即重归虚无"(《讲道录》第四篇)。[33] 在创造者与受造物的关系上,埃氏同时强调后者为"存在",而前者为"虚无"的情况。Vladimir Lossky 对埃克哈特之此运思理解精到:

> 当埃克哈特大师明确受造物是"接受的存在"而神是"给予的存在"时,他是在向我们展示主动与被动的两项原则:这两项原则在存在层面上彼此对立,一个给予,一个接受。但此对立暗示着一种非着眼于归置为种群的原则,至少是在存在之单义性被归结于两种对立物之际。倘若受造物存在,即被动地具有天主应具有的主动的同一存在,因二者(由神给予)一致行动或运作而存在。而在真实与逻辑双重意义上,绝对之类比因子不仅超越所有存在,该因子却并不共有被动原则,却拥有存在之共契,即超越所有种类,且并不适合于存在之因及"第一被造物":若天主存在,受造物为虚无;若受造物存在,天主即超乎存在且无限相异于所有存在者。在对立原则之于存在之单义性两相推演之后,如今即可得到这样一个极致的

---

[33] *Traités et sermons*, traduction et présenté par Alain de Libera (Paris: Flammarion, 1993), p. 245.

单义性,此单义性使主动与被动原则之对立成为不可能。[34]

在语词的单一与多义的问题上,埃克哈特不可能如东方的老庄,坐拥混义之汉字那般潇洒;[35]作为西方中世纪神学家,他不能不考虑运用早已成为希腊哲学之于基督教神学所默认的逻辑原则,必然立足其语境来阐发天主存在的奥义,这一点倒没有脱离西方的哲学语境,尽管有不少学者指出埃氏思想十分接近东方思维。而在由单一与多义牵涉出的不同与相同、“是此”而“非彼”的思辨张力面前,埃氏不遗余力地追求其语言(拉丁语、德语)的极限,从而表达出其对天主神性的独特理解。“从无到有的创造”(*creatio ex nihilo*)作为基督教的基本教义将万有定性为受造物,与创造者本质有别;但作为创造者的作品,受造物必然与造作者有某种相似性,这奠定了二者相像的基调。埃克哈特运用否定与否定之否定原则将这同与不同发挥到极致:

> 受造物的存在(*l'être-créature*)显示出其与存在(是)之不同。区分意味否定与不完全:每一受造物,藉由其“这与那的是”(*esse huius et huius*)即指明其相较于其他造物所是的否定。相反,天主是非区分(*indistinctio*)意义上的存在(是)。天主的存在区别于虚无,同样区别于每一受造物。恰是通过其非区别性,天主的存在区别于受造物的存在。由此之故,天主的存在是否定之否定(*negatio negationis*),系作为受造物存在(之是)构成的自身之否定的否定。受造物的存在乃指一存在,是最终在对其自身而言非完全可见式的存在。与之相反,天主的存在即纯粹的知解力(*intellectus*)。若我们谈及天主的存在,非“因其自我认识而内在永活的智能(*intelligence*)”则无法想象。正如埃克哈特在其第一部《致巴黎人书》当中明确指

---

[34] Vladimir Lossky, *Théologie négative et Connaissance de Dieu chez Maître Eckhart* (Paris: Vrin, 1960), p. 296.

[35] 汉字文学的特殊性使得老庄等先哲可以尽情地在其虽然有限但却诗化的语境中充分发挥汉语表达含混的优势,比如“道可道非常道”一句话六个字三个“道”,各个不同,却精妙地联络在一起。

出的，对天主的认识是其存在的根基。[36]

这一关于天主存在的德语讲道，其背后是埃氏深厚的思辨逻辑，我们以景深诠释之：远景是万有那区别意义上的区别，即区分之区分；前景是"受造物-造物主"之间的区分，即非区分的区分；而二者合一之元一（*unité*）则是非区分的非区分。上面从埃氏不同作品中提取出来的神学思路更多是在思辨意义上的，我们还需要看那些关乎埃克哈特神秘神学的主要思想——天主与灵心的双重降生。

在我们走进标志其神秘主义的"天主（圣言）在人的灵心里降生，人在天主中降生"以及其独创的"超脱"（*Gelassenheit*）之前，我们仍需在埃氏"虚无"的命题上稍作驻足，因若不提《讲道录》71篇埃氏对圣保禄皈依的神秘、思辨戏剧化的描写，对其虚无思想的认识仍不能说全面。

这篇讲道或许是他讲道中最让人困惑不解的一篇。他解释了经历天主的体验超越一切感知，而对这种体验的描述惟有采取否定路径，因神圣本质是无以认知的。以下是埃氏那令人瞠目的阐释：

> 我用拉丁语宣讲的这段话是圣路加记载于《宗徒大事录》中关于保禄的一句话："扫禄从地上起来，睁开眼睛，什么也看不见了/**他看见了虚无**。"（宗9：8）在我看来，这看似普通的话却微言大义，有这样四层意思。第一层是：当他从地上起来，睁着眼睛，他看见了虚无，而这虚无就是神，因为当他看见神，他就称之为虚无。第二层是：当他站起来，他什么都没看见，只看见了神。第三层是：在万有中，他只看见了神。第四层是：当他看见神，他视万有为虚无。[37]

圣保禄（扫禄）的皈依是圣经里很有名的记载，这是他整个人生的转折点，是至关重要的属灵经历，后来的牧者多以天主的大能及其特别

---

[36] Cf. *Encyclopédie des mystiques rhénans d'Eckhart à Nicolas de Cues et leur réception*, p.47.

[37] *Sermons, traités, poème: les écrits allemands*, traduction de Jean Ancelet-Hustache et d'Éric Mangin (du Seuil, 2015), pp.414 – 415.

针对扫禄的热心而采取的特殊行动加以解释。然而很少有人从这样个人化的神秘体验中析出普遍性的思辨意味甚至哲学命题来。埃克哈特本着尝试将解经带入哲思的努力,从中看出不同于个人体验的意味,即超越性的真实(而非日常理解的外在之眼所见的真实),他甚至毫无过渡地以保禄的个人体验注释本体论意义上的否定(méontologie),直接进入到神秘领域。这也是他被人视为"神秘主义者"的重要依据。在此他强调"此虚无即天主",而并没有说"天主即虚无"。换言之,保禄看到的是"这个"虚无。若无天主,一切虚无也不过是虚空而已,而虚空并不真正等同于天主,也不能产生任何东西。但在哲学意义上,"虚无"应该是太一最好的对应概念,是强赋为辞的表达。而把"什么都看不见"表达为"看见了虚无",随着虚无被"实体化"或"客体化",虚无即不再是存在的反面,却在不同视角中遵循形式逻辑分别指向了万有或天主自身的存在:天主视万有为虚无,因为是他把万有从虚空中召唤出来成为存在;反之,若视万有的存在为"存在",那么天主即非(在这个意义上)"存在",而是使万有存在成为可能的超存在,是存在(是)的原则——作为"存在之纯粹性(*puritas essendi*)[38]在天主之中"。埃克哈特认为保禄失明后反而能以天主的眼光来观看万有——即第四层意思:当他看见神,他即看见神之所见,而他即视万物为虚无。

提到虚无,不妨提一下紧随存在主义而兴起的虚无主义。虚无主义是18世纪开始的近现代无神论发展到极致的表征,其极致表达是尼采的"上帝死了"。[39] 这一论题较之于新约圣经没有丝毫的原创性,因为后者早已记述了此为基督自主的行动,而后总结成教义。若无基督教道成肉身、十字架殉道的教义,没有任何一种宗教或神话提出如此彻底的命题——神明的死亡已经十分罕见,而宇宙独一神的死亡更是超出想象。也恰恰是基督教这一可资为"正题"的论点给了作为近现代无神论者发

[38] 存在的"纯粹性"是埃克哈特神学的关键之一,专论可参见 Ian Alexander Moore, "The problem of Ontotheology in Eckhart's Latin Writings," in *Epoché*, V. 22, Issue 2 (Spring 2018), pp. 315 - 342.

[39] 比尼采更早,黑格尔进一步把路德的基督论的命题哲学化,提出"上帝之死"命题。

挥其反题的必要前提：天主子道成肉身为人死且死在十字架上，正是这一永恒的历史事件提供了近现代西方的无神论与虚无主义发挥的素材和舞台。然而，对埃克哈特而言，却真的存在一种天主自己的“无-神论”（a-théisme），可由他经常邀请听众离开“天主”以找到真正的天主或神性见之：[40]

> 《讲道录》109篇展现了在其关于“天主”（*Gott*）与“神性”（*Gotheit*）用语上的“神秘的无神论”。埃克哈特以一种吊诡的方式解释了“神性（*Gotheit/Deitas*）与天主（*Gott/Deus*）有着天壤之别”。这是因“天主变化且不被生”。在讲道末了，他给出了这谜一样的断言的意思：“所有在神性中的皆为一，对此我们无法言说。天主行动，神性不行动”。他同样重拾那种突入（*Durchbruch*）的语言，他说：“当我进入到基底（*Grund*），无底之基底（*Grund ohne Grund*），神性的流溢于基底，无人告诉我我从何来及我原在哪。我不念及位格，因天主非被生。”[41]

我们试着解释一下其中的思辨意涵。若天主自己判定自己（在人自以为的意义上）不存在——埃氏所谓的诸般虚妄的概念——天主却超越所有人的想象，以虚己而道成肉身的方式临在人间，走上十字架受死而复活——这就以愚拙甚至荒诞的方式超越了耶稣时代所有宗教文明的神明观念，甚至如今看来也常看常新。可以说：人认为的“神”总会有片面和误读。真正问题在于，人总试图以非天主的偶像、“神明”或意识观念来取代他，而并不是人以为的“无神论”。人的症结是总想要“既事奉天主又事奉钱财”。[42] 然而后者无论是以何种形式成为偶像（情欲投射的对象），抑或前者被混同为后者，都无非是虚妄的。[43] 真正的奥秘在

---

[40] 比如在其《讲道录》2，22，26，29，48，51，52，69，83篇等。

[41] *Encyclopédie des mystiques rhénans d'Eckhart à Nicolas de Cues et leur réception*, pp. 380－381.

[42] 《玛窦福音》6：24：“没有人能事奉两个主人：他或是要恨这一个而爱那一个，或是依附这一个而轻忽那一个。你们不能事奉天主而又事奉钱财。”

[43] 参见梅瑟从天主那里领受的十诫之一：“除我之外，你不可有别的神。”（出 20：3）

于,上主竟然道成肉身,取了奴仆的形象来成就他这件创世以来唯一真正的新事:被人藐视、亵渎、侮辱、杀害。天主这种无限降卑、倒空、虚己(kenosis)不啻“无神论”,也是唯一真正的无神论。[44] 这与埃克哈特说的“亵渎天主的就是在赞美天主”[45]亦存在某种暗合,因为所有属亚当的人(属地的人)都是“亵渎天主者”,[46]然而他们“亵渎”乃至如今否认天主存在的“否定”竟然也不过是谈论他所不是的。因为天主对梅瑟说“我是自有者/我所是的”(*Ego sum qui sum*),[47]换言之,他亦非自己所不是的。而且按照基督教的立场,不信者出于自己不信的心而亵渎天主,也必然只能依托天主所赐的生命而将之付诸实践。他们的“亵渎”不但归于虚空(尤其是无神论者——既然他们按自己的标准认为神根本不存在),却仍表达出反对天主所不是的并反衬出天主根据自己所是的。天主是爱,这爱是无条件的。但天主出于爱必然也尊重所有人的选择,也即,人可以拒绝领受上主的恩典。这就体现了爱(自愿)与真实同时成立的原则。

当然,这样曲折隐晦的思辨未见得为以肯定神学为主流的教义体系所接纳,而且在论判上甚至跳脱了其中世纪神学与哲学的基本语境。教宗若望二十二世就在其训谕《在主的耕地上》(*In agro dominico*)里谴责埃克哈特的28项(疑似)异端的论点里提到了这一条。[48] 这里必须要注意:埃克哈特是在永恒的意义上说,人无论如何哪怕是亵渎天主,最终都只能起到赞美天主的效果,对第二因的认识与利用无法影响(被误读

---

[44] 从逻辑而非从教义上看,判断“无神”的标准在于人可以对“神”进行全备的定义;而设若人可以真正定义“神”以至于将其否定,即这样或那样的“神”不存在,那么其所否定的也不过是他自己设想或可以认识那一部分的“神”。费尔巴哈提出“神是人的想象”,而这一点早已蕴含在摩西五经对人拜偶像的警告当中。

[45] “Item Deum ipsum quis blasphemando Deum laudat. (De plus, celui qui blasphème Dieu loue Dieu)” In Ioannem, n. 494. In *Die Lateinischen Werke* III (Stuttgart 1994), 426 sur Jn 9,3.

[46] 对亚当来说是在其犯罪的一刻就有了这样的倾向,而对之后的人来说则是原罪使然。

[47] 古希伯来语的“是”动词亦涵盖了现在时、过去时与将来时,其意义可以相应地无限拓展开来。

[48] *Traités et sermons*, p.409.

的)第一因的运化成全。然而如若考虑到埃克哈特提出的“神性”与“天主”的“天差地别”,我们就知道埃克哈特的思辨达到了怎样的程度:天主行动,但神性并不行动;天主可被言说,神性不可言说。在如此的辩证张力中,埃克哈特试图将天主的绝对性悬置起来,在说与不说之间达成某种微妙的平衡。[49] 两相比照,这与上面“亵渎天主就是赞美天主”的论点似乎相互抵牾,然而若是考虑到埃克哈特作为神学家的护教动机,以及他最关心的——信仰与理性、神学与哲学原为一,那么我们就知道他是在做藉由语言来使两方面合一的努力。作为神学家,他必须以天主为至上,提出对之的绝对顺服;而作为哲学家,他在意的是必然性,不盲从任何教条,甚至认为某些哲学家较之神学家更明白天主的真理。[50] 正如在自由意志之于原罪的问题上他的思辨立场是不留余地的——“一种预设了自由意志之分离的(灵心的)活动”:[51]天主在他的永恒中(预)知始祖的选择,这与始祖在时间中凭自由意志选择了与之分离(犯罪)并不矛盾,因为本不在同一层面;同时,埃氏和阿奎那都认为“天主是本性的成全者”,他对人意愿行为的预知并不能取消他对人自由选择的尊重,甚至这种尊重之爱表现在他任凭亚当夏娃吃禁果的事上,较之其全知全能更被其看重,而天主选择了为赎人之罪而走上十字架。这于基督神学的逻辑是必然的,却也是挑战人之理性的,也造成了对加尔文双重预定的种种争论。

反观埃克哈特,既然在思想史上,他很可能是首位提出“天主是自由”的神学家与哲学家,那么按天主的肖像所造的始祖顺理成章地拥有自由;同时始祖犯罪(远离天主)在完人(完成的人)道路上也具有必然性,即遵循了天主命定的属地的人(第一个人亚当)与属天的人(末后的

---

[49] 如此这般的“神秘逻辑”,将思辨与神秘融为一炉,成为近代辩证逻辑的一个源头。根据《莱茵河畔神秘主义者百科全书:从埃克哈特到库萨的尼古拉及其接受》,擅长思辨与辩证的帕斯卡与黑格尔等哲人都深受埃克哈特与库萨的尼古拉的影响。

[50] 他甚至提出:“梅瑟、基督与哲人(亚里士多德)因而在教授着同样的东西,只不过他们的教导方式不同。”参见 *Encyclopédie des mystiques rhénans d'Eckhart à Nicolas de Cues et leur réception*, p.140。

[51] *Encyclopédie des mystiques rhénans d'Eckhart à Nicolas de Cues et leur réception*, p.924.

亚当),也就是我们带了属土的肖像到带那属天的肖像。[52] 这些都毫无疑问在哲学的必然性上给出了隐喻式的、但亦不失明确的答案。[53]

三、原创概念"超脱"

与虚无论题相关的是埃氏最具原创性的概念"超脱"(*Abegescheidenheit/Abgeschiedenheit*)和(*Gelâzenheit/Gelassenheit*)。[54]这个词关乎神秘的合一(*unio mystica*),天主降生在灵心里。在莱茵河畔神秘主义三位代表人物埃克哈特、陶勒和苏索的思想中,"超脱"基本上指"作为受造存在者的自由"(*esse hoc aut hoc*),这里当然少不了作为所有存在之根基且使万有存在的天主。在此,我们不讨论这个词在德语里的各种形式与变化。该词在拉丁语里没有直接对应的词,大约等同于分离(*separatio*)抑或沉思(*abstractio*)。[55] 简单地说,埃氏所谓的"超脱"离不开三层意义的超脱:本体论的超脱、语言之于思维的超脱以及神秘经验中的超脱;同时关涉到否定路径与虚无。

在其专论《论超脱》中,埃克哈特比较了其他神学上公认的最高美德,比如爱、谦卑及怜悯;但他转而指出超脱乃是至高的德行(*vertu*),让我们看看他是如何论证的,毕竟这前三样都是公认的基督教传统美德。

> 爱所能做到的最好就是强使我去爱天主,而超脱却强使天主来爱我。[56]

---

[52] 参见《格林多前书》15:45-49。

[53] 在很多哲学家和诗人看来,隐喻并诗歌文学的方式比命题式的演绎推理或经验式的归纳更直接且直指人心。在这一点上,圣经在很多地方是二者兼得的:既可以加工为理论命题,又可作诗歌的素材。经文本身则具有灵性的超越并朴实。

[54] 关于这一术语,多数译为"超脱"。郑淑红翻译作"无执",陈企瑞译为"割舍"。每一种译法都各有千秋,但也有其局限性。

[55] *Encyclopédie des mystiques rhénans d'Eckhart à Nicolas de Cues et leur réception*, pp. 358-359.

[56] *Sermons, traités, poème: les écrits allemands*, p. 827.

埃克哈特在这里表明了一种绝对的虚己,从真空现象中获得灵感,认为若全然倒空自己就可以"迫使"天主来充满这一真空之境。因为天主作为爱,必定比我更懂爱。故而与其我们主动去爱天主,不如让自己自然清洁而让天主来爱我们——对天主来说,自然和清洁即元一(unité)与纯粹(pureté),天主必然将自己给付一个单纯而清洁的灵心;而爱则要求我们必须为了天主而忍受诸般痛苦,但超脱却让我们可以单单就近他。超脱如此接近虚无,以让天主内住。而很多大师盛赞谦卑远高于其他美德,而埃氏仍旧认为超脱更高。因为谦卑可以无超脱而存在,但超脱却一向就带有完美的谦卑了,这是因为谦卑总倾向于消除自我,而超脱与虚无如此相像,在虚无中我们一无所有。而且完美的谦卑是俯伏在造物之下,谦卑者是要出离自我而就万物;但超脱则仍在自我当中。而出离自我远不及在自我当中更为尊贵。埃氏即援引先知大卫的话:"王的女儿的全部贞洁来自于其内"(*Omnia gloria eius filiœ regis ab intus*)。完美超脱的妙处就在不必向万有卑躬屈膝,亦不必高高在上;超脱什么都不要,亦不考虑爱与痛苦,毋愿与某物平等或不平等;超脱不要这不要那,只要存在而无他。[57]

埃氏如此解释仍让人不免迷惑,哪里看得出超脱比谦卑更优越呢?诚然,两个美德比一个更好,但又为何"在自我当中"要比"出离自我"以及"向下运动"更好呢?来看看文森(Markus Vinzent)的解释:"谦卑是一个基础。一个人弯腰鞠躬,因此把自己置于别人之下。不是说向下运动有什么问题,而是说谦卑作为达成目标的一个手段存在,而天主只能被直接地领受。谦卑在跟被造物同等级别的事物中运作。不是让灵心找到她自己,并且在她自身找到天主本性,灵心并没有被当成是神圣的,而是被当成某种需要向下调节的德性。但是,把向下调节视作自爱,是对灵心到底是什么的一种误读。"[58]

在《论超脱》里,埃克哈特继续强调超脱之于无我的重要性,以下我们援引郑淑红的翻译:

---

[57] Cf. Ibid., pp. 827 – 828.

[58] 文森:《无执之道——埃克哈特神学思想研究》,郑淑红译,华夏出版社,2016 年,第 234 页。

> 现在你一定知道是充满爱的谦卑让上帝降低自己,进入人性中;然而当他成为人时,无执仍然在自身保持不动,就像当上帝创造天地王国时那样,就像我在后面跟你们说的那样。(《论无执》,*DW* V,页407行9至页408行2)[59]

文森将谦卑跟超脱的细微差别分析出来:

> 充满爱的谦卑引发上帝的创世、道成肉身和救赎——但充满爱的谦卑是上帝的本性,它是其先验条件(transcendental condition),但若要在上帝中保持不动,必须基于无执。上帝的爱与谦卑或充满爱的谦卑并不制造奴隶,也不使人依赖于他。他的下降基于无执。上帝在他的肉体化身中,就像在他创造万物中时那样保持不变的无执,其结果就是创造了在天地王国中的圣王。如果上帝不是作为圣父、圣子与圣神的无执,如果他只创造了自己,让自己成为肉身,拯救自己,那么上帝就会像被造物那样成为那个与他自身纠缠在一起的自我。那么上帝就完全被清除了,这么一来,降低自己才是真正的谦卑,无执的谦卑。爱是真正的爱,无执的爱。对于上帝如此,对于人也是如此。这样的互换性甚至为上帝的道成肉身提供了理由,也就是说,"为了不扰乱人的无执,上帝必须进入人,而不是人走出自己进入上帝"。[60]

而关于超脱为什么也高于怜悯,埃氏也提出相似的理由,即超脱不受"人出离他自己而进入到他同伴的缺点那里而心受困扰"[61]的影响,超脱一直保持在其自身当中,因为既然是"超脱",就不会执着于任何困扰。这样,就没有任何内在或外在之物可以阻碍天主来在人里面。

---

[59] 同上。

[60] 同上,第234-235页。

[61] 同上,第235页。

埃克哈特由是强化了其神本的立场,即在永恒中及根本意义上是天主走向人,而非人去寻找天主,因为后一种显然很容易陷入到自己对天主的想象中。但若因人效法天主的超脱,拥有完美超脱的人反而可以“左右”天主,[62]因为这样的人无非就是天主自己的肖像,如天主子基督一般。这种神本与人本的互置乃至互质,既免除了人那不守本位的骄傲与颓废,又确保了人向着无限真理敞开的主体性,并不满足于仅仅被宽恕而得救,而着眼于像神乃至是神的成圣,却又杜绝人想凭自己而成为神的僭妄。当然,除了天主子以外,没有人真正达到了完美的超脱,但人却可以在种种现实处境中不断地放下己意,除去从私欲投射到受造物所带来的遮蔽,让圣神充满灵心。这一关乎意愿、情感及理智的人的成圣过程从永恒的视角看,是向着绝对者敞开而趋于无限的。

了解了埃氏“超脱”的主要思路,我们就可以总结本部分开始时的三层意义的超脱。首先,本体论意义上,埃氏试图将超脱定位为天主与人成为元一的哲学必然性;反过来,阿维森纳与托马斯的哲学观点也在埃氏的神学领域里得到延伸。正如文森指出的——“埃克哈特把灵之纯一性这个哲学观点延伸到‘已经获得完美无执的人’的灵心,无执带着人的灵心‘无形无相的特性’,到‘没有偶然性’的存在从而‘进入永恒之中’,进入与无形无相的上帝的关系中。不受任何偶然性以及其他别的范畴(如关系)的控制,与上帝的‘关系’不再是一种关系,基于一方把自己给予别人的关系,像进入同一关系的两个配偶,或两个不同的主体之间的相互关联。与此不同,对埃克哈特而言,灵心与上帝之间没有关系,他们共有的只是类似关系的倾向,是向着完满调整的一,在那里同一个

---

[62] 同上,第235-236页:“参考阿维森纳的观点,埃克哈特在强调为什么他讨论无执跟爱时,通过暗示无执的神性本质的必然性开启这个话题,而神性本质可以被一个被造物的无执心灵所驱使:‘一个叫阿维森纳的权威说:“已经获得无执的灵性之美是如此强大,以至于任何它所沉思的都会成真,任何它所期望的都会应允,任何它所命令的都要遵守。”(《论无执》,*DW* V,页410行7至页411行1)根据中世纪的思维方式,对某物的沉思与真知就是把这一事物带入存在,使它成真,因为真知就是沉思,而一个杰出的灵亦即无执的灵的沉思,就是一个纯一的灵(a spirit of simplicity),在这个灵当中统一性与现实性合一。‘存在与一是可以互换的’(*Ens et unum convertuntur*),托马斯·阿奎那这么说。”

单纯的本质享受着丰饶的生命。”[63]

存在是一,一是存在;但既然这是两个不同的词,那么势必也包含着彼此的关系:一与存在的“关系”(暗含的不同)与“无关系”(暗示的同一)是必然的,埃克哈特就把这种哲学必然性引入天主与超脱之灵心的关系:天主是存在本身,天主亦是一,而作为天主肖像的灵心既从天主而来,也必归于天主与之合一(union)乃至成为元一(unité),因为毕竟,灵心的基底与天主的基底乃同一。

但在经验之于推论当中,这一过程既是神秘又是悖论式的:从神本出发,因由超脱,人反而具备了人本的潜质,即天主对他完全的应允,乃至于神人为一。不过对埃克哈特而言,这根本不矛盾:既然天主是爱,是完全的给予而自己不保留什么,那么超脱就首先是天主作为爱之本然,而人对此的效法正如达到了亲密爱人之间“你为我我为你”与“作为一的二”的密契。而这同时意味着对天主的自私的索取无异于让天主来拒绝他,这种爱也意味着对他者关系的意义的重生——拒绝留存于心而生执念,反而成就了真正的关系。一个超脱的人必然对非天主者毫不动心(甚至对内心投射的天主的概念也明察秋毫,毫无所动),一切被造物经过其灵心仅仅是在“旁边”而非其内,[64]而既然灵心已成为天主所是,那么她就可以与天主互换(spiritus et deus convertuntur),这是按照阿奎那的说法。“而可互换性并不意味着没有生命;相反,它意味着生命的开

[63] 同上,第236-237页。

[64] 参见《讲道录》86篇,埃氏对马大的分析,即“在物旁”而非“在其中”,因后者意味着成为经由者的原因。“受到某物影响时,被影响者会在自身携带着影响它的东西,后者作为前者的原因而存在:‘任何物体,如果另外一个物体经由它存在,那么前者一定在后者当中。因为没有一样东西能通过存在于别的东西里面的白,而变成白色。’”驻留于事物中,心灵就会受到来自该物作为原因的沾染;而唯有颜色和味道本身是从天主来的,因为它们不是任何事物的本性,而仅仅作为偶性为万物暂时保留。这样,关乎天主的属性,因天主本身的无执而无特定原因反而作为原因的原因。故而,“如果心灵不执着于自己,就可以为上帝留下地盘,无执本身是神性本质在心灵中的存在,存在与心灵中的神性本质使心灵是其所是。无执的神性本质给了心灵不执着的味道与颜色。任何想要获得这种心灵状态的人,只有被无执感染才能做到。无执并不是把人引向神性本质的一个偶然状态,一个可以据为己有的状态,而是将上帝最主要的品质赐予人,即不再占有,而是把自己给出去的本质。”参见同上,第98-99页。

始。对于灵而言,其含义是它已经死过了,那个被尘世生活中变化的情境与机会淹没的它已经死亡,而尘世生活中满是'快乐、忧愁、荣耀、耻辱与失宠'。与此相反,它意味着在无执中的灵现在完完整整地活着,被强化,不再牵挂自身,而是能够'屹立不动,抵得住任何欢乐、忧愁、荣耀、耻辱与失宠可能会对它进行的侵袭,就像一座铅山一样站在一缕微风面前'。"[65]

这也与其语言之于思维的意义相配合。埃克哈特用一种十分直白的方式讲述了作为圣言的天主子与人的隐喻,在《讲道录》第9篇的最后,他提到"基督是动词(根据《若望福音》,基督是Verbum),而人(灵心)应该做动词旁的副词(adverbium)"。[66] 在拉丁语里,*ad* 表达的是"向着……"的意思,那么副词自然就是"向着动词"的意思。埃氏在这里暗示:一切真正属神的行动都是天主子自己进行并完成的,灵心只应该与天主一道做事,那么按着这样做的事情可以说是神人同工,是灵心做,亦是天主自己做。

埃克哈特如此认真而不遗余力地将圣经精义与哲学原理同而观之,仔细查验并探究相关哲学术语的含义,注入神学的精髓,并达到了如此神学与哲学的高度互诠。

四、天主与灵心的双重降生

而处于埃克哈特神学核心地位的是教父神学提出的重大命题——"天主与灵心的双重降生"则将圣父、圣言以及灵心通过"属神的经验认知"(*cognitio Dei experimentalis*)的方式表现出来,这一点精彩地体现在刚

---

[65] 同上,第237页。

[66] Cf. *Traités et sermons*, p. 280: "... à côté du Verbe, il doit être un adverbe. Il y a un Verbe dit; c'est l'ange, l'homme et le reste des créatures. Mais il y a un autre Verbe, pensé et dit; c'est grâce à lui s'il m'arrive de former en moi ⟨l'image de⟩ quelque chose. Mais il est encore un troisième Verbe, qui reste non-dit et impensé et ne sort jamais, mais demeure éternellement dans celui qui le dit; il est reçu sans discontinuer dans le Père, qui le dit, et reste à l'intérieur. (...) C'est là que l'âme doit être un adverbe et opérer une seule œuvre avec Dieu, et, dans une connaissance planant en elle-même, recevoir sa béatitude là même où Dieu est bienheureux. Puissions-nous être en tout temps, nous aussi, un adverbe de ce Verbe, avec l'aide de Dieu, de ce même Verbe et du Saint-Esprit! Amen."

才分析的既充满思辨之张力、又不乏神秘色彩的《讲道录》71 篇当中,为典型的埃克哈特风格。经历天主不但会带给人知识的不断更新,更会在根本上更新人的认知。圣保禄的属灵经验不断造就其对天主的认知与神学知识,从而写下诸多书信,成为新约的重要组成部分:既是天主启示,又结合了个人体验,与其他经卷一起同为基督作真理性的见证。圣经本就是神性与人性共同的作品,其彰显的上帝——既外在超越于一切人,又内住于人之为人的人性当中。

埃克哈特将此强调到极致:基督性即人性。因其为“完人”(*asumptus homo*),既是天主又是天主的肖像,既是起初造人的原型,又是人之为人的未来:“与世俗化那种趋于划一且终于无人、以致将芸芸众生降解为一个可量化诸参量之合集的做法背道而驰,道成肉身却明确了每个人的独特性及其人格的同一性(identité)。此同一性来自基督的同一性,即完人,担当人之为人之全然并使之经由天主且与众人相遇,为的是告诉他们天主是谁。基督并不给出秘笈,而是向每个人提出在其与天主以及与他人的关系中建构自己的身份认同。”[67]这里直接关乎埃克哈特的神秘主题——“天主子在人的灵心里降生”。

基督教(尤其是天主教)神秘主义另有“成圣”“神婚”等提法,而埃克哈特则以这一“降生”来描述天主与灵心的神秘元一。大致来说,神秘降生是一个恩典事件,并在本体论范畴内加以描述。与很多新教神学家不同,埃克哈特将人的罪描述为“对天主的远离”、“一种预设了自由意志之分离的(灵心的)活动”;[68]另一方面,则是某种尤其是对人(再)创造的本体论意义上的必然效果,即受造物的必朽性——就其受造的本质来说即是内在的虚无。埃氏的原罪论把基督的拯救和人的赎罪跟创造与再创造、贵人(*Homo Nobilis*)与完人结合在一起。在《论贵人》里,埃克哈特首先引用了《路加福音》19:12:“有一个贵人起身到远方去,为取得了王位再回来。”他认为主基督通过这段经文教导我们:“人在被造时

---

[67] Marie-Anne Vannier, *Cheminer avec Maître Eckhart—Au cœur de l'anthropologie chrétienne*, p. 16.

[68] Cf. *Encyclopédie des mystiques rhénans d'Eckhart à Nicolas de Cues et leur réception*, p. 924.

按其本性是何等地高贵,他出自于恩典所能达到的是多么的属神,并且,也告诉我们人应当如何到达那里。”⑲埃氏指出外在之人是属地的人,是旧人、奴颜婢膝的人;而内在之人则是新人、属天的人、高贵的人,其实就是作为新造之人的基督。

天主圣三与基督中心论是埃克哈特关于降生(naissance)与收养(adoption)的思辨神秘主义的基石。埃氏不仅以当时现存的圣三生命的范畴描述其对神秘神学的体会:不仅从阿奎那,同样也从奥斯定的《论三位一体》汲取灵感。爱是奥氏的核心范畴,而埃克哈特则取而代之以“生养”(*engendrement*)——“生养者”(*generans*)、“受生者”(*genitum*)以及“生养者对受生者的爱与受生者对生养者的爱”(*amor gignentis ad genitum et geniti ad gignentem*),先是在《智慧篇注疏》提出,而主要在其《若望福音注疏》中发展起他的三一神学:“道成肉身的基督成了初熟的果子,而人得以藉收养之恩典(*per gratiam adoptionis*)成为天主本性所是的(*per naturam*)。”⑳神圣的收养不仅因人类的受造而成为可能,且尤其是因道成肉身成为现实。这是其神秘神学的根基。

《讲道录》38 篇明确了受造的目的论与必然性之于天主与灵心之间的双重降生:“……为何天主要成为人?为的是天主降生在灵心里且灵心亦降生于天主之内。全部圣经正是为此而写,天主创世及全部天使之本性亦是为此:为的是天主降生在灵心里灵心亦降生于天主之内。”㉑而在《讲道录》75 篇,他在天主圣三的意义上提出:“我们是藉圣神即爱在

---

⑲ 参见《埃克哈特大师文集》,荣震华译,北京:商务印书馆,2003 年,第 107 页。

⑳ *Commentaire de l'Évangile de Jean* (*Lateinischen Werke* Band III *Expositio sancti Envangelii secundum Iohannem*, Stuttgart 1994), n° 106.

㉑ 参见埃克哈特讲道第 38 篇(序号为 J. Quint 与 G. Steer 所设),这篇讲道系关于《路加福音》1:26-28,与埃克哈特的神学核心“上帝与灵心之间的双重降生”密切相关,此主题系教父神学所提。原文可见 *Sermons, traités, poème: les écrits allemands*, pp. 76-77:“À celui qui me demanderait: Pourquoi prions-nous, pourquoi jeûnons-nous, pourquoi accomplissons-nous toutes nos œuvres, pourquoi sommes-nous baptisés, pourquoi Dieu s'est-il fait homme ? —ce qui fut le plus sublime—?, je dirais: Pour que Dieu naisse dans l'âme et que l'âme naisse en Dieu. C'est pour cela que toute l'Écriture a été écrite, c'est pour cela que Dieu a créé le monde et toute la nature angélique: afin que Dieu naisse dans l'âme et que l'âme naisse en Dieu.”

圣子中被圣父所爱,在其永恒降生中喷涌不息。”[72]圣子,藉其由圣父永久的生养及其在灵心内不息的降生,如是我们照之肖像而受造,成为在天主生命中不断成长中的新的受造物,新的人类。因天主恩宠,藉天主子的圣嫡关系(filiation divine),受造之人被上主收养(adoption divine)在基督里成为天主的儿女。埃克哈特就是这样诠释“主耶稣基督的恩宠,和天主的爱情,以及圣神的相通”的三一神学的。

从其著作整体并其底色性的直观——天主降生在灵心——上看,埃克哈特是真正的神秘主义者,因是从最为隐秘者——天主的中心出发,灵心如何诞生无人可知。[73] 尽管他对自己的属灵经验只字不提,但无法想象一个从未明确深知自己经历过上主的人可以提出如此鲜活充满生命张力的哲学理论。Marie-Anne Vannier 在《与埃克哈特大师漫步——在基督教人学的中心》里提到,“他大概自年轻时起就有一种对天主特别强烈的体验。他在某种程度上沉浸在圣三一的生命中,这让其可以同时明晓三一生命的沸腾、圣子的受生及创造,即他的弟子若望·陶勒所谓埃氏‘从永恒说起’而人们总是从时间出发去理解。”[74]他个人的属灵经历甚至很可能是看见的异象(如保禄、帕斯卡等人)都完美地融会在他的思辨神秘之理路之中了。

1824 年,Franz von Baader 提到作为神秘主义者的埃克哈特,提出其神秘神学乃回应了一种为存在(本质)神秘(*Wesenmystik*)而非圣爱神秘

[72] “Là, dit-il, nous sommes aimés dans le Fils par le Père avec l'amour qui est le Saint-Esprit, éternellement jailli et s' épanouissant dans sa naissance éternelle.”

[73] 这有如精卵结合初然的一瞬,或类似于从无到有的创造,但又确然不同:灵心是纯粹的虚无,天主就是在这样的虚无里吹入他生命的气息,尽管在时间上身体先由尘土造起,但灵心作为知解力,正如其运用并被逻各斯(道)支配,乃是永恒性的。人之为人的本身——理性、情感、意志以及作为单纯整体性的自我——是非时间并超越时空的;然而同时,与人的身体不同,人性就其本质并不依赖于任何具体的物质,但却并非自足的。正如《传道书》3:11 所言:“神造万物,各按其时成为美好;又将永生安置在世人心里,然而神从始至终的作为,人不能参透。”此处引用和合本圣经,因为思高本看不出永恒这一层意思。《训道篇》3:11 言:“天主所行的一切事宜,都很适时,并赐给人认识时事的经历,但人仍不能明了,天主自始至终所做的工作。”

[74] *Cheminer avec Maître Eckhart—Au cœur de l'anthropologie chrétienne*, p. 21.

(*Minnemystik*),前者并非不承袭丢尼修的神秘主义,但是同样也是效法阿奎那所秉承的传道兄弟会的精神——"与他人分享其沉思果实"(*partager aux autres les fruits de sa contemplation*),我们在其未竟之作《三部集》以及从他第一部拉丁语著作(关于复活节)到其《若望福音注疏》中都可以看到思辨(乐意言说并分享)与神秘这二者的交相辉映,相得益彰。尽管他并没有以"神秘神学"为标题专门提出神学理论,但天主的神秘与其几乎是必然的密契体验全然无法从他的充满哲学思辨精神的神学特征中剥离出来。[75]

我们的论题关乎"思辨""神秘"与"体验"三重意涵。"思辨"与"神秘"在基督教神学的意义上,福音本身所带来的神人之间的辩证法,或隐或现地结合个人的灵修体验是每一种神学所必然具有的,因而只存在程度的不同,在这个意义上埃克哈特的思辨神秘神学也必然只是基督教诸多形式的神学之一种。不过埃克哈特神学特别注重亦正亦反之思辨,故而他的神学称为"思辨神学"(*théologie spéculative*)是名至实归,并可以极大拓宽我们对这一范畴的理解。同时,我们必须明白启示与神秘之间产生的思辨张力。"启示"的本义当然与天主的神秘相关,但启示(解蔽)本身却与旨在遮蔽的"神秘"相反:天主藉众先知使者的启示、特别是基督亲自的启示对一切宗教教条以及巫术禁忌产生了摧枯拉朽式的荡涤,以至全然打破了那种普遍为上层宗教人士所垄断的禁忌式的"神秘"。然而耶稣基督论说布道却时常用比喻,正如《依撒意亚书》6:10记着天主的话说:"你要使这民族的心迟钝,使他们的耳朵沉重,使他们的眼睛迷蒙,免得他们眼睛看见,耳朵听见,心里觉悟而悔改,获得痊愈。"《若望福音》也如是记载。[76] 也就是说,天主的启示本身具有的神秘性,蕴含在借助素常事物的寓意中而造就了最深的隐喻(比如芥菜籽的死与复生、天与地的比喻以及水跟从两种属性的趋势等等),同时天主的奥秘也具有启示性,灵心是其牧场。启示与神秘、解蔽与遮蔽、说与不说之间始

---

[75] Cf. *Mystique et Théologie mystique chez Eckhart*, pp. 211 – 212.

[76] 《若望福音》12:40:"上主使他们瞎了眼,使他们硬了心,免得他们眼睛看见,心里觉悟而悔改,使我治好他们。"

终存在着巨大的张力。对这样的启示产生的真诚的信仰必然导向全人的敬拜,使人得见真理的奥义,因为神启无时无刻不挑战人倾向于自我闭合的理性(如解释的意义闭环、轻易的概统论断等),却引导那些自愿谦卑的心灵领会真正的启示——作为知解力的天主的言说。对神秘之于启示的态度并非取决于知识多寡的认知与人的智慧及道术,而单单取决于使人顺服的天主。天主的灵有能力清空人灵心中的错谬,而以真理充满之。[77] 在这个意义上,在其《教诲录》(或《属灵对谈》)第一篇,埃克哈特就提出:"真正且完美的顺服是一切美德中至上的。"[78]强调理性与强调顺服并行不悖,这在我们这个经由启蒙思想洗礼、追求个性与反叛的时代观念看来是不可思议的;[79]但对埃氏而言,既然天主即知解力(Intellectus)本身,那么无条件地遵循他就是遵循理智。而对天主的爱恰使这种遵循不沦落到就律法而守律法的层次,反倒是单纯出于爱就可以实现真理在自身的最大化,成为最有爱也是最理性的人。

通过上面的辨析可以看出,埃克哈特是一位不拘一格、极具独立精神且悉心继承传统的神学家。从初期教会、教父神学、历届大公会议到中世纪前中期所奠定并承传的天主圣三神学与基督中心论是其宏大的教义背景;同时,他也大量借鉴了非基督教的哲学资源,从中汲取一切养料建构其具有原创性的神学体系。

---

[77] 参见埃氏之弟子若望·陶勒的圣神论:圣神在人的灵心里的工作有两步,清空与充满。Cf. *Encyclopédie des mystiques rhénans d'Eckhart à Nicolas de Cues et leur réception*, pp. 456－457。

[78] "la vraie et parfaite obéissance est une vertu supérieure à toutes les vertus." *Traités et sermons*, p. 77.

[79] 法国启蒙运动所强调的理性与信仰的对立,实际上是理性权威与教会权威的对立。而理性与教权之争又掩盖了实际上顺服哪一种权威的真相:毕竟理性所判断的对错本身就带有权威性。而藉宣传教会的蒙昧与黑暗(其实最早兴办教育的是教会,起先是修院,后来是中世纪大学)则反衬自己的启蒙与光明,迎合了人们对教会腐败的不满心理,把批判的自由发展成人不可或缺的权利,为人性普遍的不顺服真理(但却因虚谎与恐惧表面上顺服强权与暴力)提供一种强有力的理论支持。而随着启蒙逻辑愈发受到质疑与反思,近半个世纪以来的西方中世纪研究已经表明"黑暗的"中世纪其实是思想多样化的时期,其中产生的很多思想都与教会正统思想保持或大或小的张力,而诸多的团体的兴盛及圣俗二分的社会格局在客观上使得教廷不可能像专制皇权那样一手遮天。

在基督教神学界根据信仰与理性的关系一般可大致分为三个阵营：反理性（哲学）阵营，中间阵营，理性（哲思）阵营，前者以特土良为代表，中间阵营则以坚持信仰高于理性但同时认为“信仰寻求理解”的奥斯定为代表，而埃克哈特则可以被视为第三大阵营的代表人物，极端地将信仰与理性、思辨与神秘、神学与哲学完全当作一回事看待，在这一方向上较丢尼修及阿奎那，埃克哈特已出其右。那么我们还是要问在他的思想中：思辨与神秘，这二者哪一个更为优先呢？

若藉圣托马斯的分类，即“属神的经验认知”的标准，恰以“思辨的神秘主义”看待为佳，这也恰好归纳了由埃氏开启的“莱茵河畔神秘主义”（其他代表人物有其弟子陶勒和苏索，还有库萨的尼古拉）。Jean Gerson 所做的区分——“思辨神学在于理性的能力，以真为其对象；而神秘神学则倾注于感性，以善为其对象”[80]——显然没有考虑到埃克哈特的观点——将二者融为一炉，甚至从来都是一个。或许我们可以援引 F. Brunner 的“思辨神秘主义”[81]或 A. M. Haas 的“作为神学的神秘主义”[82]的说法来暂且归纳埃克哈特旨在呈现天主自身之奥秘的特质，后者主编的《灵修词典》中则以“思辨神秘主义”来描述整个“莱茵河畔神秘主义”的特征。[83]

这里还要赘述几句。圣经由圣神指引而写成，充满了内在的辩证与思辨以及惯常思维看来的“不可思议”。没有圣神的指引，人无法单凭自己已然堕落的理性全然洞彻天主的真理，而只会在方向上迷失，在内容上错谬，在方法上捉襟见肘。埃克哈特神学的思辨与神秘既受了圣经的影响且发挥到极致，就无法将其分类抑或人为地系统化，更无法标签化。我们当然可以把他的神学命名为“思辨神秘神学”，或单纯的“思辨神学”或“神

---

[80] J. Gerson, *Sur la théologie mystique*, trad., M. Vial (Paris: Vrin, 2008), p. 149.

[81] F. Brunner, "Maître Eckhart le mysticisme spéculatif", in *Revue de théologie et de philosophie*, 20(1970), pp. 1－11.

[82] A. M. Haas, "La mystique comme théologie," in *Revue des sciences religieuses*, 72(1998), pp. 261－288.

[83] A. M. Haas, "Mystique rhénane," in *Dictionnaire de Spiritualité* (Paris: Beauchesne, t. 13, col. 506).

秘神学”;但毫无疑问,如果不从其背景与文本出发去辨析、比较、总结,却仅仅按大致的印象去归纳为几个名相,无疑会望文生义,谬以千里。

埃克哈特所特有的风格在神学界及哲学界都留下了浓墨重彩的一笔。他那种信仰与理性互诠的方式,使我们再一次认识到:信仰寻求理解,相信可能在一瞬,但领会和理解却是一个永无止境的过程。而在圣子真理的确保、圣神的不断的引领中,认识因自己对天主真理的爱而加深。在这一过程中,哲学的确是信仰的好助手,但缺乏谦卑的理性依然会上位,带来自我本位的偏端。如今哲学的总体衰落就是一个很好的证实:哲学不能只有纯粹的形式、满足于对社会生活的点缀、心灵的慰藉、存在状态的写真,更不可沦落为语言-智力游戏、科学发现的附庸,要警惕建构普遍知识的自负,更要关怀人之为人的心灵,可将之领会为神之形象的互鉴,去探寻内在的超时空的意义,在寻求的过程中哲学需要神学的指引并从中吸取灵感——正如西哲流派或继承或批判,都至少保持着与神学若即若离的关系——且要与爱的生命亲密结合,让存在的意义于心朗现。因为“真理之爱”(*philo-sophia*)是关系性的,尽管最终要走向完美的元一:使一切(本体与认知双重意义上的)关系成为可能的倾向,在那里天主与灵心同享一个单纯的本质与丰饶的生命。

毫无疑问,这就需要将基要的信仰真理与普遍的理性统观而见,并结合对天主的神秘体验。而三者的互诠恰恰是我们在埃克哈特思想中领悟到的。

17世纪中期德意志地区路德宗教会分裂肇因浅析

——以施本纳之“敬虔小组”为契入点

黄　丁

【内容提要】 为了揭示导致17世纪中期德意志地区路德宗教会分裂的真正原因，本文以施本纳所倡导的“敬虔小组”为契入点加以探究。首先，本文勾勒“敬虔小组”提出的时代背景和思想史背景；然后，从正反两方面揭示导致此时德意志地区路德宗教会分裂的原因，即一方面否定“敬虔小组”是路德宗教会分裂的肇因，另一方面肯定“重生观”是导致教会分裂的症结，并指出“敬虔小组”是实现敬虔派之“重生观”的具体形式和必然要求；最后，从现代政教关系的视角分析施本纳之“敬虔小组”所造成的影响。

【关键词】 施本纳　敬虔小组　重生　教会分裂

菲利普·雅各布·施本纳[①](Philipp Jakob Spener, 1635 – 1705)被

① 由于汉语学界对施本纳之研究尚处起步阶段，因而对其译名尚未统一，有译作“施本尔”(罗杰·奥尔森：《基督教神学思想史》，吴瑞诚等译，上海：上海人民出版社，2014年)，有译为“斯彭纳”(冈萨雷斯：《基督教思想史》，第三卷，陈泽民等译，南京：译林出版社，2008年)。为行文方便，并契合Spener之发音，本文译作“施本纳”。据施本纳之传记作者理查德(Marie E. Richard)介绍，施本纳于1635年生于拉坡斯坦(Rappoltstein)的阿尔萨蒂安(Alsatian)，一个离斯特拉斯堡(Strasbourg)不远的虔诚的路德宗家庭。早(转下页)

誉为自马丁·路德以来最伟大的德意志神学家,敬虔主义之父(Father of Pietism)和塑造路德宗神学特点仅次于路德的神学家。在法兰克福期间,由于施本纳受到当时缅因州选侯的支持,得以一方面大刀阔斧地进行教会改革的实践,另一方面思考教会改革的系统理论,前者便包括"敬虔小组"(Collegia Pietatis)的改革。毋庸置疑,就主观目的而言,施本纳试图通过"敬虔小组"继续推动路德的宗教改革,而非分裂教会。然而,就"敬虔小组"实施的结果而言,却导致"小组中的一些成员开始将教会谴责为'巴比伦',指责牧师为'不信者',从而拒绝参加与这些'不敬神'之人的任何教会活动,并拒绝从'不配'的牧师手中领受圣餐"。[②] 亦正因为如此,当施本纳在德累斯顿和柏林牧会期间,即便在1703年"敬虔小组"得到官方支持之时,他也未再倡导过"敬虔小组"。针对"敬虔小组"是导致教会分裂之原因的批评,施本纳多次反思:其一,施本纳在即将离开法兰克福时写的《对有关基督教王国之挽歌的使用与误用》(*The Use and the Misuse of the Laments over Corrupted Christendom*)中重申"即便是堕落的教会亦是真正的教会,且任何人都不能离开"的观点,以此阐明反对分裂主义的立场;其二,施本纳在生命末了时再次反思"敬虔小组"所造成的危害道:"它所造成的危险性比其所欲治疗的疾病本身的危险都大。"[③]概言之,虽然施本纳在法兰克福期间大力倡导"敬虔小组",但是无论就施本纳之主观目的而言,还是从施本纳对分裂主义的批评与反思来看,都足以阐明其反对教会分裂的立场。既如此,究竟是何原因导

(接上页)年的施本纳便博览群书,其中包括马丁·路德的著作和约翰·亚仁特(Johann Arndt, 1555-1621)之《论真信仰》(*True Christianity*)。受他们启发,过一种严格的宗教和道德生活,反对教义理智主义(dogmatic intellectualism)便在早年施本纳的心中萌芽。博士毕业后与绝大多数同时代的欧洲知识分子一样,施本纳花了大约两年时间游历德国、法国和瑞士等地。除此之外,其自1651年后的生活基本上可以用城市来作为区隔:求学斯特拉斯堡(1651-1659),成名法兰克福(1666-1686),受困德累斯顿(1686-1691)和终老柏林(1691-1705)。

② Philip Jacob Spener, *Pia Desideria*, trans., ed. and introduction by Theodore G. Tappert (Minneapolis: Fortress Press, 1964), p. 20.

③ Dale W. Brown, *Understanding Pietism* (Grand Rapids: William B. Eerdmans Publishing Company, 1978), p. 62.

致 17 世纪中期德意志地区路德宗教会的分裂?

一、17 世纪中期德意志地区路德宗教会现状概略:国家教会与“头脑宗教”

由于三十年战争(1618 - 1648)对德意志造成几近毁灭的影响,故而此时的德意志路德宗教会亦有别于之前的时代。具体而言,这主要包括:在政教关系方面,由于《威斯特伐利亚条约》(*the Peace Treaty of Westphalia*)规定“教随国定”的原则,从而强化统治者们对教会事务的干涉,甚至形成“教会与国家(State)在这种意义上合为一体,以致于国家控制着教会,且教会的牧者成为国家的官员”[④]的荒诞局面。在思想层面,出于将自路德改教以来的信仰详尽而清楚地向世人表达的渴望,当时欧洲的神学家充分“利用形而上学,尤其是利用亚里士多德的形而上学”[⑤]将宗教改革的成果系统化,而这一点却是严重背离路德改教初衷的。作为结果,“他们只是持守那些干巴巴的信仰教条”,[⑥]“圣经只是一本启示终结的书,因而时常在学校内被忽视”,[⑦]而“他们热衷于神学概念的辩论,却对信徒道德和虔诚的培育充耳不闻”。[⑧] 也就是说,由于路德宗正统派“或多或少地失去了路德的一些伟大的发现,并退回到这样一些目的和方法学上,这些目标和方法学重新产生出中世纪经验主义的一些最坏的成分”,[⑨]所以活泼泼的信仰被转变为藉着讽喻加以表达的神学概念。故此,时人喊出“宁要活异端,不要死正统”的口号。

三十年战争给路德宗教会造成的另一重大影响便是国家进一步控

---

④ Ibid, p.3.

⑤ 胡斯都 · L. 冈萨雷斯:《基督教思想史》,第三卷,第 266 页。

⑥ Mariel E. Richard, *Philip Jacob Spener and his Work* (Philadelphia: Lutheran Publication Society, 1897), p.6.

⑦ Ibid.

⑧ Ibid., p.7.

⑨ 胡斯都 · L. 冈萨雷斯:《基督教思想史》,第三卷,第 284 页。在此意义上,路德宗正统派神学又被称作“新教经院主义神学”。

制了教会。正如斯托富勒(F. Ernest Stoeffler)教授所概括的,“那些捍卫教会的统治者,成为教会的首领”。[⑩] “普遍而言,统治者控制教会是通过宗教议会,后者是一个由统治者所任命并对他负责的神职人员和律师组成的常务委员会。在17世纪,这样的宗教议会开始被官僚律师控制,而这些人仅仅因为宗教议会是一个法律机构才对教会感兴趣。在宗教议会下面,设有许多监督(superintendents),以监管该地区的所有教会和牧师。在某些方面,他们扮演着主教的职能……在帝国的自治城市,这种教会管理形式与自治领地和王国相类似。镇议会或者参议会任命一个宗教议会或其他的委员会,从而导致神职人员被一位上级指挥。牧师们除了对宗教议会或参议会有建议权外别无权力。无论是在自治的城市抑或在诸侯国,会众除了隶属于被指派来服务于他们的牧师外,没有任何自主的权力。由于地区教会属于统治者管辖,通过宗教议会和监督来实施,会众屈从于那些更像是警察而非牧师的人。”[⑪]也就是说,路德宗的教会基本上被当地的统治者控制,而各地的神职人员俨然成为统治当局派出的官员。正因为如此,施本纳在《敬虔愿望》中直指当时路德宗教会的弊病,即市政当局的弊病、神职人员的弊病和普罗大众的弊病,并陈述由这些弊病所致的灾难性后果。

关于此时路德宗信仰的形式化。起初,路德宗正统派只是想将宗教改革以来的成果向世人阐释清楚,然而随着神学家们一代代的阐释,路德宗神学变得“越来越陈旧和客观化,仿佛神学的意义首先是要在一系列真理中去寻找,这些真理可以在一代人传给另一代人的主张里正式地加以阐明”。[⑫] 也就是说,路德宗正统派神学逐渐将信仰客观化为一系列的神学概念,并不断捍卫这套神学概念的神圣性。就方法而言,路德宗正统派将亚里士多德的形而上学再次引入路德宗神学。由于路德宣称“唯独圣经”(sola scriptura),因此路德宗正统派神学家们将亚里士多德的形式与质料的理论再次引入圣经诠释。他们区分了圣经的形式和

---

⑩ 同上,第181页。

⑪ Philip Jacob Spener, *Pia Desideria*, p.4.

⑫ 胡斯都·L.冈萨雷斯:《基督教思想史》,第三卷,第322页。

质料，但是为了避免过度从灵性上诠释圣经，又指出这样的区分"是概念上的，而不是真实的"。[13] 他们认为"圣经的实质内容是经文本身，由字母、文字和词句组成。形式是经文的意义，即上帝希望通过经文而传递的信息"。[14] 就神学的目的而言，虽然他们一再强调神学不能被"缩减为道德学，神学的目的是要产生导致得救的正确信念和虔诚"，[15]但是由于他们皓首穷经于自认为神圣、抽象的神学概念，并认为在澄清这些神圣概念的过程中能培养敬虔。如此，他们不仅使得信仰生活被转变为神学概念的辨析，还客观上导致对现实生活的冷漠和形式化，以及圣礼的虚有其表化。故此，路德宗正统派神学又被概称为"头脑的宗教"（religion of brain）。

二、17 世纪德意志地区路德宗教会分裂的肇因——施本纳之"敬虔小组"？

针对此时国家政权对教会施行严格控制和路德宗信仰日渐程式化的现状，继承着由德意志敬虔主义之父亚仁特所开创的敬虔主义传统，施本纳通过倡导"敬虔小组"和寻求教会改革的理论依据，即"重生观"来应对此时德意志地区路德宗教会的现状。换言之，"敬虔小组"成为施本纳改造此时德意志地区路德宗教会现状的具体措施。

在此，限于篇幅，本文不对施本纳之"敬虔小组"的发展演变史做详细论述，但是在阐释其具体内容和神学意蕴前，需澄清两点有关"敬虔小组"之争议。第一，关于认为施本纳之《敬虔愿望》是模仿拉巴德（Jean de Labadie, 1610－1674）的《牧师合理的改革》（*La reformation de Leglise par le pastorat Middelburg*）和认为其"敬虔小组"也是对拉巴德的家庭聚会"拙劣的抄袭"的争议。本文认为作为贯穿《敬虔愿望》的主题之

⑬ Gerhad, *Loci theologici*, 1.1.7;1.2.16. 转引自胡斯都 · L. 冈萨雷斯:《基督教思想史》,第三卷,第 281 页。

⑭ 同上。

⑮ 同上,第 283 页。

一——“敬虔小组”是施本纳神学的结晶,而非拉巴德的改革宗神学背景。第二,关于“敬虔小组”之首创者的争议,本文认为“敬虔小组”并非施本纳一己的独创,而是听其讲道的信徒约翰·安顿·迪芬巴赫(Johannes Anton Dieffenbach)和约翰·雅各布·舒茨(Johann Jakob Schutz)于1670年夏向施本纳抱怨自己从未经历过启示,并建议将那些具有敬虔、淳朴之心、内心充满爱之人聚集起来互相启迪,从而建立起来的阅读圣经和分享各自感受的临时性机构。⑯

既然如此,那么施本纳之“敬虔小组”的具体内容包括哪些?就“敬虔小组”的时间而言,施本纳规定每周两次,分别为周日晚上和周三晚上。关于“敬虔小组”的具体流程,大致可归纳为如下三部分:首先,施本纳以祷告开始,起初是从某一“虔诚之书”中摘取部分段落,后来则是圣经,并将自己对这些段落的理解分享给参加“敬虔小组”的成员。然后,其他人开始提问,或者分享他们对这些被摘取出的段落的理解。最后,其他诸如此类的主题亦被置于“敬虔小组”各成员中间讨论。由此可见,虽然整个“敬虔小组”的讨论都由施本纳主持,但是他并非作为教义解释的权威,而是作为普通的成员参加部分篇章的讨论,且参加“敬虔小组”的成员可批评施本纳所分享的内容。因此,一开始就参加“敬虔小组”的胡尼乌斯将其描述为“一场在朋友间的自由交流”。⑰ 最终各成员在圣灵的引导下,达到互相启迪的目的。第二,参加“敬虔小组”的诸成员不再相互以身份、头衔和职位称呼,而代之以“弟兄姊妹”。作为“敬虔小组”之初期成员的舒茨回忆道:“因为在我们之中没有性别之分,而是在耶稣基督里的统一体。”⑱也就是说,施本纳之“敬虔小组”是以全然地信靠基督为基础的信仰者构成的,并在圣灵的引导下,以尽可能地通过阅读敬虔之言而实现相互启迪的团契。因此,我们对施本纳将“敬虔小组”的模式直接了当地概括为“路德有关‘所有信仰者之团契’

⑯ Douglas H. Shantz, *An introduction to German Pietism: Protestant renewal at the dawn of modern Europe* (Baltimore: Johns Hopkins University Press, 2013), pp. 77 – 78. 关于此二论断,由于不是本文讨论的重点,故在此不详细阐释,将另著文详细辨析。

⑰ Ibid., p. 78.

⑱ Ibid., p. 79.

观念的现实化”[19]便感到不足为奇。第三,无论“敬虔小组”诸成员所阅读的内容,还是“敬虔小组”的形式,都表明在施本纳之“敬虔小组”中主体的突出地位,即主体通过培养敬虔,而尽可能与基督结成紧密的团契关系,从而完成其“重生”。

概言之,施本纳之“敬虔小组”,在组织上,打破传统的牧师布道和平信徒听道这一模式,并不断激发平信徒之宗教热情;在具体内容上,在施本纳的“敬虔小组”中平信徒自愿地参加以阅读圣经、唱赞美诗和祷告。如此,平信徒不再被视作布道活动与圣经学习的客体,而是参与上述活动的主体。总之,施本纳之“敬虔小组”强调:第一,与基督的紧密团契关系;第二,通过阅读圣经培养个体的敬虔;第三,弱化圣礼的客观作用;第四,突出信徒的主体性。需要注意的是,施本纳之“敬虔小组”的改革并非如批评家所称的主体之“以行为称义”,而是通过耶稣基督的代赎使罪人得以“重生”为基础,并在此基础上,民众通过始终信靠基督,积极地参与以基督为首领的团契,并在圣灵的引导下大量地阅读圣经、唱赞美诗和祷告培养个体之敬虔精神,以及在日常生活中行善功而不懈地追求。

由上可以清晰地发现,无论就组织模式而言,还是从实践内容来看,施本纳所倡导的“敬虔小组”都不具备分裂路德宗教会的动机和能力。虽然从表面上看,施本纳之“敬虔小组”主张成员一周两次参加活动是导致教会分裂的原因,但从更全面的角度来分析的话便会发现:施本纳并不鼓励参加“敬虔小组”的成员不参加周日的教会崇拜活动,甚至在出现教会分裂苗头后,施本纳将“敬虔小组”的聚会地从其家迁移至当地教会。至于“敬虔小组”所规定的活动内容和活动流程,究其实质而言,只是个体与神实现联结的具体措施。例如,参加“敬虔小组”的诸成员起初均需阅读一段圣经或源自敬虔之书的章节,以使得众成员开始冥思。参加“敬虔小组”的诸成员不以职务和头衔相称,而是以兄弟相称,从而使得参加者之间地位的平等。施本纳相信,在这样的敬虔氛围中,

---

[19] Richard L. Gawthrop, *Pietism and the Making of Eighteenth Century Prussia* (Cambridge: Cambridge University Press, 1993), p. 106.

圣灵临在且引领着“敬虔小组”的诸成员,从而实现诸成员之重生。概言之,施本纳之“敬虔小组”是其“重生观”的具体实践方式,而不是造成17世纪德意志地区路德宗教会分裂的诱因。因此,我们不得不将讨论的重点置于施本纳之“敬虔小组”的思想基础——“重生观”上。

三、17世纪中期德意志地区路德宗教会分裂之肇因——德国敬虔派之“重生观”

鉴于此,由于施本纳之“敬虔小组”一方面认为基督内在于信徒中,并伴随着信徒被救赎之始终;另一方面极为强调通过阅读圣经来培养敬虔,并弱化圣礼的客观作用,转而突出信徒全然地信靠基督,并与之结成团契关系,凸显个体在社会事功上的主体性,因此施本纳之“敬虔小组”必然要求一种与此相契的重生观。这便是以施本纳为代表的敬虔主义神学家所酝酿的继续宗教改革之核心要义,就如施本纳所叩问的:“我们如何能将‘头脑的宗教’转变为‘心灵的宗教’(religion of heart)?”[20]既如此,那何谓“心灵的宗教”? 对此,施本纳概括道:“我们只用外面的耳朵聆听神的道还不够,还要让它渗入我们的心灵,使我们能在心里听到圣灵的话,也就是用充满着活泼泼的感情和欣慰,感受圣灵的印记和神之道的大能。而且只有受浸也不够,而是在我们受浸时,里面已经穿上基督的新人,应该持守基督,并在我们外面的生活上作为他的见证。”[21]

对于施本纳之“心灵的宗教”,敬虔主义研究专家马丁·施密特(Martin Schmidt)认为:“重生是敬虔主义之神学的驱动力。”[22]也就是说,“重生观”是施本纳“心灵宗教”之核质。那么,施本纳之“重生观”包括哪些内容呢? 布朗(Dale W. Brown)教授总结道:施本纳之“重生观”是“罪的得赎和新人的被造紧密联结的整体”。[23] 所谓“罪的得赎”指的是

---

⑳ Carter Lindberg, ed., *The Pietist Theologians: An Introduction to Theology in the Seventeenth and Eighteenth Centuries* (New Jersey: Wiley-Blackwell, 2004), p.6.

㉑ Philip Jacob Spener, *Pia Desideria*, pp.116－117.

㉒ Dale W. Brown, *Understanding Pietism*, p.36.

㉓ Ibid., p.95.

藉着耶稣基督的死与复活，而将他的义归给信靠他的信徒。由此，信徒也就"披戴基督了"。而"新人的被造"是指"成圣"（Sanctification）。但是，"成圣"的前提是完全地信靠基督，并与基督形成属灵团契的关系。且施本纳认为只有在这样一种属灵团契关系中，人方能充分发挥主观能动作用，也即"透过有意识的悔改和信心"，从而"经历个人的归正与重生"。[24] 在此意义上，施本纳又将自己的"重生观"称作"持续救赎论"便不足为怪了。[25]

仅就施本纳之"重生"而言，其包括三重维度，且此三重维度是瞬时发生的。第一，信仰是在内心中建立的，而非建立在头脑中。第二，就内容而言，信仰的表征是藉着基督的死与复活，而将宽恕和称义赋予给信靠基督的信徒，并重新被上帝接纳为儿子。第三，于罪人而言，"重生"意味着上帝形象的彻底恢复。[26] 因此，在一篇有关"重生"的布道中，[27]施本纳引述《腓立比书》3：9 阐释"重生"之道：作为全然败坏之人已无"称义"的可能性，而信徒被上帝接纳为义人是藉着"信基督的义，就是因信神而来的义"。[28] 可见，在施本纳看来，藉着基督已经为我们被钉十字架，而后复活，将其自己的义归给我们。这一过程是历史性的，瞬时性的。因此，信徒只有完全地信靠他，方能发挥主观能动性，不断向"重生"的目标而更新（renewal）。然而，由于施本纳生在一个长于神学概念的辨析却对主体的敬虔和具体的善功却不加鼓励的时代，即便在施本纳看来基督的代赎是基础性的，但并非其"重生观"想要强调的重点。因此，施本纳极为强调其"重生观"之第二层面，即"成圣"。

既然施本纳之"成圣"需要"有意识的悔改和信心"，那么其指的是哪些内容呢？首先，施本纳之"成圣"是以信徒"披戴了基督"为基础。

---

[24] 罗杰·奥尔森：《基督教神学思想史》，吴瑞诚等译，上海：上海人民出版社，2014年，第505页。

[25] Dale W. Brown, *Understanding Pietism*, pp. 96 – 97.

[26] Carter Lindberg, ed., *The Pietist Theologians: An Introduction to Theology in the Seventeenth and Eighteenth Centuries*, pp. 90 – 91.

[27] 据学者统计，施本纳共有66篇有关"重生"的布道，足见施本纳对"重生"的重视程度。

[28] 《腓立比书》3：9。

也即,在施本纳之"成圣观"中,基督寓居于人之内,并贯穿"成圣"之始终。其次,以此为基础,世人通过阅读圣经,参与圣礼和完成事功而不断地更新,直至终末来临。具体于施本纳而言,圣经并非一单纯的学术文本,而是圣言(Words of God)在此世的表达。因此,在阅读圣经时,施本纳强调需注意如下五点:第一,阅读圣经的合宜的方法就是伴随着发自内心的祈祷。对此,施本纳援引路德之言道:"在阅读圣经时,两件事情是互为表里,相辅相成的,即活泼泼地阅读经文和祈祷。"㉙如此,"便能时常将我们的灵魂重新提升至上帝那里,以便上帝给我们以理解他的适宜方式,且为我们打开理解他的圣言之门。"㉚第二,阅读圣经时的祷告必须是怀着"敬畏"之心。由于在施本纳看来,"敬畏耶和华是智慧的开始",所以"在读经时的祈祷必须以真正的悔改为基础,因为智慧不是源自邪恶的灵魂,且不寓居于有罪的肉身中"。㉛ 第三,由于"根据律法和福音,对有关上帝的知识和意志不只是存在于理解的层面,还应当付诸实践",㉜因此,施本纳认为阅读圣经不能只驻留在知识上,还应当将其付诸实践。如此,那些带着这一态度阅读圣经之人便能不只是沉迷于概念的辨析,还积极实践圣经的教训。第四,当悉心阅读圣经,且不允许理性统治本属于信仰的领域。因此,施本纳建议"先整节地阅读,尔后再对每句经文细细品味"。㉝ 但在整个阅读过程中,应当只停留其字面意思,而不应当将所谓的寓意和语言学内涵随意添加其上。显然,此乃施本纳针对中世纪解经的四重方法而说的。后者认为圣经具有四重内涵,即字面意义(Literal meaning)、寓意意义(Allegorical meaning)、伦理意义(Moral meaning)和神秘意蕴(Anagogical meaning)。第五,"由于圣经不是导向某一特定时间,而是所有时间;不是针对某一特殊人群,而是所有

㉙ *Pietists: Selected Writings*, edited with an Introduction by Peter C. ERB (New Jersey: Paulist Press, 1983), p. 71.

㉚ Ibid., p. 72.

㉛ Ibid., p. 73.

㉜ Ibid.

㉝ Ibid., p. 75.

人……因此，当我们在阅读神圣的诫命和律法时，它们就似乎对自己说的。"[34]换言之，在阅读圣经的时候，施本纳建议不应将其视作客观对象，而是将经文本身置入阅读者的现实处境。如此，圣经便不再是一本启示已终结的书（Closed Book）。惟其如此，方能实现施本纳"将大量的圣言置于我们中间"（Das Wort Gottes reichlich unter uns zu bringen）的主张。鉴于此，布朗教授总结道："对于敬虔主义者而言，圣经成为一种培养敬虔的文本，而非教义的根基，一本引导生活，而非只是信仰之源的书。"[35]统观施本纳之整个圣经阅读法，无论是强调以祈祷的方式阅读，还是对经文做处境化理解，抑或是主体之具体实践之源动力，均表明主体在圣经阅读中的突出地位。

除此之外，施本纳之"成圣观"还包括圣礼和善功。具体而言，施本纳强调两种圣礼：洗礼和圣餐；善功则是指敬虔主义者在世上的召命（Mission to the World）。就圣礼的性质而言，施本纳认为若圣经是天父赐给我们的有神圣文字的恩典（the divine letter of grace），那么圣礼便是将这些文字隐藏的恩典（the seal on this letter, confirming this grace）。[36]故，施本纳对《彼得后书》1：4 诠释道："神圣的本质开始于洗礼，尔后不断通过圣餐而得到加强。"[37]但施本纳又强调：不信靠基督，即便是受洗千次，听道万次，也不在基督的救恩中，因而无法获得"重生"。由此可见，施本纳之圣礼只有在个体全然地信靠基督的基础上，才能发挥效用。换言之，施本纳通过将圣礼之效用建基于个体信靠基督之上，使得圣礼的客观效用被弱化了，而使之主观化，即强化主体对基督信靠的作用，而使得圣礼在救恩中的作用变得可有可无。[38]

由于在施本纳看来，"成圣"是一个信徒面向终末的过程，因而生活于其间的人当积极参与社会事功，从而尽可能大地获得上帝之悦纳。首

---

[34] Ibid.

[35] Dale W. Brown, *Understanding Pietism*, p. 68.

[36] Carter Lindberg, *The Pietist Theologians: An Introduction to Theology in the Seventeenth and Eighteenth Centuries*, p. 93.

[37] Ibid., p. 94.

[38] Martin Schmidt, "Spener und Luther," in *Jahrbuch* 25(1957), p. 116.

先,就社会事功的目的而言,施本纳认为其是为了荣耀上帝。因此,施本纳在《敬虔愿望》中一方面谴责那些将自己的私心置于上帝荣耀之上的行为。其次,施本纳谴责时下教会的现状。他认为当前的教会不仅无法达到新约中的使徒教会,还将古代教会中所珍视的爱扔掉。因此,施本纳无论在法兰克福时期,还是在柏林时期,都大力发展社会事业,以期尽快恢复三十年战争所造成的影响,其中最具影响的便是支持弗兰克(August Hermann Francke, 1663 - 1727)筹建哈勒大学。甚至,施本纳还尤为强调,在帮助那些受资助者时,不应当损减他们的自尊。最后,施本纳认为惟有通过教会方能完成这些社会事功。在此意义上,施本纳极为崇拜教会早期的共产主义。[39]

综上所述,在施本纳之"成圣观"中,"重生"与"成圣"共同构成施本纳之"重生观"的两个不可或缺的部分;"重生"是白白的恩典,是瞬时的和基础性的;而"成圣"却是于信靠基督的信徒而言,矢志不渝地面向终末的召命,且此二者是不可分割的联合体。显然,斯托富勒教授将施本纳之"成圣观"概括为"他想要脚踏两条船,持守两种迥然不同的救恩观。有一个救恩观是根据圣礼可以注入恩典的看法,或者至少是圣礼会使人改变他的态度,另一个救恩观则在于个人对信仰的委身",[40]这有失偏颇。此外,由于施本纳将路德宗正统派所极力捍卫的"称义观"转变为"重生"与"成圣",也即将路德宗正统派所强调的客观的"基督为我们"(Christ for us)转变为施本纳所重视的主观的"基督在我们之中"(Christ in us)。在此基础上,施本纳极为突出主体在其"重生观"中的重要地位,即无论是在阅读圣经中突出主体在培养敬虔方面的作用,还是弱化圣礼之客观作用而强调主体与基督的团契关系,抑或是强调主体从事社会事功方面的重要性。若沿袭这一线索,那么施本纳之"敬虔小组"只不过是完成其"重生观"的具体形式和必然要求。问题的症结亦恰恰在此,一方面,对主体在培育基督徒之敬虔方面的强调极容易导致教会的分裂;另一方面,一旦信徒与基督的联系被切断(形式化),那么

---

[39] Philip Jacob Spener, *Pia Desideria*, pp. 31 - 32.

[40] F. Ernest Stoeffler, *The Rise of Evangelical Pietism* (Leiden: E. J. Brill, 1965), p. 242.

便滑向了“自我称义”。正因为如此，施密特方才得出“正是施本纳之重生教义，而不是敬虔小组的创立，当为路德宗教会的分裂负责”[41]的论断。

四、结　语

综上所述，在面对三十年战争后德意志地区普遍的道德溃败和信仰的形式主义时，施本纳主张通过“心灵的宗教”培养主体的虔诚而继续推动宗教改革。然而，通过“心灵的宗教”培养主体之虔诚的关键在于将一种只强调“称义”的客观作用转变为一种以基督之代赎而使信徒“重生”为基础，进而突出主体在救恩过程中的能动作用，如在阅读圣经、参与圣礼和不断实践个体在社会上的召命中不断培养敬虔的精神。因此之故，传统的教会宣讲模式，即牧师讲道——会众听道模式应当转变为牧师与会众共同参与的模式。在此意义上，“敬虔小组”是完成这一转变的必然要求。然而，正是对救恩过程中主体性的强调，增加了教会分裂的可能性。按照这一逻辑，与其说是“敬虔小组”导致了路德宗教会的分裂，不如说是施本纳之突出主体在救恩过程中的能动作用导致了教会的分裂；与其说“敬虔小组”打开了教会分裂的潘多拉魔盒，不如说是“敬虔主义”神学所突出强调的主体性而使其从正统教会中分裂出来。[42]

由于施本纳之“敬虔小组”是实践其“重生观”之团契，因而不隶属于任何教会，从而能为各式教会所接受。如此，施本纳之“敬虔小组”开启了一扇“宗教宽容和宗教自由”的神圣之窗。无疑，这对宗教冲突日渐加剧的当下具有重要的启示意义。此外，阐释施本纳之“敬虔小组”对汉语神学具有重要的借鉴意义，一方面国外学界有关施本纳神学的研

㊶ Dale W. Brown, *Understanding Pietism*, pp. 36 – 37.

㊷ 无论在路德宗内的敬虔主义（哈勒敬虔派），还是改革宗内的敬虔主义（英国清教徒运动），抑或天主教内的敬虔主义（詹森派），甚至与此同时期的犹太教内的敬虔主义（哈西德神秘主义）都呈现从正统教会分裂出来的趋势。

究已汗牛充栋,而汉语神学界似乎还尚未起步;另一方面汉语神学深受德国敬虔主义思想的影响(如倪柝声和“聚会处”等)。因此,从源头上梳理“敬虔小组”的神学基础和时代背景,无疑会大大丰富汉语神学界对中国基督教会之历史与现实的理解和思考。

论莱布尼茨对“上帝存在”证明的完善

卢钰婷

【内容提要】 莱布尼茨在秉承了阿奎那理性神学传统后，便将关于“上帝存在”这类自然神学的命题归为“天主教证明”的首要问题。在莱布尼茨看来，尽管人类理性与神圣理性存在差异，但理性始终最大限度地助益人们获取宗教信念中的某种确定性。而在理性论证方面，莱布尼茨则以自己的版本完善了所有关于上帝存在的四种传统证明：即本体论的、宇宙论的、从永恒真理出发的，以及设计论证明。其中，虽然四种方式提供的论证都相当重要，但本体论和宇宙论证明却体现了莱布尼茨对自然神学所做的最为不朽的贡献。

【关键词】 上帝存在　宇宙论　本体论

一、宗教信念“合理性”的理性化建构

在基督教神学的历史进程中，宗教信念曾以大规模的理性主义方式秉持表述和论证的意图。而通过理性化的方式阐释宗教信念的认知合理性问题，是随着 12 世纪以后亚里士多德著作在西方的复归，所延展出的一种以托马斯·阿奎那为代表的自然神学的思想体系。其中，我们可以看到阿奎那的基本意图，即“试图在哲学的基础上重构基督宗教信念。这种建构既有上帝存在的证明，也包括了众多宗教信念的理性化论证。

在这一体系里,令人印象尤为深刻的是他的自然(理性)神学思想——通过由果溯因的后天演绎推论、否定方法和类比方法等认识论方法所展开的上帝的存在、本质、属性以及世界和人类的本质与特征的理性化阐释”。[①] 当然,阿奎那所处的时代正是天主教大一统的盛期。因此,即使信念的理性化建构在后来的“77 禁令”中受到了质疑和打压,但这种方式确实在人们面对基督教信仰时起到了增益的作用。如若非此,宗教信念便会沦为“狂信”或“野蛮”,而神学与哲学、启示与自然、信仰与理性的对话也将完全失效。

而莱布尼茨的时代却是一个被打上了“近代反动”烙印的时代。[②] 一方面,这一时期的理智氛围使得哲学家们对自然哲学和认识论的关注超越了之前时代的形而上学或者神学核心,实现了本体论向认识论的转化。另一方面,在人类“理性”的高扬下,不仅兴起了自然科学,启蒙主义以及民族主义崛起,天主教更是在宗教改革和教派冲突之下惊醒于大一统的迷梦。所以,阿奎那的理性原则虽然运用了类比、演绎、推理等方式,但这些方法在启蒙主义者看来却仅仅只是基于逻辑层面的跳跃,因而他们认为阿奎那的自然神学“会背离经验主义立场的相称性和相似性原则”,[③]从而造成思想上的混乱而不具有经验认识论的意义。因此,在时代嬗变和理智革新的双重意义上,莱布尼茨对宗教信念的理性化建构可谓是“近代反动”的“反动”,因为这在“反经院哲学蔚为潮流、神学意志主义普遍流行的近代早期的确是颇为异类的”。[④]

众所周知,三十年战争(1618 - 1648 年)的浩劫使本就疲弱的德国处于一片废墟之中,因此造成了莱布尼茨自青年时代起就建立起的坚定

---

① 翟志宏:《托马斯难题:宗教信念的认知合理性是否可能》,载《世界宗教研究》2010 年第 1 期,第 80 页。

② 参见翟志宏:《论阿奎那自然神学的理性诉求及其近代反动》,载《世界宗教研究》2006 年第 4 期,第 102 页。

③ 翟志宏:《阿奎那的信念理性化建构与普兰丁格的知识合理性扩展》,载《世界哲学》2007 年第 5 期,第 92 页。

④ 桑靖宇:《莱布尼茨的神学理性主义及其对中国理学思想的解读》,载《武汉大学学报》2009 年 11 月第 6 期(第 62 卷),第 723 页。

信念，即只有天主教和新教的和解以及各基督教派的重新联合才能使德国摆脱割据，使欧洲重归和平。毫不夸张地说，在德国还沉浸在敬虔主义和信仰独断的洪流中时，莱布尼茨早已在对阿奎那自然神学传统的继承中承接了“理性”这一核心元素，这即是信念“合理性”建构的起点。因此，在 22 岁的时候，他就已经筹划“天主教证明”(Catholic Demonstrations)计划，其中不仅包括了神学问题，还涵盖了作为整个形而上学、逻辑学、数学、物理学和政治学的绪论的第一原则。尽管莱布尼茨在生命的尽头也未能如愿完成该计划，但这个宏愿却构成其生命的主旋律，以致于他一生都对此忠诚如一。

正如莱布尼茨自己宣称的那样，“天主教证明”一共分为三个部分：第一部分将证明上帝的存在，灵魂的不朽和自然神学。第二部分将论证基督宗教，或是启示神学，其中包括证明神秘信仰的可能性，并试图回应那些所谓“三位一体、道成肉身、圣餐以及肉身复活等问题存在荒谬性和矛盾性”的宣称。同时，“因为基督宗教的证明往往只是道德层面的，所以很难给人以事实的明证，而所有基于道德确定性(moral certitude)的证据都将被更强有力的相反证据(stronger contrary proofs)所颠覆(overturned)，因此为了全然地满足自我，我们必须对所有宗教信仰的反对予以回应，因为在基督教的奥秘中，哪怕唯一一个证明之不可能性都会使其整体功亏一篑(capsize the whole boat)”。⑤ 而在第三部分中，莱布尼茨则将对普世教会及圣经权威进行论证。因此，无论是绪论还是主体部分，“天主教证明”都可被视为莱布尼茨整个神学计划中的“被证实了的真正哲学之元素”(proven elements of true philosophy)。⑥ 可以说，这个计划奠定了他对宗教信念理性化建构的思想基础，并以此预期了其后一系列的著作。

不仅如此，莱布尼茨还展现出对阿奎那理性传统的超越性的一面。实际上，阿奎那的自然神学是一门“交叉学科”：一方面它是“哲学的一部分”，是宗教哲学，另一方面它又是神学，即“理性神学”。而对莱布尼

---

⑤ Maria Rosa Antognazza, *Leibniz on the Trinity and the Incarnation*, trans. Gerald Parks (London: Yale University Press, 2007), p.4.

⑥ Ibid.

茨来说,他进一步明确强调了“理性真理”的独立性以及“理性真理”对信仰真理依赖的摆脱,因而理性获得了完全的独立,以至于跳脱了阿奎那传统中理性的“婢女”地位——“理性,既然在于各种真理的联结,它就有资格将经验提供给它的真理关联起来,以便从中得出综合的结论”,“为了认知存在有这样一个全善和全知的万物的独一原则,我们根本无需求助于启示的信仰。理性是藉正确无误的证明教授给我们这一原则的存在的”。[⑦] 因此,这种“无误的资格”昭示了理性不再需要信仰的助力而可以独立完成人类认知的可能性。其次,莱布尼茨对信仰真理超于理性却不反乎理性的原则也迥异于中世纪:“反乎理性的东西都是与绝对确定的和不可避免的真理相反的东西;而超乎理性的东西也仅仅是那些同人们惯常经验或理解的东西相对立的东西。”[⑧]因而在宗教信仰或信念中,不可理解的奥秘并不意味着理性的“否认”和“驳斥”,而仅仅代表着人类认知能力的有限性,因为对“事物无限性具有清楚明白的知识”的只能是全知的上帝。而对于人类的心灵或一切受造心灵,理解不了也是自然而然的事了。最后,莱布尼茨对理性真理包括“实证真理”和“永恒真理”的断言,都是他对“理性和信仰相一致”以及信念“合理性”的近代化表达。[⑨] 因为无论是“实证真理”还是“永恒真理”,两者既涵盖了逻辑的、形而上学的以及几何学式的“先验”必然性,也囊括了作为人类所能感知的“后验的”经验性的自然规律。因而,自然之境和上帝之域在这两者的统一中也得到了普遍的和谐共生,这一切都使得莱布尼茨最终认为:“圣灵的内在运动,圣灵将占有灵魂,规劝并促进它们向善,也就是规劝并促进它们走向信仰,走向仁爱,而并不总是需要种种动机。”[⑩]

总而言之,莱布尼茨“将宗教奇迹、基督徒的本性和基督教的拯救说全都纳入到了理性的框架”。[⑪] 人类理智虽有限度,但他最终认为“为反

---

⑦ 莱布尼茨:《神正论》,段德智译,北京:商务印书馆,2016 年,第 138 页。

⑧ 同上,第 121 页。

⑨ 三个观点都参阅了段德智为莱布尼茨《神正论》所做的序言内容。同上,第 xxii 页。

⑩ 同上,第 95 页。

⑪ H. Poser, *Von der Zulassung des Ubels in der besten Welt. ber Leibnizens Theodizee*,转引自莱布尼茨:《神义论》,朱雁冰译,北京:生活·读书·新知三联书店,2007 年,译者前言,第1 页。

对理性所言说的一切触及的只是一种为欺骗性的表象所败坏和误导的所谓理性。因此哲学之简单的概念、必然的真理和论证有力的结论是不可能与启示发生矛盾”的，[12]信念或信仰的“合理性”早已被内蕴在“理性”——“真理之联结”——之中。

二、对“宇宙论证明”的完善

实际上，与“超理性”的启示神学不同，论证“上帝存在”的自然神学是不能仅仅依靠“不证自明”信仰传统或是“先验”的可信性动机的，因而它总需要一些“理由”或“证据”。正如莱布尼茨本人所言：“我相信上帝的观念是这样，我主张他的可能性和存在是以不止一种方式证明了的。……我也相信几乎所有用来证明上帝存在的办法都是好的和可以有帮助的，如果我们把它们弄完善的话，我也完全不同意人们应该忽视从事物秩序得出的那种证明。”[13]所以有评论言：“宇宙充满着神圣的力量和神圣的作用。每一宇宙的基本要素，每一单子，都被设计成与其他单子在理性秩序上的和谐一致。在这方面，莱布尼茨的自然哲学可以看作是他的上帝和宗教哲学的一个组成部分。”[14]

而宇宙论证明的出现，既可以理解为对本体论的一种否定，又可以视为对人类直面上帝问题时“自上而下”式的认知真空的填补——这种填补由中世纪经院哲学集大成者托马斯·阿奎那提出。可以说，“（阿奎那）以亚里士多德哲学为蓝本，将一种新的哲学思想和表达方式引进到基督教哲学中，在感性经验的基础上用哲学理性重新表述了信仰问题，从而建立起不同于奥古斯丁本体论类型的第二种宗教哲学类型——宇宙论类型”。[15]

按照这种方法，人们需要将逻辑观念的先验推演转向外部世界的感

---

⑫ 莱布尼茨：《神正论》，第 37 页。

⑬ 莱布尼茨：《人类理智新论》，陈修斋译，北京：商务印书馆，2016 年，第 529 页。

⑭ Charles Taliaferro, *Evidence and Faith* (Cambridge University Press, 2005), p. 198.

⑮ 翟志宏：《走进神学中的理性——论阿奎那哲学的基本特征及其历史价值》，载《人文杂志》2004 年第 6 期，第 26 页。

性证据以求得上帝的"踪迹"。阿奎那宇宙论的"五路证明"见于其《神学大全》和《反异教大全》,众所周知,这五条"认识"上帝的路径可以简要的概括为:(1)"受动-推动"系列;(2)因果系列;(3)"偶然性-必然性"系列;(4)完满性系列;以及(5)目的论证明。总之,"五路证明"以摧毁宗教信念"先验的"确定性为基础,以感性世界的证据为起点并最终追溯出"最完满"的存在——上帝。因此,较之本体论的"信仰寻求理解",宇宙论的理性之光更一目了然:因为一方面理性方法作为认知上帝的基本方式,与人类的心灵结构最为相宜:"始于感觉的理性认识,虽不能直接看到上帝的本质,但借助那些人们更为熟悉的自然事物说明上帝存在及其作用等问题,对于处在有形质料中的人类灵魂来说无疑是合适的。"⑯另一方面,理性的"证明性论证"(demonstrative arguments)更适宜信仰者说服对手。因为阿奎那认识到,不相信上帝存在的人之所以深陷谬误往往由于他们所"看到"的某些基督教信仰是建立在"非证明"的,即"信仰"基础之上的。所以"可能性的论证"(certain probable arguments)只适用于"信徒的实践"而非"对手的确信"——这也是为何阿奎那从未尝试证明"三位一体"等启示奥秘的原因:"当有人想通过不可信的论据(unconvincing arguments)去支撑信仰时,他必然成为异教徒(unbelievers)的笑柄。"⑰不难看出,由下至上式的"卓越之路"使得阿奎那的理性论证具有了哲学性的合理性基础:感性证据的自明以及自然理性的确定使得"上帝"最终"不仅成为所有存在者存在的原因,也具有了最纯粹的可理解性"。⑱

而莱布尼茨的"哲学性有神论"(philosophical theism)立场则无疑遵循了阿奎那理性神学的传统,以至于"很多人都认为像莱布尼茨这样的革新思想家,倾尽所有哲学力量去支持传统神学中上帝的存在是件不可

---

⑯ 翟志宏:《论阿奎那自然神学的理论诉求及近代反动》,载《世界宗教研究》2006 年第 4 期,第 103 页。

⑰ Aquinas, *Summa theologiae* 1a. 32. 1,转引自 Maria Rosa Antognazza, *Leibniz on the Trinity and the Incarnation*, trans., Gerald Parks (London: Yale University Press, 2007), p. 107。

⑱ 翟志宏:《托马斯难题:信念、知识与合理性》,北京:中国社会科学出版社,2014 年,第 155 页。

思议的事。不止如此，他还将这样一个保守的、正统的神学体系推至了顶端”。[19] 因此，只有厘清了莱布尼茨对宇宙论证明所做的“完善”，我们才能真正理解他对传统神学知识所持的认识论立场。

首先，莱布尼茨对上帝存在的“后天”式证明贯穿其早期至晚期的著作，如1697年的《论事物的最后根源》，1710年的《神正论》，1714年的《以理性为基础，自然和神恩的原则》以及《单子论》。但无论论证经历了怎样的变动和修改，有两个原则却是莱布尼茨一以贯之进行哲学推断的基石和要点，即“矛盾原则”和“充足理由原则”。如他所言，“我们的理性运用基于两大原则。其一为矛盾原则，我们根据这个原则判断自身含有矛盾的东西是虚假的，而与虚假相对或相矛盾的东西则是真实的。其二为充足理由原则，我们根据这个原则认为，只要没有充足理由说明其为此而非彼——尽管这些理由在大多数情况下对我们完全是未知的——任何事实都不能被认为是为真或是存在着的，任何论断都不能被认为是真实无妄的”。[20] 简言之，只要我们对命题进行推论，矛盾原则作为理性的第一要义，在逻辑的层面就不存在任何松动，因此是不能被否认的；而充足理由原则作为每一个不是通过自身而被知晓的先在证据，必然更为契合宇宙论的“后验”式证明。因此，“充足理由原则”在莱布尼茨的宇宙论证明中起到了非常关键的作用。

其次，莱布尼茨是在不同的层次和意义上对“理由”这一概念进行阐释和运用的。在写给克拉克的最后的信中，他提及了三种不同的运用：(1)任何存在都需要一个充足理由；(2)任何事件的发生都需要一个充足理由；以及(3)任何真理的产生都需要一个充足理由。前两者可以理解为动力因(efficient cause)和目的因(final cause)，而第三个却被莱布尼茨视为真理的合理性基础(rational basis)，[21]因为当我们在寻求一个真理的充足理由时，我们实际上是在追问此真理合理的可理解性意义。

---

[19] William Lane Craig, *The Cosmological Argument from Plato to Leibniz* (London: The Macmillan Press, 1986), p.257.

[20] 莱布尼茨：《单子论》，朱雁冰译，北京：生活·读书·新知三联书店，2007年，第487页。

[21] William Lane Craig, *The Cosmological Argument from Plato to Leibniz*, p.273.

正因如此,“理由”就不再简单地等同于“原因”,因为每个“理由”都具有不同的含义:每一事件都有原因,每一事物都有目的,而浩渺世界的一切都要有合理性基础:“充足理由必然也存在于偶然真理或事实真理之中,即存在于被创造的客体世界之结果和联系之中。在这里,它可能分裂为个别理由,这是由于自然事物之千差万别且物体之被无限分解而呈现出无限多样性……正是我的灵魂之无限多的细微倾向和禀赋,当今的和既往的倾向和禀赋,构成它的终极理由。既然这整个多样性充满偶然性,而这些偶然性又早已存在,或具有特殊属性,其中每一个为说明自身重又要求进行相似的分解,所以,人们通过分析并无取得进展。毋宁说,真正的充足的或终极的理由必然在多种多样的偶然性的序列或者序列组合之外,尽管这种联系是无限的。可见,事物的终极理由必然蕴含在一个必然实体之中,其中,变化之纷繁多样只是‘超绝’(eminently),宛如包含在源头之中。我称这种实体为上帝。”[22]可以说在这段论述中,莱布尼茨旨在证明世界的存在必须有一个合理性的基础。对莱布尼茨而言,关于世间万物存在的偶然真理例如“我存在”,既可以说是理性真理,也可以说是事实真理。虽然前者具有逻辑的必然而后者没有,但他仍然认为事实真理也需要“理由”——即每一真理发生的合理性基础。故此莱布尼茨所谓的上帝实质上是世界“可理解性”的根本——为了能完全地理解某物并给出充足理由,动力因是不够的,目的因也是不充分的,只有可理解性的基础被赋予了万物,我们才能全然地对之进行解释。总之,“合理性基础”成为了莱布尼茨较之阿奎那单纯寻求“终极因”或“原初的推动者”不同的地方所在。

最后,莱布尼茨对上帝存在的追问并没有终止于对“无限回溯”的反对。对阿奎那而言,他通过万物趋于完满的上升路径,最终达到了绝对的必然存在。因此回溯不可能永无止境,且必然终止于一点,否则世界将不具认识论意义。而在莱布尼茨看来,虽然他后来提出了“可能的最好世界”理论,但实际上他最初所关切的并非是客观世界“此个性”(thisness)及其先在状态的终极理由,而毋宁是为何会“有”这个世界而

---

[22] 莱布尼茨:《单子论》,第488页。

不是纯粹的“无”？可以说,“有无”问题下的潜在疑问正是“宇宙到底合不合理”的追问,这才是莱布尼茨宇宙论的的核心：一切存有都一定有一个原因以及可理解的基础或是合理性,包括我们的世界。因此我们可将莱布尼茨的证明系统化：

（1）有些东西存在。

（2）有东西存在而不是什么也没有,是有充足理由或合理性基础的。

（3）充足理由可以在单独的事物也可以在事物的整个聚合或是一切事物的动力因中找到。

a. 世界的事物是偶然的,即是说,由于其他事情决定的,如果事情和运动发生变化,它们就不会存在。

b. 世界只是这样的事情的集合,因此本身就是偶然的。

c. 所有事情的动力因只不过是世界上以前的状态,而这些连续的状态根本没有解释为什么有世界。

（4）因此,世界和世界的当前状态之外必须存在充足的理由。

（5）充足理由将是形而上学的必然存在,即一个存在,其得以存在的充足理由是包含在自身以内的。[23]

通过这一系列的“完善”和“改进”,我们最终看到莱布尼茨通过他的宇宙论建构起一个“原初单纯实体”:“（这个实体）是全部纷繁多样之充足理由,而这纷繁多样在各个方面都处于联系和关联之中。所以,只有一个上帝,这个上帝已经充足。”[24]

三、对“本体论证明”的完善

作为大众熟知的本体论论证,则最初见于早期的实在论者安瑟尔谟,这位被喻为“经院哲学之父”的坎特伯雷大主教在《宣讲》中做了如下论述：即使是一个愚顽人,他心中也会有一个最完满的东西的观念；

---

[23] William Lane Craig, *The Cosmological Argument from Plato to Leibniz*, p. 274.

[24] 莱布尼茨：《单子论》,第 488 页。

最完满的东西无所不包,当然也就应该包括存在;因此最完满的东西存在。这个最完满的东西就是上帝,因此上帝存在。简言之,此版本的本体论折射了一种"能够解释一切的最高原则必然达到了观念与存在同一性"的认知范式,"这种仅依赖于概念的分析而不依赖于经验事实的进路体现为从信仰到信仰的进程,因为证明的前提(关于上帝概念的定义)和证明的结论(上帝存在)都是信仰,而安瑟尔谟做的仅仅只是用辩证法将两种信仰联系起来。"[25]不难看出,虽然安瑟尔谟突破了教父哲学时期强调"奥秘"、排斥理性的传统,但由于"观念与存在必然同一"的认知缺陷,还是遭遇到同时代(如僧侣高尼罗)乃至后世哲学家们(如休谟、康德等人)的批判。但不论怎样,以安瑟尔谟为先驱的"本体论"证明开启的是对有关"上帝存在"命题合理性论证的决心和示范,只不过彼时"上帝的知识是第一的知识,唯一的、绝对的、真实的、确定的知识,它先于其他任何知识,这不是一个关于存在的知识,而是关于在灵魂深处的无条件因素的知识"。[26]

而本体论的第二阶段则源于"近代哲学之父"笛卡尔。[27] 毋庸讳言,近代的理智环境发生了本质的改变:在后期经院哲学向近代哲学的迈进中,肇始于意大利的"文艺复兴"运动由"复兴古典传统"逐渐发展为"拷问一切权威甚至经典"的先头兵,并最终导致了"17 世纪试图建立知识统一性和连续性"的全新理念。[28] 笛卡尔也正是在为"知识大厦"寻求坚实基础的过程中确立了"我思故我在"的"第一哲学原理"。这种对思想和存在的自确证是其认识论体系的核心。他所做的尝试则是以"基础主义"(foundationalism)去回击"怀疑主义"(skepticism)。在笛卡尔看来,我们所有的知识都始于一些"自明的信念"(self-evident beliefs),这

---

[25] 赵敦华:《中世纪哲学研究的几个关键问题——读〈理性与信仰:西方中世纪哲学思想〉有感》,载《北京大学学报》2007 年第 1 期,第 52 页。

[26] 保罗·蒂利希:《基督教思想史》,尹大贻译,北京:东方出版社,2008 年,第 150 页。

[27] 张志刚:《宗教哲学研究:当代观念、关键环节及其方法论批判》,北京:中国人民大学出版社,2003 年,第 34 页。

[28] G. H. R. 帕金森主编:《文艺复兴和 17 世纪理性主义》,田平等译,北京:中国人民大学出版社,2008 年,导论,第 2 页。

些信念并不被他人证实而依旧能为除“我”之外的知识提供证明。故此，为了确保对外部世界的认知，笛卡尔确立了自明的信念以表明其“资格”(membership)的确定性和广泛性。[29] 因而当我们进一步意识到“我”的存在的不完满并产生了“更完满的实体”观念时，出于逻辑的必然，我们便能确知上帝的存在：“有许多例子必须结合在一起，即使大多数人把它们视为偶然且没有注意到它们间的关系：例如命题，‘我在，因此上帝存在’(I am, therefore God exists)。”[30]可见，笛卡尔的本体论体现的是一种将“存在”规定为上帝“属性”的进路。换言之，上帝既是“最完满实体”，那么也就必然拥有“存在”的属性。同时我们还看到他在《沉思集》中对上帝观念的进一步阐述：一切有关上帝存在的“先验”或“后验”证据，都无法逃离“上帝”这个观念本身的应用，因为“按照真正的逻辑规律，绝不要问什么东西是否存在，如果首先不知道它是什么的话”。[31] 可见，在缺乏对认知对象“清楚明白”的观念时，我们是无法将作为命题论证中的“存在”确定为上帝的。因此，确认上帝的观念才是其存在所需证明的首要前提。所以笛卡尔坚持认为“我们以上帝的观念来证明上帝的存在是有很大好处的”，因为通过推断上帝的存在，也同时让我们知道了他“是”什么。所以，相对于安瑟尔谟的经典形式，笛卡尔的论证被视为“本体论论证第二发展阶段的基本特征”。[32]

而作为理性主义的后继者，莱布尼茨对“本体论”证明到底作出了怎样的改进和完善呢？在《人类理智新论》中，他首先表明了自己的态度：“虽然我是主张天赋观念的，特别是主张上帝的天赋观念，但我并不认为笛卡尔派从上帝的观念得出的那种证明是完善的。……笛卡尔先生从坎特伯雷大主教安瑟尔谟那里借来的那个证明，是很美并且真的很

---

[29] John Cottingham, ed., *The Cambridge Companion to Descartes* (Cambridge: Cambridge University Press, 1992), pp. 141 - 142.

[30] Descartes, *Philosophical Writings of Descartes*, Volume1, trans., John Cottingham, Robert Stoothoff and Dugald Murdoch (Cambridge: Cambridge University Press, 1985), p. 46.

[31] Ibid., p. 78.

[32] 张志刚：《宗教哲学研究：当代观念、关键环节及其方法论批判》，第 36 页。

机智的,但还是有一个漏洞须加修补。"[33]这个"漏洞"源于它的"不完善";而"不完善"则体现为"假定关于具有全部伟大性或全部完满性的东西的观念"并非代表其一定"存在",而应该表达为"可能的和不蕴含矛盾的"。因为"假定上帝是可能的,它就存在,这是单单神性所具有的特权"。[34] 实际上,莱布尼茨并非是从独断论立场上断言上帝是"可能的",因为他意识到"上帝"这个观念本身或许也可能隐藏矛盾,正如"最快的可能速度"和"最大的圆"的说法。如果是这样,那么人们也可以推测上帝不可能,因此上帝也就不存在。但为了反驳这种可能出现的异议,莱布尼茨所做的就是将上帝的"可能性"变为合理,从而证明上帝是可能的并因此存在。为了实现这个目的,他提供了一个完备的论证,其一是对本体论本身进行了阐明;其二是对"可能性"概念进行了论证。

对于前者,莱布尼茨用"必然存在"与"偶然存在"的区分论证了为何本体论证明只适用于上帝而非他物。显然,如果"完满的"某物不具有"必然的"含义,那么此物也就不会具有"必然存在"的意义。正如偶然存在不能从定义中推导出来,而"完满的存在是可能的"之命题中,每一构成要素既可以拆分为同一的,又可以还原为同一的。因此上帝概念的简单属性保证了其必然存在是无限的现实。所以必然的存在只能是纯完满的。相较之下,如果以偶然存在如岛屿为例,矛盾就会暴露无遗,因为"岛屿拥有一切属性且只具有纯粹的完满"或者"岛屿拥有最完满的知识和能力"明显包含着认识的错谬,故除上帝适用于"完满的必然存在"概念之外,无物不包含矛盾。[35]

而关于"可能性"的问题,莱布尼茨则主张如果有关上帝存在证明的证据不足,一个人更为合理的宣称应该是"上帝存在是可能的",这是因为"我们有权假定一切东西的可能性,尤其是上帝的可能性,除非有人证明其相反"。可以说,这种"防御策略"透露出了些许宗教辩护的意

---

[33] 莱布尼茨:《人类理智新论》,第 527 - 528 页。

[34] 同上。

[35] Nicholas Jelly, ed., *The Cambridge Companion to Leibniz* (Cambridge: Cambridge University Press, 1994), p. 356.

味,因为莱布尼茨始终认为对于一个还没有得到证成也无法证伪的命题,人们可以援引对真理的传统推定,直到证据或谬误出现的那一刻,它都将持续有效。因此这种做法巧妙地将举证责任从辩护者转移到了攻击者,“可能性”的问题便得到了合理的辩护。所以,我们可以对莱布尼茨的本体论证明进行如下总结:

(1) 如果上帝存在是可能的,那么上帝存在。

(2) 在缺乏相反证据的情况下,判定“……是可能的”的说法是合理的。

(3) “上帝存在是可能的”命题没有出现相反证据证明其错误。

(4) 因此,更合理的假设是“上帝可能存在”。

(5) 所以,上帝存在。

总之,莱布尼茨将“上帝必然存在”转变为了“上帝可能存在”的论证,其中的“改进”在于“如果可能,则必然存在”成为了“上帝(或必然本质)”的“特权”。莱布尼茨既没有沿袭实在论者强调“本质”与“实在”的同一(如笛卡尔),也没有表明“本质”与“实在”的区分(如阿奎那),他只是从唯名论立场认为本质只存在于意识之中,仅仅是概念性的。因此上帝存在代表的是一种“形而上学的必要性”,这意味着其反面——“上帝不存在”——必然包含矛盾或逻辑上的荒谬。因此,莱布尼茨才会总结道:“既然没有什么东西能够阻挠这种自身没有限制、不可否定、因而也不包含矛盾的东西之可能性,所以仅此一点便足以先验地认识上帝的存在。”[36]可以说,“可能性”的提出,既弱化了“先验观念”的“先入为主”,又有效地防御了论争敌手的攻讦,不失为对“本体论”有效性的“完善”和加强。

四、小 结

实际上,从基督教信念在知识可能性的构成来说,它主要包含了三大类别:一类是以启示为核心的有关“三位一体”“道成肉身”以及“圣餐变体”等超越人类理性范围的奥秘性或启示神学;一类是藉由上帝赋

㊱ 莱布尼茨:《单子论》,第 489 页。

予人类的“自然之光”，通过理性完成论证的自然神学，其中，“上帝存在”是最为基本也是最为核心的命题；最后一类则具有深厚的历史渊源，被莱布尼茨所创字汇“神正论”所涵括，指涉的是关于“恶”以及上帝正义的辩护和论证。[37] 因此，当莱布尼茨树立了认识论的“唯理论”基调并对一系列的一般知识问题做出了系统有效的铺陈之后，他对宗教信念“合理性”和有效性的建构自然成为其宗教认识论中承上启下的一环。而对“上帝存在”这一宗教命题论证的自基督教产生初期时的可行性尝试到中世纪天主教大一统的主导性范式，再到近代早期（尤其是启蒙运动之后）对认知合理性的重新审视，“理性”的方式对宗教信念“合理性”的阐发起到了至关重要的推动作用。在莱布尼茨进行的又一次的理性论证中，其所折射的不仅是他对“理性”哲学以及形而上学的致思路径和运思原则的梳理，也是一种在人们普遍认同宗教信念需要通过理性或证据校准的时代对阿奎那传统的“近代意义”上的应用，更是一种对“理性和信仰”这一古老议题的再次完善。只有这样，宗教信念的宣称及命题怎样被予以恰当的评估才能被纳入到认识论框架下的原则、标准和方法之中，也只有这样，莱布尼茨的宗教哲学才能获得完整的建构。

[37] 尽管这一个问题在某种程度上也可被视为奥秘或启示神学的内容，但因其涉及到自由、意志、最好的世界等伦理学向度的内容，且莱布尼茨专门以大部头著作《神正论》辅以论述，因而笔者认为应该独立成基督教信念的一个类别。

简论施莱尔马赫的罪恶观和神正论*

张云涛

【内容提要】 过去学界总是从奥古斯丁传统出发来指责施莱尔马赫的罪恶观和神正论离经叛道。希克提出并发展了与奥古斯丁传统相对立的爱任纽型的神正论。这为理解施莱尔马赫的思想提供了一种新视角,人们由此可以更清楚地看到它与奥古斯丁传统存在的差异。不过,它并非与该传统彻底相悖,相反它也同样反对该传统所批判的摩尼教和佩拉纠主义。不仅如此,施莱尔马赫正是意识到该传统在新的历史语境下存在着诸多难以克服的困难而革新了它,尽管这种革新可能并不令人满意。因此,完全无视他的思想动机和出发点,不对它展开内在评判,考量其合理性,只简单地依据奥古斯丁传统批判它是有失公允的。

【关键词】 施莱尔马赫　罪　恶　爱任纽型神正论

启蒙运动对基督教传统造成了巨大冲击,一些传统教义遭受了理性的严厉审察和批判。在启蒙主义者看来,传统教义要么在逻辑上是不一致的,要么与现代人的世界观不兼容,因而都是虚假的、无法令人信服的

* 本文是国家社科基金一般项目"施莱尔马赫宗教哲学与哲理神学研究"(项目编号:17BZJ053)的阶段性成果,得到了武汉大学"德国古典哲学及其现代效应"青年学术团队和武汉大学自主科研项目"科学的哲学体系如何可能?康德与黑格尔之间的哲学研究"(2018QN062)的资助。

学说。对此,除了充耳不闻世事、埋头信仰的新教正统派之外,其他新教神学家都试图回应这种挑战。他们并不主张因噎废食地放弃信仰,相反试图调和现代世界观与传统信仰,用尽可能为现代人所接受的话语和思想来宣告基督教信仰,使既是现代人又是虔诚的基督徒的理想实现出来。施莱尔马赫就是其中的杰出代表,并赢得了"现代神学之父"的称号。他在现代的语境下如何处理"恶的难题"(the problem of the evil)这个老话题上,发展出他自己的调和上帝的公义与世间的恶的神正论,本文打算研究之。他的神正论可能不是最有成就的、最让人信服的,但绝对是富有创意的。当代著名宗教哲学家希克(John Hick)在《恶和爱的上帝》(*Evil and the God of Love*)一书中对他的神正论思想赞誉有加。在他看来,神正论可以划分为奥古斯丁型和爱任纽型。前一种类型在西方教会史上一直占据主流地位。不过,这不是因为它对于恶的奥秘给出了令人满意的回应——相反,奥古斯丁型的神正论困难重重——而是因为基督徒懒于进行批判性思考。后一种类型自从爱任纽开创以来一直倍受冷落,默默无闻,直到施莱尔马赫"再次唤醒它",使它有了"独立的新的开端"。① 希克本人非常欣赏此类型,使用专章考察了他的贡献。② 如

---

① John Hick, *Evil and the God of Love*, revised edition (San Francisco: Harper San Francisco, 1977), p. 219. 希克指出,称第二种类型的神正论为爱任纽型并不是说爱任纽有意识地开创了此学说。事实上,它只是以"种子"(germ)的形式存在于他的思想中。并且,它后来的伟大代表施莱尔马赫"似乎并未受到爱任纽的影响,或者他似乎并不是有意识地革新并继续对恶的奥秘的这种解决方法",它在他那里有"独立的新的开端"。因此,这种类型并不像奥古斯丁型那样是一个传统,"我们与其说处理的是一个持续的爱任纽型的神正论的传统,还不如说是一类神正论,或处理这个主题的一种神学研究方式。"(p. 219)不过,"从施莱尔马赫开始,这种思想运动是清晰可见的,该潮流变得更为广泛,且被深化。"(pp. 219 – 220)

② 有关希克的分类及其对施莱尔马赫的定位的研究,主要有 Robert R. Roberts, "Theodicy, Tragedy, and Soteriology: The Legacy of Schleiermacher," in *The Harvard Theological Review*, vol. 77, no. 3/4 (July-Oct., 1984), pp. 395 – 412; Walter Wyman, "Rethinking the Christian Doctrine of Sin: Friedrich Schleiermacher and Hick's 'Irenaean Type'," in *The Journal of Religion*, vol. 74, no. 2 (April, 1994), pp. 199 – 217; Roger A. Badham, "Redeeming the Fall: Hick's Schleiermacher versus Niebuhr's Kierkegaard," in *The Journal of Religion*, vol. 78, no. 4 (October, 1998), pp. 547 – 570。

果真如希克所言，施莱尔马赫提出了与在教会中占据正统地位的奥古斯丁型的神正论针锋相对的版本，那么，为了把握施莱尔马赫的立场及其与奥古斯丁主义的区分和联系，我们有必要先澄清奥古斯丁派与爱任纽派各自的观点。并且，因为在施莱尔马赫那里，罪与恶是紧密联系在一起的，恶是罪的结果："恶随着罪的来临而首次被引入，并且一旦罪出现，恶不可避免地产生"，[③]所以，在正式陈述他的神正论思想之前，有必要先梳理他的罪恶观。在此之后，施莱尔马赫的罪恶观和神正论思想的特征及其优劣得失才会呈现出来。

一、奥古斯丁型和爱任纽型神正论的基本主张

在希克看来，奥古斯丁是"所有神正论者中最伟大的"，[④]开创了一直在该领域占据主导地位的思潮。在奥古斯丁看来，上帝最初创造的一切都是好的、完善的。包括人后来犯罪所使用的自由意志也是上帝创造的，并且是好的，因为它是人之为人的本质特征，是人正当生活所必需的："我回答说，除非藉这种意志的自由选择，无人能正当行事，并断言上帝赐给我们自由意志是为了让我们行得正当。"[⑤]上帝给予人自由意志，希望他们善用它，去追求和爱永恒的善，即上帝，而不是追求变动不居的小善。不过，人类的始祖亚当滥用了这种自由意志，违背了上帝的律法和诫命。他们不爱永恒的善，而沉溺于对可朽的小善的追求和爱之中，颠倒了爱的秩序，因而犯了罪，由此人性发生改变，彻底败坏和堕落。这就是原罪。因此，人的自由意志是罪的第一因。亚当的后代通过生物性的遗传方式继承了他的罪性，他们都在亚当里犯了罪，因而他们的人性是彻底腐败的、堕落的。

上帝创造的一切都是好的、善的，那么，他不是恶产生的原因，恶不

③ Schleiermacher, *Der christliche Glaube*, erster Band, Hrsg. Martin Redeker (Berlin: Walter de Gruyter, 1960), S. 413.

④ John Hick, *Evil and the God of Love*, p. 12.

⑤ 奥古斯丁：《论自由意志：奥古斯丁对话录两篇》，成官泯译，上海：上海人民出版社，2010年，第133页。

是他创造的。事实上,恶并不真实存在,或者说不是实体性的存在,相反只是善的匮乏或没有实现出来。因为人性已经彻底败坏,所以必然犯罪,由此造成自然的恶和道德的恶。因此,恶与罪相伴,是罪的产物。人本来可以不犯罪的,既然他们选择犯罪,就应该为罪和恶承担责任,遭受苦难和惩罚。

既然世人都犯了罪,那么,没有人可以凭借自己的善工或德性获得拯救,唯有依靠上帝的拣选和恩典。因此,只有获得拣选的人才能获得救赎。救赎只是恢复上帝的创造的原貌,而不是完成创造。一旦人的救赎完成了,被破坏的自然秩序以及被败坏的人性都恢复原来的善,作为善之缺乏的自然的恶和道德的恶就不会出现。

不过,在希克看来,奥古斯丁的学说存在着诸多困难。譬如,他将恶视作善之缺乏的主张并不能充分描述人经验到的恶的真正本质:“从经验的角度看,恶并不只是其他东西的缺席,而是拥有自己的独特的且经常令人恐怖的性质和力量的一种实在。”⑥恶并非是腐化或虚无,相反经常强化成为“一种非常积极的且令人恐惧的道德的恶”,⑦给人带来实实在在的伤害和苦难。因此,有必要改弦更张。在爱任纽那里,希克发现了“处理恶的难题的一种理论的纲要,它在许多重要方面与奥古斯丁型的神正论处于对立之中”。⑧ 他发展了这种纲要,提出了自己的学说。

第一,上帝的创造所采取的方式是“发展的和目的论的”。⑨ 世界的完善不在于遥远的过去,而在未来。完善并非是因为堕落事件而丧失的状态,而是自始至终处在实现的过程之中。人的创造也是如此,经历了复杂的、持久的创造步骤或发展阶段。“依据现代人类学的知识,人的创造的两个阶段的观念的某种形式已经变成了一个几乎不可避免的基督教信条。”⑩在第一阶段,人发展成为理智的存在者,不过,并没有实现他们在道德和灵性上的潜能。此时,人类的状态与其说是在道德和灵性上

---

⑥ John Hick, *Evil and the God of Love*, p. 55.

⑦ Ibid., p. 56.

⑧ Ibid., p. 214.

⑨ Ibid., p. 256.

⑩ Ibid., p. 255.

成熟的、完善的,不如说是素朴的、无辜的、有待于塑造和完善的。只有在第二阶段,通过不断地经受各种试炼和诱惑,甚至犯罪,然后悔改归正的过程,人才能在道德和灵性上成熟起来,自由地回应上帝,成为他的儿女。既然人是在历史过程中通过历练才完善起来的,那么,主张人原初是完善的然后走向了堕落的教义只是神话而已。

第二,在为恶的存在辩护时,与奥古斯丁通过回溯到因为人滥用自由意志而导致的好的受造物的堕落和原罪来解释道德的恶和自然的恶不同,爱任纽型的理论展望将来,通过上帝的能够最终证明一切都是合理的创造计划的完成来解释恶的存在。[11] 假如上帝最初按照他的形象和样式创造人,使人拥有了与他一样的智慧和能力,那么,人在自己的完善上就毫无自由,没有做出任何道德选择,因而不是与上帝相像的自由存在者。为了使人成为与上帝相像,能够自由回应上帝,真实信靠他的存在者,上帝使他自身与人保持了"认识上的距离"(epistemic distance),使人无法直观到上帝在世界中临在,在与他的关系中处于真正自由的状态。不过,既然上帝赋予他们选择的自由,让他们自由选择,那么,他们当然可能滥用或误用它,由此干坏事和错事,甚至背弃上帝。因此,道德上的恶是人走向完善的不可避免的结果。人只有在充满各种风险、挑战和困难的恶劣环境中才能发展能力和德性,展示自己的虔诚信仰。于是,在作为塑造灵魂的场所的这个世界中的种种自然灾害和缺陷的存在获得了合理的解释。总之,人过去所犯的罪以及恶都是人的完善和成为上帝的儿女所必需付出的代价,因而其存在具有合理性。恶具有工具性的价值,它为上帝所安排的一个好的目的服务。

第三,在罪责的承担上,既然人起初是不完善的,不可避免地会滥用自己的自由意志,犯罪作恶,那么,为人的罪和恶承担终极责任的并不是在道德上犯罪作恶的人,而是创造了这种人的上帝。人只是凭借上帝先天赋予的这种不完善性具体实施犯罪的行动者,而上帝是使人拥有这种先天犯罪的倾向和能力的神圣行动者。

第四,在救赎的本质上,既然依据爱任纽型的目的论,上帝的创造不

---

⑪ Ibid., p. 261.

是一次完成的,而是分层次和阶段完成的。那么,救赎并非是恢复最初的创造秩序,相反是将上帝的尚未完成的创造计划和神圣目的最终实现出来。

最后,在末世论上,因为爱任纽型的神正论试图用恶导致了终末状态的无限的、永恒的善为创造的过程中产生的恶的存在辩护,而辩护的完备性势必要求救赎的完备性和普遍性,所以,它反对奥古斯丁主义将拣选和地狱纳入到基督教教义中的做法,相反宣扬普救论,主张上帝使他创造的所有人的灵魂最终得到塑造和拯救,在道德上完善起来,都成为他的儿女。不仅如此,因为人的灵魂塑造和道德完善不是此世今生就能实现的,所以为了保证上帝的神圣目的最终能够实现,有必要预设人拥有来世和肉体复活,能够一直存活着,朝着那个标杆奔跑。[12]

希克认为他发展出的这种神正论是奥古斯丁型理论的强有力的竞争对手,甚至能够取而代之。但是这种理论也受到了学术界的批判,一如他对后者一样。譬如,他所说的人的道德和灵魂在这个世界中处在塑造和完善的过程中的观点缺乏经验和直观的支持。并且,即使恶是人的完善这个善的目的实现所必需的手段,能否由这个目的证明这个手段的合理性和正当性?即使恶是必要的,世人难道需要承受如此多的恶?既然上帝是全能的,难道他不能创造一个既让人的道德和灵性塑造成为可能,同时恶又不那么频繁且严重的世界?

在考察了希克所谓的两种类型的神正论思想之后,下面我们正式论述施莱尔马赫的神正论思想,考量他的学说是否像希克所说的那样属于与奥古斯丁型针锋相对的爱任纽型。

二、罪　论

1. 从意识哲学的角度分析世界和人的原初完善

施莱尔马赫的神学是一种"意识神学"(Bewusstseinstheologie)。他

⑫ John Hick, "An Irenaean Theodicy," in Stephen T. Davies, ed., *Encountering Evil: Live Options in Theodicy* (Atlanta, Ga.: John Knox Press, 1981), pp. 51 - 52.

从借自于其哲学伦理学的意识哲学的框架来描述和澄清基督教教义。依据他的意识哲学,人的一般意识除了有直观或对象意识之外,还有与它以及意志相伴的情感或感性的自我意识。前者处理的是认识主体与认识对象之间的关系,目的是获取有关对象的客观性知识。而后者关涉的是"(我们)与自然以及与人的关系",⑬或者说,自我与可感知的有限存在者以及作为其总和的世界的关系。它"表达了我们与要么引起我们的接受性要么遭受我们的自发活动性的一切东西并存",⑭是一种对"主体与一起被设定的他者之间的相互作用的自我意识"。⑮ 人与世界处在一种相互作用的关系中,二者之中没有任何一方是绝对主宰、不受制于另一方的,于是,"我们的自我意识,作为对我们在世界中存在或我们与世界并存的意识,是一个系列,它分为自由感和依赖感"。⑯ 因为自我一方面感受到自己依赖外在于他的世界,同时又感受到虽然他是一个有限存在者,但是仍然能够对外在世界施加影响和反作用,哪怕这种影响和反作用的效果极其微小,甚至可以忽略不计。所以,对于有限存在者以及世界,自我不可能拥有绝对自由感,即感受到一切都完全依赖它,来自于它,也不可能有绝对依赖感,即它完全依赖世界中的某个或几个东西,不可能对它有丝毫的反作用和影响。这样一来,关涉人与世界的关系的感性自我意识只包含相对依赖感和相对自由感。虽然在人的一般意识之中不可能出现绝对自由感和绝对依赖感,但是人类对于超越世界之外的存在者普遍拥有一种绝对依赖感。在它之中,主体不像在感性自我意识中那样,将自身与外在的其他存在对立起来,而是废除了与其他存在者之间的所有对立。⑰ 他意识到他们都是有限存在者,都绝对依赖于一个外在存在,察觉"我们的整个自发活动产生于其他地方",⑱而"上帝"

---

⑬ A. a. O. , S. 32.

⑭ A. a. O. , S. 26.

⑮ Ibid.

⑯ Ibid.

⑰ A. a. O. , S. 32.

⑱ A. a. O. , S. 28.

(Gott)一词的含义就是“我们的接受性和自发活动性存在的来源”,[19]因而变得清晰的绝对依赖感是上帝意识,是“作为绝对不可分的统一体的上帝的共同被设定”。[20]

总是保持自身同一的绝对依赖感与感性自我意识都是伴随整个人的存在的直接自我意识。从意识的发展阶段看,感性自我意识是较低级的意识阶段,而绝对依赖感是较高级的意识阶段。不过,作为高级意识状态的绝对依赖感并不能单独出现,相反总是与时间性的感性自我意识结合在一起,才能在现实中显现。这种结合显然不是“混合”或“融合”(Verschmelzen),否则上帝意识无法保持其固有的性质,而是“并存”(Zugleichsein)在一个时刻或环节中,保持这种“相关性”(Bezogensein)。[21]不过,二者到底以何种方式相关或并存在一起?何者占据主导地位呢?

“上帝意识将与接受自世界的每个印象组成一个环节的统一体。”[22]从我们对于世界的任何印象和意识中都可以感受到上帝或神圣因果性的作为。上帝意识占据主导地位,而感性自我意识服从上帝意识,服务于它。这是一种理想状态。施莱尔马赫在《基督教信仰》第一部分的有关世界和人的原初完善的论述中描述了这种理想的可能性。对于“原初完善”一词,人们习惯于从《创世记》1:31“神看着一切所造的都甚好”这句经文来理解它,认为世界和人最初或起初是绝对完善、至善至美的,人类充满了道德感和宗教感,而世界也非常美好,适合人类的生存,人与世界和谐共处。只是因为人后来犯了罪,所以人的善性被彻底败坏,而世界同样也因为人的罪而受到诅咒,其和谐有序的秩序被败坏,变得多灾多难,不适合人类生存。因此,原初完善对于人类而言是曾经拥有过但却因为自己的缘故而最终失去了的美好状态,是人类梦寐以求,试图要恢复的一种理想状态。但是这种看法充满了神话传说的色彩。并且,现代科学和历史研究表明,人类最初并不具

---

⑲ A. a. O., S. 28.

⑳ A. a. O., S. 173.

㉑ A. a. O., S. 35.

㉒ A. a. O., S. 308.

备完善的知识和道德，相反野蛮、愚昧、残忍。世界也是乏善可陈的，充满了各种自然灾害。因此，接受了现代思想的人很难相信那种图景是真实可信的。施莱尔马赫显然意识到了这一点，他并不这样理解“原初完善”，相反从前面论述的他的意识哲学的框架出发来重新阐述它的含义。

第一，完善与否不是就道德是否完善以及世界是否适合人的生存的角度而言的，而是从是否可能或有利于上帝意识的发展而言的。既然人只有生活于世界之中，才可能产生对他与世界的关系的感性自我意识或世界意识，而上帝意识总是与他的感性自我意识相伴随才能实际显现，那么，“世界的完善”指的是，作为人的生活环境的它允许上帝意识在它之中出现，“上帝意识与对世界的意识并存”，㉓它为处在它之中的人的上帝意识的出现提供合适的条件和机会，并不排斥人们对世界的感受可以伴随对上帝的意识。因此，世界的原初完善并不意味着世界本身是人们通常所想象的那样，是至善至美的，没有妨碍和干扰人的生存和欲求的满足的因素和条件存在。事实上，这些东西并不妨碍上帝意识的出现，阻碍人的感性生命的功能发挥作用的因素与增强它的因素一样可以刺激和激发上帝意识的出现，㉔因而并不能说世界因为拥有它们就是不完善的。

同理，人的完善不是指人拥有完善的知识和道德状态，而是指“在我们的清晰的、苏醒的生命中像这样的持续的上帝意识是可能的”，㉕他的世界意识以及社会本性都可以为上帝意识的被唤醒和出现服务。具体而言，首先，从人的意识结构而言，上帝意识作为他的意识结构中的必需的、不可或缺的要素始终伴随他的意识，因而可以在现实的意识活动中被唤醒。无论是促进感性生命或功能，还是阻碍它的意识活动都不妨碍上帝意识出现，都可以与上帝意识结合在同一个环节之中。其次，人是社会性的存在，他具有将他的这种意识传递和扩展给他周围

㉓ A. a. O., S. 308.
㉔ A. a. O., S. 316.
㉕ A. a. O., S. 322.

的人以及后人的趋势和倾向,彼此进行交感互通,增强和发展彼此的宗教意识。㉖

第二,“原初的”(ursprügliche)并非指在时间上的首先、最初、在先,而是就其是基础性的、本体性的而言的。施莱尔马赫的意识哲学所描述的上帝意识与感性自我意识并存是人必须具备的结构。虽然人后来犯了罪,但是这种结构仍然存在,上帝意识仍有出现的可能性,因而并不像人们通常所理解的那样是一种原先拥有、不过后来丧失了的状态。施莱尔马赫并不像奥古斯丁传统那样认为人最初是完善的,是与神亲密相交的。事实上,依据他的意识发展阶段的理论,人最初所处的状态恰恰是动物式的混乱状态,根本分不清主体和客体,因而也没有发展出与直观或对象意识相伴随的情感或感性自我意识。因为只有后者存在,上帝意识才可能出现,所以最初上帝意识也没有出现。因此,如果以上帝意识的出现为完善的标准,那么,起初的状态恰恰是不完善的。而要达到这种完善的状态,也就是出现强有力的上帝意识的状态,只有在道成肉身的耶稣基督那里才首次出现,并且经由他实施的救赎才在其他人中出现。因此,《创世记》所记载的创造并不是完善的,只有等到救赎实施之后,创造才是完善的,创造和救赎出来的世界和人才是真正完善的。这意味着,创造分为两个阶段,人虽然具有发展出上帝意识的可能性,但是这种可能性在创造的最初阶段是无法实现的。只有当救赎者耶稣基督来临时,这种可能性和理想才变成现实。由此看来,施莱尔马赫的方案与爱任纽型的观点相似,都将上帝的创造分为两个阶段,救赎本身就是创造的一个阶段,并且是它的完成。㉗ 因此,世界和人的完善是在将来,

㉖ 施莱尔马赫论证了人是社会性的存在。这种强调人是社会性的存在,人只有在社会中和通过社会才能被培育和教化,取得认识和感受的观点是理解他有关罪和恩典的论述的钥匙。对此,Walter Wyman 评价说:“施莱尔马赫的主要革新是展示了只有罪和恩典的团体性质被视作是关键的,二者才能被恰当理解。”Walter Wyman, “Sin and redemption,” in Jacqueline Mariña, ed., *The Cambridge Companion to Schleiermacher* (Cambridge University Press, 2005), p. 130。

㉗ 参见 Schleiermacher, *Der christliche Glaube*, S. 443。

而不是在最初和过去。[28]

2. 罪的本质

依据前面介绍的施莱尔马赫的有关意识结构的观点，上帝意识与感性自我意识在现实的意识环节中总是结合在一起。不过，既然二者结合在一起，就自然有高低和等级之分。如果意识的发展处在理想的状态下，那么，上帝意识是更高的意识，它在自我的实际意识活动中保持主导地位，而感性自我意识则处于次要地位，服从上帝意识。在这种状态下，意识的所有环节都与上帝意识相连，服从它。也就是说，从上帝意识的角度来观察和审视一切："将对上帝的思想与发生在我们身上的有重要意义的任何一个思想结合起来，将我们所尊崇的外在自然视作是他的智慧的工作，在有关它们的所有计划上咨询上帝，以便我们能够以他的名来实施它，甚至在我们最愉悦的时刻去记住它观察一切的眼睛……这才是真宗教的本质。"[29]但是事实上，感性自我意识在时间上总是比上帝意识先出现。并且，它一旦抢占先机，就习惯于成为意识活动的主宰。因此，它并不顺服上帝意识，相反试图压制它，于是产生了罪。罪是"绝对依赖感被奴役的状态"。此时，"朝向上帝意识的禀赋不能被满足"，因而"不能将上帝意识引入到实际生活环节的相互关联的过程中并且将它保持在那里"。在这种状态下，"更高的自我意识的生命力受阻或被扼杀，以至于那种更高的自我意识与感性自我意识的不同规定的联合以及

---

[28] 正是因为施莱尔马赫对于"原初的"的理解与传统和一般人所做的时间性的理解完全不同，所以，希克抱怨说，施莱尔马赫保留"原初的"一词似乎是没有意义的，它"倾向于弄混而不是强调施莱尔马赫所做的工作，即将对被创造的世界的善的神话学的观念转变成在神学上更加现实的观念，这种有关被创造的世界的观念将世界刻画为一个在历史中的世界，在它之中，有限的人在将来可能变成'上帝的儿女'和'永恒生命的后裔'"。John Hick, *Evil and the God of Love*, revised edition, p. 222。

[29] Schleiermacher, *Servant of the Word: selected sermons of Friedrich Schleiermacher*, trans. with an introduction by Dawn De Vries (Fortress Press, 1987), p. 38. 比施莱尔马赫这里被引用的讲道文早一年发表的《论宗教》也有类似的话："宗教是将一切，无论是好的，还是坏的，都视作是大宇宙的杰作和他的作为的表现，从对宇宙与个体或事件的关系的直观角度来观察和欣赏这些个体或事件，感受到它们的宗教价值和意义。"

敬虔的生命环节很少或根本不会产生”。[30] 换言之,罪的状态是“没有上帝(Gottlosigkeit),或者更准确地说,遗忘上帝(Gottvergessenheit)”,[31]无法“与神相交”,“背弃上帝”(Abwendung von Gott)。[32] 鉴于基督教传统所说的罪指的是违抗上帝的旨意,反叛上帝,施莱尔马赫对罪的界定显然与传统保持了一贯性和连续性。虽然他使用了他的意识哲学的一套生僻抽象的术语,但是仍然强调罪是对上帝的偏离和背弃。

不仅如此,施莱尔马赫还使用了《罗马书》的论述来描述罪的本质:“罪是肉体积极反抗精神”(die Sünde als einen positiven Widerstreit des Fleisches gegen den Geist)。[33] 这句话很容易引起误解,好像他主张二元论,认为罪的状态是肉体积极反抗精神的管制,而义的状态是精神压制肉体。其实不然,这里的肉体和精神并非指人们日常所说的肉身、躯体及其基本需求与人的灵魂或精神及其活动和要求,而是指作为更低的自我意识的感性自我意识与作为更高的自我意识的上帝意识。事实上,没有感性活动本身是有罪的。不过,一旦人的处理自我与世界的关系的感性自我意识占据了主导地位,上帝意识受到压制和阻碍,人就会变得以自我为中心,将世界中的东西作为满足自己欲望的对象加以看待,于是产生了罪。这里所说的罪是不从上帝意识的角度,而是以自我为中心来观察和处理自我与世界的关系。显然,依据这种理解,人的感性肉体的基本需求和活动本身无所谓善恶。在这一点上,施莱尔马赫与奥古斯丁有很大的不同。在奥古斯丁那里,罪表现为由于意志偏离上帝而导致爱的方向颠倒和错位,人不爱永恒的善,反而选择易变动的、可朽坏的善。[34] 但是在施莱尔马赫这里,罪表现为人无法将人的现实的感性意识生命与上帝意识整合和联系起来,不以后者来规范和调节前者,相反以前者为主导,阻碍和压制后者。浪子回头的奥古斯丁对人肉体的贪恋的

---

[30] Schleiermacher, *Der christliche Glaube*, erster Band, S. 77 – 78.

[31] A. a. O., S. 77.

[32] A. a. O., S. 344.

[33] A. a. O., S. 355.

[34] 参见奥古斯丁:《论自由意志:奥古斯丁对话录两篇》,第 94 – 96 页;奥古斯丁:《上帝之城》(中册),王晓朝译,香港:香港汉语基督教文化研究所,2004 年,第 222 – 225、267 页。

危害认识得异常深刻,不过他做得有点矫枉过正,反过来主张治死人的肉体,表现了很强的柏拉图主义重视精神而贬抑肉体的倾向。而作为现代人的施莱尔马赫则区分了感性的快乐与人的贪恋和邪恶的欲求,他虽然与奥古斯丁一样将后者视作是邪恶的、有罪的,但是肯定肉体的基本需求和感性快乐的合理性和正当性,反对贬低和压制人的肉体的基本需求。[35]

3. 罪的普遍性和严重性

在回答罪为何会出现时,教会传统习惯用《创世记》第3章所记载的亚当、夏娃被蛇引诱而偷食禁果,自甘堕落而导致人性的彻底腐败来解释。不过,施莱尔马赫指出,姑且不论这个神话故事的真实性,[36]用这个故事的字面意义和象征意义来解释罪的起源注定会失败。这是因为,人们本来试图用这个故事来解释罪的来源,但是问题是,首先,充当引诱者的蛇(撒旦)是有罪的,否则他不会鼓动人反叛上帝,这样一来,罪已经先于始祖的犯罪而存在,而不是他们造成了罪。显然,这会导致摩尼教所主张的善恶二元论:善是上帝创造的,而罪或恶则来自于撒旦。[37] 其次,人们可能辩解说,蛇的罪性不是人的罪性的由来,是人类始祖的犯罪导致人的本性彻底败坏。但是这个说法本身存在着逻辑上的困难:一方面,亚当、夏娃既然是人类的始祖,那么他们当然属于人类。既然如

---

[35] 在《基督教信仰》第61节,施莱尔马赫批判奥古斯丁否定基本欲求的正当性和合理性,将它视作是邪恶的"肉欲"(Begierde/Concupiscentia)的说法(Schleiermacher, *Der christliche Glaube*, erster Band, S.335)。在《基督教伦理学》中,施莱尔马赫区分了正当的情感和欲望与不正当的、邪恶的贪恋和肉欲。例如,他分析了基督教导他的门徒不要带着对女人的贪恋去看女人,否则已经与她犯奸淫的观点,指出女人的美貌确实是令人快乐的,这种感性的快乐可以是单纯的,并不应当受批判。不过,一旦它转变成对女人的美貌的占有和享受的冲动,即肉欲,就有了罪。参见 Walter Wyman, "Testing Liberalism's Conceptuality: The Relation of Sin and Evil in Schleiermacher's theology," in Theodore M. Vial and Mark A. Hadley, eds., *Ethical Monotheism Past and Present: Essays in Honor of Wendell S. Dietrich*, Brown Judaic Studies, vol. 329 (Providence, 2001), p. 144。

[36] 在施莱尔马赫看来,《创世记》中的故事的历史真实性并非教义学家的关注对象。参见 Schleiermacher, *Der christliche Glaube*, erster Band, S. 396。

[37] A. a. O., S. 388.

此,他们只能按照人类所固有的本性而行动,否则就不能被称之为人。显然,人们会因为一个行动者的言行举止与人性相符而说他是一个人,反之则会说他完全不像个人。另一方面,因为亚当、夏娃改变了人性,使人性彻底堕落和腐败,而原因总是外在于且先于结果,所以这意味着它们独立于人性,不属于人类,否则,他们无法对它施加作用,改变它。"既然个体只能依据他所属的种的本质行动,决不能对那种本质施加行动",[38]改造它,而始祖倾向于接受引诱,这说明,在他们犯罪之前人性已经有犯罪的倾向,它本身是有罪的。不是他们导致了第一个罪的出现,而是罪已经事先存在于它们之中,然后他们才忍受不了诱惑,因而犯罪。[39] 他们偷食禁果只是人的罪性的结果,而不是造成人有罪的原因。因此,堕落的故事并没有说明罪的来源,只是描述了罪的结果。

鉴于对罪的由来的传统观点无法令人信服,施莱尔马赫从他的意识哲学的角度来重新解释了罪的由来,并且论证它的不可避免性:"上帝意识的力量完全渐渐地、不完善地敞开是人的存在阶段的条件之一。"[40]如前所述,虽然就世界和人的原初完善而言,人完全可能发展出上帝意识。但是在现实生活中,几乎没有人能够做到这一点。这是有意识的发展顺序以及人的社会性和历史性这两方面的原因。人的意识的发展过程遵行这样的顺序:首先是动物式的混沌状态。在那里,没有客体与主体,直观与情感的区分。在它之后,出现了对象意识或直观以及与之相伴的情感或感性自我意识。而只有在感性自我意识出现之后,作为最高意识的上帝意识才可能显现。用施莱尔马赫的话说,就是"在每个人中,肉体先显示自身是重要的,然后精神才显现自身为重要的"。[41] 上帝意识作

---

[38] A. a. O., S. 387 – 388.

[39] A. a. O., S. 383 – 386.

[40] Walter Wyman 将施莱尔马赫的解释分为发展的解释和社会的解释,并且高度肯定了他的贡献:"对罪性的起源的这种发展的、社会的解释构成了施莱尔马赫的爱任纽型的思考对于修正的罪的教义的主要贡献。" Walter Wyman, "Rethinking the Christian Doctrine of Sin: Friedrich Schleiermacher and Hick's 'Irenaean Type'," in *The Journal of Religion*, vol. 74, no. 2 (April, 1994), p. 214。

[41] Schleiermacher, *Der christliche Glaube*, erster Band, S. 359.

为人的最高意识必然要求成为意识活动的主宰,使感性自我意识服从它。不过,因为感性自我意识先出现,占据先机,所以它很容易成为意识活动的主宰,将它的命令规定为意识活动的法则,这样它就会阻碍上帝意识积极发挥作用,成为意识活动的主宰。于是,"一旦精神进入意识的领域……对抗就发生了"。[42] 这样就产生了罪:"罪是朝向上帝意识的禀赋尚未出现在我们之中的那个时期的力量和工作。"[43]

当然,上面只是从孤立的个体意识发展的角度说明了罪出现的不可避免性。如果从人是社会和历史性的存在者这一角度来看,也可以得出同样的结论:"一方面,如果每个个体中先于所有行动的对罪的敏感性被他人的罪和对罪的敏感性导致,并且,另一方面,如果它被每个个体自己的自由行为传递给他人并且使他们获得它,那么,它必然拥有真正的团体性的品质。"[44]具体而言,人并非孤立的原子,他总是处在一定的社会和历史之中,并且总是被他所处的家庭、社交圈、国家等团体及其精神文化熏陶和塑造。既然这种在他之前存在的他人和团体缺乏上帝意识,也就是说他们是有罪的,那么,他们必然会将他们的这种罪性或有意或无意地灌输给他,将他同化,使他们都拥有相同的意识和思想结构。于是,个体浑然不觉地沾染了罪性。不过,他也不是完全消极被动的存在,也会将他所接受的这套思想和感知方式或有意或无意地传递给他周围的人和他的后裔。它们分别构成了"被导致的原罪"(Verursachte Ursünde/Peccatum originis originatum)和"导致性的原罪"(Verursachende Ursünde/Peccatum originis originans)。[45] 整个社会和历史中的个体就这样不断地相互传播和扩展罪性,加深彼此的罪性:对罪的敏感性"不是孤立地临在于每个个体中并且只与他自身相关地存在,而是所有人在每个人中的工作,每个人在所有人中的工作(injedem das Werk Aller und in Allen das

---

[42] A. a. O., S. 359.

[43] A. a. O., S. 358.

[44] A. a. O., S. 376. 施莱尔马赫强调:"只有在这种团体性的品质(Gemeinsamkeit)中……它(指对罪的敏感性——引者注)才能被恰当地、完全地理解。"(S. 377)

[45] A. a. O., S. 375.

Werk eines Jeden)",[46]因而罪不可避免地成为一种普遍现象:"从产生开始作为一代人对罪的敏感性出现的东西以前一代人对罪的敏感性为条件,并且自身又是下一代人对罪的敏感性的条件,并且只在这样的形态的整个系列中,……原罪这个概念所表达的全部关系才被给予。"[47]这样一来,原罪显然不是因为始祖堕落,彻底败坏了人性而遗传给后人的罪性,而是在人的社会化的过程中不可避免地出现的犯罪倾向。这种倾向是遵循人性的,而不是破坏人性的。并且,这种倾向借助于社会和历史的活动而影响到他和所有其他人的所有方面。人所具有的这种原罪影响了他的整个人性,导致了"实罪"(wirkliche Sünde),即在思想和行为上的罪。因此,他根本不能为善:"在有罪的人性的整个区域中,并没有一个单一的、完全完备的善的行为,即一个纯粹表达上帝意识的力量的行为,也不存在一个完全纯粹的环节,在那里,某个东西或其他东西不会始终隐秘地对抗上帝意识。"[48]

在这里,我们可以简要地比较施莱尔马赫与奥古斯丁的罪观。施莱尔马赫与奥古斯丁一样试图脱离佩拉纠主义和摩尼教的危险。[49] 他保留了奥古斯丁传统的核心信条:罪是普遍的,不仅所有人都处于罪的辖

---

[46] A. a. O., S. 376 - 377. 从人的社会性,而非生理遗传的角度论证原罪的继承是"施莱尔马赫的所有神学革新中的最新颖的革新之一"。Derek R. Nelson, "Schleiermacher and Ritschl on Individual and Social Sin," in *Zeitschrift fur Neuere Theologiegeschichte*, vol. 16, no. 2(2009), p. 136。他的这种观点极大地影响了后来的社会福音运动的思想家,也预见了20世纪神学家所关注的压迫和族群对抗的社会性的罪的危害。不过,Nelson在这篇文章中仍然坚持施莱尔马赫的罪观是个人主义的,他只是从道德的恶的角度思考罪,并且没有意识到罪的社会性作为一种社会结构对个体施加影响。

[47] Schleiermacher, *Der christliche Glaube*, erster Band, S. 377.

[48] A. a. O., S. 399. 施莱尔马赫指出,只要人有罪,即远离了上帝意识,他就无法真正做到关爱他人:"(罪人的)情感被封闭在一个感性的生命统一体中,对他人和整体的所有同情心情感屈从于这种情感。"(S. 99)

[49] A. a. O., S. 354. 施莱尔马赫这样解释恩典:"因为我们意识到我们灵魂中的上帝意识的力量并不出自我们的行动,我们把它叫做'恩典'。"(S. 426)只有基督才能将上帝意识引入到基督徒的生命中,使它成为他们的生命的主宰。这是只有他才能做到的救赎之工:"如果一个人不将他在他自身之中发现的上帝意识的力量归功于耶稣,他的意识不是基督教的。"(S. 29)

制之下，而且罪的影响遍及整个人的所有方面，因而任何人不能不犯罪，他也不能靠自己的力量消除自己的罪，而只能仰赖基督的救恩："基督教的敬虔的独特性在于这个事实：我们意识到在我们的状态中的背弃上帝的行动都是在我们之中发源的行动，我们称之为'罪'，并且我们意识到在其中存在的与上帝的团契(Gemeinschaft mit Gott)都依赖救赎者的传递，我们称之为'恩典'。"[50]不过，虽然他承认罪的传承以及人类因之而普遍有罪的观点，但是他反对奥古斯丁传统所主张的人性因为始祖堕落这个单一的事件而被彻底改变和败坏，并且这种败坏藉着生理遗传罪这种神秘的、超自然的方式传递给他的后裔的主张，相反采取了更加合乎自然和理性的法则的社会-历史传播机制，来解释它何以可能。事实上，施莱尔马赫非常清楚地意识到他的观点与奥古斯丁所代表的西方教会的正统观点的区别："我们用有关一个普遍的、没有例外的——除了救赎——自身同一的人性的观念，取代了原初的本质与变化的本质的对比，并且……用总是在任何时候和任何地方人性所固有的、并且和与其一起被给予的原初完善并存的、无时间性的罪性取代了充满了最早的人的生活时代的原初公义与在时间中出现的罪性——义与它相伴，并且因为它，义消失——之间的对比……最终，我们用有关所有人都共有的绝对共同的愧疚的单纯观念，取代了原初的愧疚与被传递的愧疚之间的对立。"[51]

在他看来，奥古斯丁传统的观念存在着诸多难以解释的内在对立和不一致的地方，而他的观点则消除了它们，能够融贯一致地解释罪。例如，如果依照奥古斯丁传统的观点，人是因为始祖的犯罪而彻底败坏了人性，不可避免地要犯罪，罪性已经先于人而存在，他生来就有罪，根本没有选择的自由，那么，他为何要为自己的罪负责，并为此而感到愧疚和自责呢？显然，将愧疚指派给个人是"不可信的"和"冒犯人的"。[52] 而他

---

[50] A. a. O., S. 344－345. 施莱尔马赫反对佩拉纠主义，认为："如果罪会消失，它只有通过救赎才能消失。"(S. 354)

[51] A. a. O., S. 397.

[52] A. a. O., S. 375.

的主张则很好地解释了罪为何是“人类的集体行动和集体愧疚”：[53]因为个体发展出上帝意识并非是必然不可能的,而是完全可能的,但是他并没有将它发展出来,并且,虽然他在现实中总是受到他所处的有罪的社会团体和环境影响,总是不可避免地要犯罪,但是犯罪也不是必然的,那毕竟是他的“自发活动”,[54]而且他通过自己的行动增强了罪的影响,影响了他人,因而要感到愧疚。其他个体也是如此。于是,罪成了所有人共同参与的活动,人人有份,共同担责,同感愧疚。

三、恶的本质及其原因

人们一般将地震、海啸、死亡、痛苦、疾病等阻碍和不利于人的生存的自然现象视作是恶的。不过,施莱尔马赫指出,诸如此类的现象本身并不是恶的。这是因为,首先,世间万物各有其生存方式和运作原理。既然它们是全能的爱的神或神圣因果性的创造和安排,那么都是正当的、合理的。并且,从宗教的角度看,因为它们并不阻碍宗教意识的发展,所以也不是恶的、坏的。譬如,死亡是作为有限的存在者的人在其生存过程中不可避免要出现的正常现象。如果人是不朽的,他就不再是作为上帝的受造物和有限者的人,而变成了无限者。其次,“关注生命的保存以及避免阻碍它的东西属于发展的最强有力的动机”。[55] 苦难和诸种不利于人的生存和发展的东西激发人运用自己的能力和智慧去改造它们。正是通过这个过程,人实现了自身,成为名符其实的人。因此,苦难和很多自然现象看似是与人对立的、冲突的,但是它们恰恰是人的正常生存和发展所必不可少的条件。既然如此,人们为何还倾向于将这些看似不利于人的生存和发展的东西视作是恶的呢？这是因为,“恶随着罪的来临而首次被引入,并且一旦罪出现,恶就不可避免地产生”。[56] 具体

---

[53] A. a. O. , S. 374.

[54] A. a. O. , S. 367.

[55] A. a. O. , S. 320.

[56] A. a. O. , S. 413.

而言，当一个人是虔敬的，拥有强大的上帝意识时，他会将他对于世界的感知和体验与上帝意识联系起来，从全能的爱的上帝的角度观察和体验一切，从所谓的恶中感受到上帝的美好旨意和神圣目的："让我们越来越成熟到那种智慧，超出空虚，只看见并且爱在所有尘世和会灭亡的事物中的永恒的东西，在你（指上帝——引者注）的所有命令中发现你的平安以及我们经由信仰而从死亡中所带到的永生。"[57]因此，"倘若人没有罪，他不会将那些只是阻碍感性功能的东西视作是恶的。"[58]反之，一旦在人的意识中"占据主导的不是上帝意识，而是肉体，世界给予人的并且阻碍人的肉体的、时间性生命的每个影响"必然被认为是恶的。[59] 虽然作为神的美好的创造物的世界按照其固有的规律运作，它并不是专门为人设计，来满足其需要的，并不以其意志的转移而发生改变，但是因为个体的感性自我意识占据了主导地位，所以他局限于他与世界的关系，以自我为中心，以是否满足他自己的感性生存和发展为标准来衡量世界的好坏善恶。这样一来，作为有限性的不可避免的结果的死亡、苦难、缺乏等被罪人感受为恶的，而包含了它们的世界也被罪人视作是恶的。可见，"恶临在的程度与罪临在的程度相应。因此，正如人类是罪的领地，罪是人类的集体行为，与人相关的整个世界是恶的领地，恶是人类的集体苦难"。[60]

显然，施莱尔马赫与奥古斯丁传统的观点一样将罪与恶联系起来，认为恶是罪的结果。但是二者也存在着区别。首先，施莱尔马赫并不像传统观点那样认为个体所遭受的恶一定是他个人的罪的结果，犯罪的个体会遭受和感受到与他的罪相应的恶，这是因为正如罪是集体的一样，恶也是集体的。恶是整个人类带给它自身的，个体所遭受和感受的恶并

---

[57] Schleiermacher, *Servant of the Word: selected sermons of Friedrich Schleiermacher*, p. 214.

[58] Schleiermacher, *Der christliche Glaube*, erster Band, S. 416. "没有罪，这个世界上没有任何东西可以被恰当地认为是恶的。"（S. 416）

[59] A. a. O., S. 412. 有关施莱尔马赫的恶观的详尽考察，参见 Robert Merrihew Adams, "Schleiermacher on Evil," in *Faith and Philosophy*, vol. 13, no. 4 (October 1996), pp. 563–583。

[60] Schleiermacher, *Der christliche Glaube*, erster Band, S. 412.

不与他自己的罪和愧疚相称,这里面存在着很大的偶然性和随机性。[61]

其次,依据传统的观点,罪是由始祖引入人类之中的,而恶是罪的结果,这种恶包括死亡:"罪的工价乃是死。"(罗 6:23)人们通常由此认为,如果始祖没有犯罪,那么人不会死亡。换言之,死亡是人原先所具有的本质被改变的结果。类似的情况还适合其他自然恶和社会恶。显然,依据这种观点,世界和人的生存方式因为罪的引入而发生了翻天覆地的改变。这无疑否定了自然秩序以及规定和安排它的上帝或神圣因果性的统一性、一致性和连续性。

施莱尔马赫将这种认为自然世界的本质发生根本性改变的想法视作是"危险的"。[62] 人所犯的罪并没有改变世界的秩序和规律,而只是改变了人的感受和体验这个世界的方式。因为人过分关注和重视自己的肉体和感性生活,以自我为中心,追求感性的快乐和满足,所以将本是合乎自然运行的规律然而却不符合他的愿望和欲求的东西和事件体验为恶的。譬如,不是因为人犯罪,所以死亡才被引入到世界之中,相反,死亡本来就存在,它是作为有限存在者的人和其他动物的必然归宿。不过,因为人犯了罪,所以他会对死亡充满了恐惧,想要摆脱它,并且因不能摆脱它而感到痛苦绝望。显然,死亡这种自然现象不是恶,但是对它的恐惧和害怕才是恶,它反映的是人以自我为中心,试图超越造物主所赋予给人的本质规定和限制,缺乏对全能的造物主及其受造物的敬畏和顺服。相应地,上帝的救赎工作就是使人的上帝意识占据主导地位,有效地管控和约束感性自我意识,这样人就没有了罪。而没有罪,也就没有了恶。这不是像人们通常所想象的那样,上帝的救赎重新恢复了原来被破坏的自然规律和秩序,使得人可以在自然中舒适快乐地生活,而只是说,因为上帝的救赎所带来的强大的上帝意识的力量,人们不再将不能满足人的生存和感性欲望的世界视作是恶的。甚至罪与恶的关联都没有被改变和废除,仍然被保留着。不过,因为没有罪发生,所以恶的体验也不会出现。因此,无论是在人犯罪之后,还是在获得救赎之后,上帝

---

[61] 参见 Schleiermacher, *Der christliche Glaube*, erster Band, S. 418 - 420。

[62] A. a. O., S. 441.

都没有任意改变世界的运行。

四、神正论

恶不仅是罪所导致的结果。既然上帝或神圣因果性是世界的主宰，命令和规定一切，那么，他自然也命令和规定了罪与恶在意识中的这种关联。因此，从这个角度说，所有恶可以被视作是上帝“对罪的惩罚”：[63]“上帝命令：……在多大程度上上帝意识尚未在我们之中是主导的，自然的不完善就在多大程度上被我们视作是恶的。”[64]不过，施莱尔马赫提出了其他备受争议的主张。譬如，“上帝也是罪的作者(der Urheber)”，[65]“罪是被上帝命令的”。[66] 正是在这一点上，他遭到了很多神学家的严厉批判。持守奥古斯丁传统的神学家认为不应该说上帝是罪和恶的命令者和作者，否则会否定神的公义和圣洁，也会否定人所应承担的罪责和愧疚，相反，只能主张罪是人滥用自由意志的产物，而上帝只是为了维护人正当生活所必需的自由意志的实施而允许恶发生，并没有促成罪和恶的发生。不过，施莱尔马赫认为，他的这些观点之间并不存在着任何对立和冲突，倒是奥古斯丁传统的观点有很多问题和困难。

首先，正如前述，施莱尔马赫认为罪虽然是不可避免的，但是并非是必然的，它及其造成的实罪都是人的“自愿的行动”的结果：“‘意志自由’这个术语表达了对所有外在必然性的否定以及有意识的生命的本质——那就是，没有外在的影响如此规定我们的整个状况，以至于甚至反应也被一起规定和给予，但是每个刺激从我们自己的生命的内在核心接受它的规定，并且也由那种规定做出回应，以至于产生自那个核心的罪在任何时候都是这个罪人自己的，而不是他人的行为。”[67]因此，人应

---

[63] 参见 Schleiermacher, *Der christliche Glaube*, erster Band, S. 414。

[64] A. a. O., S. 443.

[65] A. a. O., S. 428.

[66] A. a. O., S. 439. 对此观点，希克评价说：“公开承认它的第一个伟大的基督教神学家是施莱尔马赫。”John Hick, *Evil and the God of Love*, p. 228。

[67] Schleiermacher, *Der christliche Glaube*, erster Band, S. 436.

该为自己的行为负责。不过,这并不与命令和规定一切的神圣因果性冲突,这是因为包括人自由的行动在内的时间性的自然因果性与无时间性的神圣因果性虽然在作用范围上是完全重合的、相同的,[68]但是是并行不悖的。因此,说罪和恶是人自己造成的,人要为自己的行为负责与说它们最终是由上帝命令和安排的,并没有什么冲突。可见,施莱尔马赫与奥古斯丁传统都从人滥用自由意志的角度论述罪的产生。[69] 但是他似乎更看重人的自由意志,并且在解释它是人犯罪的原因时显得更合理,这是因为依据奥古斯丁传统的观点,始祖亚当本可以不犯罪,但是自从他选择了犯罪,败坏了人性之后,他及其后裔都没有了不犯罪的自由,不能不犯罪,这意味着他们并不是拥有自由意志的人。既然他们没有自由意志,他们就不应该承担并非是他们自己选择的行为所导致的后果。而施莱尔马赫则认为并没有所谓的改变人性的堕落的历史事件发生,人自始至终拥有自由意志。就理想的人格而言,人犯罪不是必然的,而只是不可避免的,他完全可能不犯罪。[70] 正是因为有这种可能性,所以他在犯罪上是可以进行选择的。不过,正如前面论述的社会和发展的解释所揭示的,在现实中,因为他所处的社会是有罪的,他一方面因受到它的影响而感染了罪,另一方面又自愿选择犯罪,助长社会的罪性,因而他要承担罪责,感到愧疚。

其次,施莱尔马赫说上帝是罪的作者,命令了罪是在一定的条件和意义上说的:"上帝不能以相同的方式被设想为既是罪的作者,又是救赎的作者。"[71]第一,罪及作为其结果的恶是在这个世界中产生的,而上帝又是无处不在的全能者,整个世界都处在他的神圣因果性的宰制之下。

---

[68] A. a. O., S. 224 - 234。

[69] 施莱尔马赫认为将罪建立在自由意志基础之上的主张是"完全正确的"。A. a. O., S. 435。

[70] 理想的人性可以发展出上帝意识。基督就是这样一个且唯一的例子:"罪可以向我们显现为只是人性的紊乱,因为这种可能性向我们呈现它自身:依据上面描述的(指《基督教信仰》第60节——引者注)的原初完善的前提,上帝意识本可以从第一个人逐步发展到它在救赎者那里显现的纯粹性和神圣性。"(A. a. O., S. 365)在施莱尔马赫看来,如果将人犯罪看作是必然的,那么,耶稣基督作为无罪的人的出现就是不可能的。如果非要坚持说它是可能的,那只能诉诸迷信或破坏秩序的连续性和统一性的超自然主义。

[71] Schleiermacher, *Der christliche Glaube*, erster Band, S. 426.

如果完全否认他在任何意义上是罪的作者,也就是说对罪有一种终极责任,那势必意味着他不是全能的主宰,罪和恶要么是无中生有的,要么来自于一个完全独立于他,不受他控制的存在,这就走向了摩尼教的二元论:"如果罪并不是**在任何意义上**建基于一个神圣意志,并且如果这样被思考的罪仍然被认为是一个真实的行动,那么,我们必须设想另一个意志,它在这方面完全独立于神圣意志,然而它是被这样思考的所有罪的最终根据。"[72]我们可以用一个例子来解释这一点。张三要救李四脱离困境。显然这个困境不能是张三安排和规定的,否则他是虚情假意、诡计多端的。只有不是他安排的,他去救他,他才是公义的、值得称道的。现在的情况是,人所遭受的罪和恶是他无法摆脱的困境,我们是否可以在一定意义上说它们是上帝规定和安排的呢?显然,上帝与张三不同,他是全能的、无处不在的神,创造并安排了一切。如果认为这种困境完全与上帝无关,不是他安排的和规定的,那么,这固然可以撇清上帝造成罪和恶的嫌疑,坚持他的公义和神圣,但是上帝就与前面所举的例子中的张三一样,只是一个有限的存在者,他对于整个世界缺乏掌控和主宰,只是一个乐于助人但却能力有限的存在者,罪的来源和势力不是他所能左右和掌控的。显然这是一种二元论,承认罪和恶有独立于上帝,不受他约束和掌控的终极来源。因此,说上帝是罪和恶的创造者,负有终极责任,只是从他作为无处不在的神圣主宰的角度说的,并不是说他直接创造了它们,相反,它们是人滥用自己的自由意志的结果,人负有直接的责任。虽然奥古斯丁主义者批判施莱尔马赫认为上帝对罪负有终极责任的看法,但是他们所强调的神圣预定和天命不过是以一种更隐晦的方式承认了他的主张。

第二,说上帝是罪和恶的创造者和命令者并不是说他为了它们本身

---

[72] A. a. O., S. 429,强调粗体为引者所加。在其他地方,施莱尔马赫也论述了上帝或神圣因果性的单一性、一致性和连续性:"上帝不能命令与在人类身上已经发生的事件不同的事件。他对于这样的救赎的命令不是神圣任意的事情,相反是与他对创造人类为他们所是的那类人类存在的命令完全相同的命令。" Schleiermacher, *Servant of the Word: selected sermons of Friedrich Schleiermacher*, p. 56。

而安排了它们,相反,"罪只是为了救赎才被命令的"。[73] 创造和救赎是上帝创造和护理世界的两个不同阶段。人最初被造时是不完善的,不可避免地要犯罪。只有藉着基督所实施的救赎,他们才能摆脱罪的辖制,成为完善的人。既然基督实施的救赎的前提是人本身无力自救,不可避免地要犯罪,否则,他们无需救恩,那么,罪是恩典的前提条件,恩典与它紧密相连。上帝既然是创造和救赎的命令者和规定者,他显然事先将作为救赎的前提条件的罪和恶纳入到整个计划中:"在救赎主的内在状态(在那里,上帝意识的主宰因为他的至高的精神活力而不能出现中断)与人的失序的那些状态(在那里,精神的功能被置于疾病的力量之下,并且责任因为缺乏自由而停止)之间生命的整个领域中,罪总是与自我的自由发展一起被设定。因此,如果人存在的整个形态,即自然人的生活,因为神圣安排而持存,那么,罪因为来自于人的自由也被设定在这种安排中。"[74]因此,"罪就它自身而言的确不能被上帝规定,相反,只是从它与救赎的关系看才被上帝规定。因为要不然,救赎不能被他规定"。[75]这样一来,罪在本体上缺乏独立性和实在性,相反其存在或者说其价值完全取决于救赎:"一方面,我们将罪只是视作除非救赎将存在,否则不会存在的东西,这样看似必然接近摩尼教的危险消失了;另一方面,我们将它视作是,当它要消失时,只能通过救赎才会消失的东西,这样我们不会陷入到佩拉纠主义的立场中,除非我们毫无节制,由这里的这种理解出发继续前行。"[76]不仅如此,救赎传递了神圣的恩典,而罪本身则没有:"一般的神圣协作在罪和恩典那里是相同的,但是罪缺乏那种真正使接

[73] Schleiermacher, *Der christliche Glaube*, erster Band, S. 440. "绝不能由罪的出现先于救赎的降临而得出罪纯粹为了它自身而被规定和意愿;相反,救赎者在时候到了时出现这个断言已经清楚地陈述,从一开始,一切东西已经被设定为与他的出现相关。并且我们可以补充这个断言说,在与救赎的直接关联之外持存的罪绝不停止生产更多的罪,并且救赎的效果经常只是在罪已经达到一定的程度时才出现。因此,我们在说上帝也是罪——虽然只是与救赎相关的罪——的作者时也没有任何担忧。"(S. 428)

[74] A. a. O., S. 435.

[75] A. a. O., S. 439.

[76] A. a. O., S. 354. "在任何地方,人的恶只附属于善,而罪只附属于恩典。"(S. 427)

近蒙福就是恩典的特殊传递。”[77]于是，罪和恶就其与救赎的关系而言具有一定的工具价值和意义：“罪与恶被上帝规定为救赎的在先条件，由此，他（指施莱尔马赫——引者注）主张这个论题：恶最终服务于上帝的良善的目的。”[78]

综上可见，施莱尔马赫的罪恶观和神正论思想在很多方面确实与奥古斯丁传统大相径庭，而与希克所总结和发展的爱任纽型的思想具有非常多的相似性。这也就不难解释已经将奥古斯丁传统的观点视作天经地义的真理和权威的神学家为何在解读施莱尔马赫的相关理论时会对它大肆鞭挞，认为它完全背离了基督教传统。[79] 但是鉴于奥古斯丁传统的相关观点正像施莱尔马赫所考察的那样存在着诸多难以解决的难题，而他正是意识到该传统的困难才另立新说的，我们似乎应该以一种更宽容、公允的态度理解他的观点。我们虽然不一定要接受他的立场，但是在评价它时，也不应不加思考地将他所批判的奥古斯丁传统的观点视作天经地义的真理，然后反过来依据它来指责他。相反，应该从各自的理论框架出发考量它们是否能提供统一的图景，是否能够更融贯一致地处理各个教义之间的关系。显然，从这种内在批判的角度出发，施莱尔马赫所代表的方案正像希克所主张的那样，并非是一无是处的，也是一种供选方案，值得人们进行深入的批判性研究。

---

[77] A. a. O., S. 426.

[78] John Hick, *Evil and the God of Love*, p. 231.

[79] 譬如，尼布尔指责施莱尔马赫的观点是佩拉纠主义的。参见 Reinhold Niebuhr, *The Nature and Destiny of Man*, vol. 1 (New York: Charles Scribner's Sons, 1949), pp. 245–248。

基尔克果的同时性思想研究

原海成

【内容提要】 同时性是基尔克果思想的重要概念，它将个体的实存和基督事件紧密地关联在一起。首先，基尔克果的同时性思想直指历史与信仰的关系问题；其次，直接的同时性和直接的非同时性皆不能达至本真的同时性；第三，本真的同时性取决于上帝生成的瞬间，并在个体信仰的激情中完成。最后，本文从基督教思想史的角度对其同时性思想进行了评价。

【关键词】 同时性 历史 信仰

一、引 言

基尔克果(Kierkegaard, 1813－1855)是丹麦的哲学家、神学家，其思想源出于德国观念论，对20世纪的哲学和神学产生了广泛而深远的影响。其思想的核心关注在于如何成为一个个体的人，这必然关涉个体的人与基督教的信仰对象的关系。基督教的信仰对象是耶稣基督，具体体现为基督事件，即按照基督教信仰，耶稣基督是上帝进入到人类的历史中，体现为一个具体的个体。

“同时性”(samtidighed)是基尔克果思想中非常重要的一环，也是西方思想史的重要概念。[①] 利奥·斯坦(Leo Stan)简要概括了该词在丹麦文中的日常含义,这个日常含义有两个,其一指"按时间顺序排列的事件、人物或客体的共时性或共在性",其二"表明属于特定时期的(或大或小的)人类共同体"。[②] 在"同时性"的日常理解的基础上,基尔克果还赋予了这个词特定的含义,将其与基督教的信仰对象紧密地联系在一起,"对基尔克果来说,同时性是一个极其重要的概念,涉及到个体如何与基督相关联"。[③]

同时性的思想并非基尔克果的发明,而是源自于原初基督教叙事的内在张力。基督教思想家艾柏林认为,"耶稣基督这个名字本身体现着基本的对极性,……从历史上来看,包含在他的名字之中的这一对极的事实提出了一个问题,这个问题是整个新约的关键性问题,即耶稣在其同时代人中的活动所充当的宣示者,如何成了使所有时代的人们都成为

---

① 《西方哲学英汉对照辞典》收录了"同时性"(contemporaneity)的词条,并将其归属于基尔克果的思想,只是没有延伸至思想史的其他思想家,诸如伽达默尔、朋霍费尔。该辞典将"contemporaneity"翻译为"当代性",不甚准确。参见尼古拉斯·布宁、余纪元编著:《西方哲学英汉对照辞典》,北京:人民出版社,2001 年,第 193 页。

② Leo Stan, "'Contemporaneity', Kierkegaard's Concepts," in Steven M. Emmanuel, William McDonald and Jon Stewart, eds., *Tome II: Classicism to Enthusiasm* (Farnham and Burlington: Ashgate Publishing Company, 2014), p. 61. 利奥·斯坦列了两个丹麦文词语,"samtid"和"samtidighed"。丹麦文"samtid"意为"我们的时间""那个时代";"samtidig"为形容词,意为"同时代的""共时的",有时也可用作副词,表示"同时地""共时地";"samtidighed"为"samtidig"的名词化。Anna Garde, ed., *Danish Dictionary* (London: Routledge, 1995)。帕特里克·斯托克斯(Patrick Stokes)认为,丹麦文的"同时性"(Samtidighed)的字面义是"same-time-ness",在不同的语境中可以翻译为"simultaneity"和"contemporaneity"。Patrick Stokes, *The Naked Self: Kierkegaard and Personal Identity* (Oxford: Oxford University Press, 2015), p. 47。伽达默尔明确区分了"simultaneity"和"contemporaneity",鉴于此,本文以"同时性"来译丹麦文的"Samtidighed",以"共时性"译"simultaneity"(Simultaneität),以"同时性"译"contemporaneity"(Gleichzeitigkeit)。译名的对应除参考基尔克果专家对 Samtid 的词义解释外,主要是在思想史的视域中根据基尔克果同时性思想的内在理路来确定。

③ Julia Watkin, *Historical Dictionary of Kierkegaard's Philosophy* (Lanham, Maryland: The Scarecrow Press, 2001), p. 56. 基尔克果的生存论和基督论紧密相关,参见 Søren Kierkegaard, *Concluding Unscientific Postscript*, vol. 1, eds. and trans., Howard V. Hong and Edna H. Hong (Princeton, New Jersey: Princeton University Press, 1992), p. 369。

其同时代人的被宣示者”。[④] 与新约的内在张力相一致,基尔克果的同时性思想相系于基督教思想的基督论问题。但是,不同于同时代的基督新教(路德宗)经院哲学,[⑤]他将人们日常时间领会的“过去”引入“同时性”之中,如此,耶稣基督的历史性和永恒性的关系问题便浮出水面。基尔克果的同时性思想直指启蒙运动带来的历史与信仰的关系问题,是启蒙运动与基督教双向关系的具体体现。

在基尔克果的作品中,《哲学片断》《最后的非科学性的附言》(简称《附言》)和《基督教的践行》是涉及基尔克果同时性思想的关键文本。[⑥]除此而外,基尔克果在《日记》和《笔记》中多处记录同时性思想。《哲学片断》和《附言》的作者笔名为约翰尼斯·克利马科斯,《基督教的践行》的作者笔名为安提-克利马科斯。就二者关系而言,可以作如下概括,约翰尼斯·克利马科斯是以一个非信仰者的视角进行理解活动,而安提-克利马科斯则是以一个信仰者的视角进行理解活动,二者有层次之别。[⑦] 本文基于基尔克果作品的整体立意和内在理路,以历史与信仰的关系为问题意识,对其同时性思想进行分析和探讨,并从基督教思想史的角度突显其思想意义。[⑧]

---

④ 艾柏林:《神学研究:一种百科全书式的定位》,李秋零译,香港:汉语基督教文化研究所,1999 年,第 26 页。

⑤ 蒂利希:《基督教思想史》(第二版),尹大贻译,香港:汉语基督教文化研究所,2004 年,第 403 - 409 页。

⑥ 利奥·斯坦认为,相比于《附言》,《哲学片断》更为重要。笔者认同利奥·斯坦的观点,同时,笔者并不将《哲学片断》和《附言》分离开来。基尔克果在 1846 - 1847 年的《笔记》中写道:“在与此(悖论、瞬间、辩证的同时性等)相关的所有辩证的问题方面,我必须提到一个笔名,约翰尼斯·克利马科斯,提及他的两本书《哲学片断》与《附言》。”参见 Søren Kierkegaard, “Supplement” (From final copy of Adler), in *Philosophical Fragments*; *Johannes Climacus*, eds. and trans., Howard V. Hong and Edna H. Hong (Princeton, New Jersey: Princeton University Press, 1985), p. 225。

⑦ Søren Kierkegaard, *Kierkegaard: Letters and Documents*, trans., Henrik Rosenmeier (Princeton, New Jersey: Princeton University Press, 1978), pp. 298 - 299.

⑧ 国内对基尔克果“同时性”思想的研究还比较有限,台湾学者李丽娟的文章是目前唯一一篇见于期刊的,参见李丽娟:《祁克果的“同时性”、“瞬间”概念论诠释与神学》,载《台湾神学论刊》2012 年第 35 期。英语学界今年的研究文献有斯托克斯(P. Stokes),主要侧重在哲学层面的阐发,并未触及“历史与信仰”的关系问题。另有从基督论角度的 (转下页)

二、历史与信仰的关系

在古代与中世纪的基督教思想中,耶稣基督之历史方面因信仰群体的认信而得到肯定,历史与信仰的张力并未凸显。但是,17 世纪以来,启蒙运动的真理观打破了耶稣基督之历史方面与信仰方面不言自明的合一,从而大大冲击了基督教的信仰。[9] 这是因为在启蒙运动的思想家看来,历史与信仰存在一个巨大的鸿沟,具体表现为,历史的耶稣是道德的教师,不是信仰的对象。[10]

在 1842 - 1843 年的一则《日记》中,基尔克果写道:"基督教是历史的真理,那么,它如何成为绝对的呢?"[11]基尔克果在思想史的视域对该问题进行了反思。他认为,莱布尼茨的哲学绕过了这个问题,而莱辛则是以往思想家中唯一处理该问题的思想家。[12] 从基督教思想史的角度来看,基尔克果的评论所言不虚。

莱布尼茨在认识论中区分了理性的真理和事实的真理,前者是永恒

(接上页)阐释者,如大卫 · 劳(David L. Law),穆锐 · 雷(Murray Rae),前者从否定神学的进路切入"同时性"的思想,后者并非专文论述,间及同时性思想,仅涉及《基督教的践行》一书。David L. Law, *Kierkegaard as negative theologian* (Oxford: Clarendon Press, 1993); Murray A. Rae, "The Forgetfulness of Historical-Talkative Remembrance in Kierkegaard's Practice in Christianity," in Robert L. Perkins ed., *International Kierkegaard Commentary: Practice in Christianity* (Macon, Georgia: Mercer University Press, 2004)。在前人研究的基础上,本文从启蒙运动认识论引发的"历史与信仰"的问题入手,突显"同时性"思想的问题指向,并从基督教思想史的角度对其进行评论。

⑨ 麦葛福:《基督教神学手册》,刘良淑、王瑞琦译,台北:校园书房出版社,1999 年,第 371 页。

⑩ 帕利坎:《历代耶稣形象——及其在文化史上的地位》,杨德友译,香港:汉语基督教文化研究所,1995 年,"第十五章,常识教师"。江丕盛:《从基督论看植根于历史的救赎》,载赵林、杨熙楠主编:《历史的启示与转向》,桂林:广西师范大学出版社,2008 年,第 41 页。

⑪ Søren Kierkegaard, *Philosophical Fragments; Johannes Climacus*, p. 181.

⑫ Ibid., pp. 181 - 183.

的、必然的,而后者是暂时的,偶然的。[13] 莱布尼茨认识论的区分表现为纯概念和经验世界的彻底分离,"前者表现了存在于纯概念之中的各种关系,无论这些概念的对象能否在经验实在的世界中找到"。[14] 莱布尼茨的区分单单在认识论领域,并未应用到基督教的信仰对象上。

莱辛熟稔莱布尼茨的思想,[15]他将莱布尼茨的认识论推进到基督教的历史领域,诸如基督教的神迹奇事、作为历史文本的圣经和作为历史人物的耶稣方面。当认识论的区分波及基督教的信仰对象耶稣基督时,莱辛认为,耶稣基督是历史中的伟大人物之一,他的伟大在于其道德品质。这种道德品质历经历史的流转影响了人类的文明,正是通过历史的影响,个体与耶稣建立了生存式的联系。莱辛认为,个体对耶稣基督的认识是历史的耶稣,若个体把耶稣基督作为信仰的对象,则个体是"向另一类跨越"。[16] 莱辛提出了基督教思想史的著名命题:"偶然的历史的真理永远不能成为必然的理性的真理的证明。"[17]这一命题在现代基督教思想史中引发了"历史与信仰"的关系问题,即在现代语境中,应该如何对耶稣基督的历史性和永恒性进行诠释。

在基督教的传统中,基督事件以"神人二性"的教义固定下来,历史性(事实真理)与永恒性(理性真理)的关系并未显明出来。但是,在启蒙运动认识论的审视下,基督事件成为思想的疑难,一方面,基督事件发生在人类的历史中,因而具有历史性,是历史的真理;另一方面,对基督教的信仰群体而言,这一事件关乎个体的"永恒幸福",具有永恒性,是永恒的真理。依启蒙运动的认识论,如果理性真理高于事实真理(或历史真理),两者又相互分离,那么,基督事件不可能既是历史的真理,又是

---

⑬ 莱布尼茨:《单子论》,第 33 条。《单子论》作为独立文本与《神义论》一并出版,参见莱布尼茨:《神义论》,朱雁冰译,北京:生活·读书·新知三联书店,2007 年。

⑭ 卡西尔:《启蒙哲学》(第二版),顾伟铭等译,济南:山东人民出版社,2007 年,第 179 页。

⑮ Murray A. Rae, "The Forgetfulness of Historical-Talkative Remembrance in Kierkegaard's Practice in Christianity," *op. cit.*, p. 73.

⑯ 莱辛:《论圣灵与大能的证明》,载莱辛:《历史与启示——莱辛神学文选》,朱雁冰译,北京:华夏出版社,2006 年,第 68 页。

⑰ 同上,第 67 页。

永恒的真理。就历史与信仰的关系而言,基督教思想家必须面对历史真理、理性真理和启示真理三方面的关系。[18]

受莱辛思想的激发,基尔克果明确提出了"历史与信仰"的关系问题。在笔名作品《哲学片断》的扉页中,基尔克果以反问的方式回到了莱辛的问题:"一个历史的起点能提供一种永恒意识吗? 这样一个起点怎么可能不止只有历史的兴趣? 永恒幸福能依赖历史知识吗?"[19]对照《哲学片断》的手稿扉页,可知基尔克果乃是从个体的实存角度切入该问题,这不同于启蒙运动思想家的认识论旨趣。[20]

为解决历史与信仰的关系问题,基尔克果提出了"同时性"的思想观念。在对同时性概念建构的过程中,基尔克果反复运用了苏格拉底方式和基督教方式的对照。两种方式构成了一个形式上的逻辑规则。基尔克果认同亚里士多德的矛盾律,"矛盾律被取消,这一命题建基于矛盾律,因为不然的话,相反的命题同样真实,即矛盾律不能被取消"。[21] 以矛盾律为基础,基尔克果认为,如果同时性属于基督教方式,则同时性不能属于苏格拉底方式,反之亦然。

苏格拉底方式和基督教方式属于基尔克果(克利马科斯)的思想构建。在启蒙运动认识论的背景下,基尔克果(克利马科斯)以苏格拉底

---

[18] 原海成:《历史与启示视域中的莱辛宗教思想研究》,载《宗教学研究》2016 年第 1 期。

[19] 基尔克果:《哲学片断》,翁绍军译,香港:道风山基督教丛林,1994 年。《哲学片断》是基尔克果的笔名作品,笔名为约翰尼斯·克利马科斯。亨格夫妇的《基尔克果著作集》是英语学界通用的译本。本文采用亨格夫妇的译本,并以史温森(David Swenson)译本和派蒂(M. G. Piety)译本作参考。Søren Kierkegaard, *Philosophical Fragments*; *Johannes Climacus*, eds. and trans., Howard V. Hong and Edna H. Hong (Princeton University Press, 1985)。Søren Kierkegaard, *Philosophical Fragments or A Fragment of Philosophy*, trans., David F. Swenson, new introduction and commentary by Niels Thulstrup, translation revised and commentary translated by Howard V. Hong (Princeton, New Jersey: Princeton University Press, 1962); Søren Kierkegaard, *Repetition and Philosophical Crumbs*, trans., M. G. Piety (Oxford: Oxford University Press, 2009)。部分引文直接据亨格夫妇英译本译出,以下不再说明。

[20] Søren Kierkegaard, *Philosophical Fragments*; *Johannes Climacus*, p. 177. 另见 Søren Kierkegaard, *Concluding Unscientific Postscript*, vol. 1, pp. 369 – 370。

[21] Søren Kierkegaard, *Philosophical Fragments*; *Johannes Climacus*, pp. 108 – 109.

方式为参照,力图构建出一种与苏格拉底方式截然不同的另一种方式。[22] 这个非苏格拉底方式指基督教方式。在1835年的一则《日记》中,基尔克果将浮士德作为“怀疑的人格化”[23](doubt personified)。与此相仿,基尔克果将苏格拉底作为“回忆(recollection)的人格化”,将耶稣基督作为“瞬间(moment)的人格化”。[24] 具体而言,基尔克果以“真理”问题为“想象的建构”展开的起点,“真理能够被学习么?”[25]对苏格拉底方式而言,真理通过回忆的方式获得。以“回忆”为核心,基尔克果进一步得出以下结论,真理内在于人的自身之中,为人所本有;作为教师的苏格拉底是人类思想的“助产师”,他本人并不重要,只是学生获得真理的机缘(occasion);在无知到知的过程中,个人获得真理的瞬间是一个时间中的起点,但是,这一起点是“偶然的”,是“一个消逝的点”。[26] 不同于苏格拉底方式,基督教方式赋予“瞬间”无比重要的地位,“如果处境不同,那么时间中的瞬间必定具有决定性的意义,我在任何时刻都不能忘记它,既不在时间中,也不在永恒中,因为,原先并不实存的永恒在那个瞬

---

[22] 关于两种方式的解析,参见 Merold Westphal, *Kierkegaard's Concept of Faith* (Cambridge: Wm. B. Eerdmans Publishing Co., 2014), pp. 123 - 134; C. Stephen Evans, *Passionate Reason: Making sense of Philosophical Fragments* (Indiana: Indiana University Press, 1992), chapter 3, “Constructing an Alternative to the Socratic View of ‘The Truth’”。

[23] Howard V. Hong and Edna H. Hong, “Historical Introduction”, in Søren Kierkegaard, *Philosophical Fragments; Johannes Climacus*, p. xii.

[24] 这是笔者对《哲学片断》第二章“思想构建”的诠释,并非基尔克果的原话。瞬间和耶稣基督道成肉身紧密相连,这只是瞬间(moment)的含意之一。“瞬间”丹麦文为“Ojeblikket”,为方便读者理解,史文森(Swenson)依其语境将“Ojeblikket”分别译为“Moment”“moment”“*Moment*”。依维多利亚·哈里森(Victoria Harrison)的看法,“Moment”和道成肉身的意思联系在一起,“moment”则表示主体拥有真理或皈依的方面,而“*Moment*”则是两者关系的综合。从逻辑关系上讲,与道成肉身相关的瞬间在前,而与主体相关的瞬间依前者成立。从个体对道成肉身的理解来看,个体只有在皈依之时才可明白道成肉身的意义。这两者的关系紧密联系在一起,不可分割。参见 Søren Kierkegaard, *Philosophical Fragments or A Fragment of Philosophy*。Victoria S. Harrison, “Kierkegaard's Philosophical Fragments: A Clarification,” in *Religious Studies*, 33, pp. 455 - 472。

[25] Søren Kierkegaard, *Philosophical Fragments; Johannes Climacus*, p. 9.

[26] Ibid., pp. 11, 13.

间生成了”。[27] 以“瞬间”为核心，基尔克果进一步推出如下结论：个体不能依照“回忆”获得真理，相反，个体在回忆中发现自身处在非真理中。[28] 基尔克果以生存论的方式将个体的“非真理”的状态称为“罪”，[29]并将其原因归之于个体的自由意志；[30]与作为教师的苏格拉底相对，“新的教师”不只是个体获得真理的机缘（尽管这个机缘必不可少），而且还赋予个体获得真理的“条件”；个体由非真理到真理的过程被称为“重生”。

基尔克果的基督教方式并不取决于苏格拉底方式。基尔克果认为，“这个思考方案显然超脱了苏格拉底的框架，这在方案中是随处可见的。至于它是否因此就比苏格拉底的想法更真实则是一个完全不同的问题，思考方案不可能同时再去解答这个问题，因为在这个方案里已经设想了一个新的官能：信仰；新的前提：罪的意识；一个新的决断：瞬间；和一个新的教师：时间中的上帝。”[31]由此看来，在想象的构建伊始，基尔克果的基督教方式已经预先设定好了。但是，这个设定又并非人的主观行为，他的基督教方式与基督教新约的叙事有着紧密的联系。韦斯特法尔（M. Westphal）对此评论道：“句句显明，克里马科斯是在‘借用’，而非演绎。”[32]

三、直接的同时性与直接的非同时性

直接的同时性（immediate contemporaneity）意指在直接的意义上个体与历史的耶稣（或耶稣基督）处于同一时代。直接的非同时性

---

[27] Ibid., p. 13.

[28] Ibid., p. 14.

[29] Ibid., p. 15.

[30] Ibid.

[31] 基尔克果：《哲学片断》，第 157 页。译文根据亨格夫妇译本修改，以下不另外注明。Søren Kierkegaard, *Philosophical Fragments*; *Johannes Climacus*, p. 111。

[32] Merold Westphal, *Kierkegaard's Concept of Faith* (Cambridge: Wm. B. Eerdmans Publishing Co., 2014), p. 134.

(immediate noncontemporaneity)意指在直接的意义上个体不与历史的耶稣(或耶稣基督)处于同一时代。历史的耶稣对西方的文化产生了深远的影响,它成为人们划分历史阶段的一个重要标志。若依历史的时序划分,个体可区分为两类,与历史的耶稣同时代者和与历史的耶稣非同时代者(noncontemporary);基督的弟子亦可区分为两类,与耶稣基督同时代的弟子和再传弟子(与耶稣基督非同时代的弟子)。[33] 若从直接性的角度而言,直接的同时性要比直接的非同时性具有优势,这主要表现在同时代者对耶稣有确定性的认识,“直接的感知和直接的认知不作欺骗”。[34] 确定性的认识属于启蒙运动认识论的范畴,包括事实真理和理性真理。就直接的非同时性而言,第一代再传弟子要比最近一代再传弟子具有优势,“这一代(相对地)具有更接近直接确定性的优势,也具有接近人们关于往事信息的优势,它们的可靠性能在其他方式中被证实”。[35] 相比直接的同时性,直接的非同时性带出了历史评断(historical criticism)的研究方法,历史真理的问题由此显现。历史真理是事实真理在历史维度的展开,是关于事实真理的历史知识。由此可以看出,在直接性的意义上,同时性直接相系于启蒙运动的认识论问题。

基尔克果有限度地接受了启蒙运动的认识论,后者认为存在理性真理和事实真理之别。基尔克果以两个“例子”表明了理性真理和事实真理的区分。就事实真理而言,同时代者可以尽可能地靠近事实,“假设有这么一位主的同时代者,他为了能陪伴那位教师,甚至将睡眠减至最少的时间,他就像鲨鱼周围的小鱼,须臾不离地陪伴着教师,如果他有一百个密探在其麾下,处处监视这教师,他每夜与他们商谈,所以他掌握了那个教师的全部档案,甚至连教师最琐屑的细节也不放过,他知道教师每天每时每刻到过那里,说过什么话,出于他的热诚,使他把哪怕最微不足道的细节也看作是重要的……倘若有人以历史(之信息)的不可靠指控

---

[33] 基尔克果这里沿用了苏格拉底方式的“弟子”的意义,并不直接用于宗教意义的“门徒”,以与同时代的黑格尔派的教义学保持距离。

[34] Søren Kierkegaard, *Philosophical Fragments*; *Johannes Climacus*, p. 81.

[35] Ibid., p. 91.

他,那么他会洗他的手,但也仅此而已”。[36] 在该例子中,此人的信息属于事实的真理。基尔克果化用彼拉多以洗手表明自己清白的典故,以说明事实的真理是真理,并非不可靠。就理性真理而言,同时代者可借由事实的真理发现自身的内在真理,“如果另有一位主的同时代者,他只关心教师不时提出的教导(teaching),假设他对教师亲口所说的每一句训导的话看得比自己每天的食粮更珍贵,假设另外还有一百个人帮他去听清教师所说的每一个音节,确保点滴不漏,假设他煞费苦心地跟他们商议,以求获得对教师训导的最可靠的看法——他也许因此就是弟子了吧?完全不是,恰恰除了柏拉图,任何人都不是苏格拉底的弟子”。[37] 例子二的同时代者关注的是“教导”,而非“教师”本人。[38] 理性真理(教导)高于事实真理(教师),事实真理只是理性真理的一个机缘(occasion)。

基尔克果继而突破了启蒙运动认识论的界限。他认为,就基督事件而论,理性真理与事实真理虽存在分别,但不是高下之别,二者都不能达至启示真理。基尔克果以绝对的悖论称呼基督事件:“上帝已以人的样式生存,出生,成长,这一命题当然是严格意义的悖论,绝对的悖论。”[39] 依据基督教的新约叙事,上帝以自上而下的方式成为了奴仆的样式。基尔克果认为,道成肉身(或基督事件)是上帝的意志基于圣爱采取的行动,“但是如果他(上帝)自己推动自己,那么,当然并不由需求(need)推动它,好像他自身不能忍受沉默而被迫爆发出言辞(speech)。但是如果他(上帝)自己推动自己,且不被需求推动,那么推动他的就只能是爱;因为爱恰恰不能在身外而只能在身内满足这个需求”。[40] 因为上帝的意志不取决于个体,不为需求所限,所以,在奴仆的样式下,上帝对个体而言是不可识别者。基尔克果认为,基督事件包含着生成,但是这个生成

---

[36] 基尔克果:《哲学片断》,第 94 页。Søren Kierkegaard, *Philosophical Fragments*; *Johannes Climacus*, pp. 59 – 60。另见 Søren Kierkegaard, *Repetition and Philosophical Crumbs*, p. 129。

[37] 基尔克果:《哲学片断》,第 94 页。Søren Kierkegaard, *Philosophical Fragments*; *Johannes Climacus*, p. 60。

[38] 假设二的理性真理观是苏格拉底式的真理观。

[39] Søren Kierkegaard, *Concluding Unscientific Postscript*, vol. 1, p. 217.

[40] Søren Kierkegaard, *Philosophical Fragments*; *Johannes Climacus*, p. 24.

超出了直接的确定性。就作为主体的人而言,理性真理和事实真理的确定性归属于知识领域,但这种确定性却被“怀疑”的激情转化为一种不确定性,“怀疑是对想超出直接感知和直接知识的任何结论的一种抗议”。[41] 因理性真理和事实真理只是一个直接的确定性,属于知识的领域,这种认识并不能企及基督事件的“生成”。

在同时代者与非同时代者之间,因为“生成”超越了直接的确定性,所以,直接的同时性之优势不再存在。就直接性而言,同时代者的报告对非同时代者是“直接的现在”,都属于直接的确定性,同时代者与不同时代者并无不同。但是“现在”的历史层面表现为“生成”。就基督事件而言,上帝的“生成”取决于上帝的绝对自由,这个生成对个体而言是一种不确定性,亦即,个体不能通过主体的认知活动认识上帝的生成,个体与基督的关系处在不确定性中。基尔克果认为,“在直接的意义上,无人能与历史的事实同时代。但是,因为它包含了生成,所以它是信仰的对象。此处无关乎真理问题,而是同意上帝的已然生成”。[42] 直接的确定性在生成的不确定性中被取消,直接的同时性之优势不复存在。

在取消了直接的同时性之优势后,基尔克果进一步讨论了直接的非同时性。在直接的非同时性中,第一代再传弟子并不比最近一代的再传弟子具有优势。大卫·劳将直接的同时性与非同时性分开,并提出如下询问:“如果同时代者并不比非同时代者具有优势,是否非同时代者或许也比同时代者占有了优势呢?”[43]事实上,在直接的确定性层面,同时代者与非同时代者已被置于同一层面上,并不存在非同时代者比同时代者占优势的问题。在直接的非同时性中,基尔克果将启蒙运动的认识论推进到了基督教的历史领域。

基尔克果区分了三种事实:单纯的历史事实、永恒的事实和绝对的事实。启蒙运动的认识论在事实的真理和理性的真理之间做了区分,而

---

[41] 基尔克果:《哲学片断》,第123页。Søren Kierkegaard, *Philosophical Fragments*; *Johannes Climacus*, p. 84。

[42] Søren Kierkegaard, *Philosophical Fragments*; *Johannes Climacus*, p. 87.

[43] David L. Law, *Kierkegaard as negative theologian* (Oxford: Clarendon Press, 1993), p. 194.

“单纯的历史事实”与“永恒的事实”之区分延续了启蒙运动认识论的区分。永恒的事实与绝对的事实之区分则来自苏格拉底方式和基督教方式的对照。首先,单纯的历史事实属于直接的确定性,也在历史评断的考察之下。因直接的确定性之不可能,故此,第一代再传弟子并不比最近一代再传弟子具有优势。这延续了关于直接的同时性之优势的讨论。就历史的评断而言,基尔克果认为:“每一个历史的事实只是一个相对的事实,因此,由相对的强力、时间来决定同时性之人们的相对命运,这是完全合宜的。它不能比之更多,只有幼稚和愚蠢通过夸大使之成为绝对。”[44]基尔克果承认历史评断的积极作用,但对其界限有清楚的认识。历史评断采用的方法是“类比”,它的前提是“人论”,它所能达到的最大效果是近似,这并不能使个体的永恒幸福建立在其上。[45] 基尔克果认为,历史评断者的知识和热情是一出谐剧。这种谐剧性表现在,历史评断将永恒性和暂时性混淆了,“无限地关切于历史评断,而历史评断的最大化只是(对永恒幸福的)一种接近,这是一个矛盾,是一出谐剧”。[46] 就历史评断而言,第一代再传弟子同样并不比最近一代弟子具有优势。

其次,永恒的事实意味着普遍性之表达并不合宜,是语言的不当运用。[47] 在苏格拉底方式下,永恒的事实可以接近每一个人,但是事实和永恒是不相称的,事实只是人认识真理的一个机缘。若依洛维特对历史哲学的定义,“历史哲学这一术语表示以一个原则为导线,系统地解释世界历史,借助于这一原则,历史的事件和序列获得了关联,并且与一种终极意义联系起来”,[48]而“永恒的事实”属于历史哲学领域。基尔克果接近于布克哈特的历史哲学观。对布克哈特来说,“历史”和“哲学”并不相容,“因为历史将各种观察并列,所以是非哲学的,而哲学将各种观察

---

[44] Søren Kierkegaard, *Philosophical Fragments*; *Johannes Climacus*, p. 99.

[45] Søren Kierkegaard, *Concluding Unscientific Postscript*, vol. 1, p. 23.

[46] Ibid., p. 31.

[47] Søren Kierkegaard, *Philosophical Fragments*; *Johannes Climacus*, p. 99.

[48] 洛维特:《世界历史与救赎历史》,李秋零、田薇译,香港:汉语基督教文化研究所,1997年,第4页。

隶属于某一原则,所以是非历史的”。[49]

第三,绝对的事实是“历史的永恒化”和“永恒的历史化”所形成的悖论。依启蒙运动的认识论,理性真理所认识的“永恒的事实”之永恒,与历史真理(或事实真理)所认识的“历史的事实”之历史,两者是不兼容的。但是,基尔克果的绝对事实既是“历史的事实”,又是“永恒的事实”,“实际上,历史的方面是应当强调的,但不应当把它绝对地说成是个人的决定性因素,……但也不应当取消历史的方面,否则的话,我们就只有一个永恒的事实”。[50] 在“绝对的事实”面前,第一代再传弟子和最近一代再传弟子并无分别,“根本没有再传弟子。第一代和最近一代本质上是同样的,除了后者把同时代者的报告作为机缘,而同时代者在直接的同时性中有此机缘”。[51]

因着基督事件是绝对的悖论,耶稣基督是“不可识别者”,所以,同时代者与非同时代者的差别被取消;因着基督事件是绝对的事实,第一代再传弟子和最近的再传弟子被放在了平等的地位上。基尔克果设立了“同时代者”与“非同时代者”、“第一代再传弟子”与“最近一代再传弟子”的差别,又在“绝对的悖论”和“绝对的事实”中取消了差别。在这个过程中,直接的同时性与直接的非同时性之优势被取消。

但是,直接的同时性并未被否定。直接的同时性成为个体进入启示真理的机缘,[52]尽管它不是个体获得信仰的条件,却是基督教方式所不可缺少的。[53] 基尔克果认为:“它(直接的同时性)成了与主同时代的人(作为没有真理的人)从上帝那里接受条件并且现在带着信仰之眼去看待荣耀的机缘。”[54]不仅如此,直接的同时性显明了市民基督教与原初基

---

[49] 转引自莫尔特曼:《盼望神学》,曾念粤译,香港:汉语基督教文化研究所,2007 年,第 251 页。

[50] 基尔克果:《哲学片断》,第 143 页。

[51] 同上,第 148 页。Søren Kierkegaard, *Philosophical Fragments*; *Johannes Climacus*, pp. 104–105。

[52] Søren Kierkegaard, *Philosophical Fragments*; *Johannes Climacus*, p. 69.

[53] Ibid., p. 70.

[54] 基尔克果:《哲学片断》,第 106 页。Søren Kierkegaard, *Philosophical Fragments*; *Johannes Climacus*, p. 70。

督教的差异,“与主同时的一代人应当真正深切地感受和经历到包含在这一悖论的趋向实存之中的痛苦,……包含在上帝让自己活在人的生命之中的痛苦。但事物的新秩序必定会逐渐成功地排除一切障碍,而快乐的一代最终将会到来,他们在欢乐的歌声中去收获第一代人含着泪水所播种的果实。”[55]对原初基督教而言,信仰是一种苦难,市民基督教却为之装点上了白色的“蔷薇”。[56]

四、本真的同时性

在绝对悖论之下,个体不可能通过直接的同时性达至本真的同时性,也不能通过直接的非同时性达至本真的同时性。基尔克果认为,个体必须独自面对基督事件,本真的同时性只有在信仰中方可达到。在《基督教的践行》中,基尔克果认为:“同时性是信仰的条件,更明快的定义,它是信仰。”[57]

在本真的同时性中,基尔克果突显了个体与基督的时间距离。这个时间距离可用世界历史作解释,也可用救赎历史作解释。基尔克果严格分离了世界历史和救赎历史,前者只是主体构建的世俗历史,后者则是基于道成肉身事件的神圣历史。在《基督教的践行》中,基尔克果认为:“一个人能从历史中认识基督么?不能。为什么呢?因为一个人对基督一无所知;他是悖论,信仰的对象,单为信仰而生。但是,所有的历史沟通是知识的沟通;结果一个人从历史中不能认识基督。”[58]不同于客观的世界历史,基尔克果将个体的实存带入到对“基督事件”的理解中,因“瞬间”的悖论特征,当下的个体与“基督事件”之间客观的时间距离在

---

[55] 基尔克果:《哲学片断》,第 152 页。

[56] 黑格尔称理性是“当代的十字架中的蔷薇”。转引自洛维特:《从黑格尔到尼采——19 世纪思维中的革命性决裂》,李秋零译,北京:生活·读书·新知三联书店,2006 年,第 21 页。

[57] Søren Kierkegaard, *Practice in Christianity*, eds. and trans., Howard V. Hong and Edna H. Hong (Princeton, New Jersey: Princeton University Press, 1992), p. 9.

[58] Ibid., p. 25.

本真的同时性中被跨越了。基督教思想家保罗·蒂利希认为,基尔克果忽视了历史评断,取消了个体与基督之间的时间距离,“他(指基尔克果)说只涉及到一件事,即在公元30年,上帝遣基督来拯救我们。我不需要更多的神学了。我不需要历史批判主义(historical criticism)的结论。知道这一件事就足够了。”[59]事实上,就基尔克果而言,正是在“瞬间”之中,客观的时间距离才显示出来。基尔克果的目标并不是要否定个体与基督之间的时间距离,[60]而是突出个体与基督在“瞬间”中的相遇,即“本真的同时性”。

基尔克果认为,永恒的幸福不能系于直接的同时性,而是要求个体在时间性的瞬间做出决断。基尔克果指出了个体实存的困境,“现在基督教上场,设定了断裂:或者永恒幸福,或者永恒不幸,并且在时间中作决断。……基督教的悖论的基础在于,它不断地运用时间以及与永恒相系的历史”。[61] 本真的同时性是个体面向基督事件的信仰决断。如果从时间性的角度来看,个体的“瞬间”是时间的“现在”;相较于个体,上帝生成的瞬间是时间性的“过去”;本真的时间性却是个体与基督在信仰“瞬间”中的相遇,如此,信仰的“瞬间”、个体生成的当下瞬间以及上帝生成的瞬间是什么关系呢?

若以苏格拉底的方式观之,则时间中的任何一个点都是均质的,均可以成为唤醒个体内在真理的机缘;若每一个时间点或瞬间都会消逝在过去,则相对于永恒,时间并不存在,“瞬间被隐藏在永恒中,为其所同化了”。[62] 在《不安的概念》中,基尔克果认为,消逝在永恒中的“瞬间”是抽象的时间性,因为每一个瞬间是均质的,故而瞬间的总和(moments)也只是无限的时间本身。在“瞬间”的“无限连续”之中,时间性本身就

---

[59] 蒂利希:《基督教思想史》(第二版),第590-591页。Paul Tillich, *A History of Christian Thought* (New York: Simon and Schuster Inc., 1968), p. 471。此处的“historical criticism”可译作“历史评断”。

[60] 李丽娟:《祁克果的“同时性”、“瞬间”概念论诠释与神学》,载《台湾神学论刊》2012年第35期,第132页。

[61] Søren Kierkegaard, *Concluding Unscientific Postscript*, vol. 1, p. 95.

[62] Søren Kierkegaard, *Philosophical Fragments*; *Johannes Climacus*, p. 13.

是永恒性,如此,并没有个体的时间性,没有过去、现在和未来的区分。[63]苏格拉底式的时间观是"永恒的现在"的时间观。[64] 基尔克果认为,对"永恒的现在"的时间观而言,即使有过去、现在和未来的区分,也是对表象时间进行的空间化,即"空间化的瞬间"。

基尔克果认为,只有在永恒对时间的扬弃中,时间性才真正存在。在这一点上,基尔克果继承了奥古斯丁的时间观。从创造论出发,奥古斯丁认为,时间属于被造物,因而不具有永恒性;相对于永恒者,时间性才突显出来。[65] 据张荣的研究,奥古斯丁的时间可以被视为"永恒的一瞬"。[66] 在奥古斯丁的基础上,基尔克果进一步将时间和基督事件关联在一起。基尔克果认为:"如果'瞬间'是被设定了,但只是作为分界(division),那么,'那永恒的'就存在,并且,'那将来的'——它作为'那过去的'而重来——也存在。这一点在古希腊的、犹太的、基督教的看法中很清晰地显示出来。在基督教中,一切问题都是环绕着这样一个概念;这个概念使得一切都焕然一新,这个概念就是'时间充满'(the fullness of time);但是'时间充满'是作为那'永恒的'的'瞬间',并且这个'永恒的'同时也是'那将来的'和'那过去的'。"[67]在基尔克果看来,古希腊、犹太教和基督教都有共同点,即,当瞬间被作为"分界"点时,历史中的"过去"的"瞬间"就会成为"将来的"瞬间。但是,与古希腊和犹太教的区别在于,基督教的瞬间是永恒性对时间性的中断,而非永恒性的无限延续,如此,基督教的瞬间既是历史中的"过去的"瞬间,

---

[63] Søren Kierkegaard, *The Concept of Anxiety*, eds. and trans., R. Thomte in collaboration with A. B. Anderson (Princeton, New Jersey: Princeton University Press, 1980), pp. 85 - 86.

[64] 基尔克果所言的"永恒的现在"的时间观即为巴门尼德的时间观。有关巴门尼德时间观的研究,参见莫尔特曼:《创造中的上帝:生态的创造论》,北京:生活·读书·新知三联书店,2002 年,第 152 - 156 页。

[65] 奥古斯丁:《忏悔录》,周士良译,北京:商务印书馆,1963 年,第 11 卷,第 13 章。

[66] 张荣:《自由、心灵与时间——奥古斯丁心灵转向问题的文本学研究》,南京:江苏人民出版社,2010 年,第 221 页。

[67] 克尔凯郭尔:《畏惧与颤栗;恐惧的概念;致死的疾病》,京不特译,北京:中国社会科学出版社,2013 年,第 283 页。据里达·索姆特译本对部分译文做出修改,Søren Kierkegaard, *The Concept of Anxiety*, p. 90。

同时也是“将来的瞬间”,而过去的瞬间和将来的瞬间在时间性中的表达是一个确定的唯一的时间点,基尔克果引用圣经将此时间点形容为“时间满足”(加 4:4)。[68] 基尔克果将“瞬间”与“时间满足”关联在一起,从而形成了悖论的时间观。这一瞬间既是时间性的“瞬间”,又是永恒性的“瞬间”。基督生成的瞬间是“时间满足”,这是永恒性和时间性的悖论;[69]个体生成的瞬间归属于主体自身,主体的自由并未被取消;个体与基督相遇的瞬间,则是个体将基督事件内化到主体之中的信仰过程。从逻辑关系上讲,个体生成的瞬间取决于基督生成的瞬间。

具体而言,基尔克果认为,本真的同时性表现为两个方面,一个是主体人的方面,一个是主体上帝的方面。就主体人的层面而言,个体在本真的同时性中处于激情充满的瞬间。[70] 不同于希腊哲学存在者在“存在”的基础上发生的“尚未存在”(not to be)到“存在”(to be)的转化,个体的“生成”是“非实存”(not to exisit)到“实存”(exist)的转化。[71] 基尔克果将个体的“激情”置于内向性(inwardness)的过程中,具体分为宗教 A 和宗教 B 两个阶段。在西方基督教的语境中,“宗教”包含“敬虔”的含意,不同于宗教学意义上的诸宗教。在宗教 A 的激情中,随着激情的强化,个体在追求无限化的过程中并未直接达至对信仰对象的认识,反而在“总体罪责”中远离了信仰对象,从而取消了上帝与人之间的直接性联系。宗教 B 的激情则扬弃了宗教 A 的激情,耶稣基督作为他者突破了个体内在性的牢笼,成为个体不得不面对的“冒犯的可

---

[68] 这里的“时间”一词用的是希腊语的“kairos”,不同于均质的钟表计量的时间“chronos”,“kairos”属于救赎历史,“表示救恩史的特殊阶段或重要时刻”。参见《神学词语汇编》,辅仁神学著作编译会,台北:光启文化出版社,2005 年,第 593 页。另见蒂利希:《基督教思想史》(第二版),第 41 - 42 页。本文以“时间充满”翻译“the fullness of time”,意在突出,基督生成的瞬间是时间中的事件。这一事件在日常领会的时间中注入了永恒的意义,一方面,时间性不具有永恒性,另一方面,时间性在“瞬间”的光照下突显出来,恰恰是“瞬间”使得时间性得以存在。

[69] 莫尔特曼对基尔克果时间观的评论,参见莫尔特曼:《盼望神学》,第 24 页。

[70] Søren Kierkegaard, *Philosophical Fragments*; *Johannes Climacus*, p. 21.

[71] Ibid., pp. 20, 22.

能性”。基尔克果认为:“基督本人指出,冒犯的可能性就在那里,而且必须在那里。因为,如果它被认为不存在的话,如果它不是基督教的一个永恒的和本质的组成部分的话,那么,从人的角度来看,基督关心和一再以警告来反对这种冒犯(而不是去掉这种冒犯)就是无意义的了。”[72]因基督的道成肉身是上帝的意志和爱的表现,是不可识别者,当个体面对基督事件时,道成肉身对个体而言就是“冒犯的可能性”。经由此可能性,个体然后做出冒犯或信仰的决断。基尔克果的研究者埃文斯(C. S. Evans)认为,冒犯与信仰是个体对绝对悖论的意志决断,故而,冒犯与信仰是不相容的。笔者认为,冒犯的确是对悖论的拒绝,不是信仰;但是,埃文斯并未考虑到,在信仰中,知性对悖论的冒犯仅仅作为一种可能性,冒犯的可能性可以起到为信仰辩护的作用。[73] 换言之,信仰并不仅仅是个体的生存决断,个体的意志首先经历了遭遇绝对悖论而生的冒犯的可能性,而后才有知性与悖论的和解。宗教 A 和宗教 B 的激情一起成为个体“激情充满”的生成过程,个体由此达至与基督本真的同时性。

就同时性的主体上帝而言,个体所信仰的对象以作为“原型”(prototype)的基督呈现出来。原型并非显明了人直接认识上帝的可能性,而是一种不可能性。与绝对悖论一致,原型具有两重性,原型既显明了人与上帝之间的无限的质的相异性,又在基督事件中弥合了因人的自由意志而产生的罪性。在《日记》中,基尔克果认为:“通过成为与基督(原型)的同时代,你只会发现你根本不像他,即使在你所称为的最佳时刻;因为在这个时刻你并不在现实性的回应关系中,而在冷眼旁观。结果是,你事实上学习逃到恩典中的信仰。原型是于你有要求的原型;哀哉,你可怕地感到不相像(unlikeness);你接着逃至原型,他怜悯于你。以这种方式,原型同时是最严厉地无限审判你的那一位,也是施怜悯于

---

[72] 克尔凯郭尔:《致死的疾病》,张祥龙、王建军译,北京:商务印书馆,2012 年,第 102 页。

[73] C. Stephen Evans, *Passionate Reason: making sense of Kierkegaard's Philosophical Fragments* (Indiana: Indiana University Press, 1992), p. 80.

你的那一位。"[74]第二,针对丹麦的市民基督教,"原型"突显与"信仰"相连的"践行"。在路德宗的创始者路德看来,人唯独凭信仰称义,以反对中世纪的因善功称义的思想。基尔克果认为,路德的思想是对其时代的基督教的矫正,但是,随着时间的流转,路德宗已经远离了"路德"的时代处境,将"因信称义"视为理所当然。在思想层面,丹麦的黑格尔派只是将信仰作为理所当然的可以超越的概念。[75] 故此,基尔克果的原型激发个体自由意愿层面的尽心竭力(striving)。第三,针对德国的观念论,"原型"不能被约化为道德榜样,也不能被直接等同于"上帝意识"。启蒙运动的思想家康德同样将基督视为"原型",因为理性是自足的,基督的历史性只是在单纯的理性限度内表达出来,并不需要与超在的上帝相连。[76] 现代神学的开创者施莱尔马赫认为,历史的耶稣是"上帝意识"绝对完美的再现,对个体而言,基督构成了第二亚当,是个体在意识层面可以直接效法的对象。[77] 不同于康德的"原型",基尔克果认为,"原型"不能脱离上帝而单独存在,基督不只是一个模范(model),他是"人性的救赎主和拯救者"。[78] 个体不能依靠自足的理性达至本真的同时性。不同于施莱尔马赫的"原型",基尔克果认为,作为原型的基督是不可识别者,个体不能以直接以"上帝意识"为中介达至本真的同时性。

---

[74] Søren Kierkegaard, *Journals and Papers*, vol. 1, eds. and trans. Howard V. Hong and Edna H. Hong, assisted by GregorMalantschuk (Bloomington and Indianapolis: Indiana University Press, 1967 - 1978), p. 324. (第 692 条)

[75] Søren Kierkegaard, *Fear and Trembling*, eds. and trans. Howard V. Hong and Edna H. Hong (Princeton, New Jersey: Princeton University Press, 1983), p. 5.

[76] Sylvia Walsh, *Kierkegaard: Thinking Christianly in an Existential Mode* (Oxford: Oxford University Press, 2009), p. 139. 康德:《单纯理性限度内的宗教》,李秋零译,香港:汉语基督教文化研究所,1997 年,第 60 页。

[77] Sylvia Walsh, *Kierkegaard: Thinking Christianly in an Existential Mode*, p. 140. 黄毅、夏微:《先验、经验与历史——施莱尔马赫基督论探析》,载《道风:基督教文化评论》2017 年第 47 期,第 135 页。

[78] Jacques Colette, *Kierkegaard: The difficulty of Being Christian* (Notre Dame: University of Notre Dame Press, 1968), p. 246.

五、结　语

基尔克果的同时性直接回应了启蒙运动认识论。基尔克果为事实真理和理性真理划定了界限,二者的直接的确定性不能达至对绝对悖论的认识,由此,直接的同时性之优势被取消。继而,基尔克果为历史评断划定了界限,历史评断所能达到的是对“事实真理”的最大认识,并不能为信仰奠定根基。由此可以看出,基尔克果继承了康德对知识的扬弃,[79]以反对黑格尔将哲学体系凌驾于信仰之上的做法。

就同时性与时间性或历史性的关系而言,基尔克果拉开了个体与基督事件的时间距离。就作为总体的时间性而言,基尔克果拒绝了希腊的“永恒的现在”的时间观,突出了永恒性对时间扬弃所形成悖论瞬间。就具体的历史性而言,基尔克果将基督事件作为人类时间性的一个瞬间来看待,这个瞬间属于时间性的一个瞬间,但因着“时间满足”,这一瞬间具有了无比重要的意义。由此,基尔克果将具体的历史性转化为生存的历史性,个体只有通过唯一的基督事件的历史性方能形成自身的历史性(或时间性)。就此而言,基尔克果历史性概念系于本真的同时性,他的同时性思想影响了实存主义哲学的历史性概念,但不能化约为实存主义的历史性。[80]

就同时性与基督事件的关系而言,基尔克果的同时性思想具有辩证性。一方面,直接的同时性和直接的非同时性并不能达至本真的同时性;另一方面,在信仰的亲见中,直接的同时性成为本真的同时性的机缘,本真的同时性扬弃了直接的同时性。基尔克果的同时性思想将个体的实存和基督教的基督论紧密地联系在一起,具体表现为,通过将“瞬

---

[79] 康德说:“我不得不扬弃知识,以便为信念腾出地盘。”康德:《纯粹理性批判》(注释本),“第二版前言”,李秋零译,北京:中国人民大学出版社,2011年,第21页。

[80] 洛维特对此评论道:“从这个为了吸纳而主观化的历史中,派生出实存本体论的(海德格尔)和实存哲学的(雅斯贝斯)的‘历史性’概念。”参见洛维特:《从黑格尔到尼采——19世纪思维中的革命性决裂》,第485页。

间”的位格化诠释,基尔克果将基督与个体紧密相联在一起,[81]在信仰的激情中,个体与基督处于本真的同时性中。个体的瞬间依据于基督瞬间,本真的同时性则在充满激情的内向性中完成。由此来看,基尔克果的本真的同时性吸纳了路德的“为我”的基督的观念,不能化约为生存论层面的“激情”。

---

[81] 基尔克果的研究者瓦西利基·查契喜(Vasiliki Tsakiri)认为,“尽管基尔克果要求他的读者内向地跟随亚伯拉罕和约伯,以与他们同时代,但是,他避免称他们为‘个体的教师’(teachers of the single individual)。相反,约伯被名之为‘人性的教师’(teacher of humanity),亚伯拉罕被冠以‘信仰之父’的称谓,后者被认为是‘见证人,绝非教师’。在《哲学片断》中,约翰尼斯·克利马科斯单为上帝保留了教师的特征。”Vasilik Tsakiri, *Kierkegaard*: *Anxiety*, *Repetition and Contemporaneity* (Houndmills, Basingstoke, U. K.: Palgrave Macmillan, 2006), p. 148。

试论门德尔松–雅可比的泛神论之争与重思启蒙*

高山奎

【内容提要】 泛神论之争不仅是哲学上的启蒙正当性之辨，也是试图解决犹太神学–政治问题的有益尝试。这场论争的结果使得斯宾诺莎的泛神论思想广受认可，同时也宣告了门氏启蒙综合方案的无疾而终。然而，在德国启蒙运动一个半世纪之后，施特劳斯在犹太神学与政治困境再次凸显的背景下，对泛神论之争进行了史学与哲学双重意义上的重估。这对我们以西学为镜，以西方内部的普遍–特殊对抗为参照，重思现代性处境下我们的精神安顿具有重要的启发意义。

【关键词】 泛神论之争 门德尔松 雅可比 莱辛 施特劳斯

泛神论之争是18世纪晚期德国发生的一场意义重大、影响深远的思想论争。这场论争由雅可比发起，门德尔松（Moses Mendelssohn）率先加入，康德（Immanuel Kant）、哈曼（Johann Georg Haman）、赫尔德（Johann Gottfried Herder）等当时德国几乎最重要的文人学者都参与了这场论争的讨论。甚至在一个多世纪之后，面对现代理性主义的危机和纳粹主义的出现，海德格尔、施特劳斯、霍克海默、哈贝马斯等一批思想哲人重拾泛神论之争的话题，批判性地检省启蒙–现代性的问题，重思现代理性主

* 本文系上海师范大学人文社会科学研究“精品力作培育项目”阶段成果。

义的限度。职是之故,美国学者詹姆斯·施密特(James Schmidt)认为,“启蒙运动是欧洲的一个历史事件,但是‘什么是启蒙?’这个问题,却独一无二地是一个地地道道的德国问题”。[①] 详细评述泛神论之争已远远超出一部学术专著的体量,[②]因此,本文此处不拟对这场争论泛泛而论,而是从其发端者雅可比与门德尔松的思想论争入手,以施特劳斯对这场争论的研究成果为参照,[③]管窥这场“生机勃勃且饱受歪曲”的思想论争之肇端、实质及其后果。

一、泛神论之争的实质及其面相

泛神论之争的根本在于启蒙运动的正当性问题。对于德国学人而言,所谓启蒙,就是大胆运用自己的理智,“反对所有传统、所有‘偏见’,尤其是彻底反对所有启示宗教的传统”。[④] 那么,关于启蒙正当性的讨论,就包含截然对立的两派观点:一派是摒弃启示信仰,崇尚理性(宗教)的启蒙哲人,如门德尔松、康德;另一派是批判质疑启蒙理性主义必将走向无神论、决定论和虚无主义的启蒙反对论者,如雅可比、哈曼。然而,我们知道,在18世纪晚期泛神论之争的当口,正统神学依旧强势,专制高压无孔不入。[⑤] 在出版言论自由受到高度检控的时代背景下,旗帜

① 詹姆斯·施密特编:《启蒙运动与现代性:18世纪与20世纪的对话》,徐向东、卢华萍译,上海:上海人民出版社,2005年,前言,第1页。

② 关于泛神论之争的研究的文献,参见施特劳斯:《雅可比哲学中的认识论问题》,载《哲学与律法》,北京:华夏出版社,2012年,第123页,注释1;另见简森斯:《启蒙问题:施特劳斯、雅可比与泛神论之争》,孟华银译,载《哲学与律法》,第203页,注释1。

③ 根据晚近最权威的泛神论之争研究者拜塞尔(Frederick Beiser)的看法,施特劳斯对泛神论之争复杂背景的研究和论述是目前最好的研究成果之一,参见Martin D. Yaffe, *Strauss on Mendelssohn: An Interpretive Essay* (Chicago and London: The University of Chicago Press, 2012), p. xiii。

④ 施特劳斯:《门德尔松与莱辛》,北京:华夏出版社,2012年,第90页。

⑤ 要了解这一背景,只要提及莱玛鲁斯(Hermann Samuel Reimarus, 1694－1768)身后发表的《未署名者残篇》(又译《匿名残篇》,节选自《对理性敬拜神者的申辩或辩护》[*Apology or Defense for the Rational Worshipers of God*],以下简称《残篇》)。在《残篇》中,莱马鲁斯从理性宗教立场出发,批判了经验性的所有实证宗教,尤其是基督教。为了避 (转下页)

鲜明地直陈已见有遭受迫害的风险,因此泛神论之争客观上需要一个合适的契机和切入点,戈特霍尔德·埃夫莱姆·莱辛(Gotthold Ephraim Lessing, 1729 - 1781)的去世便提供了这样一个契机。

莱辛的去世之所以会成为引爆泛神论之争的导火索,有内—外两个方面的动因合力促成。从内在的,即从莱辛自身方面的原因来看,正如施特劳斯所指出的,莱辛是西方近代以来最后一位熟稔显白写作技艺的作家:他深谙政治社会的意见特质和潜在风险,懂得如何巧妙隐匿自己的真实意图和锐利观点,审慎而又合宜地著书立说。[⑥] 然而,莱辛写作显白特质的负面效应在于,它使得人们对他的盖棺定论成为问题:一方面他被德国学界公认为启蒙的捍卫者,莱布尼茨-沃尔夫式有神论者,另一方面又被指认为教条主义的怀疑论者,是无神论异端斯宾诺莎的忠实信徒。[⑦] 因此,从这种偶然的、亦即外在的因素看,在莱辛去世之后,当人们对他的思想品格做出评估时,关于何谓莱辛真正思想遗产的争论便浮出水面,尤其是当雅可比煽风点火地试图诋毁莱辛与门德尔松的亲密关系时,泛神论之争便如发酵的泡沫瞬间膨胀起来。

严格地讲,这场争论的引线来自门德尔松。莱辛刚一去世,"写点莱辛性格"的想法便在这位至交的头脑中浮现出来,这本是一件合乎人伦的友情纪念。在门德尔松的写作规划中,莱辛将被刻画成一位独立的、

(接上页)免遭受迫害,莱马鲁斯生前并未发表该著。莱马鲁斯卒后,其女伊丽丝(Elise)秘密将书稿交给好友莱辛,后者 1770 年起任沃尔芬比特尔(Wolfenbüttel)大公图书馆馆员。莱辛利用自己"拥有免于常规神学审查的特权"于 1774 - 1778 年以匿名方式出版了莱马鲁斯书稿的七个片段,"对于《残篇》作者的一些极端观点,莱辛在互文中故意设计、添加了一些编者的'相反按语',以示自己与文中所持观点的区别"。尽管如此,莱辛还是卷入了与汉堡牧师歌策(Johann Melchior Goeze)旷日持久的关于《残篇》的论争之中,并最终"被取消免受新闻检查的自由,并被禁止发表宗教问题的文章"。泛神论之争开始的时间是 1785 年,距离那场著名的沃尔芬比特《残篇》之争仅有七年光景,可见当时的神学-政治迫害仍很严重。参见 Martin D. Yaffe, *Strauss on Mendelssohn: An Interpretive Essay*, p. xii。

⑥ 参见施特劳斯:《显白的教诲》,载潘戈编:《古典政治理性主义的重生:施特劳斯思想入门》,郭振华等译,北京:华夏出版社,2011 年,第 115 - 127 页。

⑦ 同上,第 116、124 页。

走自己的路的莱布尼茨主义者。[⑧] 我们知道,“在莱辛时代,莱布尼兹第一代门徒沃尔夫(Christian Wolff, 1679 - 1754)传播的自然理性神学在德国大学占据主导地位且备受尊敬”。[⑨] 那么,门德尔松依据学界通行观点为莱辛盖棺定论似并无不妥之处。然而,雅可比却不想让事情沿着“谬误”的大众舆论方向发展。在从好友伊丽丝·莱马鲁斯(Elise Reimarus)那里获知门氏的写作计划后,雅可比便处心积虑地设计了一封回信。在回信中,他婉转诚请伊丽丝转告门德尔松,“莱辛在弥留之际是一个坚定的斯宾诺莎主义者”,如果门德尔松在回忆录中牵涉到这方面内容,“最好删去某些材料,或至少是万分小心处理为妥”。[⑩] 雅可比透露的这一讯息让门德尔松大为光火:因为根据当时的主流见解,斯宾诺莎主义者是无神论者、思想异端和无政府主义者的代名词,是遭人诟病的思想恶名。因此,雅可比的所谓“善意”提醒,显然是对逝去友人之人格的恶意中伤和对自己底线的肆意挑衅,如果这一消息一旦被做实,“莱辛的那些正统派的论敌会把这视为超乎他们期望的铁证,证明莱辛根本没有信仰,从而在与莱辛的较量中大获全胜”。[⑪] 因此,为了亡友的清白名誉,也为了捍卫自己终生持守的启蒙信念,门德尔松一改往日的审慎克制、主动应战,持续近三年之久的门-雅“泛神论之争”大幕悄然开启。[⑫]

从上可见,尽管泛神论之争的实质在于启蒙的合法性问题,但它并非以“何谓启蒙?”“启蒙的理想和目标为何?”“启蒙的本质和限度何在?”之类的面相登场,而是以“莱辛究竟是否为一名斯宾诺莎主义者?

---

⑧ 参见施特劳斯:《“晨时”和“致莱辛的友人”·引言》,载《门德尔松与莱辛》,第200、201页。

⑨ Martin D. Yaffe, *Strauss on Mendelssohn: An Interpretive Essay*, p. xiii.

⑩ 施特劳斯:《门德尔松与莱辛》,第134页。原文参见“Lessing und Jacobi: Das Gespräch über den Spinozismus” [Lessing and Jacobi: The Conversation about Spinozism], in *Lessing Yearbook*, 3(1971), pp. 25 - 70。

⑪ 同上,第152页。

⑫ 门-雅“泛神论之争”,始于1783年7月21日雅可比致伊丽丝回信中对门德尔松的“暗示”:莱辛是一个坚定的斯宾诺莎主义分子,结束于1786年1月4日门德尔松病逝,历时两年零五个月。

斯宾诺莎主义究竟是一种蹩脚的无神论还是道德无害的泛神论?”的面相出现的。[13] 在绵里藏针的文字交锋中,尽管有层层迷雾的遮盖,论辩双方之立场的对立还是旗帜鲜明的:雅可比尽管时而披着彻底怀疑的斯宾诺莎式外衣谏言,但根底里的基本立场却是坚决反对斯宾诺莎式理性主义,即认为这种启蒙理性主义根本无力洞穿和照亮一切,而是根植于非理性的超越信念,其最终结果必然走向决定论、无神论和虚无主义。而论辩的另一方——门德尔松则表现为一种犹疑的莱布尼茨主义立场。这种犹疑表现为门德尔松在理性观和宗教观上对莱布尼茨的偏离:一方面,在理性观上,门德尔松像雅可比一样怀疑形而上学之推理证明的说服力,在他看来,“推论证明就好比碉堡。国家用它来抵挡敌人的侵袭,可对于和平的居民来说,碉堡作为居所,既不舒适,也不美观”。[14] 因此从《论自明》到发表《晨时》,门德尔松愈加发现“莱布尼茨的形而上学并不是证明灵魂不死”和上帝存在问题的“合适土壤”,所以他决定用“显白的方式来进行哲学思考”,从而更加“接近常识的哲学,偏向通俗的论证”。[15] 另一方面,在宗教观上,门德尔松反对莱布尼茨实证宗教的正统宗教观。在门德尔松看来,莱布尼茨重视智慧和公义,创世之目的对他来说在于“世界整体的美与秩序”,而门德尔松的理性神学则“分享了启蒙运动特有的观念”,更加重视上帝的仁慈友善和作为主体的每个

---

⑬ 美国学者詹姆斯·施密特认为德国学界影响深远的关于启蒙的论争不过是缘于《柏林月刊》杂志 1783 年一篇文章的顺便一问,这体现出了施密特对泛神论之争背景的缺乏基本了解。参见詹姆斯·施密特编:《启蒙运动与现代性:18 世纪与 20 世纪的对话》,序言,第 1 页。

⑭ 施特劳斯:《论自明·引言》,载《门德尔松与莱辛》,第 84 页。

⑮ 施特劳斯:《斐多·引言》,载《门德尔松与莱辛》,第 98 页。在《晨时》中,门德尔松认为“理性时常远远落后于常识,有时甚至偏离常识,并有误入歧途的危险”。在《致莱辛的友人》中,为了替犹太教辩护,门德尔松更加强调常识哲学,他指出,“合乎理性的信念,是犹太教不可置疑的前提,我指的不是咱们在书中常见的形而上论据,也不是条分缕析的逻辑论证……我指的是质朴的常识所下的断言和判断。常识直接谋划事情,并从容不迫地考虑事情”。因此理性必须臣服在常识的脚下,以免最终误入歧途。参见施特劳斯:《“晨时”和“致莱辛的友人”·引言》,载《门德尔松与莱辛》,第 185、186、133 页。

人的权利与幸福。[16] 然而,尽管在哲学和宗教立场方面门德尔松对莱布尼茨—沃尔夫哲学有着种种偏离,但从根本上,正如施特劳斯所强调指出的,“对于莱布尼茨和沃尔夫证明的形而上学确凿性、自然宗教最高贵真理的可论证性,门德尔松却是毫不怀疑的”。[17] 换言之,门德尔松论辩的立场始终囿于莱布尼茨的框架,始终未能超越后者立场的阈限。[18]

二、雅可比的“请君入瓮”与门德尔松的“绝地反击”

毫无疑问,泛神论之争的发端有着高度的偶然性和戏剧性。门德尔松虽然埋下了泛神论之争的引线,点燃这一引线的却是雅可比。早在1780年7、8月间,也就是莱辛去世前半年,雅可比就从与莱辛的长谈中获悉后者是一位坚定的斯宾诺莎主义者。那么,他完全可以像发表《莱辛所言:评〈教皇之旅〉》(*Something that Lessing Said*, 1782,以下简称《莱辛所言》)[19]那样单方面公开这一发现。要说雅可比顾及公众舆论和道德谴责而不愿公开这些对话并不属实,因为从他毫不顾忌地发表《莱辛所言》,到泛神论之争开启后将自己和莱辛谈话的内容公之于众的事实可以看出,雅可比既没有学会莱辛显白写作的韬光养晦,也没有门德尔松审慎节制的伦常德性。同时,好友哈曼和赫尔德也都建议雅可比“单独出版他和莱辛的对话”,不要将门德尔松牵扯进来。[20] 然而,雅可比并未采纳好友的建议,也没有顾虑一位前辈长者的颜面感受。他不依不饶地硬拉门德尔松下水,即在向德国学界传布莱辛的斯宾诺莎思想底色这一爆炸性讯息时,一并向世人宣示门德尔松其实根本不懂至交莱

---

⑯ 参见施特劳斯:《斐多·引言》,载《门德尔松与莱辛》,第92页;另见施特劳斯:《上帝的事业或获救的天意·引言》,载《门德尔松与莱辛》,第122、124、130页。

⑰ 施特劳斯:《论自明·引言》,载《门德尔松与莱辛》,第85页。

⑱ 施特劳斯:《上帝的事业或获救的天意·引言》,载《门德尔松与莱辛》,第129页。

⑲ 中译参见《启蒙运动与现代性:18世纪与20世纪的对话》,第196-215页。

⑳ 参见哈曼1784年11月14日致雅可比的信以及雅可比1784年6月30日致赫尔德的信。施特劳斯:《“晨时”和“致莱辛的友人”·引言》,载《门德尔松与莱辛》,第171页,正文和注释2。

辛。那么,读者或许会疑惑,雅可比为何非要强拉门德尔松入瓮?另一方面,门德尔松也不是市井庸人,这位“德国的苏格拉底”不可能对雅可比的挑衅和居心叵测毫无察觉;而且好友约翰·莱马鲁斯(J. A. H. Reimarus,《匿名残篇》作者的儿子)也提醒过他,鉴于7年前《匿名残篇》论争的历史教训,最好不要卷入关于纠缠不清的莱辛是否为斯宾诺莎主义者的争论当中,因为“这只会让外人笑话”(lest outsiders rejoice over it)。[21] 那么,究竟是什么原因让厌恶一切公开论辩的门德尔松决意去趟浑水,非要和一个籍籍无名的后辈晚学去争出个是非曲直?或者说,雅可比到底击中了门德尔松哪一命门死穴,以至于让阅历沧桑的门德尔松无法泰然处之,明知山有虎偏向虎山行?毫无疑问,这些问题对于理解泛神论之争绝非可有可无,下面我们先来简要分析一下雅可比的动机所在。

可以肯定地讲,雅可比对门德尔松的敌意和冒犯绝非毫无来由,而是有一段扑朔迷离的前史。门德尔松出生于1729年,比雅可比(1743年)年长14岁。早在1763年,20岁的雅可比便被门德尔松的文字吸引。当时,门德尔松应征柏林科学院(Berlin Academy)的文章——《论形而上学诸科学中的自明》(*Treatise on Evidence in Metaphysical Sciences*,以下简称《论自明》)盖过康德论文,力拔头筹勇摘桂冠。在这篇获奖征文中,门德尔松依据莱布尼茨-沃尔夫的哲学,驳斥了已故柏林科学院院士莫佩尔蒂(Pierre Louis Maupertuis, 1698－1759)对形而上学自明性的质疑。然而,这位当时便已然声名卓著的哲学作者的获奖论文并没有让雅可比感到满意:门德尔松“如此详尽地从理性(idea)视角对上帝的存在做论证,并且极度信赖自己论证的有效性”,[22]这在年轻的雅可比看来有些匪夷所思。17年后,在与莱辛的对谈中,雅可比仍充满疑惑:“像门德尔松这样具有清澈正确理智的人,何以会在《论自明》里如此热切地诉诸理性去证明上帝的存在?”[23]雅可比的本能反应表现了他对理性推证

---

[21] 约翰·莱马鲁斯在1783年11月11日去信给门德尔松,建议后者不要详细描绘莱辛的斯宾诺莎主义,因为“这只会让外人笑话”(lest outsiders rejoice over it),参见 Martin D. Yaffe, *Strauss on Mendelssohn: An Interpretive Essay*, p. 86。

[22] Ibid., p. 70.

[23] Ibid., p. 73.

之有效性和可行性根本不信。对雅可比而言,理性论证根植于某种信念或独断,因为对前提和根基的怀疑是不能无限推证下去的。而门德尔松在《论自明》中对上帝的本体论证明,便反映了这种"要证明一切,不相信任何既成之物"的理性自负。对雅可比而言,这种想要证明万物的理性尝试,根源于人"想要摆脱身外之物,摆脱超越于他的真理的意志,是人想要'统治真理,而非顺服真理'的意志,是傲慢和自负"。[24] 沿着这一理性论证之路走向极端,必将导致斯宾诺莎主义,即无神论和宿命论(fatalism),[25]而这对雅可比而言是无法接受的。因此,雅可比宣称,人要敢于"致死的一跃"(salto mortale,英译 death-defying leap),要敢于相信信仰的真理,而不能像门德尔松那样试图用理性去论证上帝的存在。当然,雅可比的这一观点是他 17 年后在与莱辛密谈中展示出来的,而不是 1763 年初读门德尔松《论自明》时头脑中便有的想法。但不管怎样,《论自明》这篇文章激发了雅可比透彻研究门德尔松的愿望,当然这种研究最终是要证明后者的谬误。这一动力促使雅可比投入到哲学史的研究之中,尤其是接近斯宾诺莎的作品。

因此,门德尔松成为反面推动雅可比开展哲学研究的"启蒙导师",这种想要证伪门德尔松的冲动早在泛神论之争开启的 20 年前就已然孕育了。但真正与这位同时代的哲学巨匠展开面对面的思想交锋则要等到 19 年后,即 1782 年发表《莱辛所言》之后。门德尔松注意到了雅可比的这篇言论,同时撰写了一篇批驳性的评论。在施特劳斯看来,正是这次小规模的接触战最大程度地激发了雅可比的"最高贵和最卑劣的激情"。这场交锋的经历其实并不复杂,在《莱辛所言》中,雅可比借莱辛之口表达的一个想法为出发点,将对教皇专制制度的批判扩展为对所有专制制度的批判,进而承认人的基本权利,国家的起源和法权根据的绝对诉求。在门德尔松看来,一方面雅可比的文章带有可疑的民主倾向或暗藏了教皇权位论的意向,即反启蒙的蒙昧主义倾向;[26]另一方面,门德

---

[24] Ibid., p. 71.

[25] Ibid.

[26] Ibid., pp. 92 – 93.

尔松认为雅可比文章开篇所引用的莱辛言辞颇为不妥,因为莱辛的那些看法具有明显的悖论性质,“放在谈话里合适,却不适合教导:因为一位意图教导的作者不会追求夸张,而是追求清晰而纯粹的概念”。[27] 雅可比对门德尔松回应则紧扣莱辛言辞引用失当的异议,他强调:“谈话的目的绝非是为了教导,而是为了唤醒人们去寻求真理的最高形式,一个人可以借助这一形式改善另一个人。”[28]

从表面上看,这场争论中雅可比的言辞占据了上风,他将自己的文章和门德尔松等人的评论文章以《对一篇奇文的不同见解》(*Thoughts of Various Men about Remarkable Writing*)为题结集出版,充分显明了对所持观点的自信。那么,获胜方雅可比何以会对“失败者”门德尔松心生怨愤?在施特劳斯看来,言辞上的胜利并非事情的关键,门德尔松对整件事的漠不关心才是雅可比耿耿于怀的原因所在。[29] 说到这里,我们不得不描绘一下雅可比的气质风格和他的道德品性,这在泛神论之争中是具有主导性的动力因素。一方面,在气质风格上,雅可比敏感多疑、咄咄逼人、好胜而爱出风头。[30] 他的争强好胜使得他迫切希望得到门德尔松的认可和肯定,但当后者只是把自己当作哲学上毫无建树的小人物而不予理睬时,自尊心上的强烈受挫使得雅可比异常恼怒。雅可比具有哲学上的艺术激情和冒险精神,同时又缺乏道德上的慷慨大度。因此,当他凭借口舌之辩上的小胜想当然地以为会赢得大人物的青睐,但最终换来的却不过是对方的漠不关心与无动于衷时,敏感而善感的天性使得雅可比感觉受到了羞辱,进而恼羞成怒并且迁怒于人。在雅可比看来,门德尔松的冷漠态度绝非针对他本人,而是对真理本身的漠不关心,是“胆敢统治真理的自负”,是虚荣、骄横跋扈和彻头彻尾的自以为是。更为重要的是(另一方面),在后天的道德品性上,雅可比也缺少“恰当的荣誉教育”,这鲜明地表现在他缺乏内心的诚实,狭隘、懦弱、残忍而无基本的同

---

[27] Ibid., p. 68.

[28] Ibid., p. 69.

[29] 施特劳斯:《“晨时”和“致莱辛的友人”·引言》,载《门德尔松与莱辛》,第 139 页。

[30] Martin D. Yaffe, *Strauss on Mendelssohn: An Interpretive Essay*, p. 78.

情心。[31] 在施特劳斯看来,雅可比高度自爱,这或可归因于卢梭对这一情绪(自爱)的过度渲染和竭力辩护,它"让那个世纪为之痴迷"。[32] 不仅如此,雅可比"心怀对他那个档次的人物来说十分卑劣的恐惧",这种恐惧更多彰显了一种道德上的懦弱。当这种道德上的懦弱和高度的自爱相结合,再加上雅可比灵魂深处缺少的"慷慨大度",这使得在整个泛神论之争中,雅可比的表现极不正派:对自己的"顾影自怜、对别人残忍且肆无忌惮"。雅可比千方百计地试图激怒门德尔松参加论战,却对一位长达十余年病痛折磨[33]的老者毫无半点同情之心,甚至在1785年10月的文章中全力使出"对门德尔松最危险、可以说是致命的杀手锏"时,雅可比的内心也丝毫未能泛起良心的谴责。[34] 因此,我们不难想象,这场18世纪最有意义的思想论争从一开始便因双方的怨愤情绪和刻意歪曲而变得扑朔迷离。一个半世纪之后,当这场论战的硝烟散尽、愤懑淡去之后,施特劳斯这样来评价双方的立场:"就细节而言,雅可比对这场争执的描述比门德尔松客观忠实。但在整体上,雅可比远不如门德尔松坦荡正派。"[35]

重新回到思想战场,当我们勾勒出雅可比的论战动机和气质动因后,就很容易理解门德尔松决然应战的无奈和苦衷。雅可比20年的理论准备加上道德上的无底线,使得他一出手便直击门德尔松的软肋。面对雅可比充满恶意的烟雾弹,门德尔松根本无法泰然处之地置身事外,因为这不仅关涉自己与莱辛终生不渝的友谊,更关涉自己毕生为之奋斗的启蒙信念是否牢靠的问题。这在20世纪犹太人问题再次陷入困境时

---

[31] Ibid., pp. 107–108. 参见施特劳斯:《"晨时"和"致莱辛的友人"·引言》,载《门德尔松与莱辛》,第175–177页。

[32] 施特劳斯:《"晨时"和"致莱辛的友人"·引言》,载《门德尔松与莱辛》,第176页。

[33] 根据阿尔特曼的说法,门德尔松在过去15年中饱受衰竭性疾病的折磨和困扰,以致于脆弱不堪和有些神经质。参见 Martin D. Yaffe, *Strauss on Mendelssohn: An Interpretive Essay*, p. 228。

[34] 在施特劳斯看来,对门德尔松而言,雅可比手中的致命论据是莱辛曾亲口"告诉过他,他对门德尔松采取了刻意的保留态度",并且还"讲明了这样做的原因"。参见施特劳斯:《"晨时"和"致莱辛的友人"·引言》,载《门德尔松与莱辛》,第172、149、146、174页。

[35] Martin D. Yaffe, *Strauss on Mendelssohn: An Interpretive Essay*, p. 106.

可以看得更加清楚。在门德尔松时代，启蒙理性和自由主义还只是一个需要捍卫的、尚未实现的价值观念；一个半世纪之后，自由同化方案在纳粹主义崛起的铁证下宣告了它在实践上的破产。在门德尔松的时代，只是由于雅可比的挑衅和突袭，才使得现代人第一次瞥见启蒙理性主义在解决犹太人问题上面临的无力。作为一个犹太人，门德尔松终身为启蒙理想而奋斗，他唯一能够聊以自慰的确信就是自己和莱辛的友谊，这是"他与非犹太世界之间最久远、最牢靠的桥梁，也是维系他与非犹太世界的唯一纽带"。这一友谊表明，只要审慎小心、妥善处理，犹太人完全可以以个人方式受到非犹太主流文化的接纳和认可，同时收获与非犹太基督徒之间的亲密友谊。雅可比残忍地捅破了这层善意谎言的窗户纸，让门德尔松真切感到"自己和莱辛之间横亘着一条无法逾越的沟壑"。[36]对莱辛是否真的完全信任过自己的疑虑无情啃噬着门德尔松，让后者无法不站出来据理力辩。门德尔松必须直面下面问题：出身对立的人最终是否真的能完全理解对方？犹太人是否能以个体方式逃离封闭的犹太社区，融入到无信仰偏见的自由主义社会？因此，不加入这场争论，不直面解决这些问题，门德尔松心绪难平、心神不宁。之后的社会历史表明，门德尔松输掉了这场口舌之辩，却最终赢得了历史现实的胜利：斯宾诺莎主义及其自由社会的理想经由他的辩护而深入人心，德国的启蒙理想最终化为现实。不过门德尔松的损失巨大，他甚至为这场争论献出了生命。

三、斯宾诺莎主义，一种无神论还是泛神论？

"门-雅之争"始于1783年夏，以雅可比7月21日信中（致伊丽丝）

㊱ 施特劳斯：《"晨时"和"致莱辛的友人"·引言》，载《门德尔松与莱辛》，第173、174页。门德尔松论辩致力的重心在于：他懂得莱辛的真实想法及其思想遗产的关键所在，从而证明自己是莱辛的挚友。而雅可比的揭露试图表明：门德尔松懂不懂莱辛都没关系，莱辛曾亲口告诉过他，在最根本的问题上自己对门德尔松怀有戒心，自始至终就压根没把门德尔松当作可以推心置腹的朋友。这或可解释门德尔松愤懑和失控的原因所在：无论他如何努力争辩，都抵不过雅可比手中的尚方宝剑——莱辛不信任他的亲口证词。他所珍视的是与莱辛之间的珍贵友谊，但不幸的是，从争辩的一开始他就因此而败下阵来。

曝露"莱辛弥留之际是坚定的斯宾诺莎主义者"为开端。论争之初,双方主要以伊丽丝·莱马鲁斯为中间人的信件往来,间或通过论文扼要阐述各自观点,如门德尔松的《驳雅可比先生》(*Objections of Mr. Jacobi*, 1784 年 7 月)和雅可比的《致赫姆斯特赫斯的信》(*Letter to Hemsterhuis*, 1784 年 6、7 月间)。论争真正公开化要等到两年之后,四部充斥着愤懑情绪和观点分歧的论战性专著在半年内相继出版,泛神论之争迅速进入白热化。[37] 论辩双方在如下问题上针锋相对、互不相让:莱辛是否为斯宾诺莎主义者?如果是,到底是哪一种意义上的斯宾诺莎主义者?如何恰切评估莱辛式斯宾诺莎主义的神学性质和道德危害?在门德尔松"措辞考究、雄辩有力的辩护"之下,斯宾诺莎的思想形象发生逆转:从一种臭名昭著的无神论荒诞体系转变为一种道德上无害的泛神论学说。这场争论意外地让斯宾诺莎沉冤得雪,作为一个泛神论者,斯宾诺莎"最终赢得了大众的敬重",并"在德国正式接受下来,与之相伴随的,是莱布尼兹哲学的没落"。[38]

然而,这一最终结果却是论争双方所始料未及的。作为启蒙的反对者和传统神学的捍卫者,雅可比尽管敬佩斯宾诺莎的果敢彻底,但对他理性主义的宿命论和虚无主义耿耿于怀;而论战另一方的门德尔松则出于审慎,本能地与斯宾诺莎拉开距离,从未想过要为这一思想异端正名洗冤。然而,雅可比的揭露和突袭,让门德尔松不得不重新审视莱辛作为斯宾诺莎主义的可能性。当然,门德尔松并不是马上就接受这一骇人听闻的论断,在最初的几个月,门德尔松的直接反应是:这又是一则八卦,像柏林科学院假设"蒲柏是一个形而上学家!"一样的荒谬透顶。[39] 然而,门德尔松同时意识到这一"八卦"带有的冲击性和破坏力:一旦这

---

[37] 这四部专著分别是门德尔松的《晨时》(*Morning Hours*, 1785 年 6 月完稿,同年 10 月出版),《致莱辛的友人》(*To the Friends of Lessing*, 1785 年 12 月完稿,出版于 1786 年 1 月),雅可比的《致门德尔松先生的信:论斯宾诺莎学说》(*On Spinoza's Doctrine, in Letters to Mr. Moses Mendelssohn*, 1785,与《晨时》几乎同时出版)和《回敬门德尔松〈致莱辛的友人〉之责难》(*Against Mendelssohn's Accusations in His "To the Friends of Lessing"*, 1786)。

[38] Martin D. Yaffe, *Strauss on Mendelssohn: An Interpretive Essay*, p. xiii.

[39] 施特劳斯:《"晨时"和"致莱辛的友人"·引言》,载《门德尔松与莱辛》,第 150 页。

一消息被做实,“莱辛那些正统派的论敌会把这视为超乎他们期望的铁证,证明莱辛根本没有信仰,从而在与莱辛的较量中大获全胜”。[40] 事实上,门德尔松对雅可比消息的拒斥态度也不是全无根据。一方面,门德尔松自认为非常了解莱辛,对他而言,如果莱辛直截了当、不加限制地就说自己是一个某某主义者,不是他当时神志不清,就是一时兴起的悖谬之言。另一方面,依据当时对斯宾诺莎主义和莱辛的通行见解,门德尔松无论如何也无法将启蒙捍卫者莱辛和反上帝、反一神论的无神论者联系起来。对门德尔松而言,五年前(1783)关于《残篇》的论争还清晰如昨:《残篇》作者莱马鲁斯从理性一神论出发,批判所有援引经验例证的实证宗教,尤其是基督教,而莱辛明确以“基督徒身份介入了这场《残篇》之争,尽管他不再认同正统的路德宗”。[41] 正是由于莱辛令人肃然起敬的身体力行和卓越辩护,才使得莱布尼茨的自然神学受到公众的认可,并“在德国大学占据主导地位且备受尊敬,尽管在开明的路德信徒那里,它是基督教启示信仰的一种饱受争议的有神论选项”。[42] 时过五载,亡友尸骨未寒,雅可比便极具攻击性地宣称莱辛不仅不再认同正统的路德宗,甚至连莱马鲁斯那样否认启示的理性一神教者都不是,这对于沉溺在往昔记忆中的门德尔松无论如何都难以接受。

然而,门德尔松对雅可比论断的拒斥态度持续时间很短。仅仅三个月之后,即在 1783 年 11 月 18 日致莱马鲁斯兄妹的信中,门德尔松便用沉默收回了他对雅可比“妄言”的质疑。[43] 雅可比寄给门德尔松关于莱辛谈话的详尽叙述和与莱马鲁斯兄妹的往来信件,使得门德尔松尽管不愿相信,但仍不得不直面这一事实:至交密友确实是一个斯宾诺莎信徒。这一事实完全出乎意料之外,不仅让门德尔松懊恼不已,更让其感到有些匪夷所思。因此,门德尔松决定沉下心来,“重新接续已被遗忘的斯宾诺莎研究”,考辨一下莱辛究竟在何种意义上是一个斯宾诺莎主义

---

[40] 同上,第 152 页。
[41] 同上,第 199 页。
[42] Mart in D. Yaffe, *Strauss on Mendelssohn: An Interpretive Essay*, pp. xii-xiii.
[43] Ibid., p. 84.

者?门德尔松重思和拷辨的结论集中发表在《晨时》和《致莱辛的友人》两部专著中,然而这些结论的论据和根由却集中在门德尔松的《哲学对话》(*Philosophical Dialogues*,1755 年)和莱辛的《理性基督教》[44]两个文本之中。

《哲学对话》是门德尔松的早期作品,完成于 1754 年,出版于 1755 年。在这篇对话的第二部分,门德尔松试图阐释"'斯宾诺莎的理性和宗教的学说大厦可能'以何种形式'存在'"。在门氏看来,"斯宾诺莎主义就是这样的学说:世界、所有可见的事物,'直到(现在)这一刻,都只能在上帝的理智中被找到'"。[45] 在门德尔松看来,我们自身,以及我们通过感官意识到的外部世界,并非自我持存的事物,而是自我持存之物——实体(上帝)的变体。换而言之,万物是一(上帝)的潜在,一(上帝)是万物的原型,实体(上帝)既是唯一,却又无所不包。[46] 门德尔松的这一阐释已然远离了学界把斯宾诺莎的上帝"理解为所有有限事物的集合"的流俗之见。在为《哲学对话》所撰的书评中,莱辛高度赞赏门德尔松重释斯宾诺莎的"果敢"(very bold)和"恰如其分"(very felicitous)。8 年之后,在 1763 年 4 月 17 日致门德尔松的信中,莱辛再一次提及《哲学对话》中门氏对斯宾诺莎主义的重释,他迷惑不解的是,"为何还没有莱布尼茨主义者站出来反对你"。[47] 然而,不仅忠诚的莱布尼茨信徒,就连门德尔松本人在以后的研究中也全然忘记了自己曾经信奉过"净化过"的斯宾诺莎主义。[48] 直到雅可比的"善意"提醒,才促使门德尔松再次记起自己曾在《哲学对话》里对斯宾诺莎写过什么,从而有机会再次近距

---

[44] 参见莱辛:《历史与启示——莱辛神学文选》,朱雁冰译,华夏出版社,2006 年,第 1-3 页。

[45] 施特劳斯:《"晨时"和"致莱辛的友人"·引言》,载《门德尔松与莱辛》,第 209-210 页。

[46] 这一论点原为《哲学对话》中所阐发的见解,在《晨时》中却成为门德尔松批判的对象。参见 Martin D. Yaffe, *Strauss on Mendelssohn: An Interpretive Essay*, pp. 230,232,233。然而,施特劳斯对门德尔松《晨时》的解读表明,《晨时》13-15 讲中角色的话并不能表明是门氏本人的观点,因此,笔者认为,鉴于《晨时》和《哲学对话》的不一致以及前者包含更多的论战策略,《哲学对话》中的辩护立场应该更加符合门德尔松的愿意。

[47] Martin D. Yaffe, *Strauss on Mendelssohn: An Interpretive Essay*, p. 144.

[48] 施特劳斯:《"晨时"和"致莱辛的友人"·引言》,载《门德尔松与莱辛》,第 151 页。

离地重新审视自己的哲学前提,这为自己理解莱辛的斯宾诺莎主义提供了思想基础。[49]

然而,《哲学对话》充其量只能证明莱辛激赏门德尔松净化斯宾诺莎主义的做法,并不能证明莱辛本人是否信奉净化的斯宾诺莎主义。因此,要确定这一点,还需要另找证据。1785 年 4 月,莱辛神学遗稿《理性基督教》的编辑出版和在复活节书展上的亮相让门德尔松最终找到了确证莱辛信仰斯宾诺莎主义的直接证据。[50] 正是从那一刻起,门德尔松才又开始成竹在胸,并着手构思自己在下一部新著中将如何来着手回应雅可比的挑衅。[51] 门德尔松反驳的要点在于,雅可比被莱辛的夸张言辞迷惑了,从而把莱辛净化过的斯宾诺莎主义误解为流俗意义上的斯宾诺莎主义。所谓净化过的斯宾诺莎主义,就是“被莱布尼茨思想改造过的斯宾诺莎主义”。[52] 这种改良或净化(improved)包含双重意义上的否定:[53] 一方面,对莱布尼茨的理性基督教而言,莱辛反对它半吊子和漂浮无根:“人们根本不知道,理性基督教的理性在哪里,基督教又在哪里。”[54]同时,莱辛也反对莱布尼茨的前定和谐,在莱辛看来,“对上帝而言,如果区分了可能和现实,又把现实世界理解为所有可能世界中最好的一个,那这种区分还有什么意义?”[55]另一方面,莱辛对斯宾诺莎学说也不完全认同:如果把上帝理解为有限事物的集合,有限物加有限物仍是有限物,那么,从有限物的聚合何以会产生出无限的上帝?因此,作为一个独立的思想哲人,莱辛并没有简单地信靠任何一种主义教条,而是创造性地

---

[49] 同上,第 189 页。

[50] 莱辛净化过的斯宾诺莎主义的论据在其遗稿《理性基督教》中,参见施特劳斯:《“晨时”和“致莱辛的友人”·引言》,载《门德尔松与莱辛》,第 165、166、209 页。

[51] 同上,第 166 页。

[52] Martin D. Yaffe, *Strauss on Mendelssohn: An Interpretive Essay*, p. 142.

[53] 在施特劳斯看来,莱辛不是一个教条主义者,对于任何标签他都保有哲人的警惕和不安分。因此,莱辛并未“毫无保留地信靠斯宾诺莎主义”,他也没有用“任何一位大师的话来宣誓”,当然,也不能由此证明莱辛没有“朝斯宾诺莎主义的方面渐渐远离有神论”。参见施特劳斯:《“晨时”和“致莱辛的友人”·引言》,载《门德尔松与莱辛》,第 150、151 页。

[54] 同上,第 145 页。

[55] Martin D. Yaffe, *Strauss on Mendelssohn: An Interpretive Essay*, p. 141.

借助莱布尼茨观念来改造斯宾诺莎的学说。在这种改良过的斯宾诺莎主义那里,上帝的根据并非源于外在,唯一必然的上帝之在并非由无穷多的偶然存在物聚合而成,而是因其自身"统一性并以其力量为依据而无限"。[56] 换句话说,在莱辛净化过的斯宾诺莎主义那里,根本不存在什么客观外在世界,"我们自身以及在我们周遭的世界,不过纯粹是上帝的思想罢了",所谓创世,便是上帝"将自己的完美分割开来逐一"思考的结果。[57] 那么,这种自然、世界和上帝内在同一的思想就不再是渎神的无神论,而是一种"对人类行为和幸福不产生丝毫影响","与宗教和伦理学实际拥有的一切,相处得融洽无间","甚至能与基督教的正统派和平相处"的道德上无害的有神论选项。[58] 简而言之,门德尔松对莱辛的辩护的关键在于,莱辛净化的斯宾诺莎主义与对莱布尼茨的理性一神论的区别,只具有形而上学的细微差别,并无道德实践上的影响。

综上所述,在这场堪比中国"五四启蒙运动"的德国泛神论之争中,门德尔松既赢得了这场论战的胜利,同时也落败得一塌糊涂。说门德尔松赢得了泛神论之争,是从战略和历史影响上说的。在这场莱辛名誉的保卫战中,门德尔松通过论证净化后的斯宾诺莎主义在实践上的道德无害性和在宗教神学上的可接受性,使得斯宾诺莎的泛神论思想赢得了公众的敬重,从而为公众接纳莱辛净化过的斯宾诺莎主义提供了前提。进一步地,门德尔松成功地向莱辛那些"哲理剧本、文学评论和神学论辩"的读者表明,莱辛对莱布尼茨主义的"背离仍完全符合他对基督教道德堪称典范的忠诚",从而有效地"掩盖和弥补了雅可比的揭露对莱辛名誉所造成的损害"。[59] 随着斯宾诺莎泛神论思想的深入人心,斯宾诺莎的理性启蒙思想开始占据学术话语权,德国启蒙运动在观念论的旗帜下变得势不可挡。从这个意义上讲,门德尔松为启蒙运动的普遍接受扫清了障碍,因而是泛神论之争的胜者和最后赢家。然而,从具体战术和直

---

[56] 施特劳斯:《"晨时"和"致莱辛的友人"·引言》,载《门德尔松与莱辛》,第 168 页。

[57] 同上,第 189、208 页。

[58] 同上,第 196、207 页。

[59] Martin D. Yaffe, *Strauss on Mendelssohn: An Interpretive Essay*, pp. 230, 231.

接后果上看,门德尔松并未有效证明自己和莱辛友谊的坚不可摧:作为挚友、他在敌情不明的劣势下承担起捍卫至交学术名誉的重任,却对莱辛在“敏感的哲学问题上”对自己的讳莫如深始终心存幻想,这场论争最终让这段堪称佳话的跨界友谊蒙上了阴影,让门德尔松所有为之进行的自我辩解变得苍白无力。因此,从泛神论之争的战术和结果上看,雅可比无疑是最终的胜利者。

四、施特劳斯、犹太人问题与重估“泛神论之争”

综上所述,“门-雅”泛神论之争是一场关于莱辛是否为斯宾诺莎主义者的争论。这场争论导致了斯宾诺莎泛神论思想的深入人心,间接证成了斯宾诺莎启蒙理性主义,亦即在理性法庭上检审宗教信仰的正当合法性。因此,从根本上讲,泛神论之争是关于启蒙正当性的论争。然而,这场论争在具体发生上又参杂着愤懑情绪与理性克制、神-政中和与理智真诚、哲学反思与犹太人神学政治困境等多条副线的会聚和交织,问题的复杂性使得后学对这场论争的探讨展现出迥异其趣的不同论姿。例如,在《门德尔松全集》200 周年纪念版(1929 年启动)的两位资深编辑——施特劳斯和阿尔特曼(Alexander Altmann)的笔下,门德尔松的形象便差异显著:较之借助“哲学争论的话语加以阐释”的阿尔特曼路向,施特劳斯从史学与哲学探究相统一的“神学-政治”视角出发,来解读门德尔松在泛神论之争中的隐秘动机和诸种反应。[60]

对施特劳斯而言,门德尔松不仅是启蒙的坚定捍卫者和探询永恒真理的哲学家,更是一位身处神学-政治困境中苦寻出路的犹太人,“是现代犹太思想实际的、直接的父亲,第一个现代犹太哲学家”。[61] 在 18 世纪晚叶,尽管启蒙运动在莱布尼茨,继而在莱辛、门德尔松、康德等大哲的共同推动下已渐成风潮,但对于正统神学和政教统治居于主导地位的

---

[60] Ibid., p. 237.

[61] 格林:《现代犹太思想流变中的施特劳斯》,载《施特劳斯与现代性危机》,上海:华东师范大学出版社,2010 年,第 300 页。

德意志帝国而言,启蒙的正当性仍然是一个亟待证成的理论疑难。雅可比敏锐地直觉到启蒙理性主义所直面的内在困境。尽管从道德评价上看,雅可比以故意“羞辱门德尔松的迂回方式”挑起泛神论之争显得极不正派,[62]但可以肯定的是,论争之初主导雅可比的并非泄愤报复之类的私人动机,[63]而是出于揭示真理的理智真诚。对于施特劳斯而言,雅可比之所以固执地挑起这场论争,并让它如其所愿、自然而然地走完它的历程,是受到如下信念的支撑和激发:“启蒙运动及其理性主义终将导致无神论和宿命论。”[64]雅可比强拉门德尔松入瓮,就是让那些处于风头浪尖的启蒙斗士们直面这一两难抉择:“要么跟随莱辛的脚步,接受理性主义的毁灭性后果;要么拒绝理性主义,支持雅可比自己的信仰学说。”[65]在施特劳斯看来,尽管雅可比二难抉择过于生硬粗暴,但确也击中了门德尔松的要害,从而让这位启蒙温和派翘楚不得不重新审视自己隐秘的斯宾诺莎前提,[66]尽管他最终未能跳出根深蒂固的莱布尼茨哲学前提。

在施特劳斯看来,门德尔松之所以未能像莱辛那样冲破莱布尼茨哲学的牢笼,缘于他对现代形而上学优越于古代形而上学的坚定信念。在门德尔松看来,柏拉图为代表的前现代形而上学缺乏论证,它不仅仰赖不够严密的日常语言,甚至在论证主题上,也远不如“现代形而上学有更好的概念来表述人类身体的价值”。对于现代形而上学而言,“这个世界不是监牢、苦海,而是一座潜在的天堂”。现代形而上学之所以肯定人的身体价值,“是因为它意识到,感官、躯体、此世,都是‘神的造物’”。[67]施特劳斯此处提醒我们,这里门德尔松坚守的现代形而上学观念已然是

---

[62] Martin D. Yaffe, *Strauss on Mendelssohn: An Interpretive Essay*, p. 227.

[63] 施特劳斯:《“晨时”和“致莱辛的友人”·引言》,载《门德尔松与莱辛》,第147页。

[64] 简森斯:《启蒙问题:施特劳斯、雅可比与泛神论之争》,载《哲学与律法》,第204页。

[65] 同上。

[66] 在施特劳斯看来,净化过的斯宾诺莎主义的始作俑者,根本不是莱辛,而是门德尔松。因此,当泛神论之争开启后,门德尔松“重新接续已被遗忘的斯宾诺莎研究”,再次近距离地重新审视自己的哲学前提,从而为自己重新审视莱辛的斯宾诺莎主义敞开了可能。参见施特劳斯:《“晨时”和“致莱辛的友人”·引言》,载《门德尔松与莱辛》,第210、189、151页。

[67] 同上,第179页。

对莱布尼茨和柏拉图学说双重修正后的结果。与莱布尼茨对威严、公义、审判的上帝理解不同，门德尔松从启蒙人学的意义上将上帝理解为"仁慈的、'温柔爱着的'、'宽厚地'将获取幸福的手段'撒播四方'的那个上帝"。[68] 这里门德尔松和莱布尼茨的对立表现在：莱布尼茨"重视的是智慧，而门德尔松重视的则是善。这意味着，对莱布尼茨而言，创世的目的就在于世界整体的美与秩序，而对门德尔松来说则首先是人、每个人的幸福"。[69] 概括言之，门德尔松的上帝观更具启蒙理性色彩，他将"上帝的仁善置于他的力量、荣耀以及带来惩罚的震怒之前，乃是启蒙运动特有的观念；对于启蒙来说，上帝主要不是提出要求、为自己提要求的上帝，而是仁善的上帝"。[70] 正是根植于这样的启蒙观念，门德尔松一方面改编了柏拉图的《斐多》，缓和(Milderung)了这一对话的严峻风格，强调灵魂不死对道德之人的慰藉作用；另一方面，门德尔松以类似的方式改编了莱布尼茨的《上帝的事业》，否弃了后者与上帝之仁善和公义相冲突的地狱永罚教义。施特劳斯强调，门德尔松的双重改编受到现代哲学特有旨趣的引领和支配："尽管门德尔松一直对神学保有天生的兴趣，然而对他起决定作用的，却是对自我的物质性、封闭性、独立性和个人权利的兴趣：他之所以会偏爱上帝无所苛求的善，因为只有它才能与独立自我的权利诉求协调一致，只有它才能与这些权利'不发生冲突和差错'。"[71]在门德尔松的笔下，上帝的大能和全智形象被良善形象所笼罩：上帝绝非出于自己的"永恒荣耀和公义"，而只是"为了人类个体今生和来世的幸福才创造和供养他们"。正是从这种隐秘的启蒙前提出发，门德尔松翻转了上帝和自我的原型——摹本关系，强调有限自我具有不可化约的"原型般的物质性"和自足性，继而宣称"每个人都有特定的权利领域，其他任何人，包括上帝，都不能也无法干涉这一领域。"[72]

可以看出，门德尔松无批判地全盘接受了启蒙的前提预设：他笃信

---

[68] 施特劳斯：《斐多·引言》，载《门德尔松与莱辛》，第92页。

[69] 施特劳斯：《上帝的事业或获救的天意·引言》，载《门德尔松与莱辛》，第124页。

[70] 施特劳斯：《斐多·引言》，载《门德尔松与莱辛》，第92页。

[71] 施特劳斯：《"晨时"和"致莱辛的友人"·引言》，载《门德尔松与莱辛》，第192页。

[72] 同上，第191页。

笛卡尔无可怀疑的我思预设,秉持个人权利神圣不可侵犯的信念,质疑启示普遍永恒真理的可能性,[73]对上帝进行了谦和仁慈的非人格化虚置,等等,这些基于启蒙的论断,全然迥异于犹太传统神学的、启示律法教导和人格化的上帝-君主形象。正是在这个意义上,施特劳斯认为门德尔松对传统犹太思想和现代哲学的启蒙综合,本质上是一边倒的卑躬屈膝:他无批判地试图按照现代理性主义和现代宗教自由主义原则来改造传统犹太思想,"几乎牺牲了犹太思想中一切独特的东西"。[74] 面对唯物主义和雅可比哲学的有力挑战,门德尔松被迫证明"犹太思想既不相信神迹、启示以及犹太人的选民身份,亦不能给那些遵守律法诫命的人带来特殊的拯救",那么,施特劳斯怀疑,这种被门德尔松阉割后的犹太思想,"是否还可能作为一个自主的、自足的宗教思想传统继续存在下去"?[75]

在施特劳斯看来,门德尔松的妥协和综合缺少直面真相的理智真诚,对现代犹太人而言是一种自欺欺人的自我安慰。门德尔松所处的时代,启蒙大幕徐徐开启,自由社会和理性主义需要证成,犹太人的尘世拯救被期冀于启蒙诸种价值的实现之中。然而,在施特劳斯的时代,一百五十余载的西方启蒙实践非但没有实现启蒙哲人期许的诸种价值,反而再次堕入神话的蒙昧主义和非理性的自我屠戮之中:科学主义的异化统治、自由民主制的软弱无力、反犹主义的愈演愈烈、纳粹主义的强势崛起,理性主义的自我毁灭和神学信仰的再次复兴……"神学-政治困境"再次成为犹太人不容回避的现实处境。因此,重审这桩旧案,施特劳斯以"神学-政治继承人的立场"去重估门德尔松式综合的利弊得失。

---

[73] 在雅法看来,"作为体系的哲学与作为启示律法的犹太教之间的最终紧张,是门德尔松犹太思想之根基的断层地带",根植于对体系哲学自明性的确信,门德尔松从根本上质疑了"启示真理的必要性或可能性。在门德尔松看来,启示真理的问题在于它的含混不清和缺乏自明,因而无法为托拉和犹太人实践提供坚实的神学基础,而且同时助长了迷信。另一方面,托拉的教诲无法论证;严格地讲,即是说,它绝非是一个体系,而是一种启示律法(从其自身视角出发)。" Martin D. Yaffe, *Strauss on Mendelssohn: An Interpretive Essay*, p. 241。

[74] 格林:《现代犹太思想流变中的施特劳斯》,载《施特劳斯与现代性危机》,第 301、302 页。

[75] 同上,第 302 页。

在施特劳斯看来,门德尔松的论战失败喻示了犹太人问题自由解决方案的失败:犹太人逃离封闭的犹太聚居区,以个体方式融入自由民主国家的努力,甚至不能为那些抵达学术顶点的人赢得友谊(如门德尔松)、人格上的尊严(如洛维特),以及起码的教职保障(如本雅明)。因此,无论是在私人领域反犹主义的从未离场,还是在后黑格尔时代理性主义的自我毁灭,都从反面宣告了门德尔松启蒙论证并非值得称道。理性主义不能为人类构造此世的美好天堂,反之,人性非理性的方面一再冲破理性主义的牢笼,宣示后者对人的本真之在的霸权奴役。另一方面,施特劳斯也不认可雅可比的非理性主义信仰方案。在施特劳斯看来,尽管雅可比通过两难抉择对现代理性主义做出了决绝彻底的无神论宣判,但他的"非理性主义和传统主义实际上根植于历史主义,因为,他认为真正的知识只能源于由顺从超越的真实性所激发的道德行动。这揭示了雅可比'信仰之飞跃'的决定主义特征,也说明他试图通过一种道德变化来实现一种哲学革新"。[76] 总而言之,施特劳斯对门德尔松的启蒙理性综合和雅可比的非理性信仰都不满意,他没有如雅可比所愿地沿着启蒙的理论逻辑选择二难选项的任何一方,而是坚定地开启古今之争,回溯到前现代的古典理性主义之中,并最终开掘出迥异于前人的柏拉图式政治哲学思考之路。

施特劳斯对启蒙的幻灭感,对当下语境中的汉语学人同样适用。因为门德尔松和施特劳斯的关系就如同五四启蒙哲人与当下语境下汉语学人之间的关系。百年来西学东渐的历程,尤其是三十多年的改革开放,既让我们感受到科学技术的日新月异和物质产品的充沛丰盈,也让我们深感知识权力的异化宰制和道德精神的沦落无根。因此,追随施特劳斯重温18世纪德国的这场泛神论之争,重新思考启蒙原发处的可能选项和个中理由,对我们破除启蒙的神话,重新审视充斥当下的诸多"理所当然"的价值观念,以及以何种态度对待我们自己的传统,无疑大有裨益。这恐怕也是我们以西学为镜,以西方内部的普遍-特殊对抗为参照,重思我们的精神安顿何去何从的必要性之所在。

---

[76] 简森斯:《启蒙问题:施特劳斯、雅可比与泛神论之争》,载《哲学与律法》,第210页。

论天主教的人学思想
——以梵二会议为中心

林庆华　薛晓英

【内容提要】 本文以天主教梵蒂冈第二届大公会议颁布的文献《论教会在现代世界牧职宪章》为依据，通过梳理关于人类的处境、人作为天主的肖像以及在基督中的人这三个方面的论述，较为系统地评述了梵二会议的人学思想。

【关键词】 梵二会议　《论教会在现代世界牧职宪章》　人学

天主教梵蒂冈第二届大公会议（1962－1965年）的人学思想，在所颁布的文献《论教会在现代世界牧职宪章》[①]中得到了最为系统和深入的论述。本文以《牧职宪章》为依据，采取文本解读的方法，通过对人类处境、人作为天主的肖像及在基督中的人等三个方面内容的评述，从而较为全面地梳理了梵二会议的人学思想。

一、人学思想的起点：人类的处境

《牧职宪章》紧随梵二会议"革新教会、面向现代世界"的目标，简要地分析了现代社会中的人类处境，并将其视为整个人学思考的起点。

---

① 《论教会在现代世界牧职宪章》（后面简称《牧职宪章》或"宪章"），载《天主教梵蒂冈第二届大公会议文献》，上海：天主教上海教区光启社，1998年。

1. 人是关注焦点

《牧职宪章》的关注点是人，这一点在绪言中做了明确的表达："教会将借助福音神光，将她在圣神教诲下，由其创立者所接受的神力神方，提供给人类。应予拯救者是人的人格；应予革新者是人的社会。因此，我们的言论全部集中于人，集中于整个人，即人的灵魂、肉体、心情、良知、理智及意志。"②从这段表述中可以看到，"人"是梵二会议思考的关键点，同时这一思考并没有将人与信仰分离，而且整个宪章的人类学分析亦与基督论和教会学的主题有关。先于人的自然属性而明确提及福音神光、教会、基督和圣神，表明宪章对人类学的探讨是以对信德的确认为前提的。教会通过与人类直接交谈，向人类阐明"基督所结合为一的天主子民的信德真理"，③指出人同其生活的世界的所有联系、尊重及爱护。

人成为梵二会议神学思考最重要的对象，同时也是教会所服务的对象，教会"是为拯救人类，而不是为审判人类；是为服务人类，而不是为受人服务"。④ 人的所有层面和维度，都为梵二会议所关心，尤其集中在我们时代的所有疑难，即对人和人的处境的关注，这也是整个宪章的真正精神所在。教会相信，人是其他问题的核心，解决了人的问题，所有其他问题最终都会得到顺利的解决。

有关人的问题相当复杂，宪章对此有明确的认识："教会正视着世界及整个人类大家庭，并正视着这大家庭生活于其间的种种。世界是人类历史的舞台，世界常有人类奋斗、失败和胜利的戳记。在信友看来，世界乃由天主圣爱所造化，所保存；虽不幸为罪恶所奴役，却为战胜恶魔的基督，以其苦架及复活所救赎，目的在使它依照天主的计划，获致改造而臻于完善。"⑤这段描写概述了人的存在的不同层面和维度，尤其是人同社会和世界的关系。"世界"一词有着重要的人类学意义，世界首要的不

---

② 《牧职宪章》，第 164 页。

③ 同上。

④ 同上。

⑤ 同上，第 163－164 页。

是一个有着各种结构和制度的宇宙实在,它首先是一个人类大家庭。世界一方面是天主所爱的,天主为世界派遣了他的独子;另一方面,世界是受罪恶所影响的,是一个光明和黑暗的结合体。人类处于这复杂世界之中构成了一个大家庭,人活动在世界中并在世界中发现自身,世界中的任何事物都与其他事物相关联尤其是与人相连。因此人的问题的关键就是人与自身、人与他人、人与世界的关系问题,这一关系包含了人类的整个生活环境和生活结构。

人是教会与世界全部关系的基础,教会是由团结在基督内的人们所组成的,是整个人类家庭的一部分,因此人所面临的问题也是教会与整个人类大家庭所共同经历和感同身受的,“我们这时代的人们,尤其贫困者和遭受折磨者,所有喜乐与期望、愁苦与焦虑,亦是基督信徒的喜乐与期望、愁苦与焦虑。凡属于人类的种种,在基督徒心灵内,莫不有所反映”。[⑥] 教会与人类和世界休戚与共,深深感到自身同人类及人类的使命具有密切的联系,依据福音在基督中获得更新,教会应在良心的要求之下,参与现世的任务,解决苦难、战争、社会正义及不平等等问题。

2. 时代局势

在陈述教会对人类的使命之后,宪章接着说道:“教会历来执行其使命的作风,是一面检讨时代局势,一面在福音神光下,替人类解释真理,并以适合各时代的方式,解答人们永久的疑问,及现世及来生的意义,和今生与来世间的关系。”[⑦]对时代局势的分析为人类学提供了一个更宽的平台,包括对作为存在之基本范畴的世界、时代和历史的思考,给出一个神学反思的起点。

宪章在引言的4－10节中采取一个整体的视角对人类处境作了说明,从各个方面将问题聚集到一起,对时代局势进行了具体的分析。时间和历史是“时代局势”的两个重要方面。人是时间中的存在,历史则

---

⑥ 同上,第163页。

⑦ 同上,第165页。

是作为事件来呈现的时间，代表了人的期望和活动的总和，因此人也是历史性的存在。宪章指出人类现在处在历史的新时代。人类历史的这一新时期的重要特征是“深刻而迅速的演变逐渐延伸至全球”。[8] 变化这一主题占据了对人类处境的整个描述的中心。迅速、广泛、深刻的变化正以各种方式而存在，而且这些特征比以往的任何时代都要明显。科学技术是变化的决定性力量，它们改变了人们对宇宙的认知，同时将任何事物变成为自身服务，由之而来的是人的社会化，普遍存在于人类的各种关系之中。社会交流的媒介促进了文化的融合，突破了地理上的远距离，将人们联系到一起，所有这一切的结果就是社会化。

3. 人类处境的矛盾性

宪章对当下处境进行考察后得出了一种对我们时代的戏剧性特征的认识：即对人们今天所经验到的不确定性、含糊性和混乱性的认识。这三个特性可以用一个词语来概括，就是矛盾性，矛盾性构成了人类处境的首要因素。宪章用“喜乐与期望”“愁苦与焦虑”两对词语对人的矛盾性作了审视，展示了人的内在和外在处境的冲突性和紧张性。基于世界及整个人类处境的这一戏剧性状态，宪章将世界描述成善与恶的并存体，而且世界作为历史的舞台，在其中人类上演的戏剧远没有结束，反而是这出戏剧的紧张与不安与日俱增。宪章承认自古以来人类的努力使世界展现出了失败和胜利的混合印记，在这一复杂和矛盾的现实处境中，人们“便无从体认永恒的价值，也无从将这价值同新的发明妥予调协。因而为期望和焦虑所夹攻、对刻下情况怀疑丛生的现代人，便陷于不安中”。[9]

交替的历史在当代通过对传统价值的推翻和不断扩大的代沟见证了其自身。[10] 这些剧变影响了制度、法律、思维模式和人的感受，其结果是导致了人的焦虑和不确定性。变化同样影响了人们的宗教观，新的思

---

⑧ 同上，第 166 页。

⑨ 同上。

⑩ George Karakunnel, *The Christian Vision of Man* (Bangalore: Asian Trading Corp., 1984), p. 65.

维方式导致了宗教既增加也减少了,一方面新的变化既是信仰启蒙的机遇,另一方面也是放弃信仰的机会,一种新的人文主义在很多方面代替了宗教,出现了越来越多的无信仰者。由此人及人类处境都充满了不平衡、不和谐:"连在人本身上,亦往往在现代的思辨与实践的思想方式间,出现不平衡,使人不能将所有知识予以控制,亦不能予以有系统的综合。在急于求取实际效率和良心的要求间,亦产生不平衡。在集体生活的环境和私人思考,乃至静观的需要间,亦多次发生不平衡。最后在崇尚业务的专门化和事物的全局之间,亦出现不平衡。"[11]在此宪章从各个层面考察了人类处境的不和谐之处,而且指出人既是其行动的发起者也是其行为后果的受害者。

在列举了现代世界的诸多不平衡之后,宪章表达了人类的普遍愿望,即人类对一个更充分的生活的渴望以及对超越性事物的追求。在人的存在的层面上,人恰当的尊严,无论是个人的尊严还是团体的尊严,宪章都给予了认可:"人们自觉厘定政治、社会、经济秩序也是自己的权利,使之日益改进其对人类的服务,并使之帮忙每人及各社团,树立并培植其固有的尊严。"[12]宪章也表达了世界各地要求重视基本人权的呼声,妇女希望像男人一样在社会中扮演更积极的角色,文化的恩泽应当真正地普及于人人,私人和团体都渴望获得一个相称人性的、充分自由的生活。一方面存在着热切和普遍的愿望,另一方面同样也存在着不确定性和矛盾性。人们显示着其能力及无能为力,人既是强壮的也是孱弱的。造成这一现状的根源便是人类最深奥的疑难,即人心的不平衡导致了社会的失衡。这里沿用了保禄的人类学方法,人内在的分裂被视为所有不和谐的开始。人是有限的存在物,同时又追求永恒的生活:一方面,由于人类作为受造者能感到自身受到多方面的限制;另一方面,人又感到自身具有无穷的愿望,有走向更高级生活的使命。人有多种可能的生存方法,然而有些人只看到了生活的物质层面,并且试图建立永恒的天堂,另有一些人则被生活的偶然性压倒,看不到生活的意义。

---

[11] 《牧职宪章》,第 169 页。

[12] 同上,第 170 页。

4. 人类的基本问题

人类处境的矛盾性引发了人类最普遍的愿望及最深奥的疑难,宪章由此提出了人类在现代处境下最基本的问题:“人究竟是什么? 痛苦、罪恶及死亡的意义何在? 何以人类做出了这么多进步之后,它们仍然存在? 人类在付出偌大代价之后所获致的胜利,何益之有? 人对社会可能提出什么贡献? 人由社会可能期待什么? 尘世生命完结之后,继之而来的,将是什么?”⑬这些问题的提出解释了宪章的宗旨毫无疑问是服务于对话这一目的的,也意味着宪章的思考从对现象的分析转向了对人和人类处境之原因的神学思考。

梵二会议对人类疑难所提出的所有解决方法都是依照基督的神光而提出的,在基督神光之外不可能找到解决的方法,因此最终这些疑难只能在基督中找到答案,“教会深信人类整个历史的锁钥、中心及宗旨,便是基督天主及导师”。⑭ 人的奥迹依存于基督的奥迹中,人必须先走近基督并被其圣光笼罩,人的奥迹才能得到解释。由此宪章所遵循的人类学进路最终走向了基督论,探寻人的奥秘,最终找到了基督那里。“言说人即是在省视基督,基督是人类满全的根源,同时也是人类最高的榜样。”⑮因此,在《牧职宪章》中对人的神学思考包含了人类学和基督论两个方面。

二、人学思想的核心:人作为天主的肖像

1. 人是天主的肖像

重大的时代局势之一就是在存在论意义上的人类自身的疑难,即对

⑬《牧职宪章》,第 171 页。《教会对非基督宗教态度宣言》也有类似的表述:“对于今日一如往日,那深深激动人心的人生之谜,人们由各宗教期求答复:人是什么? 人生的意义与目的何在? 什么是善? 什么是罪? 痛苦的由来与目的是什么? 如何能获得真幸福? 什么是死亡,以及死后的审判和报应? 最后,还有那围绕着我们的存在,无可名言的最终奥秘:我们由何而来? 将往何处?”参见《天主教梵蒂冈第二届大公会议文献》,上海:天主教上海教区光启社,1998 年,第 531 页。

⑭《牧职宪章》,第 172 页。

⑮ George Karakunnel, *The Christian Vision of Man*, p. 75.

“人是什么”这一问题的困惑。对这一基本问题的解答引出了人是天主的肖像这一主题,即“圣经告诉我们:人是‘依照天主肖像’而受造的;人能认识并热爱其造物主;天主规定人是大地及万有的主人,目的是使人统治并使用万物而光荣天主”。[16]

人是天主的肖像这一主题本身是圣经人观的一个基本范畴。关于这一主题的描述有《创世纪》1:26－27:“天主说:‘让我们照我们的肖像,按我们的模样造人,叫他管理海中的鱼、天空的飞鸟、牲畜、各种野兽、在地上爬行的各种爬虫。’天主于是照自己的肖像造了人,就是照天主的肖像造了人:造了一男一女”;《智慧篇》2:23:“其实天主造了人,原是不死不灭的,使他成为自己本性的肖像”;《圣咏集》8:5－6:“世人算什么,你竟对他怀念不忘?人子算什么,你竟对他眷顾周详?竟使他稍微逊于天神,以尊贵光荣作他冠冕,令他统治你手的造化,将一切放在他的脚下。”宪章对人是天主的肖像这一主题的描述受到了圣经的启发,并采用了圣经的表达,有着坚实的圣经根源。

2. 作为受造物的人

从上引的《创世纪》1:26－27这段经文中我们可以看到,人的受造被描写为天主创造万物的一个顶峰。人的受造来自天主的直接行动,人是天主按照其肖像创造的,具有与天主相似的特性。

“肖像”和“相似”两个词语,表达了人同天主之间的关系,意味着人作为一个整体是天主的肖像,但不管怎样,人与天主却又不可能是本质上的同一。将人视为天主的肖像,一方面否认了人本身就是天主,另一方面强调了人与天主紧密相关。“相似”是对人与天主等同的一种否认,也是对人与天主之间的亲密关系的一种肯定。与其他的受造物相比,人与天主有直接的关系,事实上天主通过人来展现自身,人有与天主对话的能力,天主召叫人同时人能够回应天主的召叫。这一点宪章通过“认识”和“爱”两个词语的使用做了进一步的强调。人的认识和爱的对象是天主,意味着认识天主和爱天主是给予每个人的天命,对天主的认

---

[16] 《牧职宪章》,第174页。

识和爱显示了人真正的能力。天主按自己的肖像造了人,赋予人管理大地的权利,因此肖像的意义不仅仅体现在人的存在上,而且更多地体现在人对大地的统治上,"天主规定人是大地及万有的主人,目的是使人统治并使用万物而光荣天主"。[17] 这也符合圣经的启示,在圣经中人对大地的统治在某种程度上是独特的,创造人的目的不是为了服务于各种神明,人之所以受造是为了分享天主的创造化工,通过统治大地及管理人的世界来荣耀天主。

接着宪章描述了作为受造物的人的社会性方面:"但天主并未曾只造了一个人;自初便造了'一男一女'。这一男一女的结合便成为人与人共同生活的雏形。人依其内在本性而言,便是社会性的;人如与他人没有关系,便不能生活下去,亦不能发展其优点。"[18]根据宪章的观点,人是一种关系性的存在物。圣经给予了作为天主肖像的男人和女人平等的地位,他们密切相关,互相依存,从受造之初便作为一对关系而呈现,只有透过男人和女人才能认识到"人类"的完整意义。男人和女人之间的"我-你"关系趋向于"我们",象征着人类社会的"多产"的意义,同时必须指出人与人之间的任何关系和共享都是天主授予的。[19] 人不仅仅存在于与人类中的"他者"的关系中,而且存在于同天主的关系中,正如拉辛格所说,"人类的团结朝一个第三者打开,即完全的他者——天主,同时对梵二会议来说,这正是人是天主肖像这一教义的内容,人处在与天主的直接关系中,人不仅间接地通过其工作和与同胞的关系与天主同在,而且人可以认识并爱天主本身"。[20]

以上通过对宪章的文本及其圣经根源的分析,探讨了肖像主题的不同维度。肖像是一个动态的和对话的实在,通过这一实在人可同天主对话,同他者产生关系,并统治大地。肖像是一种使命和责任,因着人是天

---

⑰ 同上。

⑱ 同上。

⑲ George Karakunnel, *The Christian Vision of Man*, p. 85.

⑳ Joseph Ratzinger, "The Dignity of the Human Person," in Herbert Vorgrimler, ed., *Commentary on the Documents of the Vatican II*, vol. 5 (New York: Herder & Herder, 1969), pp. 122–123.

主的肖像,人成为天主的对话者,成为其同胞的助手,成为世界的管理者。

3. 人性的尊严

作为天主肖像的人最崇高的使命是"受邀请与天主对话",在此我们发现了肖像和使命主题的一个结合点,即尊严和使命完整地构成了"肖像"主题的框架。关于人的尊严可以提出两个问题:人格尊严的根由体现在何处?这一尊严的基础是什么?关于第一个问题,宪章说到:"人性所以尊严,其最大理由便是因为人的使命是同天主结合。"[21]关于第二个问题,宪章认为人性尊严存在并完满于天主之中,人性尊严正奠基于天主,并靠天主来玉成。人所肖似的天主是人性尊严的基础和完满,人的使命和尊严存在于天主神圣的肖像中。

为全面解释作为天主肖像的人的人格天赋,宪章阐释了人的构造。人是身体和灵魂的统一体。基于这一思想,宪章以一种积极的态度来对待人的身体,人被描述为通过其身体将物质世界汇集于一身,物质世界借着人而抵达其极峰,并借着人来颂扬天主;同时也肯定了人的灵魂的灵性与不朽,当人认识到这一点时便不会被由身体带来的靠不住的幻想所愚弄,从而能够认识问题的深层真理。

在描述了人的崇高之后,宪章展示了作为人性尊严之表达的人格的各种才能或天赋。第一个就是理智的力量。理智是人所独有的,人因理智而认为自己超出万物之上。通过理智,人发明了各种科学设备,促进了其探索和征服物质世界的工作。同时宪章确认将人同其他生物区分开来的是人内在的一种特性,即"良心"。在人良心的深处发现了法律的存在,这一法律告诉人们趋善避恶。良心的声音劝诫每个人必须做什么,必须避免什么。实际上人听到的声音是天主本身,由此宪章将良心视为一个人独自与天主会晤的隐秘圣所。人格的第三个标记是自由。自由是人为天主肖像的杰出标志,"天主曾'赋给人自决的能力',目的在使人自动寻求天主,并因自由而皈依天主,而抵达其幸福的圆满境界。

㉑《牧职宪章》,第 178 页。

人性尊严要求人以有意识的自由抉择行事,意即出于个人的衷心悦服而行事,而非出于内在的盲目冲动,或出于外在的胁迫而行事。"[22]人作为天主的肖像与天主肖似的伟大之处在于自由,自由使人成为天主创造化工的合作者,在真正的共享和自我启示中获得人格。[23]

4. 人是有罪恶的存在

如果作为天主的肖像是人的伟大的神学根据,那么由罪恶带来的肖像的损毁则是人类痛苦的根源。宪章强调,人的存在的"光明"与"黑暗"都归属于启示神光之下。人是天主的肖像证明了人的存在"光明"的一面,对人的存在的"黑暗"的一面,则通过对罪恶的阐释来澄明,证实了人类苦难的根源可以在启示中找到:在启示神光下,"人的崇高使命及其所体验的深刻的不幸,找到了最后原因"。[24]

(1) 罪恶的根由

真的自由是人为天主肖像的杰出标志,人唯有运用自由始能向善。罪恶是对自由的滥用。关于自由与罪恶的关系,宪章是这样说的:"天主虽造人于义德内,但因恶魔的诱惑,由于有史之初,人便企图在天主之外,达成其宗旨,而滥用其自由,反抗天主。"[25]这段话并没有明确提及"亚当的堕落",但提到了"有史之初"。事实上宪章所说的罪恶不是专门指亚当和夏娃的罪恶,更是指每个人的罪恶。所有的罪恶都是对自由的滥用,这意味着罪的根源不是在天主那里,这一责任在于人,是人拒绝依赖天主,试图在天主之外寻求幸福。整个圣经传统都认为人有自由选择的能力;自由意志赋予人选择的能力,同时又强调人的责任。自由不仅仅是对人的行为做伦理选择,真正的自由是"为天主"的自由,这种自由是为天主完全奉献自身的自由,同时,通过运用自身的创造力成为天主的肖像。对自由的滥用玷污了天主神圣的计划,而这一计划是想要使

---

[22] 同上,第 177 页。

[23] George Karakunnel, *The Christian Vision of Man*, p. 100.

[24] 《牧职宪章》,第 175 页。

[25] 同上,第 174 页。

人成为神圣创造化工的共享者。因此,在罪恶的奴役下,真正的解放至关重要和根本是取决于人对天主的服从。

(2)罪恶的后果

宪章引用了使徒保禄对罪恶的理解:“既认识天主而不把他当天主来光荣,故其愚蠢的心灵反而为黑暗所蒙蔽,不事奉天主而事奉受造物。”[26]罪恶被视为是对人与天主亲密关系的破坏,是人自主地远离天主。从肖像人类学的观点来看,罪是对神圣肖像的损毁。宪章用“义德”这一词语来形容被罪侵袭之前的人的状态,这一表述引出了肖像主题和原罪之间的联系。神圣肖像包含了对天主绝对的信任和信心,罪恶在本质上是人自主地远离天主,对比二者可以清楚地看到罪恶对肖像的损坏。根据圣经的描述,人即使在堕落之后仍拥有神圣肖像,同样,宪章也认为人即使有罪但仍是天主的肖像,不同的是人在有罪之后具有的是一个被损毁的肖像。

由于肖像主题是人的复杂关系的基础,罪作为肖像的损毁也造成了对这些关系的各种层面的削弱。罪的一个严重后果是导致人自身的分裂。宪章对有罪者的心理做了分析,指出罪恶使人远离天主,也导致了人内心的不安,由此人的内心也失去了统一和平衡。创世纪对亚当的罪的描述证明了这一事实。能够与创造主对话的亚当,因其罪远离天主,同时也失落了自我。他躲避召唤自身的天主,这一恐惧表明了一个良心的分裂。宪章在赞同身体的高贵时,也指出了因罪恶的创伤,人体验到了肉体的抗命不从;在说到人的理智及其能力时,也指出了人类理智为罪恶的遗毒所蒙蔽,而趋于衰落,罪遮蔽了人的良心,阻碍了人发现真理。

宪章强调,因为罪恶的缘故,人破坏了对己、对人、对万物的全部秩序,导致了人同他人和万物的不和谐,这便是罪恶的社会性后果。宪章这一观点的圣经基础是圣经对罪恶的社会性后果的描述。在《创世纪》的描述中,“堕落”的直接后果是“人类家庭的分裂”。亚当指责他的妻子,因而与其妻分离。自从人类家庭的这第一次大分裂以来,罪恶的势

[26] 同上。

力得到了进一步的增长,整部《创世纪》展示了这一点。该隐和亚伯兄弟间的仇恨最终导致谋杀,拉默客不仅犯罪与其同胞为敌,而且还夸耀他的野蛮行为。罪恶影响社会的一个典型例子就是在巴别塔的人们不能互相理解。人类的历史本身因其罪恶,变成了一系列的分裂,是所谓的"个人"和国家之间、种族成员之间、穷人和富人之间的一系列战争。罪恶所有层面的影响的结果最终都落在人的生活中,即"整个人生,无论是私生活或团体生活,便形成善与恶、光明与黑暗间的战斗,而且是戏剧性的战斗"。[27]

罪恶击败了人作为受造物的高尚意志,阻碍了人类使命的完成。罪恶带来的最大惩罚是"死亡":"面对死亡是人生最大的谜。人不独为痛苦及肉体的逐渐肢解所折磨,其尤甚者是害怕自己永远消逝于无形。"[28]死亡构成了人类生活的一部分,而不仅仅是人面对的外在事件,在痛苦和肢解的过程中,死亡不断地临在。人经验到自己如同一个"走向死亡的存在"。人虽然面对死亡的威胁,但宪章为人类给出了希望:"虽然,面对死亡,一切幻想全部失败,但拥有天主启示的教会肯定:人是为了一个幸福的命运而由天主造生的;这命运跨出了此世所有不幸之外。基督信仰告诉我们:当全能仁善的救主恢复人类因自己的过恶而失掉的救恩时,则肉体的死亡——人如未曾犯罪,便不致死亡——将被克服。"[29]

罪恶通过一种邪恶的力量驱使人们偏好黑暗超过光明,这就是为什么有罪的人会成为罪恶的奴隶。在此宪章提出了奴役和自由之间的关系问题:作为天主肖像的人的最深刻的实在被罪恶损害了,而且人不再在通往自由的道路上,而是在通往奴役的道路上。罪恶统治人类如同奴役统治人格尊严,罪恶贬抑人性尊严,阻止人圆满发展自身。

一方面人类体验到作为受造物的局限性,另一方面人又意识到了一

㉗ 同上,第 174 - 175 页。

㉘ 同上,第 178 页。

㉙ 同上。

个更高的使命。但是人因罪恶的缘故在整合其存在和行为上体现得无能为力,[30]不能有效地克服罪恶的攻击,往往做出本心不愿做的事,又往往不做本心所愿做的事。人不能通过一个完全的和不可变的方式指导自身的抉择来指向天主,也就是说人是有罪的有限存在。

罪恶不能仅从人的堕落的角度来思考,宪章也意识到了它的牧灵职责,通过在启示之光的照耀下探寻解释当代经验的方式,也就是说,将罪恶置于整个基督的救赎历史中来考察。罪恶作为对自由的滥用损害了神圣肖像,罪恶是奴役,破坏了人与他人和万物的秩序,最后人类需要救世主耶稣基督。宪章对罪恶的论述目的是为了证明人的存在需要救世主。由此可以看到,天主的肖像作为人类学的核心,成为了基督论的基础。受造物本身指向拯救,但是罪恶和天主肖像的损毁要求人的存在需要耶稣基督。人需要基督的帮助来革新人的内心,将奴役人类的罪恶驱逐出去,"天主曾为救赎并加强人类,而降来此世,并革新人的内心。将拘押人类于罪恶奴役之下的'此世元首',驱逐出去"。[31]

三、人学思想的完成:基督与人

《牧职宪章》的另一个重要主题就是在基督奥迹中探讨作为有位格和社会成员的人。宪章强调"除非在天主圣言降生成人的奥迹内,人的奥迹是无从解释的"。[32] 基督是人类圆满的原始根源,同时也是最高的榜样。[33] 对人学的阐释只有在基督论中才能完成和圆满,因此,从人类学转到基督论对阐明人的奥迹是必要的。

1. 基督论的基本主题

宪章将基督视为"新人",是无形天主的肖像,是一个完人。基督是

[30] George Karakunnel, *The Christian Vision of Man*, p. 115.

[31] 《牧职宪章》,第 175 页。

[32] 同上,第 182 页。

[33] George Karakunnel, *The Christian Vision of Man*, p. 121.

“天主圣言降生成人的奥迹”,表达了“肖像”一面是超越和神圣的人格,另一面是“完人”,基督因成为“神圣的肖像”而成为完人。他是非受造的同时又是有创造性的肖像,这一切使其成为独一无二的完人。成为天主肖像这一事实构成了基督作为真正的人之所是。[34] 基督有能力恢复人相似天主的肖像,这一相似性在起初就给予了人但却为罪恶所损毁。

宪章将基督视为真天主和真人,具有真正的人性和神性。耶稣是真人,他拥有真正人的存在,在他身上具有成为人的所有真品质,但他又是无罪的。宪章指出,因基督取得了人性,所有人的人性都被提升至崇高的地位,此处便是人类学和基督论相遇的交汇点。

基督是人类的救赎者,而基督带来的救赎方式就是逾越的奥迹,逾越奥迹是耶稣基督实行救赎的中心。在新约中基督成为“真正的逾越节羔羊”为我们做了祭品,“无罪的羔羊甘愿倾流了自己的圣血,为我们赚得了生命”。[35] 宪章强调了基督带来的救赎的真实意义,这一救赎的主要特征是它的精神性和普遍性。旧约只预示了信徒的得救,而现在基督带来的解救被描述为一种从罪恶及魔鬼的奴役中解放出来的自由。

2. 在基督奥迹中的人

(1) 逾越奥迹中的人

宪章的神学思考指向了一种人和基督的相遇,人的意义存在于基督的奥迹中,人的救赎奥迹的中心是逾越的奥迹。那么逾越奥迹是怎样影响人又是怎样与人的生活有关的呢？关于这一点宪章说道:“他为我们受苦,不独替我们树立榜样,好让我们追随其芳踪,而且替我们揭示了大路,使我们在走这路时,生命和死亡,皆被祝圣,并获得新的意义。”[36]这就是宪章所认为的逾越奥迹这一拯救事件对人的存在的影响。更重要的是逾越奥迹展现了圣父及其圣爱的奥迹,由此宪章强调“十字架”在信徒生活中的重要地位。人的生活最具迷惑性的问题之一就是:“痛苦、

㉞ Ibid., p. 131.

㉟《牧职宪章》,第 183 页。

㊱ 同上。

罪恶及死亡的意义何在?”人的存在的这一矛盾性在十字架上找到了明确的解答。接下来宪章描述了作为逾越奥迹在信徒生活中的实际结果:“信友迫切需要,并由义务和罪恶艰苦作战,以至虽死不辞。但一经参加了逾越奥迹,并效法了基督的圣死,便为希望所加强而能获致复活。”[37]这就是保禄所说的“与基督一同受难”的表现之一,也是为宪章所肯定的。效仿和追随基督意味着再经历他的爱、自我克制和谦逊。因此宪章将信徒的生活放到逾越奥迹中思考,新的生活的根源和救赎的获得皆在逾越的奥迹中。

在逾越的奥迹中,“天主使我们同他自己,并同他人,言归于好。又将我们由罪恶及魔鬼的奴役中解救出来,使我们每人可以和宗徒一同说:‘他爱了我,并为我舍了自己。’”[38]宪章强调,人最根本的解放是从罪恶的奴役中解救出来。罪恶是人类反抗天主的圣爱,肇始于亚当的堕落,是基督为我们的罪恶而死结束了罪恶的统治。在逾越奥迹中基督的死将人们从死亡中解救出来,他的复活则是对死亡的彻底胜利。宪章陈述了我们从死亡中的解脱以及在基督荣耀中的生活:“借着‘嗣业的保证’者圣神,整个人由内部焕然一新,直到‘肉体得到救赎’。‘如果使耶稣从死者中复活的圣神,住在你们内,则使基督复活者,亦要借着住在你们内的他的圣神,使你们必死的肉体复活’。”[39]宪章将复活视为现实生活的希望,从死亡的恐惧中完全解放出来只发生在基督荣耀的复活中。

(2)作为基督的肖像的人

从旧约到新约“天主的肖像”这一术语在其概念和使用上发生了很大的变化。虽然人仍旧被描述为天主的肖像,但在新约的观念中基督占据了天主的肖像的首位。在基督身上实现了亚当因罪恶而失掉了的命运,因此基督成为天主杰出的肖像。在新约中,肖像神学由保禄以亚当和基督的对照发展而来,将基督视为对人来说最完美的肖像。因为基督更新了人性,人跟亚当的相似变成了人是基督的肖像。在这一保禄神学

---

[37] 同上。
[38] 同上。
[39] 同上。

的背景下，宪章肯定了人是"相似天主子的肖像"。

由于在基督内实现了救赎，因此"在新约中亚当的图像以及人是天主肖像这一教义已经转移到被视为最后的亚当的基督身上，只有在这一前提下人是天主肖像才能获得其完整的意义"。[40] 同时宪章在基督论的观点中完成和完满了人学阐述的计划。作为第二个亚当的基督的重生，不仅是天主的显现，也是人在其完满中的重生。在此意义上，基督论和救世神学在此完善了人学。基督作为天主最完美的肖像，有能力修复人身上受损的神圣肖像。此时作为天主肖像的人不仅仅是《创世纪》所描述的人学意义上的肖像，而且是一个超越的和更高级的肖像。

3. 人性尊严的基督论维度

启示和理性是教会探讨人性尊严的两个重要基础。拉纳的话也肯定了这一点："为了人性尊严的准确性我们必须诉诸于理性和启示。"[41] 宪章没有明确地诉诸于理性，而是采用一种以启示为基础的方式来探讨人性尊严，因为"基督在揭示圣父及其圣爱的奥迹时，亦替人类展示了人之为物和人的崇高使命"。[42] 以天主的肖像为基础的人学阐述终于在基督论中得以完成。

在说到无神论时宪章提出了人性尊严的神学基础："承认天主并不违反人性尊严，因为人性尊严正奠基于天主，并靠天主来玉成。拥有理智及自由的人，是由造物主天主安置在社会中的。尤其人的使命是以天主义子的资格，同天主亲密结合，而分享天主的幸福的。"[43]这一段出现在宪章建立的肖像-使命-人性尊严的体系中，是整个宪章中神学人类学解释的典范。现在人性尊严最后找到了其基督论的根据，于是基督论成为人类学的顶峰，而且人类学本身被带入了一种基督论的观点中。因此，宪章将基督论作为人类学的最后一部分来阐述。

---

[40] George Karakunnel, *The Christian Vision of Man*, p. 162.

[41] Karl Rahner, *Theology Investigations*, vol. II: *Man in the Church* (London: Darton, Longman & Todd, 1963), p. 548.

[42] 《牧职宪章》，第 182 页。

[43] 同上。

基督冒着失去神圣肖像的危险为人类赚回了人性尊严,基督是无形天主的肖像,同时也是完人,人效仿基督这一肖像的典范,重新获得了人所失掉的一切。如果天主的肖像是尊严和使命的基础,那么凡追随号称为完人的基督者,他们亦将更称得起是一个人。如果基督恢复了人的神圣肖像,那么他也是人性尊严的再造者,因为这一恢复依靠在天主与人的关系中达成的使命来完成,这是人性尊严的最高原因。基督揭示了天主的圣爱和人类卓绝的使命,这一揭示与天主的救赎计划相一致:“教会的使命既在宣扬天主的奥迹,而天主正是人的最后宗旨,故教会在宣扬天主奥迹时自然便揭示人生的真意义,揭示人性的至深真理”。[44] 在天主的救赎计划中基督不但不取消受造物尤其是人类的独立自主,反而恢复并巩固之,人的尊严、自由和权利直接来自于基督的福音。

4. 在基督内的人类团体生活

(1) 团体生活中的救赎

梵二会议明确肯定,只有在团体生活中并通过团体生活才能实现人的救赎,宪章在“天主的肖像”这一人类学基础中发展了这一主题。前面已经阐述了肖像这一概念就其本性而言具有社会的维度。人的救赎包括恢复和实现“天主的肖像”,同时完善人的社会性,这一社会性在基督内达到顶峰。

关于人的社会性,宪章指出,“天主造人,并非使人独自生活,而是使人组成一个社团”。[45] 这意味着天主在造人之初便设定了社会,社会性是人之为人的基本属性。人不是作为个体而是作为社会的成员与天主相联。按照神圣的肖像受造,所有的人被同一个天主召叫,这一召叫将人们连结成一个大家庭,同时在这个大家庭中需要兄弟般的情谊。这表明,神圣肖像这一主题是跟使命结合在一起的,肖像主题是基础,人类共同体的使命是“按天主的肖像受造”的结果。

宪章对救赎的社会性做了阐述:“从救赎的历史开始之初,他便拣选

---

[44] 同上,第 203 页。

[45] 同上,第 192 页。

了人们，不只如孤立的个人，而是某一团体的成员。当天主向其所拣选的人们发表其计划时，曾经称呼他们为‘他的子民’，并在西奈山同他们缔结了盟约。”[46]宪章肯定了天主拯救的对象不是单个的人，而是社会团体中的人。人过着团体的社会生活，这种生活的基础是爱，即人对天主和他人的职责：“爱天主爱人是第一条最大的诫命。圣经教训我们，爱天主不可能同爱人分离：‘其他的任何诫命，都包括在这句话里，就是爱你的近人如你自己……所以，爱就是法律的满全。’人类的互相从属日益增加，以及世界日形统一，便证明这点的重要性。”[47]

(2) 基督与人类团体

梵二会议认识到人们普遍存在着对一个更好的团体生活的愿望，以及对建立社会的基本价值日益增长的意识。宪章指出，“信德既以新的光芒照耀一切，并显示天主对人的整个使命所有的计划，故能指导人心，朝向充分合乎人性的解决方案进行。”[48]梵二会议的人学进路从肖像人类学开始，在基督内达到顶峰，天主对人类团体的设计因基督的大功而完成。

基督为人类的团体生活展开了新的可能。我们知道，罪恶是以自我为中心的，它阻碍人同他人的交流。耶稣试图将爱从不自由的奴役和社会障碍中解救出来，并在此基础上建立一个友爱的社会。基督为他人的自我献祭是拯救的最高行动。基督通过他的复活将“圣神”传达给了组成一个团体的信徒，这一团体即教会，他从基督派遣来的圣神那里接受爱。因此爱邻人不再是人的成就，而是圣神的赠予。在教会中，全人类彼此团结，人们可以像基督那样，在罪恶下死及为弟兄而活。

(3) 基督中的人类活动

今天科学技术的进步产生了一种人对天主的替代，许多以前求助于天主的事情现在依靠的是科学发明，甚至是在历史和精神领域，人的思想也正在被科学方法所转变。宪章提出的问题是：“人类的活动究竟有

---

[46] 同上，第193页。

[47] 同上，第186－187页。

[48] 同上，第172－173页。

什么意义和价值?这许多事物应怎样运用?各个人、各团体的努力,究竟目的何在?”[49]

为建立人在世间活动的神学基础,宪章再次回到了天主的创世奥迹,明确地以人是天主肖像为中心,“按天主肖像而受造的人,曾接受了征服大地及其所有一切,并以正义及圣德治理一切的命令;目的是使人类承认天主是万物的创造者,并将自身及万物归诸天主,俾使人类征服万物后,天主的圣名见称于普世。”[50]宪章肯定人超越于所有的物质受造物之上,肯定将自身及整个世界归于天主是人的责任,征服大地是人在地上对天主的光荣。人最高贵的职责就是建立对世界的统治,[51]这是天主赋予人的能力,是神圣而正直的。由此宪章肯定了人类活动本身固有的价值及道德层面的意义,人通过其日常工作成为天主神圣计划的合作者。人应当积极参与对世界的建设,因为“基督的道理,不唯不阻止人们建设世界,不唯不让人们忽略他人的福利,反而加紧其必须这样行事的义务”。[52]

宪章肯定了以人为宗旨的人类活动,认为人类活动既源出于人,亦应当以人为其归宿,也就是说人的活动必须有助于人性的发展。人类活动对个人和团体的价值比起任何仅属于物质领域的进步更加值得尊重。凡在人的问题上,为了争取更大的正义、更普及的爱德、更合乎人性的秩序,而有所作为,要比技术的进展价值更高。因此人类活动的准绳“应遵循天主圣旨,使所有活动适应人类真正的福利,并让私人及团体培育和玉成其使命”。[53]

宪章对人类活动的描述采用了一种既肯定也否定的态度,肯定了人类的活动有其应有的价值,但无论是在生活上还是历史中,人类的活动既能够带来进步,也能带来退步。根据梵二会议的思想,所有活动都有助于人性的更好发展的看法,是一种错误的观念。原因就在于人的罪

---

[49] 同上,第195页。

[50] 同上。

[51] George Karakunnel, *The Christian Vision of Man*, p. 197.

[52] 《牧职宪章》,第196页。

[53] 同上,第198页。

性，在于人对自由意志的滥用。因着人的罪恶，人类建设世界的事业也受到了罪恶的侵染。世界已陷入了罪恶的奴役中，人需要在基督中获得救赎。“人类一切活动由于骄矜自大及过度自私，而无时不处于危殆之中，故应以基督的苦架及复活净化之，玉成之。”[54]因罪恶而堕落的人类活动必须通过逾越的奥迹来涤罪和圆满，除了依靠基督，世界不能脱离罪恶的奴役。

宪章指出，道成肉身的基督启示我们“天主是爱”，说爱德的新诫命是人类成全并改善世界的基本法令，这爱不应只限于在大事上，而尤其应在日常生活中履行之。普世爱德的可能性与可实现性在基督内得到了充分的显示：“替我们罪人受死的基督，曾以其芳表教训我们，应该背负肉身、世俗所加于追求和平及正义者肩头上的十字架。在基督复活后，成为拥有上天下地大权的主宰，并透过其圣神，在人心内展开工作，不唯激发人们期望来生幸福，而且同时激发、净化并增强人们另一豪迈的志愿，即设法使人类大家庭的生活，更为适合人性，并使整个大地朝向这宗旨迈进。”[55]在此十字架的法令成为人类活动的中心，十字架不再被视为仅仅是罪恶的附属品；它是人为将世界从不完满导向完满的过程中必须付出的赎价。

5. “总归于基督”

宪章肯定基督是世界和历史的中心，基督是人类的终向；历史及文明所有的愿望，都集中在他身上，他是人类的中心、人心的喜乐及其愿望的满全。通过基督的道成肉身，天主的圣言进入人类历史中，“万有借他而受造的圣言曾降生成人，居我人间。他是一个完人，他进入了世界历史，并将这历史收取并汇集于自己内”。[56] 基督成为整个时间和历史进程的中心和准则，所有在他之前和之后的存在都从基督的存在中获得了他们的意义。

---

[54] 同上。

[55] 同上，第 199 页。

[56] 同上，第 209 页。

宪章指出,所有的历史都朝向在耶稣基督中的圆满迈进:“我们因基督之神而重生,并集合在一起,朝向人类历史的圆满而迈进。这与基督圣爱的计划完全吻合:‘使天上和地下的一切总归于基督’。”[57]在这里宪章将耶稣的复活和荣耀作为中心,经过死而复活的基督成为万有之主,圣神的使命则是给人在完成使命的旅程中提供帮助。人性、世界和历史在基督内获得其明确的意义。总归于基督,意味着万物都朝向基督,并在基督内修复因罪恶而造成的分裂,这一主题包含了全部的救赎计划。罪恶破坏了人对己、对人、对万物的全部秩序,救赎恢复了这三部分的和谐,使陷入堕落的受造物再一次指向了其正确的目的。

在“总归于基督”这一观念中,人学和基督论很好地结合在一起。人是天主的肖像在基督中达到了完满。总归于基督,是作为天主肖像的人的圆满,同时也意味着万物在基督里的更新,意味着基督是整个人类使命的实现。在此意义上,我们说基督论是人类学的最终完成。

四、结　语

通过对宪章人学思想的分析可以看出,整个宪章的方法论路径是一种人类学-基督论的基本模式。人和基督是两个互相关联的中心主题,也是整个宪章反复思考的主题。宪章的整个人类学建立在人是天主的肖像这一基础之上。人是天主的肖像,在罪恶的玷污下受到了损毁,这一受损的肖像最终在作为天父完美肖像的基督身上获得修复。天主通过创造赐予人的能力在基督身上得到提升并获得最高的圆满。宪章整个关于人的讨论都遵循了这一基本的路线,人类在基督中实现了对团体生活的建设;人类的活动,以“统治大地”这一肖像观为基础,在逾越的奥迹中获得圆满,最后整个讨论以“万有总归于基督”这一主题结束。因此可以说,肖像主题不仅是宪章人学思想的核心,也是基督论的基础。

《牧职宪章》作为天主教官方会议的文献,其思考的起点是现实的人类处境,将人视作整个神学思考的中心,通过与基督论的结合使得宪

[57] 同上。

章整个的人学思想没有导向一种绝对的人类中心论。作为受造物的人的神圣肖像在天主圣子的道成肉身中得以实现,通过圣言降生成人,基督这一圣父的完美肖像获得了真正的人性,作为受造物的人在基督身上获得了其全部的价值,人的奥迹也在基督的奥迹那里找到最终的解释。因此,基督论是人类学的最高实现,基督论和人类学一起成为完全理解人的奥迹的神学交汇点。在此意义上,宪章的人学思想可以称为一种人类学基督论或基督论人类学。

论类比在上帝言说中的适度与界限

——一种基于问题及其历史的省察

马松红

【内容提要】 从实质上来说,“类比”在基督教神学中运用时所涉及的核心问题是,关于言说上帝如何可能以及神学语言使用的正当性与合法性问题。在传统教义中,后一主题通常在关于上帝的属性及其言说这一标题下被讨论。在基督教看来,上帝是完全不同于受造物的他者,因而使用一种人类语言来言说上帝的合法性和正当性问题一直在基督教神学界存疑,以至于成为一个极富争议性的话题。因此,从该问题及其历史出发,厘清类比在上帝言说中的适度与界限,对于基督教信仰和实践来说就显得十分重要。

【关键词】 类比　托马斯·阿奎那　“存在的类比”　“信仰的类比”　巴特

一、问题的展开

所谓神学,简而言之,即“谈论上帝”,而究其实质,所涉及的关键是作为属世的人的存在与神圣的现实,即与上帝相遇的信仰和历史事实的言说的问题。从基督教来讲,人是上帝的造物,是有限的存在,因此一个核心问题是,作为有限存在者的人类其思维及语言欲言说作为无限存在者的上帝,何以可能使用人类语言来言说上帝的合法性及正当性问题。对此,奥地利著名分析哲学家路德维希·维特根斯坦(Ludwig Wittgenstein)就曾提出质疑说,如果人类的语词尚不能描绘咖啡的芳香,那么它又如何能够捕捉像上帝这样的微妙之物呢?① 现代著名瑞士神学家卡尔·巴特(Karl Barth)亦曾有过类似断言:上帝作为无限的他者,其与作为受造物的人之间存在着无限质的差异。② 因此,从人类及其思维的有限性角度来讲,言说上帝的可能性本身就成为值得疑问的了。那么,从正面来讲,我们如何才能思考并谈论上帝,什么样的形象及描述才适合于他,我们能否跨越作为受造的有限存在与信仰的无限的上帝之间的鸿沟等问题就变得极为棘手。③

然而我们知道,基督教本身作为一种以圣经历史叙事及传讲为信仰依据的宗教,其自身即以上帝的启示为内容和实质,但却是以人类语言和文字为媒介及载体来保存并传播的。④ 而这就决定了,任何一种关乎上帝的言说都要通过人类语言来完成。从基督教教义传统和历史来看,关于上帝的信仰及言说基本呈现出以下三种理论形态:(1)否定的神学描述,即就上帝的言说而言,只可能有否定的陈述,并以此来表达上帝相对于一切受造物的异质性:上帝是无限的、不可见并不可知的等等;(2)优越性之路或"超凡方法",即人们通过对人自己的面向上帝的属性的无限提升,来对上帝的无限优越性作出判断,以把正面属性中最高等级的描述,如全知、全能、全善和全在等归给唯一的无限者——上帝;

---

① 阿利斯特·E.麦格拉斯:《科学与宗教引论》,王毅译,上海:上海人民出版社,2008年,第137页。

② 巴特:《〈罗马书〉释义》(第二版),魏育青译,香港:道风书社,2003年,第17页。

③ 约翰·麦奎利:《谈论上帝——神学的语言与逻辑之考察》,安庆国译,高师宁校,成都:四川人民出版社,1997年,第204页。

④ 请参巴特·埃尔曼:《错引耶稣:〈圣经〉传抄、更改的内幕》,"前言",黄恩邻译,北京:生活·读书·新知三联书店,2013年,第9-17页。另外,作为圣经研究学者和经文鉴别学的倡导者,巴特·埃尔曼(Bart Ehrman)在该书中表示,圣经虽是上帝启示的话语,但它却是以人类语言为载体而呈现并被不断地传抄、翻译留存于世界的,正因为此,人们不得不重新思考圣经本身的"绝对无误性"和权威性问题,而这也正是促使他进行经文鉴别研究的初衷。

(3)从根本上来说,上帝并非人类可能言说的对象,人的语言对他的任何描述都是一种“僭越”,但是另一方面,出于他的恩典和启示,我们又必须以人类语言来思维和言说他,因此人类只能处于一边不停地犯错,一边乞求他能够赦罪并同时启示我们做出较为适宜他的描述的悖论状态中。[⑤]

因此,我们不仅要思考人类语言对于上帝言说如何可能的问题,同时还要反思在教义陈述和信仰传讲实践中神学语言使用的合法性及正当性问题。两者究其实质而言,在于同时涉及上帝和人两种本性完全不同的存在以及二者在信仰实践中的遭遇问题。其困境在于,如果我们的语言在同时运用于上帝和受造物时意谓同一件事物,那么上帝的超越性就被消除了,上帝将因此而下降为同受造物相等同的东西,从而不再成为上帝;与之相反,如果我们的语言在同时运用于上帝和受造物时意谓不同的事情,那么上帝的内在性将会消失,同样人类将处于无法认知并言说上帝的茫然失据状态。

那么,使用何种语言以及如何正确地使用一种神学语言言说上帝就成为一个极为棘手的问题。从基督教信仰及教义历史来看,类比(analogy)作为一种惯用的神学语言在基督教信仰的陈述和传讲中占据着主导地位,成为回答这一问题的主要方式。例举圣经来说,其内容本身即充斥了大量的类比性语言,比如把上帝看作“牧者”“狮子”,众人的“父”,会“发怒”“后悔”等,诸如此类的言说多是类比思维及语言运用的例证;[⑥]另外,从教义历史和信仰实践来看,关于上帝,大多神学诠释及信仰实践中的传讲都是借助于类比的方式来实现的,因为有限的人类对于无限

⑤ 奥特,奥托编:《信仰的回答——系统神学五十题》,李秋零译,香港:道风书社,2005年,第85页。

⑥ 圣经中关于“牧者”的类比,请参诗23:1,传12:11;关于“狮子”的类比,请参箴19:12、20:2,耶25:38,哀3:10,何5:14、11:10、13:7;关于“父”的类比,请参申1:30、32:6,诗:103:13,赛63:16,耶3:19,弗4:6,来12:9;关于上帝“发怒”的类比,请参出4:14,民12:9,申1:37、9-22,士2:12,撒下6:7、24:1,王下17:18,诗7:11,赛28:21,亚1:2;关于上帝“后悔”的类比,请参创6:6-7,出32:14,申32:36,士2:18,撒上15:35,撒下24:16,诗135:14,耶26:19,摩7:3-6,拿3:10。需要注意,上述所列经文只是代表性举要,并非一一枚举,更多相关经文,读者可查阅圣经原文。

的、奥秘的上帝根本没有直接的经验,所以,更不可能有直接的言说方式。那么,既然神圣的现实不能通过一种直接的方式被经验到,也就只能通过一种间接的方式才能够被言说,换言之,即只能通过一种与属世的存在之间的关系来间接地言说神圣的现实,而后者本身多是类比的。⑦ 对此,使徒保罗亦早有类似教导,他说:“神的事情,人所能知道的,原显明在人心里,因为神已经给他们显明。自从造天地以来,神的永能和神性是明明可知的,虽是眼不能见,但藉着所造之物就可以晓得,叫人无可推诿。”(罗 1:19-20)

因此,无论从圣经本身的叙事方式还是从基督教教义的历史以及信仰实践来看,类比作为一种有效的神学语言在以上领域均获得了广泛的运用,构成了对言说上帝这一难题较为明确的回答。然而,本文重新提出这一问题,不仅要追溯并进一步阐明类比思维及其原则在基督神学历史当中具体运用的典型实例,同时也要对这一思维及原则运用所具有的局限性加以分析说明。当然,限于篇幅及主题,文章无意于把圣经文本中出现的类比性描述逐个挑拣出来加以说明,而只是在必要的时候会引用相关文句用以佐证。另外,文章将依照历史的逻辑对类比在基督教神学中的运用进行纵向的挖掘和横向的剖析,具体将重点涉及到托马斯·阿奎那的“存在的类比”(*analogia entis*)和卡尔·巴特的“信仰的类比”(*analogia fidei*)等著名理论。

二、类比的含义及其在希腊思想中的运用

从历史来看,在基督教尚未传入希腊罗马之前,“类比”一词就已经出现并得到了广泛的运用。在希腊语中,*αναλογία* 一词首先被运用于数学领域,用来表示数字或运算之间某种比例关系。⑧ 著名希腊数学

---

⑦ Wolfhart Pannenberg, *Basic Questions in Theology*, vol. 1, trans. George H. Kehm (Philadelphia: Fortress, 1970), p. 212.

⑧ “类比”(analogy)由希腊文 *ana*(起来、通过、进、向、按照)和 *logos*(言、言语、理性)结合而成,原指不同事物之间的数学比例,后来加以推广,意指不同事物之间的类似和相像。在宗教中,通常认为,对超验的上帝只能用人类语言类比地描述。类比论证是隐喻(转下页)

家、哲学家阿基塔斯（Achytas）[9]称类比为算术系列的中项或只有三项的比例算术中的第二项，而著名几何学家欧几里得（Euclid）则把类比视为数字间的一种比例关系，如直接类似、均衡和相称等。[10] 而在此之后，类比的运用则逐渐开始扩展到诸如哲学、科学、逻辑等数学以外的其他领域。在古希腊，基昂的希波克拉底（Hyppocrates of Chio）被视为第一个将类比运用于哲学领域的思想家，他用类比来表示事物之间在数量上的相似或均衡关系。从实质上来看，这一用法依然沿用了类比概念先前在数学领域的基本意涵。[11]

柏拉图对类比的运用率是先扬弃了它在数学领域中的含义，而将它移用于哲学层面的思考，用来指理念（Idea）和事物之间相似性的关系。在柏拉图看来，理念是事物的原型，个别事物因“分有”和“摹仿”理念而存在，因此在理念和个别事物之间存在着一定的相似关系。但是，对柏拉图来说，理念作为事物的原型远比个别事物更加完善，个别事物作为有限的存在只能部分地与理念相类似。从实质上而言，这一用法在某种程度上来说已经与基督教用类比表示上帝与受造物之间关系的观念不谋而合。柏拉图之后，他的学生亚里士多德在其基础上进一步拓展了这一用法及其意涵，而将类比的运用扩展到除数学和哲学之外的其他方面，几乎涵括了包括科学、伦理和逻辑在内的所有知识学的分支。而且，正因为此，亚里士多德也被后人称为“类比之父”。不过，检视亚里士多德的文本，我们发现，其大多时候也只是在“比例性”（proportionality）的意义上来使用类比，而且他对类比的运用还仍未扩展到知识的另外一个

（接上页）性的、相关性的。它是示意性的而非决定性的。参见尼古拉斯·布宁、余纪元编著：《西方哲学英汉对照词典》，北京：人民出版社，2001 年，第 41 页。

⑨ 阿基塔斯（约公元前 420 - 350），著名希腊哲学家、数学家、天文学家，生于今意大利塔兰托（Taranto），是毕达哥拉斯学派的一员，柏拉图的好友，数学力学的奠基者。更多详情，请参英文维基百科词条“Achytas”，网址 https://en.wikipedia.org/wiki/Archytas，访问日期 2018 年 6 月 23 日。

⑩ Battista Mondin s. x., *The Principle of Analogy in Protestant and Catholic Theology* (The Hague: Martinus Nijhoff, 1963), p. 1.

⑪ Ibid.

重要分支,即神学领域。[12] 而后者在新柏拉图主义哲学家普罗克洛斯(Proclus)和托名狄奥尼索斯(Pseudo-Dionysius)那里才得以开始,使得类比这一术语进入神学讨论的领域,并获得了基于属性之间相似性的另一层涵义。当然,在新柏拉图主义哲学中,类比主要有两方面的功用,即一方面用以说明言说神圣现实的可能,另一方面为不同层级的现实提供一个统一的原则。[13]

在古希腊文化发展的晚期,随着基督教的传入,类比一词开始进入拉丁世界,并在保留其已经获得的全部意涵的同时开始具有不同的内容。起初它常被用作表示事物之间直接的相似或若干事物之间的一致,又或一种关系上的类同(similarity of relations),直到教父以及经院哲学时期,出于教义或神学上的护教目的,类比开始在宗教领域获得一些新的意义,即一方面用已知的事物或已获得的知识、经验来解释圣经文段中那些涵义模糊的段落;另一方面,通过类比的推理或自然神学的方式来证明上帝的存在以及言说他的可能。而后者以托马斯·阿奎那为代表,形成了"存在的类比"这一典型的类比理论。

三、托马斯·阿奎那:"存在的类比"

在托马斯·阿奎那这里,类比的使用和划分散见于诸如《〈章句集〉注疏》(*Scriptum super libros Sententiarum*)、《论真理》(*De Veritate*)、《论能力》(*De Potential*)、《反异教大全》(*Summa contra Gentiles*)和《神学大全》(*Summa Theologiae*)等不同著作当中。在这些著作中,托马斯·阿奎那对类比具体使用的意涵和种类的划分进行了较为细致的论述,但限于篇幅,此处不再就每一著作中关于类比的使用和划分作具体的分析,而只选择能概括出其主张的核心和要旨来加以述评。[14]

根据圣经和基督教传统教义,上帝是世界及诸受造物形成的原因,

---

⑫ Ibid., pp. 2-3.

⑬ Ibid., p. 3.

⑭ 有关托马斯·阿奎那关于类比在不同著作中的使用和划分,参见 Ibid., pp. 7-34。

而人则是上帝按照自己的形象所造的(创1:26－27,9:6)。因此,在托马斯·阿奎那看来,在作为原因的上帝和作为结果的受造物之间存在一定的相似性和连贯性,人类凭借这一事实就可以通过类比的方式来证明和言说上帝。托马斯·阿奎那将以上这种类比形式称为"存在的类比",意即可以从受造物出发,通过追溯原因与结果之间相似性根据的方式,间接地来认识和言说上帝,因为在他看来,"凡是由天主而来的东西,都以这种方式相似天主,他们是以'存在之物'的身份,相似那整个或全部存在的第一和普遍根源。"[15]

当然,在托马斯·阿奎那看来,作为有限的人类其本身始终无法以直接和完全的方式来认识和言说上帝,而只能通过与受造物之间属性或比例关系的类比,借由优越性的上升之路[16]来完成对上帝的言说。而类比性的语言之所以能够具有言说上帝的资格与合法性,其根据在于上帝与受造物之间在因果关系上的相似。但是,应当清楚,任何以受造物的方式对上帝的表象和描述都只能是对上帝完满性某一方面的说明,因为没有一种结果能够在完善性上与其原因相等同。对此,托马斯·阿奎那在《反异教大全》中论述道:"那些配不上原因的结果,在名与实上都无法与原因相比;然而,在它们中间必然能找到一些相似之处。一个动因产生了它的相似物,这就是行动的性质,因为每件事情的行动依据都在其动因之中。所以,一个结果的形式,肯定可以在某种程度上在一个更高的原因当中找到……上帝给予所有东西以它们的完美,让它们所有既像自己又不像自己。"[17]这种通过受造物与上帝之间既相类似又不等同的关系来言说上帝的方式,托马斯·阿奎那称其为"类比"。

因此,在托马斯·阿奎那看来,任何对上帝的描述都既不可能是纯

---

⑮ 圣多玛斯·阿奎那:《神学大全》,第一册,高旭东、陈家华译,高雄:中华道明会/台南:碧岳书社联合出版,2008年,第58页。

⑯ 所谓"优越性的上升之路"即指通过赋予某种优越性的属性以等级的提升,把最高等级的属性适用于最高的事物。如对"善"一词的使用,就可以把普通等级的善归于不同等级的受造物,而把"最高善"归于善的原因,即最完满的上帝。这一路径的运用尤其体现在托马斯·阿奎那关于上帝存在的"五路证明"之中。

⑰ 转引自阿利斯特·E.麦克格拉斯:《科学与宗教引论》,第138页。

粹单义的(univocally)也不可能是模糊多义的(equivocally),而只能是类比的(analogically)。而后者可依据上帝和受造物之间属性或比例关系分为两种形式,即"属性类比"(analogy of attribution)和"比例类比"(analogy of proportionality)。前者可参照"健康"一词来说明,严格来讲,"健康"一词既可用来指身体的健康,又可以用来指一种饮食或一种医药是有助于"健康"的,也可以用来指肤色或尿液看起来是健康的,但用在指身体健康时它所表示的是结果,用于指饮食或医药时则表示造成健康的某种原因,而用作肤色或尿液时则在于说明一种健康的现象或标记。[18] 因此,当同一种宾词(述谓)既用于受造物又用于上帝时,其意义只能是按照二者之间的因果关系来说的,其中上帝是它的原则和原因,而作为结果和受造的事物分有其属性。[19] 后者可参照"善"与"智慧"等词来说明,虽然这类词经常被用来同时述称受造物和上帝,但是两种用法显然是不同的,当其用于指称上帝时,其真实意义显然是上帝比一般的受造物更"善"或更有"智慧",甚至这种描述本身也并不完全,因而只能根据优越性的原则把属性中最高等级的词汇归给作为独一原因的上帝,称其为"最高善""善本身"(Good)或是"最高智慧""智慧本身"(Wisdom),而把一般等级的属性归于不同的受造物。当然,之所以类似运用具有某种程度的合法性,在托马斯·阿奎那看来,其根源即在于作为受造物的存在与上帝的存在二者之间存在一种比例上的相关性。[20]

由此来看,类比概念从最初的领域直到经院神学已经获得了广泛而系统的运用,并且形成了以托马斯·阿奎那"存在的类比"为代表的成熟的类比理论形态。然而,在后来进一步的发展中,约翰·邓·司各脱(John Duns Scotus)否定了托马斯·阿奎那关于类比的主张,在他看来,

---

⑱ Battista Mondin s. x. , *The Principle of Analogy in Protestant and Catholic Theology*, p. 19. 另参安东尼·肯尼:《牛津西方哲学史》,第二卷:《中世纪哲学》,袁宪军译,长春:吉林出版集团有限责任公司,2010 年,第 159 页。

⑲ 圣多玛斯·阿奎那:《神学大全》,第一册,第 58 页。

⑳ 安东尼·肯尼:《牛津西方哲学史》,第二卷:《中世纪哲学》,第 159 页。亦参 G. F. Woods, "The use of analogy in Christian theology," in *Journal of Theological Studies*, N. S. , vol. VII, Pt. 2 (October, 1956), pp. 236 – 237。

对上帝的述称并非像托马斯·阿奎那说的那样:既不可能是单义的,也不可能是多义的,而只能是类比的。他认为,并非我们所有神学的话语都是类比的,肯定有一些是单义的,而且任何类比的描述都必然以语词的单义性为前提,因为除非我们有一个共同的概念,否则我们根本无法将受造物与上帝相比。[21] 对此,他以"智慧""智力"或"意志"等概念为例说:"这样的概念首先被认为是简单的而且是绝对的。由于这个概念形式上不包含缺陷和局限,所以与之相关的造物的缺陷被排除。我们在保持'智慧'和'意志'这种同一的概念的同时,把它用于上帝,然而是在非常完善的程度上用于上帝的。这样,每一个与上帝相关的探讨,都是基于这个前提:智力具有源自造物的同样的一义性概念。"[22]当然,二者的差异并不止于此,但是我们也不能就此夸大他们之间观点的差异,因为就二者主张的实质而言,并非像表面上显现的那样尖锐,举"善"的例子来说,将"善"同时用指受造物和上帝的属性时,其含义都是一样的,都表示同一含义的"善",只是在托马斯·阿奎那看来,用指上帝时它表示作为原因的善,用指受造物时表示结果的善,二者在优越性上有所不同罢了。[23]

四、卡尔·巴特:"信仰的类比"

自托马斯·阿奎那之后,类比思维及其原则的运用转入实行宗教改革之后的新教领域,并在那里得以发展延续。在新的时代背景下,这一思维的运用结合了新时代不同的特征,从而获得了新的内蕴。所以本节将转入对类比在阿奎那之后直至现代神学领域的运用情况的阐释和说明,力图能够概括出其基本轮廓。论述将从著名改教家路德开始,提及加尔文、奎因施特(A. Quenstedt)、基尔克果(Søren Kierkegaard,又译克尔凯郭尔),而重点将放在对卡尔·巴特"信仰的类比"的论述。

㉑ 安东尼·肯尼:《牛津西方哲学史》,第二卷,《中世纪哲学》,第160页。

㉒ 同上,第161页。

㉓ 同上,第161-162页。

路德似乎并没有专门的篇幅用来系统地对神学语言进行专门的研究和论述，但从他思想主张的诸多片段来看，依然有不少涉及该主题。比如在谈到关于上帝的知识时，他认为存在着两种关于上帝的知识，即普遍的知识和特殊的知识，前者来自普遍启示，诸如我们都知道有一位上帝，他创造了天地，他是公义的，他惩罚罪恶；后者来自特殊启示，是圣灵通过启示向我们所传达的，诸如拯救、审判等类的知识。[24] 但在路德看来，从本质上来说，没有人类智慧能够在自身或自己的内在本质中构想上帝，同时除了圣灵所启示的知识外也没有人能够知道或给出关于他的信息，上帝真实的本质及其意志、管理、事工完全超出人的智慧和理解。[25] 这是因为，在人与上帝的形象之间也不再有任何类比，因为人的堕落和罪破坏了上帝的形象。在这种情况下，一种来自人的关于上帝的自然知识也不再可能，欲认识上帝和他的启示，唯有通过信仰才能达成（*sola fide*）。当然这种通过信仰得来的知识也不过是人外在的、非本质的类比，因为没有人类语言能够完全地领悟和理解上帝。

在很大程度上，加尔文在《基督教要义》中肯定了路德两种关于上帝知识的主张，即一方面我们可以通过他创造的自然和他的护理、作为等普遍的启示来认识作为创世主的神，另一方面可以通过神在基督里的特殊启示认识作为救主的神。[26] 但在他看来，由于人的堕落和罪，关于神自然的知识因人的"无知和恶毒被压抑或败坏了"，人们开始"迷信"，"故意离弃神"，"枉自构想神"，并且"假冒为善"。[27] 因此，神通过大自然的启示对我们而言开始变得枉然，"除非神借信心向我们启示，照亮我们的心眼，否则便无法领悟"。[28] 这意思是说，"我们要下定决心不在圣

---

[24] M. Luther, *Commentary on Galatians*, trans. E. Middleton (London: B. Blake, 1839), pp. 318 ff.

[25] 马丁·路德：《桌边谈话录》，载《马丁·路德文选》，马丁·路德著作翻译小组译，北京：中国社会科学出版社，2003 年，第 129 页。

[26] 加尔文：《基督教要义》（上册），钱耀成等译，孙毅、游冠辉修订，北京：生活·读书·新知三联书店，2010 年，第 7－8、40 页。

[27] 同上，第 16－18 页。

[28] 加尔文：《基督教要义》（上册），第 36－37 页。

洁话语之外寻找神,我们的思想也要完全受神的话语的引领,并且不说任何没有圣经根据的话”。[29] 但即使这样,在加尔文看来,人还是无法认识神的本质(*essentia*),神的本质对我们来说仍是神秘不可思议的,因为神向我们展示的是他对我们(toward us)之所是,而非他本身(Himself)之所是。[30]

在路德和加尔文之后,新教正统神学家奎恩施特继承和发展了托马斯·阿奎那的类比理论,认为像“存在、实体、精神等其他既用来指称上帝又用来指称受造物的属性,既不是单义的也不是多义的,而是类比地用于他们”。而且,这种类比既不是非等同的类比(analogy of inequality),也不是比例类比(analogy of proportionality),而是一种本质的属性类比(analogy of intrinsic attribution)。新教正统神学过后,开始进入以康德为代表的启蒙时代,在神学界形成了理性主义和信仰主义两种不同、甚至相反的方向。两者都以康德为思想资源,但前者以黑格尔为代表,完全将上帝与受造物的区别消融进他理性主义的精神体系当中了;而后者以施莱尔马赫(Schleiermacher)为代表,却将二者的区别完全融入敬虔主义的绝对依赖感之中了。作为对两者的回应,克尔凯郭尔指出,上帝与人之间存在着无限质的差异。[31] 对此,他说:“在上帝和人类之间,存在着一种绝对质的差异。在人与上帝的绝对关系中,这种绝对的差异必须因此而得到表达,并且任何表示两者之间一种直接的相似性的尝试都将变得鲁莽、轻率和无耻,等等。”[32]在克尔凯郭尔看来,自从亚当夏娃堕落之后,上帝在人之中的形象就被损坏了,因此人与上帝之间的类比也就变得不再可能,而要重建上帝与人之间一种积极的关系,一种相似、一种类比就只有通过上帝之道(the Word of God),通过耶稣基督,因为在后两者中人开始被更新,破损的关系也开始被重新修复,而所有这些,都并

---

[29] 同上,第123页。

[30] 同上,第69页。

[31] 索伦·克尔凯郭尔:《致死的疾病》,张祥龙、王建军译,北京:中国工人出版社,1997年,第88、109、113-115页。

[32] 转引自Battista Mondin s. x., *The Principle of Analogy in Protestant and Catholic Theology*, p. 114。

非出自人的作为,而是出自于上帝的恩典和大爱。

克尔凯郭尔强调上帝与人之间无限质的差异的思想深刻地影响了现代著名新教神学家卡尔・巴特,[33]从而促使了其与自己的老师、自由主义神学家哈纳克(Adolf Harnack)的分道扬镳。自此之后,巴特形成了自己的"上帝之道神学",并与布尔特曼等人一道组成辩证神学阵营。不过,在不久之后,巴特就发现辩证神学本身亦有一定的缺陷,不能充分说明神人之间本质的关系,因此以《信仰寻求理解:安瑟伦的上帝存在的证明》一书为转折,他便放弃了辩证神学的方法转而支持类比的方法。[34] 在该书中,巴特充分认识到,神学的本质和任务不在于专门强调上帝的他者性(otherness of God),而在于在信仰的基础上深入揭示启示的意义。在巴特看来,类比的方法正是深入认识上帝并理解上帝启示的最好方法。不过,巴特强调,类比绝不是"存在的类比",作为人类哲学的范畴,它并不能够正确地理解上帝之道,唯一能够正确理解上帝启示的只能是"信仰的类比"或"恩典的类比"(analogy of grace)。

学界一般认为,《信仰寻求理解》一书构成了巴特方法论的转折,确立了自己神学新的方法论和根据,即"恩典的类比"的方法和信仰(上帝之道)作为理解上帝及其启示的前提的主张,成为理解《教会教义学》的关键。但是,如果细心观察巴特的文本,我们会发现,真正对"信仰的类比"做出系统论述的是《教会教义学》。[35] 在《教会教义学》中,巴特重点针对中世纪经院哲学,即托马斯・阿奎那主张的"存在的类比"和近代以来的自然神学做出了批判,在他看来,"存在的类比"是"敌基督的发明",而自然神学则是人企图在上帝启示的恩典之外,凭借人的自然能

---

[33] 参见詹姆斯・利文斯顿、弗兰西斯・费奥伦查等:《现代基督教思想》(下),何光沪、高师宁等译,何光沪校,南京:译林出版社,2014 年,第 123 页。另外,关于该思想在巴特神学中的体现,请参巴特:《〈罗马书〉释义》(第二版),第 17 页。

[34] 其中,《〈罗马书〉释义》构成了他从自由主义神学到辩证神学"第一次转折"的标志,而《信仰寻求理解》则构成了他由辩证神学的方法向类比的方法,即"第二次转折"转变的标志。参见张旭:《卡尔・巴特神学研究》,上海:上海人民出版社,2005 年,第 217 页。

[35] 尽管该文本在正式出版刊印之前还经过了《哥廷根教义学》和《基督教教义学》的过渡和准备。具体可参张旭:《卡尔・巴特神学研究》,第 165 - 174 页。

力,即理性寻求上帝认识的傲慢和僭妄。巴特认为,人与上帝之间不存在任何本体论上的类比,自然神学最大渎神之处即在于以"存在的类比"制造出了一个抽象的,可以为人理智控制和掌握的上帝。[36]

而巴特认为,我们对上帝的认识必须以上帝启示的恩典和信仰为前提,只有在这一先决条件下,人们才能够理解和领悟上帝之道,间接地认识并谈论上帝。因此,是上帝赋予人认识和理解他的可能性,而不是人凭借自己的经验类比地获得对他的理解。启示的恩典是理解的前提,而非经验类比的结果,任何从受造物出发,通过自身属性类比上帝的做法都是不充分的,也是不合法的。因为在他看来,若无恩典,罪人根本无法领悟和把握上帝之道。信仰者唯一能做的只是,从上帝之道和他在耶稣基督里的独一启示出发,凭借信心,领受上帝爱的恩赐。

五、余论:类比的适用及其限度

类比作为一种思维和语言形式,惯用于人类知识科学的多个领域,在人类事物认知和解释中发挥着重要的作用。所谓"类比",按照《外国哲学大辞典》相关词条的解释:"哲学术语。指两个或两个以上事物按照某种关系引申出可能的或然性结论。经院哲学提出'存在的类比',认为在以事物完善的程度来论证上帝的存在时,可以用类比的方法论证一事物与另一事物居于不同的存在的程度……瑞士 K. 巴特认为应当用'信仰的类比'代替存在的类比,因为真理来源于神的恩典,存在的类比实际上由信仰类比而来,进一步解释了存在类比的可能性。"[37]由此概念并结合我们之前的分析观之,类比一词从其文化起源和演进上来讲,经历了从最初的含义到与哲学、神学结合使用的一个漫长历史过程。

然而,尽管有着如此漫长的运用史,关于类比,尤其是它在神学中使用的可能性和合法性问题,自始以来就聚讼不止。有人支持,也有人质疑,并且各有理由。关于类比的支持和使用,上文已较多分析,此处不赘

---

[36] 张旭:《卡尔巴特神学研究》,第 222 - 223 页。

[37] 冯契,徐孝通主编:《外国哲学大辞典》,上海:上海辞书出版社,2000 年,第 640 页。

余言,而只专注于类比及其在基督教神学使用中面临的诸多挑战和疑难。

首先,就类比的日常使用来说,其本身就存在一定的局限:一方面它受制于自身,只能根据两种事物中某些方面属性的相似得出或然性的结论;另一方面它过于依赖人类的知性经验,从而对人类经验未曾经历过的事情无法做出解释。对此,麦克格拉斯在《科学与宗教引论》关于类比模型使用的矛盾心理的个案分析中就已经有所说明。他例举达尔文的"自然选择"理论,指出该理论的形成便是利用类比思维和语言最好的体现。不过,根据麦格拉斯的说法,达尔文的问题在于,以植物培育和家畜饲养过程中的"人工选择"来类比整个宇宙环境中的"自然选择",虽然在某种程度上能够使我们了解自然发展过程中的一些规律或法则,但是,由于该理论形成过程中我们已经提到的以上两点缺陷,它的诞生在取得惊人效应的同时也遭受了诸多批评和质疑。比如,他的同事阿尔弗雷德·拉塞尔·华莱士(Alfred Russel Wallace)就曾对其理论公开指责,因为他不认为,自然如同人类一样在选择过程中会有如此之强的主动性和目的性。达尔文以"人工"类比"自然",从而得出这样的结论,明显是推得过远,其结论只能是或然性的。人工选择与自然选择虽有某些方面的相似性,但以人有意识的选择来类比自然无意识的进化,明显是人化自然的表现。而人化自然的实质是人依赖于自身经验的体现,其局限在于他对人类无法经验到的事情,比如自然整体的进化、基督教所传讲的复活等,根本无法做出科学的判断。达尔文根据自己已经获知的关于植物培育和动物养殖的经验,并由于其中系统的或不自觉的"人工选择"与观察到的自然中符合某种目的的"物竞天择"两者之间某方面的相似性,从而类比地推出了"自然选择"的理论。[38] 在华莱士看来,这明显是不符合严格的科学精神的。

因此,通过该例,我们可以看到类比使用本身所具有的悖论性质,也即它所具有的积极和消极的方面。就积极方面来说,类比可以借助于已知的经验和知识,对更为复杂的情况作出一定程度的解释;然而其消极

㊳ 阿利斯特·E.麦克格拉斯:《科学与宗教引论》,第 144 页。

方面也不容忽视,它容易导致把这个模型不适宜的方面转为这个模型打算解释的东西,并得出或然性的结论。[39]

其次,严格来说,同样的问题和疑难也出现于这一思维方法在基督教神学中的运用,比如"神如同我们的父"这一类比。在这一类比中,我们可以通过"父亲"身份的诸多属性和表征来进一步理解和认识上帝之爱、公正、严慈和怜悯等多种属性,但这一类比的运用在现代立马就面临着一个严峻的挑战,如在女权主义和个别女性主义神学家看来,"上帝是父"的类比过多地强调了"男性"在上帝本质和属性中的地位,从而使得女性在信仰和神学中的地位一再受到忽视。当然,我们可以从正统教义的角度,就像潘能伯格(Wolfhart Pannenberg)所做的那样,对这一质疑作出进一步的解释和辩护。[40] 但我们仍然无法否认这一类比本身在表示神圣事物时所具有的局限。就拿复活这一事件来说,历来关于其是否是一个在历史之中真实发生的事件就争论不已,启蒙运动之后,一般观点倾向于否认其历史真实性,究其理由在于人类理性根本没有任何关于复活事件的经验。分析这一理由,不难得出结论,否认这一事件历史真实性的根据正是类比思维局限性的反映,因为类比正是从人类这种有限经验出发的,根本不能对无法经验到的事物作出解释。这种已知经验的中断,决定了类比在基督教神学中运用的限度。[41]

另外,就类比思维在基督教神学中运用的具体形态,即"存在的类比"和"信仰的类比"来讲,其本身在多大程度上正确地完成了对上帝的谈论和言说,并不至于同时牺牲其超越性(transcendence)和临在性(immanence)的问题,依然饱受争议。而且,就类比思维使用的具体形式

---

[39] 同上。

[40] 在潘能伯格看来,旧约在谈到上帝对以色列如父亲般关爱时,其实这里并没有任何关于父亲角色的性别界定,而且在他看来,任何在上帝理解中加入性别区分的做法,都将导致多神论。上帝对以色列的关爱同样可以用母爱来表达,这一事实就表明在对上帝作为父亲的理解中加入性别区分是根本没有什么意义的。参见潘能伯格:《系统神学》,第一卷,李秋零译,香港:道风书社,2013 年,第 340 - 345 页。

[41] 科林·布朗:《历史与信仰:个人的探寻》,查常平译,上海:上海三联书店,2013 年,第 52 - 53 页。

选择,即到底是“存在的类比”还是“信仰的类比”,抑或其他种类的类比,也存在争论。比如,巴特就曾激烈批评中世纪由托马斯·阿奎那所代表的“存在的类比”,认为它和近代自然神学以及自由主义神学一道,都是人类理性狂妄傲慢的产物,是“敌基督的发明”,并由此转而坚持“信仰的类比”或“恩典的类比”,坚持信仰和启示的上帝之道才是认识并谈论上帝的基本前提。然而,在当代天主教包括巴尔塔萨(Hans Urs von Balthasar)、汉斯·昆(Hans Kung)等著名神学家看来,巴特所强调的“信仰的类比”和托马斯·阿奎那所主张的“存在的类比”二者其实并没有什么不同,后者虽然肯定从自然类比而得来的关于上帝的知识,但依然是以恩典的光照所形成的信仰知识为前提的。

总而言之,无论是普通的圣经读者还是专业的解经学家或神学家,当他在阅读圣经并试图对上帝做出谈论或言说的时候,不论他是否自觉到,其实在某种程度上他都在反复使用着类比。人类这种惯用的从已知经验和事实出发解释复杂或疑难事物的思维,就是潜在地在运用类比思维及其语言。但是,“当我们凭借这一思维针对上帝做出论断并给出有力论证的时候,我们还必须回到这一论点上来,即上帝虽有所揭示,但也有所隐蔽,而且上帝舍之不成其为自身的那部分神性,恰恰是他的不可比性和他超越人类一切理解的地方。”[42]因此,出于类比这种悖论性的特质以及自身不可避免的缺陷,当我们在基督教神学中审视和使用类比思维及语言时,必须极度敏感和谨慎,以免差之毫厘,失之千里!

---

[42] 约翰·麦奎利:《谈论上帝——神学的语言与逻辑之考察》,第219页。引文略有改动。英文版参见 John Macquarrie, *God-Talk: An Examination of the Language and Logic of Theology* (New York: Happer & Row, 1967), p. 227。

在开放与委身之间

——宗教对话的困境及其语境论出路*

万超前

【内容提要】 在当前的宗教对话中，一般认为多元论最有利于化解诸宗教之间的冲突。然而，排他论不仅有着经典与教义上的支持，也是一个宗教能够凝聚信众、维护信仰之神圣性的重要原因，因此多元论对于各大宗教来说并不容易被接受。而语境论一方面承认诸宗教带有排他性的自我理解，另一方面坚持这种理解是有语境的，可以同时存在多个有效的宗教语境，从而有望化解多元论和排他论在一与多、委身与开放、教内与教外等问题上的矛盾，使对话更加切实可行。

【关键词】 宗教对话　宗教多元论　宗教排他论　宗教语境论

推动宗教间的对话、维护宗教间的和平，是我们这个时代的一项重要课题。目前宗教对话已经取得了不少积极成果，但是这一过程还远未达至完满，尤其是多数不同宗教传统的信众之间难有深层交流。当今学界几乎一致赞同传统的宗教排他论是不利于对话的，然而要求对话双方将各自的信仰进行悬置似乎也不可行，宗教多元论于是成为对话中所讨论的核心议题。

---

* 本文受岭南师范学院人才专项“对话与语境——当代知识论视野下的宗教对话研究”（项目编号：ZW1604）支持。

一、宗教多元论的洞见与困惑

宗教多元论之所以能成为对话中的核心议题，主要在于它能够对存在多种相互冲突的宗教宣称的现象给出较为合理的解释，并由此破除诸宗教的自我中心主义，促进宗教间的对话。

面对多种并存且相互冲突的宗教真理宣称，我们可能的基本态度至多有五种：(1)认为只有一种宗教拥有真理，其他宗教都是假的或者至多只能从中分享到一些不完善的真理；(2)认为存在多种同等的真宗教，同时也有多种假宗教或不完善的宗教；(3)认为所有不同的宗教都是同等为真的；(4)认为所有宗教都是假的；(5)认为是否存在真宗教是无法确定的。如此，(1)是排他论以及包容论的立场；(2)代表了主流的多元论所暗含的立场；(3)是极端的多元论，也可称之为宗教相对主义；(4)是无神论；(5)则是宗教怀疑主义。在此我们需要考虑的是前两种，因为后三种在宗教对话中无甚影响。在众多的宗教中，其各自的信徒，往往确如阿尔文·普兰丁格所说，并非是缺乏基本的认知能力的，在形成其宗教信念的过程中也可能是真诚的、并未违反认知责任的。[①] 因此我们可以假设各大宗教具有同等的认知地位，或者说它们是认知对等者(epistemic peer)。

关于宗教间的认知冲突，贝辛格(David Basinger)认为，"如果一个宗教排他论者想要尽可能地达到真理并且避免错误，他就有一种显要的义务去力图解决重要的、认知对等者之间的冲突。"[②]这一思想被格尔曼(Jerome Gellman)称为"贝辛格原则"。贝辛格所说的"认知对等者之间的冲突"，是指冲突双方不仅是同样博识的，而且是同样真诚的，他们具有同等的认知基础。在这样一种情况下，根据贝辛格原则，如果排他论

① Alvin Plantinga, "A Defense of Religious Exclusivism," in James F Sennett, ed., *The Analytic Theist: An Alvin Plantinga Reader* (Cambridge: Wm. B. Eerdmans Publishing, 1998), pp. 187 - 210.

② David Basinger, "Religious diversity: Where exclusivists often go wrong," in *International Journal for Philosophy of Religion*, vol. 47, no. 1 (February, 2000), p. 45.

者想坚持自己是对的，就需要承担论证的责任。也许排他论者可以像格尔曼一样，将自己的宗教信念视为基础信念，是一种被给予的基础真理，"决定着候选信念的可接受性，然而（并非它们自身）受制于更深层的认知辩护。"[③]由此排他论者可以将自己的信念视为绝对为真、无需加以辩护的。但基础的宗教信念恐怕并不具有这种性质，不然何以说明宗教改宗现象的存在？即使排他论者可以反驳说，那些变化了的"基础信念"只不过是表明它们本身并非真正的基础信念，但问题依然存在：排他论者如何知道哪些是"只是看起来为真"的基础信念，哪些是真正的基础信念？因此，不论宗教信念是否是基础信念，排他论者在面对认知上具有同等地位的宗教信念之间的冲突，总是需要为本己宗教独有的优越性而非合理性提供有效论证，但这恰好是他们难以做到的。如果采取一种封闭的信仰主义的立场，排他论者尽管可以为自身宗教的优越性提供诸多"辩护"，但已经很难说这些辩护是理性的、客观的了。

一般情况下，当我们形成一个信念 P 并且认为它是合理的时候，我们会自然地排斥与 P 相冲突的其他信念；但如果我们发现他人持有非 P 信念，并且非 P 是基于和自己相同或相近的认知功能与推理规则而形成的，由于二者很可能只有一个为真，那么我们往往会重新评估 P 的可靠性。这表现了理性的审慎态度与反思能力。贝辛格曾举了这样一个相关的例子：[④]汤姆和比尔是哲学导论课上的同学，他们在讨论接下来的考试，汤姆相信考试是在周五，比尔则相信是在下周一。两人在讨论之前都不曾怀疑自己的信念，因为老师宣布考试时间时他们都有在场，而且也没有证据表明他们的听觉或记忆出了问题。他们解决认知冲突的方法主要有三种：（1）请教老师。不过在诸宗教之间不适用这一点，因为诸宗教往往不信奉相同的神，即使信奉相同的神，从中获得的信息也难以达成共识。（2）请教其他同学。这对于诸宗教之间也不适用，因为

---

③ Jerome I. Gellman, "Religious diversity and the epistemic jusitification of religious belief," in *Faith and Philosophy*, vol. 10, no. 3 (July 1993), p. 354.

④ David Basinger, "Plantinga, Pluralism and Justified Religious Belief," in *Faith and Philosophy*, vol. 8, no. 1 (January 1991), pp. 67 – 80.

每个宗教都会有不同的回答。(3)依据各自以往的经验成了唯一的可能。这意味着每个宗教都可以在多元宗教并存的世界里,继续坚持自己的信仰。即使末世或彼岸世界到来的时候,的确能为诸宗教之间的争论划上一个句号,但在此之前各方在认知上并无特别的优势,处在谁也无法真正说服对方的境地,因此至少可以假设诸宗教并非是错误的。而宗教多元论不过是为了推动宗教间的对话而强化了这一思路,因此在各种立场中是最有利于解释多种宗教并存现象的。

在承认存在多种宗教真理的情况下,多元论者还通过对宗教信仰本身的"去绝对化",来破除各个宗教根深蒂固的自我中心主义。希克通过他的"哥白尼式革命",要求基督教(其他宗教也一样)放弃以往的自我中心主义立场,并转向他所认为的高于诸宗教信仰对象的终极实在,将自己与其他宗教都视为对这一终极实在的反映。⑤ 雷蒙·潘尼卡认为实在永远大于人的认识,"每一个存在物都超越一切——包括它自身,而且或许最主要的是超越'它自身','它自身'事实上是没有限制的。此外,它还是无限内在的,也就是说,是不可穷尽的和深不可测的。之所以如此,不是因为我们的理智的有限力量不能穿透更深,而是因为这一深度属于每一存在物本身。"⑥因此在他看来,没有哪个宗教能完全拥有真理。在这样一种情况下,宗教间的相遇和对话变得真正可能了,因为其他宗教变成了平等的他者,自己不再是中心之后也有了理解他者的需要。正如潘尼卡所说:"把对方理解为一个伙伴、一个同伴、一个主体(不是一个客体)、一个认知之源、一个优先原则,就如我自己一样。这本身就让我能够倾听对方,为他所认识,而不仅仅认识他。除非发现他者,否则不可能有真正的多元论。"⑦

不过,尽管宗教多元论有着很强的解释力,多元论者为推动诸宗教

---

⑤ 约翰·希克:《上帝与信仰的世界:宗教哲学论文集》,王志成、朱彩虹译,北京:中国人民大学出版社,2006 年,第 121 页。

⑥ 雷蒙·潘尼卡:《宇宙-神-人共融的经验》,思竹译,北京:宗教文化出版社,2005 年,第 75－76 页。

⑦ 雷蒙·潘尼卡:《看不见的和谐》,王志成、思竹译,南京:江苏人民出版社,2001 年,第 117 页。

间的对话也做出了巨大的努力,但排他论的立场在许多宗教(尤其是一神教)内部仍是主流。希克认为随着人们对各种宗教知识的增加,大多数自然会变得难以接受排他论立场,普兰丁格则针锋相对地指出:“人们会有趣地注意到,‘独断的顽固分子’比接受希克多元论的人也许要多一百万倍。”⑧而且在学术上,排他论也有不少的支持者,除了普兰丁格及其追随者,还有德科斯塔(Gavin D'Costa)、格里菲斯(Paul Griffiths)等重要神学家。为什么推崇理性、追求和平的多元论难以真正获得信众的广泛认同?这其中的原因值得我们思考。

二、关于宗教排他论的再思考

宗教对话归根结底要落到实践上,如果脱离了信众的信仰需求,难免会流于形式,沦为无源之水、无本之木。希克曾坦言自己的多元论立场使他被许多基督徒视为背叛者,难以被基督教内部所接受。伊斯兰教视安拉为唯一的造物主,希克却将其视为穆斯林对更高级的“实体”的反映;基督教坚信耶稣既是神也是人,希克却说“道成肉身”只是一个神话;禅宗认为“悟”是一种独一无二的对佛法的直接把握,希克则将其还原为人由自我中心向“实体”中心的转变;如此等等。正如内特兰德(Harold A. Netland)所说:“希克能够通过重新解释它们(指诸宗教教义)来消除造成问题的因素并协调棘手的教义;但这种重新解释的代价是,这些被重新解释的教义和各自传统所持有的教义变得很不相同。”⑨而且,如果耶稣只是一个很有灵性的人,释迦牟尼又是一个真正的觉悟者,那么基督徒为何应该只追随耶稣而非释迦牟尼呢?而排他论立场不仅与诸宗教的自我理解相符合,还对保持各个宗教的自我认同、增强其凝聚力有着积极作用,这些都使得排他论成为对话中不可回避的视域。

---

⑧ 阿尔文·普兰丁格:《基督教信念的知识地位》,邢滔滔、徐向东、张国栋、梁骏译,北京:北京大学出版社,2004年,第482页,注释2。

⑨ Harold A. Netland, "Professor Hick on religious pluralism," in *Religious Studies*, vol. 22, no. 2 (June 1986), p. 256.

以基督教为例。在它的经典教义中,有不少明确的排他性宣称,例如,“然而我们只有一位神,就是父,万物都本于他,我们也归于他;并有一位主,就是耶稣基督,万物都是藉着他有的,我们也是藉着他有的”(林前8:6);“除他之外,别无拯救。因为在天下人间,没有赐下别的名,我们可以靠着得救。”(徒4:12)等等。基督教之所以成为基督教,就在于耶稣基督的独一无二及其对它的决定性意义。卡尔·巴特说:“一个‘没有基督的基督教’,只能无所事事。它失落了自己的生存根据,只有枯死;像其他宗教由于其他的原因,只能加速消亡。一旦我们试图把注意力从耶稣基督的名字上转移开,哪怕是暂时的,基督教教会就失去了它所声明和依靠的、作为一个特殊命令的状态和社群的实质……没有他,基督宗教不能有其独特性,就什么也不是,这一事实不可能掩盖得长久。”[10]因此,希克等多元论者为了能够使多种宗教教义并存而消解其真理性、神圣性的做法,对基督教传统来说将是一种伤害,信众也难以接受。如果基督教不再坚持耶稣基督的独一性与排他性,那么如何来凝聚信众、保持自身呢?

即使撇开排他论立场的信仰价值不谈,仅仅为了宗教间的对话,排他论也有值得吸收的地方。宗教对话的目的,从消极方面来看是为了避免宗教间的现实冲突,从积极方面来看是为了促进宗教间的相互理解,并互相丰富和深化自身的传统。而这两重目的,都没有要求诸宗教在对话过程中必须放弃自己的身份与传统。因此,既然诸宗教的传统是难以被放弃且无需被放弃的,那么排他论立场的部分核心理念——维护自身的身份与传统——不仅是可以被容许的,而且是应当受到尊重的。实际上,一个人总是只能立足于本己宗教来看待其他宗教并处理与其他宗教的关系,正如保罗·尼特所说:“我们不仅仅从我们所在的地方看他者,也从我们所在的地方理解和评价他们。我们可能不喜欢那样做,但对此也只能这样。离开我们所在的地方,包容他们要求我们多少要站在某个中立的地方,从而使我们‘没有偏见’。但在这种情况下,‘中立’意味着

---

⑩ 卡尔·巴特:《教会教义学》(精选本),何亚将、朱燕冰译,北京:生活·读书·新知三联书店,1998年,第80页。

'无文化''非历史'或者无宗教。"[11]如果基督教放弃宣称耶稣是拯救的唯一中介,基督教徒恐怕就会失去自己的身份,"那么他们还能为世界提供什么就不清楚了"。[12] 因此在宗教对话的实践中,更重要的是如何对自身传统做出合适的阐释,使之有利于对话,而非放弃它。

此外,为了保持诸宗教的自我认同和特殊性,排他论在当代已经发展出了一种防御形态——个殊论(particularism),它只强调本己宗教的独特性与不可错性,而不对宗教他者做出判断。这种立场已经不大可能引发宗教间的冲突,多元论在伦理实践中的优越性相对于它来说,已经被大大削弱。而且仅仅从理论上来看的话,有些宗教信念几乎无法确定其真假,正如普兰丁格所说,"在这里,我们已经超越了哲学的能耐"。[13]而多元论也无法彻底证明自身的正确性,希克坦言人们对于各种宗教信念的真假,都只是"在作一种认知选择,具有某些打赌的特征",[14]因而只能确定它们是否合理,而难以确定其真假。个殊论的出现是排他论面对多元论咄咄逼人的态度进行回应的结果,这一方面反映了多元论立场之教内维度的缺乏,另一方面表明排他论的立足点在理论和实践上都有其合理性。不过个殊论也并非解决宗教对话的良药,因为它往往会夸大诸宗教之间的差异,有孤立主义倾向,使得对话缺乏有效基础。

三、语境论视野中的诸宗教对话

前文对排他论和多元论的分析表明,它们在对话中对诸多基本问题的处理都是不够完善的。排他论固然会使得对话缺乏有效基础,但多元论过于开放,出现了一些明显偏离经典教义的情况,不仅可行性成疑,也

---

⑪ 保罗·尼特:《宗教对话模式》,王志成译,北京:中国人民出版社,2004年,第276页。

⑫ 戴·诺亚:《耶稣与世界宗教》,载《宗教比较与对话》(第四辑),北京:宗教文化出版社,2003年,第168页。

⑬ 阿尔文·普兰丁格:《基督教信念的知识地位》,第548页。

⑭ 约翰·希克:《宗教之解释——人类对超越者的回应》,王志成译,成都:四川人民出版社,1998年,第246页。

容易削弱固有的宗教信仰。语境论已经成为一种重要的世界观和方法论,它不仅是语用学的核心,在知识论与科学哲学领域中也充分展现了自身的解释力,我们将它运用到宗教对话领域,不仅在认知上是审慎合理的,在实践中可能也是更加可行的。

从一般的语境论观念来看,所有的经验和知识,不论是物理的、历史的、文化的还是语言的,都随着语境变化而变化。宗教也是如此,某个宗教的宣称很难被肯定是在所有情况之中都有效的,它总是有着特定的背景或语境。当然,说存在多种宗教语境,主要是在陈述一个事实,排他论者可能承认有多种宗教语境,但认为其中只有一种是真实的,宗教语境论则是肯定多种宗教语境之存在的合法性,进而认定多种宗教的合法性。由于影响语境的变量众多,如时空、文化背景、主体的意图等,当某些变量发生改变时就会产生不同的语境。在这些变量中,有些属于客观环境因素,例如犹太教徒可以说"耶路撒冷是唯一的圣城",伊斯兰教徒也可以说"耶路撒冷不是唯一的圣城",双方的话语都依照相关的历史事件而为真。不过宗教语言往往构成的是一种相对独立的语境,许多宗教的世界观都是超现实的,例如基督教的"上帝创世"论、道教的"道生万物"说等,使得人们使用宗教语言时具有很大的自由空间。巴特曾尖锐地指出,"宗教就是不信。……从启示的立场看,宗教显然是人试图期望上帝在启示下想做的和确实做的东西。这是尝试着以人工置换神性工作。"⑮在巴特看来,现存的宗教都是属于人的言说,而非是神圣者的。这表明宗教语境具有明显的构建性,即"语境以内在化、概念化的知识形式存储于人的认知框架之中",语境的生成依赖于主体的参与和选择。⑯因此,即使面对同样的事实,人们也可以形成不同的语境。某些宗教之间尽管看起来是矛盾的,却并不一定是一种非真即假的关系,因为有各种情感与实践因素的介入。加之我们往往缺乏判断某些宗教信念的中立标准,如果的确存在一种合法的宗教语境,那么就完全可能有多种合

⑮ Karl Barth, *Church Dogmatics*: Volume 1/2: *The Doctrine of the Word of God* (Edinburgh: T & T Clark, 2004), pp. 299 - 300.

⑯ 刘澍心:《语境构建论》,长沙:湖南人民出版社,2006 年,第 79 页。

法的宗教语境存在。假设某个信徒接受了宗教语境论，一方面他会承认只有本己的宗教才是真宗教，但另一方面深知这种看法是在本己的宗教语境下产生的，因此他也会承认别的宗教在各自语境下的合法性。而且由于他明白自己宗教的真理与其他宗教的一样，其产生和有效性都是有条件的，因此双方的对话很可能是有益的。

具体来说，在对话中宗教语境论将坚持以下四条基本原则：

一是维护多元宗教的合法性。承认有多种真宗教的存在，是展开宗教间对话最基本的前提。前文通过语境论对多元宗教现象的解释，已经表明完全能够存在多种不同的合理宗教语境。不过在此需要指出的是，这并不意味着任意的宗教语境都是合理的。如果某些宗教话语提倡自杀、活祭，或是支持恐怖主义，我们也不会认为它们是合理的，不仅因为这违反了我们对宗教的通常理解，而且因为它们在实践上也是有害的。此外，与通常的宗教语境不一致的情况也并非都是不合理的，一些新宗教或新教派的出现可能是适应社会发展需要或者是对原有教义进行合理阐释的结果。判断这类情况需要我们综合社会历史状况、认知的发展、主体的实践等多方面的因素，宗教语境论更多是提供一些指导性原则，对它的具体运用还需要依赖我们的实践理性。

二是维护诸宗教间的地位平等。真正的对话总是需要双方处在平等地位上才能进行。不过“平等”一词有着不同的含义，包含“相同”和“公正”两方面。希克为了实现诸宗教间的平等而尽量将其视为性质相同，但这种做法被认为是对诸宗教的过分“阉割”。许多宗教之间差异的确是巨大的、无法被抹杀的，以致还有不少学者认为诸宗教之间是不可通约的。我们追求对话中的平等，并不是要求诸宗教都变得相同，这不仅事实上不可能，而且也无必要。正如我们每个人都是生而不同的，但我们也一直追求人人平等的理想，这里更多涉及的是公正方面，因此我们所说的宗教平等首先是一种形式平等。宗教语境论所要求的是一种形式平等，因为它认为诸语境的确是不同的，而实质平等依赖于同质性。形式平等的原则体现在宗教对话的参与方都应该遵守相同的规则，典型的如列奥纳多·斯威德勒的"对话十诫"。[17] 不过笔者认为斯威德勒所提出的要求过高,因为有些宗教自我改变比较容易,有些则很难,而这对后者是不够公平的。宗教语境论对于宗教对话的规则要求并不高,具有跨语境意义的"尊重生命"和伦理学"金规则"[18]即可确保对话不至于造成新的不平等。当然,形式平等并不一定导致实质平等,彻底的实质平等也是不必要的,因为它会抹杀宗教间的差异。不过只要对话各方有着共同的目标、并且遵守了最基本的规则,那些由于自身影响力、理论深度等原因而可能处于不利地位的宗教,往往也能相较以往获得更多的实质平等权。

三是维护各宗教的独特性与自我认同。从某种抽象的意义上来说,诸宗教之间的确有相同之处,但也仅限于抽象层面而已,不能因此而忽视宗教间的具体差异。在宗教语境论看来,由于时间与空间、主体与对象、理论与经验等方面因素的影响,不可避免地会出现不同的宗教语境,而且前文第一条原则已经说明这些不同的宗教语境可以都是合理的,因此各个宗教的独特性本身也就具有一种内在的合理性。一个宗教的独特性还构成了它的身份和自我认同,例如基督教之所以成为基督教,就在于耶稣基督的独一无二及其对它的决定性意义。天主教神学家迪诺亚(Joseph A. DiNoia)指出,每个宗教都有它"不可妥协的东西",在对话中既不能被放弃,也不能被搁置。[19] 因此即使为了宗教间和平的目的,要想消解某个宗教的独特性的话,不仅是困难的,还可能会对其信徒造成新的伤害。而且从反面来看,也正是由于宗教间存在差异才需要对话的。在差异得到尊重且对话的参与者都有着共同目标的情况下,一种

---

⑰ 参见 Leonard Swidler, "Interreligious and Interideological Dialogue: The Matrix for All Systematic Reflection Today," in Leonard Swidler, ed., *Toward a Universal Theology of Religion* (New York: Orbis Books, 1987), pp. 14–16。

⑱ 1993 年世界宗教会议的宣言《走向全球伦理宣言》中将"尊重生命"和"己所不欲,勿施于人"的金规则视为构建全球伦理的核心,也是诸宗教的基本共同点。

⑲ Joseph A. DiNoia, "Pluralist Theology of Religious: Pluralistic or Non-Pluralistic?" in Gavin D'Costa, ed., *Christian Uniqueness Reconsidered* (Mary knoll, NY: Orbis Books, 1990), p. 120.

“和而不同”的局面是完全有可能产生的。而语境论对各个宗教在其本己语境中的权威性的承认,也就维护了诸宗教的独特性与自我认同。

四是维护诸宗教间的开放性与可融合性。这是对第三条原则的限制与补充。许多强调各个宗教之独特性的学者(主要是个殊论者和后现代多元论者),认为不同宗教之间没有共同的基础,是不可通约的。有的以此认为各个宗教都是一种完整自足的系统,对话无助于自身真理的丰富。[20] 有的甚至认为诸宗教之间不可比较。[21] 这种倾向即使没有使宗教对话成为不可能,也至少使它变得没有多少必要了。

如果不可通约意指缺乏共同的第三方标准,那么宗教间不可通约的现象确实存在,但是只要不把诸宗教看成一个不可分割的整体,我们也能在诸宗教之间找到可通约和可比较之处。“有没有公度性的问题不完全是一个事实问题,而是一个解释学的问题。按照一种解释,两个东西或许没有任何相似之处,但按照另一种解释,它们或许非常相似。”[22]而且不论是诸宗教自身还是人们对它们的理解,都是动态发展的,例如乔治·林贝克认为不同宗教关于“神”的观念是不可通约的,因为本不存在可以统一它们的观念,但是希克却构想了一个更高级的不可知的“实体”,将不同宗教的神视为对这一实体的不同显现,也就将它们化为可通约的了。此外,将“不可通约”概念引入哲学中的库恩,明确反对将其视为不可比较之意,他说:“我的绝大多数读者猜想,当我说诸理论是不可通约的时候,我的意思是它们是不能被比较的。但是,‘不可通约性’是从数学中借用来的一个术语,在数学中它并没有这种含义。等腰直角三角形的斜边与它的直角边是不可通约的,但是二者可以在所要求的任何

---

[20] 例如个殊论者阿利斯特·E. 麦克格拉斯反对希克将对话视为互益的,参见 Alister E. McGrath, “A Particular View: a Post-Enlightment Approach,” in Dennis L. Okholm and Timothy R. Phillips, eds., *Four Views on Salvation in a Pluralistic World* (Grand Rapids: Zondervan, 1996), pp. 156–158。

[21] 例如林贝克在《教义的本质》(王志成译,安希孟校,香港:汉语基督教文化研究所,1997年,第56页)中指出宗教间由于不可翻译而缺乏可比性。

[22] 赵敦华:《研究基督教哲学的中国进路》,载许志伟、赵敦华主编:《冲突与互补:基督教哲学在中国》,北京:社会科学文献出版社,2000年,第20页。

精确度上进行比较。缺少的不是可比较性,而是一个可以对二者进行直接与精确度量的长度单位。”㉓因此诸宗教之间即使存在不可通约的现象,也并不一定就意味着它们不可比较。从语境论的视角来看,当我们说存在某两种语境时,就已经预设它们是可比较、沟通的了,因为语境具有构建性、动态性等特征,语境和语境之间总是可相关的。而且语境分析的方法是一种具体的、多向度、多层次的方法,即使作为整体的语境和语境之间具有根本性的差异或不可通约性,我们也完全可能在某些具体层次或方面上找到它们的相通之处。

四、在开放与委身之间寻求平衡

语境论为诸宗教理解自身与他者提供的是一种新的、共同的视角或方法,而非希克式多元论所构建出来的一个统一的真理标准。实际上希克的真理标准也面临和排他论相类似的困境——无法彻底证明只有自己最正确。因此承认诸宗教在各自语境中所认定的真理,应当更为合理,这不仅符合思维经济原则,也有利于在对话中实现真正的平等。当然,宗教信仰不仅仅是一种认知活动,而是涉及人的整个生存,因此在宗教对话中,一个最困难的问题是,对话参与者如何在委身本己传统与向他者开放之间取得平衡。

排他论(包括个殊论)者都是委身有余而开放不足,多元论者则大都是开放有余而委身不足。然而在对话中,不论过于强调哪一方面都将不利于对话的展开。宗教语境论坚持诸宗教在自身语境内是完全真实的,因此维护了各宗教的独特性与自我认同。但同时由于语境总是有界限的,在需要进行对话时,一个宗教不能将自己的真理视为无条件的而强加给对方,而是应该假设对方的宗教在其语境中也是真实的,从而向对方的真理开放。不过这对于某个信徒来说如何可能?或者说一个信徒该如何以语境论的方式来看待本己宗教与其他宗教呢?让我们再以

㉓ Thomas S. Kuhn, “Theory-Change as Structure-Change: Comments on the Sneed Formalism,” in *Erkenntnis*, vol. 10, no. 2 (July, 1976), pp. 190 – 191.

基督徒为例。

基督徒相信唯有上帝是至上的造物主;相信耶稣基督是上帝的独子,他曾在十字架上受难以替世人赎罪,并死而复活;相信圣经是上帝的启示;等等。然而上帝是无限者,人是有限者,圣经中也说人们难以直接理解上帝的奥义,"深哉!神丰富的智慧和知识。他的判断何其难测!他的踪迹何其难寻!谁知道主的心?谁作过他的谋士呢?"(罗11:33-34)虽然基督徒可以依靠圣灵的启示获得上帝的真理,但是在这过程中终归难以避免添加自己的理解。同时上帝的"圣言"总是以"人言"的形式来表达的,也"没有赋予每一个表达方式一个划一的价值;反而极具弹性地利用这语言的差异,同时接受这语言的各种限制"。[24] 因此,基督徒不仅应该承认自己对上帝之真理的理解可能是不完善的,加上人言总是处在特定语境之中、基督教教义和体制都具有属人的性质,因而还应该承认基督教并非是超语境的存在,语境论的观念可以适用于基督教,正如天主教神学家菲奥伦扎(Francis Fiorenza)所说,基督教既是一个信仰群体,也是一个交谈(discourse)群体。[25] 对于持有语境论的基督徒来说,他完全可以在本己的宗教语境中去理解其他宗教的合法性,既坚持本己的语境对他来说是最好的,也明白这一语境并不一定对所有人都是如此。

具体来说,如果他深信上帝是全能全善的,并且明白基督教的语境性以及自身对于上帝奥义之理解的有限性,当他面对其他宗教时,他可以把其他宗教也视为对上帝的某种回应,因为上帝"愿意万人得救,明白真道"(提前2:4)。他相信基督教确实拥有关于上帝的真理,但并不自以为这就是全部的真理。他还可以相信只有耶稣基督才是世人的绝对救主,并把其他宗教的信众理解为"匿名的基督徒"——他们也受到了上帝的恩典,并因耶稣的牺牲而获得救赎的机会,只是由于某些未知的

---

[24] 若望保禄二世:《教宗若望保禄二世贺辞》,载宗座圣经委员会:《教会内的圣经诠释》,冼嘉仪译,香港:思高圣经学会,1995年,第ix页。

[25] Francis Schüssler Fiorenza, "Systematic Theology: Task and methods," in Frnacis S. Fiorenza & John P. Galvin, eds., *Systematic Theology: Roman Catholic Perspectives*, vol. I (Minneapolis: Fortress Press, 1991), p. 84.

原因而不自知，或者是由于语言文化系统的不同而暂时不被一些基督徒所理解。或者他还可以进一步地从以基督为中心走向以上帝为中心，如同马克·海姆所做的那样，直接以上帝不同位格的多元性为基础来理解存在多种不同宗教的现象："基督徒肯定一种位格的差异是基础性与整体性的本体论。没有差异和共享就没有存在。在上帝之中这二者是一致的。"[26]因此，诸宗教都有其合理性（姑且不论高低），由于它们互相之间存在巨大差异，他也能够理解其他宗教在维护自身时可能会对基督教有所批评。

与保持开放与委身之间的平衡密切相关的另一个问题，是如何在对话中兼顾教外立场与教内立场。以往的对话理论（甚至包括诸多多元论模式）大都只注重如何改变本己宗教的信众对其他宗教的看法，而忽视了其他宗教会如何看待本己的宗教。试想一下，佛教徒的确可以因阿部正雄的"三身佛"理论[27]而珍视与基督徒的对话，基督徒也可以通过海姆的上帝论而平等地对待佛教徒。然而在对话的时候，基督徒该如何看待对方以佛的"化身"来解释耶稣？佛教徒又该如何看待对方以上帝的多元性来解释"法"或"空"的真理性？此时增加一个独立于二者的语境论视野无疑会更好，这样他们会明白彼此的这类看法都是从有限的语境而来的，佛教徒可以在对话中接受基督徒的观念，而同时不放弃自己原有的理解，同理，基督徒也是如此。

总的来说，只要承认宗教话语的属人性，承认语境的客观存在性，各大宗教都可以用语境论的立场去看待自身与他者之间的关系。而且由于"语境"是一个从上个世纪才开始广泛受到重视的概念，诸宗教都缺少涉及这方面的教义，这就为它们接受语境论留下了空间，近些年天主教神学家菲奥伦扎就明确提出了"语境神学"的思想。语境论作为一种中立的方法论，一方面能够为诸宗教提供一个跳出自身传统来看待自己

---

[26] S. Mark Heim, *The Depth of Riches: A Trinitarian Theology of Religious Ends* (Grand Papids: Eerdmans Publishing, 2001), p. 175.

[27] 可详参李宜静：《空与拯救：阿部正雄佛耶对话思想研究》，第一章，北京：宗教文化出版社，2012 年。

的视角,以及进行教外交往的公共平台;另一方面,它对诸宗教自我理解的维护,可以使它为诸宗教所分享并加以具体化。因此,我们有理由相信语境论可以为推动宗教间的对话做出积极贡献,它可以为任一宗教提供在对话中所需的教内与教外的双重视野,以及在这双重视野之间的切换机制,从而使诸宗教能够在开放与委身之间保持一种良好的平衡。

明末清初“礼仪之争难题”与“中国礼仪之争”第一人

——兼论“礼仪之争”还是“利益之争”*

纪建勋

【内容提要】 发生在明末清初的“中国礼仪之争”是中西文化交流史上的一件大事。学界对于中国礼仪之争的缘起还有着不同的声音，尽管存在着多种进路的探究，但尚未形成统一的观点。检讨这场争论，在中国，龙华民、利安当和黎玉范这三个都有着“中国礼仪之争第一人”名头的传教士至为重要，另外，帕斯卡尔在欧洲的“角色扮演”也不容忽略。文章重点厘清他们在礼仪之争中所秉持的不同立场与传教方法，来回应中国教会史上这场最著名的论争究竟是地道的“礼仪之争”还是骨子里的“利益之争”的质疑。

【关键词】 中国礼仪之争　龙华民　利安当　黎玉范　帕斯卡尔　决疑论

* 本文受国家社科基金一般项目“晚明中西上帝观研究”（14BZJ001）、上海市浦江人才计划资助“清初比较经学家严谟著述整理与研究”（17PJC080）、上海市高峰学科“中国语言文学”、上海师范大学都市文化研究中心资助。

一、引　言

毫无疑问,发生在明末清初的"中国礼仪之争"是中西文化交流史上的一件大事。而对于这场争论爆发原因的解释,学界可以说是众说纷纭。孙尚扬和钟鸣旦两人的观点比较具有代表性:他们认为描述"礼仪之争"的历史过程并非难事,困难的是如何对其作出解释。"这一漫长的争执背后的原因,则至为复杂。既有神学背景(修会内部)之争、现实利益之争、也有神权与王权(教廷与康熙)之争、文化的圣俗之争。"①无独有偶,美国汉学家孟德卫(D. E. Mungello)也持有类似主张:

> 与耶稣会对立的有一长串队伍,包括方济各会、多明我会和奥古斯丁会以及世俗派传教士如巴黎外方传教会和许多拥护詹森派的人士。他们不遗余力地指出中国本土的"上帝"这一术语和中国人的祭祖祭孔礼仪的的确确亵渎了基督教教义。在双方那些忠诚、善意和虔信宗教等高尚的动机之中夹杂着嫉妒、报复和欧洲沙文主义等卑劣的态度。②

关键的是孟氏也承认回溯有关中国礼仪之争的历史事件远比解释这些事件的重要性容易。他在综述了西方众多研究者的论著后,富有创造性地把他们对中国礼仪之争的种种解释收纳于两个极点之间的连续区域内:一个极点认为礼仪之争是中西关系史步入近代的分水岭,而另一极点认为礼仪之争纯粹是欧洲人的事情,若试图从中国人的视角出发理解中国基督教史就可以将其省略。"两个极点之间的连续区域内"是数学色彩浓厚的一种表述,我们知道两个点之间的连续区域可以容纳无

---

① 孙尚扬,钟鸣旦:《1840年前的中国基督教》,北京:学苑出版社,2004年,第368-369页。

② D. E. Mungello, ed., *The Chinese Rites Controversy: Its History and Meaning* (Nettetal: Steyler Verlag, 1994). 孟德卫:《中国礼仪之争研究概述》,吴莉苇译,载任继愈主编:《国际汉学》(第五辑),郑州:大象出版社,2000年,第203-216页。

数个点,孟氏的这一新用法形象地表明学界对于中国礼仪之争这一历史事件给出了很多种解释,更遑论实际研究中还存在着不在上述两个极点所囊括的范围内的“其他解释和新的研究方向”。

李文潮在一篇饶有新意的文章中将争论的双方总结为以利玛窦为代表的“适应派”和以龙华民为代表的“非适应派”,并认为前者有意忽略甚至割裂了儒教学说在中国的历史演变,而后者却关注到了基督宗教文化与本土文化之间存在的根本性差异。③ 张国刚指出礼仪之争初期的主要特点还是文化论争,后来随着争论范围的扩大、激烈程度的增加、教廷和朝廷的先后介入,才不可避免地渐变为权力冲突。至于“耶稣会士和托钵会士谁更应该对中国传教区的毁灭负责”这一问题,作者认为17－18世纪中国对外来文化和宗教的态度决定了无论是耶稣会士的方法还是方济各会士的方法都有其局限性,双方都注定要失败。因为其时的“中国人从根本上来说不会也不允许放弃对父母、祖先和圣贤的崇拜改而专事天主”。④ 而吴莉苇的大作则比较强调中国礼仪之争中利益纠纷与权力冲突的层面。她首先通过对传教士间的派系斗争、传教士与罗马教会的矛盾、耶稣会士在欧洲的敌对势力如何助长争议恶化形势的论述,来说明礼仪之争中权力冲突的分量甚至超过文化争论,称之为一场传教士间的冲突并不为过:

> 可以说,礼仪之争各参与方的利益冲突构成该争论的清晰底色……占据主流的仍然是利益纠纷造成的分歧与争吵,而这成为困扰礼仪之争的一个死结。⑤
>
> 礼仪之争在很大程度上并非有关宗教教义的真理之辩,而是牵涉到各种复杂因素的态度之争和利益之争。礼仪之争和晚明前清

③ 李文潮:《龙华民及其〈论中国宗教的几个问题〉》,载《汉语基督教学术论评》2006年第1期,第159－184页。

④ 张国刚:《从中西初识到礼仪之争:明清传教士与中西文化交流》,北京:人民出版社,2003年,第413－535页。

⑤ 吴莉苇:《文化争议后的权力交锋——“礼仪之争”中的宗教修会冲突》,载《世界历史》2004年第3期,第91－100页。

> 整部天主教在华传播史都不是一个着眼于学习和理解中国文化的过程……礼仪之争在绝大程度上只是一个西方的问题……⑥

吴莉苇的观点实际上恰恰处在了孟德卫所指出的关于礼仪之争研究的另一个极点上。而谢和耐著名的结论则是认为在传教士与中国士大夫之间不可能达成真正的"共识"与"意义传递",从而在中国文化与基督教文化之间也就难以存有实质性的交流与沟通。⑦ 而刘耘华、许苏民等人的研究则证明其观点不能成立,进而以明清之际儒耶哲学对话的大量史料证明,通过对话而实现相互理解、促进哲学的发展不仅可能,而且是客观存在的事实。⑧

以上研究说明了学界对于中国礼仪之争的缘起还有着不同的声音,尽管存在着多种进路的探究,但尚未形成统一的观点。

二、耶稣会内部的不同方法:另一种意义上的"两头蛇"

目前较为深入的探讨如钟鸣旦、李文潮等人的研究也敏锐指出了双方争议的焦点在于对儒家的诠释传统,也即原著和注疏间的矛盾采取了不同的响应方式。但我们仅凭此因素,还不足以从根本处完全解释礼仪之争中传教士、国人乃至朝廷与教廷各方的行为,有效说明"中国礼仪之争"的缘起。正如李天纲所指出:

> "利益纠纷"和"不同方法"是导致"中国礼仪之争"的两个方

---

⑥ 吴莉苇:《中国礼仪之争:文明的张力与权力的较量》,上海:上海古籍出版社,2007 年,第 66 页。

⑦ 谢和耐:《中国与基督教——中西文化的首次撞击》,耿昇译,上海:上海古籍出版社,2003 年,第 218 – 219 页;刘耘华:《明末清初中西文化关系研究之反思》,载《北京大学学报(哲学社会科学版)》2005 年第 4 期,第 60 – 63 页。

⑧ 刘耘华:《诠释的圆环:明末清初传教士对儒家经典的解释及其本土回应》,北京:北京大学出版社,2005 年,导论,第 9 – 16 页;刘耘华:《依天立义:清代前中期江南文人应对天主教文化研究》,上海:上海古籍出版社,2014 年;许苏民:《明清之际的儒耶对话与中国哲学创新》,载《中国社会科学》2011 年第 6 期,第 26 – 40 页。

> 面，拙著《中国礼仪之争：历史、文献和意义》在两个方面都有阐释，虽然不算系统，也不很平衡。可是以后的学者，在谈论"中国礼仪之争"的时候，常常只是强调"利益纠纷"，完全变成了一种世俗争斗，这是我不能同意的。我还是坚持："中国礼仪之争"带有中世纪后期"为信仰而战"的时代痕迹，和后来的世俗争议不同，是比较纯粹的"文化争论"。[9]

质言之，"利益纠纷"固然是引致中国礼仪之争中不断纷争的重要因素，但辨析"不同方法"所带来的"文化论争"对现代的启发性则更有意义，这么大规模的一场论争怎么会只是一个西方的问题呢？其底色又怎么会是一出闹剧般的"政治利益之争"呢？当时的中国学者，包括士大夫、官员以及中国信徒，在很大程度上确实热烈地参与了这场有关中国礼仪的争论。新披露的撰于 1701－1704 年间的一批特别的中文和欧语文献也为礼仪之争中的中国声音提供了新证据。[10]

利玛窦在世时，其所秉持的传教策略及方法等即与一部分耶稣会士意见相左。利玛窦一派的支持者有卫匡国、闵明我、徐日升、安多、张诚等，龙华民一派的支持者有熊三拔、庞迪我等。但分歧始终限定在修会内部之研究辩论的范畴内，更没有扩大到中国教徒的日常生活之中。后来，方济各、多明我等修会进入，礼仪之争蔓延到不同修会之间，逐渐波及影响到了一般信徒，后来战火燃烧到了欧洲，到罗马教廷和清帝康熙

---

⑨ 李天纲：《中国礼仪之争：研究方法及其拓展》，载吴昶兴主编：《再解释：中国天主教史研究方法新拓展》，台湾：基督教文艺出版社，2014 年，第 32－33 页。

⑩ "中国礼仪之争"的原始文献，除了上文综述所及之外，关于中国人在这场论争中表现的史料也不断被发现与重新整理出来。如新文献及其研究还包括：韩琦、吴旻：《礼仪之争中教徒的不同声音》，载《暨南史学》2003 年第 1 期，第 455－463 页；吴旻、韩琦：《礼仪之争与中国天主教徒——以福建教徒和颜珰的冲突为例》，载《历史研究》2004 年第 6 期，第 83－91 页；黄一农：《"中国礼仪之争"被忽略的声音》，载黄一农：《两头蛇》，上海：上海古籍出版社，2006 年，第 387－435 页；还有约 60 封被寄往罗马的中文书信，尤其引人注目的是其中约 430 个不同的亲笔签名，其任务就是让罗马教廷当局听到中国信徒关于礼仪之争的声音。详见钟鸣旦、王丹丹：《礼仪之争中的中国声音》，载《复旦学报》2016 第 1 期，第 95－103 页。

那里已经是不可调和。[11] 而究竟谁是“掀起中国礼仪之争的第一人”,学界目前的观点并未统一。

费赖之认为龙华民是“挑起礼仪之争的第一人”,其在继任耶稣会中国会长后开始全面审查并质疑“利玛窦规矩”。[12] 而徐宗泽认为多明我会是争论的始作俑者。罗光的描述则又不同,指出在多明我会成为反对中国礼仪的主角之前,是方济各会会士利安当首先向耶稣会士发难。李天纲综合诸种史料,认为“中国礼仪之争”确实是由西班牙方济各会会士挑起的,从此以后,才有多明我会的介入。黎玉范(Juan Bautista Morales, 1597 - 1664 年)为其代表,逐渐形成以内部存在分歧的耶稣会为一方,以神学权威多明我会为另一方的对立。[13] 而孙尚扬和钟鸣旦的观点最为有趣,直指“中国礼仪之争”第一人的名头,利安当、龙华民和黎玉范等人还有得一争。究竟谁是第一,当看从何种角度来讲。实际情况是,龙华民第一个在耶稣会内部挑起论辩,方济各会会士利安当第一个将论争扩大到中国大陆内的各修会之间,而多明我会士黎玉范则是第一个将战火燃烧到了欧洲神学界和知识界的人。[14] 在欧洲,冉森派与耶稣会围绕决疑论神学的激烈论战成就了帕斯卡尔的《致外省人信札》,正是帕斯卡尔在一定意义上第一次让“礼仪之争”火光在欧洲遍地燃烧,补上了战火蔓延链条的最后一环。笔者将另有两篇长文分别专论帕斯卡尔与中国,揭示“礼仪之争”缘起与欧洲原因,将要发表,此处不宜赘论。[15] 最

---

⑪ 方豪:《中西交通史》(下),长沙:岳麓书社,1987 年,第 1007 - 1008 页。

⑫ 费赖之:《在华耶稣会士列传及书目》(上),冯承钧译,北京:中华书局,1995 年,第 65 页。

⑬ 李天纲:《中国礼仪之争:历史、文献和意义》,上海:上海古籍出版社,1998 年,第 20 - 45 页。

⑭ 孙尚扬,钟鸣旦:《1840 年前的中国基督教》,第 346 - 348 页。

⑮ 学界已逐渐意识到帕斯卡尔在“中国礼仪之争”中的特殊作用,关于此问题国内较新的研究,参见黄佳:《〈致外省人信札〉与中国礼仪之争——从决疑论角度试析帕斯卡尔对耶稣会士在华传教策略的解读》,载《现代哲学》2009 年第 1 期,第 99 - 103 页;《詹森派与“中国礼仪之争”》,载徐以骅、张庆熊主编:《基督教学术》(第 15 辑),上海:上海三联书店,2016 年,第 201 - 216 页;纪建勋:《谁的“上帝之赌”?——帕斯卡尔与中国》,载《华东师范大学学报(哲学社会科学版)》2018 年第 4 期。

后,“中国礼仪之争”摆在了康熙皇帝和罗马教会面前,越发闹得不可收拾,终遭禁教。

因此,讨论中国礼仪之争的缘起,龙华民、利安当和黎玉范这三个“第一个”至为重要,不应绕过。下面我们就从有关角度来展现这三个“第一个”,重点讨论他们在礼仪之争中所秉持的不同立场与传教方法,来回应中国教会史上这场最著名的论争究竟是地道的“礼仪之争”还是骨子里的“利益之争”的质疑。

1. 龙华民

我们首先会想,同为耶稣会士并且被利玛窦委以接班人重任的龙华民,怎会质疑“利玛窦规矩”而坚定反对“中国礼仪”呢?个中缘由委实令人费解,引人深思。这需要进一步观察两人的传教履历及其长期所浸染的环境。

1583 年,罗明坚与利玛窦在广东肇庆首建教堂,但并不顺利,后利玛窦等人遂转粤北韶州,但亦面临重重困难,韶州教务难展。1594 年 11 月,利玛窦和郭居静(Lazzaro Cattaneo, 1560 - 1640 年)两位神父开始蓄须留发,穿上绸衫,变换新装。[16] 1595 年 4 月,利玛窦等人离开广州北上,虽偶然遭遇些许挫折,但辗转各地,不断以儒士身份著书立说,逐渐成功跻身两京名士之列。其时“利玛窦规矩”已具雏形,它给传教士们也给教会带来了实实在在的利好。

而留在韶州苦苦支撑局面的郭居静与后来接任的龙华民,境遇则与后来有“利子”之称的利玛窦截然不同。困厄之下,龙华民将传教的重心转往附近的乡村,竟然颇受欢迎,成效卓然。龙氏这段在平民阶层的传教经历,与利氏离粤北上后致力于和上层的士大夫交接扬教,两者有着显著的分别。[17] 这为后来龙华民初为会督后质疑“利玛窦规矩”埋下

---

[16] 宋黎明:《神父的新装——利玛窦在中国(1582 - 1610)》,南京:南京大学出版社,2011 年,附录五、六。

[17] 夏伯嘉:《天主教与明末社会:崇祯朝龙华民山东传教的几个问题》,载《历史研究》2009 年第 2 期,第 52 - 53 页。

伏笔。孙尚扬也认为与利玛窦的学术传教不同，龙华民主张直接到广场、到乡间向中国人宣讲“福音”，认为“从高官大员开始而乡下的愚夫愚妇，都应劝他们信教”。[18] 夏伯嘉认为韶州13年的传教经历对龙华民以后的活动包括在山东传教，以及与“利玛窦规矩”的分歧，其成因固有两人性格上的差异，但背后真正的推手主要是两人的不同传教经历驱使他们选择了适合各自境遇的传教模式。[19]

2. 庞迪我

行文至此，我们可以进一步观察庞迪我反对中国礼仪的问题。庞迪我（Diego de Pantoja, 1571－1618年），字顺阳，耶稣会西班牙籍教士。一提到庞迪我，我们首先想到的是庞氏为利玛窦的同工。庞迪我曾效仿利玛窦《天主实义》，撰护教文献《天主实义续篇》，其在中国影响最大的著作是《七克》；并且在利玛窦死后，不遗余力为利氏处理身后事，如申请墓地并安葬事宜等。但就是这样一个庞迪我，竟也是中国礼仪问题的反对者！天主教史家方豪等也把庞氏归入反对利玛窦路线的龙华民阵营。[20]

这背后的原因究竟是什么？利玛窦与庞迪我之间的矛盾一度曾被学界认为是当时意大利与西班牙间民族矛盾的体现。但林中泽新近辨析利玛窦与庞迪我两人关系却发现：民族矛盾仅仅是影响两人关系的一个因素，或者说是一个非常小的插曲。导致两人关系微妙的更为潜在的，也更为重要的原因则是两人在传教理念上的根本性差异。利玛窦离粤北上后，随着与士大夫的交游增多，逐渐形成了具有人文主义倾向的扬教方式，这与庞氏一贯秉持的较为传统的中世纪传教模式渐渐不可调和。也即利玛窦和庞迪我的矛盾分歧主要是由他们的教育背景和工作方式的差异造成的，质言之，思想歧异是造成问题的关键：

> 我们必须注意到一个事实是，利、庞二人的主要交往对象及其

---

[18] 孙尚扬，钟鸣旦：《1840年前的中国基督教》，第124页。

[19] 夏伯嘉：《天主教与明末社会：崇祯朝龙华民山东传教的几个问题》，第52页。

[20] 方豪：《中西交通史》（下），第1007－1008页。

> 生活方式极其不同，有时甚至是截然相反的。利玛窦的交往对象主要是些文化素养和社会地位都较高的士大夫，……而庞迪我则喜欢选择在经济能力上或制度习俗上无法行多妻制的较低层次的人士为友。……庞氏由于工作的需要也经常进出皇宫的大门，但他结交的主要对象不是朝中的高官而是亲近皇帝的太监。……此外，庞氏的另一个工作重点是城郊农村地区的村民。[21]

因此，从耶稣会内部而言，正如在龙华民和庞迪我这两名中国礼仪的主要反对者身上所体现出的那样，对于"中国礼仪之争"的分歧主要是由于诸耶稣会士传教环境以及交往对象的不同所造成的，与"利益之争"无关，或者说"利益之争"绝对不是主因。环境与对象不同，导致不同的耶稣会士根据各自的实际遭遇选择了适合各自境遇的传教模式。当然，不同路线的背后更反映出中西两造各自学统上的深刻影响力，对此，下文还会进一步论述。

黄一农把明末第一代基督徒形象地称为"两头蛇"，并刻画出他们在中西两大文化夹缝间艰难生存的时代处境。[22] 实际上，明末清初这一大批来华的传教士们，何尝不是另外一种视角上的"两头蛇"？与第一代儒家基督徒一样，传教士们又何尝不是在中西两大文化圈的作用力与反作用力间苦苦挣扎？异质文化交流中那巨大的钳制力从来都是双向的。两头蛇在决定行止时"首鼠两端乎，犹豫一身耳"的矛盾挣扎，也正可以形象反映出传教士在遭逢"中国礼仪之争"时的真实心境。

三、其他修会的不同方法：利安当、黎玉范等

1. 利安当

1667 年 12 月 18 日至 1668 年 1 月 26 日，因杨光先（字长公，安徽歙

---

[21] 林中泽：《利玛窦与庞迪我关系辨析》，载《史学月刊》2003 年第 1 期，第 41 – 46 页。

[22] 黄一农：《两头蛇：明末清初的第一代天主教徒》，上海：上海古籍出版社，2006 年。

县人,1597－1669年)的反教活动引致教难,各修会传教士们在广州开会,“礼仪之争”再度成为会议的焦点。但是利安当却拒绝在大会表决通过的议案上签字,利氏不愿意在“广州会议”议案书上签字表态很可能是出于支持自己所在修会的本位主义立场。[23] 鉴于利安当在自己的中文著作《天儒印》中也使用了他曾反对的“天”“上帝”等辞,且在广州会议上的反对态度相较于早前要缓和很多,方济各会的史料表明,[24]利安当后来与中国礼仪有所妥协。[25] 利安当的上述行为,都颇令人疑惑。

这里,我们将关注的重点放在利安当传教策略上的看似矛盾之处,或许对我们启发更大。我们知道,“礼仪之争”的核心内容就是“译名之争、祭祖、祀孔”,并非是与神学相冲突的宗教仪式的问题,[26]一般而言,“利玛窦规矩”的反对派,视三者一概都与神学相违背而加以抵制。而利安当则与众不同,很值得我们注意。其具体表现为对于“敬天”,利安当高调赞成,甚至表现得比利玛窦还要激进,而对于“祭祖和祀孔”反对却相当决绝。[27] 利安当这一不同寻常的做法背后隐藏着什么深意呢?

下面,笔者就尝试从两个方面解读利安当看似“矛盾”的传教策略背后的原因。

原因之一,“利玛窦规矩”所代表的“适应”政策适用于上层传教,而“不适应派”则大多采用平民传教模式。

> 如果中国成为基督教的国度……要达到这个目的可以有许多途径。耶稣会倾向于把社会中最有权势、最杰出的人士培养成基督徒,从而利用他们的权力和影响来使得中国的一般民众信仰基督。而非耶稣会传教士则倾向于使大量的普通中国人归信基督教。造

---

[23] 同上,第445页。

[24] 崔维孝:《明清之际西班牙方济各会在华传教研究(1579－1732)》,北京:中华书局,2006年,第396－418页。

[25] 李天纲:《跨文化的诠释:经学与神学的相遇》,北京:新星出版社,2007年,第282页。

[26] 李天纲:《中国礼仪之争——历史、文献和意义》,第175－213页。

[27] 刘耘华:《诠释的圆环:明末清初传教士对儒家经典的解释及其本土回应》,第295－296页。

> 成这种方法上的差别一部分是因为不同的哲学，另外也是因为实际情况。耶稣会士最早到达中国，在传教方面占有垄断地位……耶稣会士不愿意与其他人分享这种垄断地位——有时是出于一些好的原因，源于他们对中国的超卓理解，而不是出于嫉妒——迫使其他传教士不得不转向乡村。[28]

所以，耶稣会与其他修会相较在传教模式上存在较为严格的界分，因为士大夫阶层所具有的较强的理解能力、对圣贤思想的尊崇和大国心态等特殊原因，"利玛窦规矩"似乎成为上层传教的必然选择。请注意，我们这里并不是比较上层传教和平民传教学理上的优劣与传教成效的大小，而只是分析两造在各自相应环境下的应然选择。有充足的证据表明，利安当在其信件当中强调了自己从未使得一个文人归信基督教，并且承认自己跟士大夫们也没有密切的联系，利氏还进一步批评文人仅仅热衷于就儒家和基督教的异同进行辩论，却并不喜欢接受天主教义。[29]

另外一个原因就是，相对于"译名之争"较倾向于概念的辨析而言，"祀孔"和"祭祖"等礼仪活动的宗教与迷信色彩要直观与浓厚得多。对此，集中在乡村传教、经常目睹烧纸钱等迷信行为的利安当应该感同身受，自然而然会严加抵制。

2. 黎玉范

黎玉范是"中国礼仪之争"历史上的又一个核心人物。关于其与中国礼仪之争的联系，主要在于黎玉范第一次在福建教区针对"中国礼仪之争"所涉及的各种具体问题展开较为系统与严肃的调查取证，并坚持己见，亲自将托钵修会关于中国礼仪的调查与疑问远渡重洋送达罗马教廷，将"中国礼仪之争"的战火燃烧到了欧洲，终于使得"中国礼仪之争"

㉘ 孟德卫：《灵与肉：山东的天主教(1650－1785)》，前言，潘琳译，郑州：大象出版社，2009年，第2页。

㉙ 同上，第37页。

演变成为一场真正意义上的中西文化大争论。

根据以往学界的研究观点,黎玉范及其所在的入华多明我会通常会被贴上"礼仪争端的始作俑者"的标签而遭到指责与批评。然而新近张先清对多明我会与明末中西交往的研究,尤其是对多明我会士黎玉范与"中国礼仪之争"关系的新辨析却又发现黎玉范等早期入华的托钵修会传教士并非如以往学界所认为的那般,草率鲁莽地对待"中国礼仪"这类重大的问题,而一味以自身所在修会的本位主义立场来意气用事。

为了准备获得第一手的证据,在黎玉范的精心组织与主持之下,多明我会先后在福建教区的顶头举行了两次即使在今天看来也颇为正式与深入的宗教法庭调查。根据张先清的研究,调研的焦点主要围绕礼仪之争中的各种核心与具体的问题:各修会在中国的传教策略与方式;如何对待基督论,尤其是如何向基督徒或一般民众宣讲耶稣受难及公开展示耶稣苦像;如何评价中国人的本性;以及一些争议更为巨大的问题,涉及如何看待"祭祖""拜孔""敬天"的目的;甚至也包括比较具体的"拜城隍""拜关公"等民间宗教议题。[30]

这说明,以黎玉范及利安当等传教士为代表的托钵修会对于中国礼仪所引致的传教争端基本能够秉持一种客观谨慎的态度和调查研究的方法。同样地,西方学界也有不少学者具有类似的观点。维拉洛·耶尔(F. Villarroel)的《中国礼仪之争:多明我会的辩解》强调礼仪之争开始是一场关于两个传教团在中国的传教方法的善意辩论——耶稣会士立足于中国而托钵修会会士(多明我会士和方济各会士)则从菲律宾的经验出发。研究闵明我的专家柯明斯(J. S. Cummins)《在中国的两种传教法:托钵修会和耶稣会》解释方济各会和多明我会传教士在中国的立场,重点谈到了托钵僧们为开展传教工作而采取的各不相同的方法。[31]

---

[30] 张先清:《多明我会士黎玉范与中国礼仪之争》,载《世界宗教研究》2008年第3期,第58-71页;《多明我会与明末中西交往》,载《学术月刊》2006年第10期,第137-143页。

[31] 孟德卫:《中国礼仪之争研究概述》,第210-211页。

四、余 论

今天教会的选择充分说明了尊重原文化传统习俗的重要性，尽管教会官方的最终醒悟姗姗来迟。因此，不同传教士、不同修会之间围绕敬天、祭祖、拜孔等“中国传统礼仪”是否与天主教义扞格所产生的种种分歧乃至冲突，在本质上还是“不同方法”所引致的，而绝不是一出所谓的“利益之争”闹剧。传教对象不同，立场不一，策略各异，对待“中国礼仪”的态度也云泥之判。为什么会有这种种差异？同样是面对中国人，各个修会为什么会得到两种截然相反的结论？另外，帕斯卡尔在欧洲的“角色扮演”也不容忽略。

质言之，就耶稣会内部而言，其“不同方法”的争论乃是会内的决疑论神学所导致的分歧；上升到耶稣会与其余修会之间，其“不同方法”的争论则与所谓“耶稣会道德”以及不同修会面对具体境遇所采用的传教进路相关。从深处挖掘，凡此种种，其成因都根源于中西两造（在西方是耶稣会与其他修会，在中方是上层士人与平民百姓）在学统差异上的巨大张力。上层传教与乡村传教只不过是造成差异的直接原因，而其背后更深层的原因则是深植于国人日用伦常及各修会传教方法策略里的中西学统。这就需要我们对“中国礼仪之争”从更广阔的全球史的视野下予以进一步讨论，对此，笔者将另有专文发表。

《治平西学》：晚明西方政治伦理学东渐的范本*

薛灵美

【内容提要】 目前在西学东渐研究领域普遍认为晚明来华的耶稣会士高一志的《治平西学》是政治哲学性质的著作，也是亚里士多德-阿奎那政治思想在中国的传播。本文认为该书采用欧洲"君主明鉴"(mirror of princes)的写作方式，非纯粹政治哲学的著作，更侧重于君主道德在政治中的作用；该书可能参考过16世纪晚期耶稣会士贝拉明和马睿那的著作。这一时期欧洲耶稣会神学家为反对马基雅维利非道德政治而重申政治的道德维度，为高一志试图在晚明环境下谈论西方政治预备了基础。

【关键词】 《治平西学》 君主道德 西方政治学

晚明耶稣会士出版的汉语西学著作多达400多种，但是涉及政治学的著作，目前发现只有高一志(Alfonso Vagnone, 1566－1640)"义礼西学"①中的《治平西学》最具系统性。② 从目前的研究看，研究者多重视该书中的

---

* 本文为国家社会基金青年项目"晚明传教士高一志'义礼西学'系列译著整理与研究"(17CZJ012)阶段性成果。

① 1637－1640年意大利耶稣会士高一志在山西绛州出版"义礼西学"系列著作，分别是《修身西学》《齐家西学》和《治平西学》。

② 此数据根据徐宗泽《明清间耶稣会士译著提要》一书进行统计。除此之外，高一 (转下页)

西方政治理论在中国的首次传播，以及此书对晚明政治哲学的启蒙意义。[③] 南京大学许苏民教授在《治平西学》中挖掘出与西方古典政治学以及中世纪政治学中相关的政治论点，为认识西方政治学东渐清除了诸多障碍，但是《治平西学》所参考的西学文献依然晦暗不明。本文认为只有清楚明了其"西学"的源头，才可以进行下一步"东渐"的研究。[④] 金文兵博士在《高一志与明末清初西学东传研究》[⑤]中已经探讨过《治平西学》的西方来源，认为其所依据的是色塔拉（Ludovico Settala，1522－1633）的《国家理性》（*Della ragion di stato*，意大利文版 1627 年；*De Ratione Status*，拉丁文文版 1659 年）。但是经过对比两本书的内容，笔者发现，后者侧重于不同政体的介绍，以及关切国家利益层面的问题，与《治平西学》依然有较大差异。[⑥] 《治平西学》是西方政治理论以政治

（接上页）志《达道纪言》中收录有关君臣关系的格言，从中亦可窥探西方政治理念。梅谦立通过追溯《达道纪言》中有关君臣内容的西方来源，以及分析在儒家政治环境中可能起到的影响，对其政治理论进行了梳理，并结合明朝政治格局进行了相应的对比。李奭学对高一志政治著作的关注点在文本形式的构成层面，认为其写作形式源于西方证道形式，在叙述的过程中也留意到耶稣会士刻意改变内容，以符合儒家言语系统的策略，侧面说明传教士文本的有效性。参见梅谦立：《西方政治观的东渐——〈达道纪言〉中所表达的政治观》，王镔译，载《中山大学学报（社会科学版）》2009 年第 6 期；李奭学：《中国晚明与欧洲文学——明末耶稣会古典型证道故事考诠》，北京：生活·读书·新知三联书店，2010 年。

③ 相关的说法见徐宗泽：《明清间耶稣会士译著提要》，上海：上海书店出版社，2010 年；以及许苏民教授的一系列论文。许苏民：《正义即和谐：晚明西方政治哲学的东渐——以"西学治平四书"为主要文献依据的考察》，载《中山大学学报（社会科学版）》2012 年第 6 期；许苏民：《晚明西学东渐与顾炎武政治哲学之突破》，载《社会科学战线》2013 年 6 月；许苏民：《晚明西学东渐与〈明夷待访录〉政治哲学之突破》，载《江汉论坛》2012 年 12 月；《晚明西学洞见对王夫之政治哲学之影响》，载《船山学刊》2012 年 10 月；《明清之际的儒耶对话与中国哲学创新》，载《中国社会科学》2011 年 10 月；屠凯：《与中国相遇的现代早期西方法哲学——规范性、权威和国际秩序》，载《中外法学》2017 年第 5 期。

④ 传教士署名的西学著作已经是与中学沟通之后的呈现，在一定程度上讲，并不能把这一时期西学著作的西方部分与中国部分完全分割清楚。本文在这里只是一种概述。

⑤ 金文兵：《高一志与明末清初西学东传研究》，厦门：厦门大学出版社，2015 年。

⑥ 高一志在澳门的时间是 1616－1624 年，金尼阁携 7000 部论著到澳门是 1619 年 7 月，而色塔拉的著作意大利本为 1627 年，拉丁文版为 1659 年；这样看来高一志不太可（转下页）

伦理的方式首次传播到中国的著作,该书的西方来源可能参照文艺复兴时期耶稣会神学家的政治思想。本文试图通过追溯其可能的西方思想来源,探索晚明中西之间政治理论对话形成的可能因素。

一、《治平西学》的政治伦理性体现

高一志将厄第加(ethics)翻译为义礼西学,包括《修身西学》《齐家西学》和《治平西学》。《治平西学》是一个系列著作,可能包含《治政源本》《王宜温和》《王政须臣》和《治民西学》(上下卷)。[7] 徐宗泽(1886-1947)认为,"此书(《治平西学》)为一部政治学著作,书中所言,吾国古书上亦有此观念,惟无系统而自成一体如此书者。"[8]徐先生的话不无道

(接上页)能看到色塔拉的著作;根据梅谦立提供的资料,色塔拉著作的意大利文目录(PDF13-20)为:"第一卷:原则;第二卷:君主制;第三卷:贵族制;第四卷:共和国;第五卷:暴君;第六卷:寡头制;第七卷:民主制"。但是高一志的论说集中于君主制,色塔拉批评马基雅维利的"国家利益"概念,他认为将国家利益与伦理道德分开是不正确的,国家利益应当在伦理道德的框架之内,也就是说,要把政治现实主义(political realism)与伦理道德结合起来。因此,色塔拉强调君王如何在伦理道德的基础上去避免敌人的危险等,而在《治平西学》中尚无"国家利益"的概念,而主要表达道德理想主义的思想。

⑦ 费赖之《明清间在华耶稣会士列传》中认为《治平西学》有四卷;黄兴涛《明清之际西学文本》中认为费赖之所说的四卷可能是四册,因为1935年北京西什库印书馆曾发现一个抄本,封面题为《治平西学》卷五、卷六字样。据此《明清之际西学文本》推测《治平西学》可能有六卷,分别是《治政源本》一卷、《王宜温和》两卷、《王政须臣》一卷,《治民西学》上下两卷。但是这种说法将《王宜温和》分为两卷,只是根据其字数较多而作出的判断,尚待更多的证据来证明。另外,在《治民西学》中提到治政在于阐明"王公、群臣、兆民之宜",按此逻辑来排列,可对应《治政源本》(十一章)、《王宜温和》(八章)、《王政须臣》(八章)、《治民西学》(上)(八章)、《治民西学》下(八章)。另,《治平西学》的原本可能已佚,目前看到的均是散落的抄本,原因可能在于出版年份恰逢明清鼎革,社会动荡;据当时的社会环境分析,1641年耶稣会会长傅汎际(Francisco Furtado, 1589-1653)将中国教区分为南北两个部分,北部包括京畿、山西、山东、陕西、河南、四川,仍归自己管辖;南部包括南京、福建、湖广、浙江、江西、两广,交与艾儒略(Giulio Aleni, 1582-1649)主持。在此之前,高一志已于1640年离世,所以极有可能此书并未来得及印刷。柏理安《东游记:耶稣会在华传教史1597-1724》中记载耶稣会相关的书籍在1637-1641年间出版也是极少的。

⑧ 徐宗泽:《明清间耶稣会士译著提要》,第162页。

理，因为该书囊括政治学必然讨论的问题。书中呈现政治权力的来源为上帝，政体类型分为君主制（帝王之政）、贵族制（贤人之政）、民主制（民众之政）三种。[9] 这一部分的观点与阿奎纳政治理论相似。[10]

但是就其义礼西学的连贯性以及内容来讲，《治平西学》依然延续《修身西学》和《齐家西学》的理路，着重于道德在不同社会关系中的体现。另外可以辅助说明的是，具有伦理格言汇编性质的《达道纪言》中部分相关君臣伦理的内容，超过一半以上再次出现在《治平西学》中。

《治平西学》的道德维度体现在三个方面，一是注重伦理关系，尤其注重君主对天主的效法，以及君主与大臣、民众之间的关系；二是注重君主的可塑造性，即强调君主道德对国家治理的关键作用；三是侧重治理民众的实践层面，即介绍可应用于社会治理方面的具体措施。

就伦理关系层面，将天主纳入人伦关系中。首先，君主是天主的儿子："为国君王者，咸为天主之子……以代匡民……"；[11]其次，君主是天主的臣属，"人君既为天帝之司，以代敷政"，[12]"人君乃及帝之臣"。[13] 将君主依附于天主之下，代天主执政。《王政须臣》认为君臣之间是身体当中头与手足的关系，[14]因此君主需要忠臣的辅佐。《民治西学》体现君主与民众之间是一种引导与被引导的关系，在高一志看来，天主藉君臣启迪民智，"民固愚卤，未足自辨，所宜去邪，所宜从正焉"；[15]同时，君主与民众是正身与影子的关系，因此君主要以身作则；又将其比拟为头和

---

⑨ 高一志：《治政源本》第一章"治政源本"，载钟鸣旦、杜鼎克、蒙曦主编：《法国国家图书馆明清天主教文献》，第一册，台北：利氏学社，2009 年，第 397－398 页。

⑩ 托马斯·阿奎那：《阿奎那政治著作选》，马清槐译，北京：商务印书馆，1997 年，第 46－47、51 页。

⑪ 高一志：《治政源本》，第一章"治政源本"，第 393 页。

⑫ 高一志：《治政源本》，第十一章"义君亲朝"，第 459 页。

⑬ 高一志：《治政源本》，第四章"仁乃王政之首德"，第 412 页。

⑭ 高一志：《王政须臣》，第一章"王政须臣"，第 331 页："夫国也者，正大身也，身则岂独首耶？臂背手足亦身之要体也。则首虽备明目以照万色，虽备口舌以施令命，但无手足以造以行，其身不能活也。君王虽明于智，虽能于权，惟无忠臣佐之，将为孤立无所可立，而况治民之众乎？"

⑮ 高一志：《治民西学》（上），第一章"治民本于仕身"，第 469 页。

身体、牧童与牲畜的关系,因此君主要体贴百姓疾苦。这些关系的给定和比拟,一般都出现在文本的开篇,在讨论政治理论以及社会现实的问题之前。由此可知,在《治平西学》中,梳理西学政治中天主与君主、以及君臣之间,君民之间的关系是处理政治现实的基础。

就《治平西学》内容篇幅来讲,书中用五分之四的篇幅阐释君主道德主要有两种,即仁德和义德。即便是从政治理论角度看,君主道德对于解释王权最初产生以及延续的过程都是必要的条件。⑯ 仁德和义德是借用儒家的词汇来表达 Religio 和 Justicia 的涵义。仁德的实施首先是体现天主与君主之间的关系,“仁”即君主要尊崇天主,并且向民众施行恩惠;“义”指君主要遵循法度以及赏罚公正。尽管这里提到在西方政治中非常重要的“义”的概念,但是高一志依然是将其当作一种可以培养的道德来处理。

《王宜温和》从三个方面论述君主道德:首先是从内到外,即要求君主内在要温和但不失威严,外在的形象要有威仪;第二是从低到高,即君主的态度要谦逊,有节制以及诚信,而志向要高远;最后说明君主的道德是可以依靠教育来培养的。即便这一卷书中的内容有些更像是对君主日常规范的要求,但是高一志特别提到,外在的行为是内在德行的表露。⑰

实践性体现在对社会具体问题所提出的解决措施,一方面“扫除诸邪”,即如何处理冲突、赌博、酗酒、淫戏等社会问题;另一方面“习之于善”,即通过教导民众认识天主、设立国学、教导守法,以及轻徭薄赋的方式来习善。由此可见,《民治西学》中提到的问题都是社会治理中的问题,高一志所列举的具体措施也具有实践性。例如高一志面对富民的治理,提出的是政府要保障市场交易的公平性;谈及如何治理贫民时,要建立仁会或者是昭令巨富之家帮助贫民。

根据其内容篇幅以及思想的表达来看,高一志在谈论君主权力来源和最优政体等政治理论时都是在天主与君主的伦理关系之下直接确定

---

⑯ 高一志:《王宜温和》,第四章“王权由何而生”,第 262 页:“王权从德而生,则亦无不由德可保存矣。”

⑰ 同上,第 264 页:“但所诸威仪者,非俗所强假之谓也,乃德之内积及心谨悫所生之谓也。”

的,他认为这种伦理关系是自明的,并且在此基础上着重论述君主治国所需要的道德。也就是说,《治平西学》所隐含的观点是:伦理道德是政治权力的基础。不过这里的伦理所包含的超越性天主起决定性的作用,同时君主道德也是政治权力的保障。

二、耶稣会政治理论中的伦理表达

如上文所述,《治平西学》并非纯粹政治理论的著作,其中包含大量君主道德培养的内容,这与儒家所倡导的德性政治不谋而合。那么,这种不谋而合的状况是高一志有意附会还是别有他因?

根据目前的研究成果,可以明确的是义礼西学中的《修身西学》有明确的西方来源,⑱并且其东传过程是以译介的方式展现的。这样可以推测:如果《治平西学》也有明确的西学来源的话,就可以解释其文本形成的意义,以及看清这一时期中西文化交流过程的图景。虽然文艺复兴时期耶稣会参与政治的态度非常审慎,但是由于当时欧洲主要国家国王的告解神父(confessor)多是由耶稣会士担任,所以也不可低估耶稣会对当时欧洲政治的影响。⑲

1. 文艺复兴时期耶稣会政治的理论背景

16、17 世纪耶稣会产生了一些关于政治理论的作品,大多数可以视作对阿奎那的全部或者部分作品的评论,⑳涉及阿奎那《神学大全》(2a - 2ae, 57 - 120)问题的阐释,即论道德与恶习及罪、法律与恩宠、智德与

---

⑱ 相关研究参见梅谦立:《晚明中西伦理学的相遇——从〈尼各马可伦理学〉到高一志〈修身西学〉》,载《中国文哲研究集刊》2011 年第 39 期,第 99 - 141 页;梅谦立:《晚明中国的文艺复兴教育:关于耶稣会士高一志〈童幼教育〉的初步研究》,载《广东社会科学》2014 年第 6 期,第 119 - 130 页;谭杰:《西方伦理学的首次系统传入——高一志〈修身西学〉之来源再探》,未刊稿。《治平西学》与《修身西学》在成文风格上很不相同,《修身西学》偏重于理论,而《治平西学》是修辞学风格明显的著作,理论部分通常只用一句概括,其余都是格言的说理证明。

⑲ Harro Hopfl, *Jesuit Political Thought* (Cambridge: Cambridge University Press, 2004), p. 15.

⑳ Ibid., p. 17.

义德、义德功德之部分的内容。这些文本被耶稣会士广泛评论,同时他们也适时扩大了阿奎那文本中所涉及的问题,即把阿奎那的问题与回应综合在一起,使其话题更加符合当时的要求。而写作方式则采用了中世纪乃至文艺复兴时期流行政治著书体:"君主明鉴"(mirror of prince),[21]直接呈与君主或者即将掌握权力的统治者,讨论统治者的教育问题,以及提供治国建议等。这样也可以说明,高一志《治平西学》传播到中国之后,其著作的结构和中心思想也是"君主明鉴"体裁的东方再现。

耶稣会对于阿奎那政治社会理论的继承主要围绕三个层面展开,即反对马丁·路德的神学理论,反对西班牙对美洲殖民地的奴役,以及反对马基雅维利的非道德政治手段。

马丁·路德认为国家政权直接来源于天主,该观点的前提条件在于人是完全堕落的,本性中没有义,因此现世的政权是"上帝直接命定并为了医治这些道德的缺陷而特意授予给人类的"。[22] 这样推断,人与上帝之间的关系只能完全依靠上帝的意志;而耶稣会继承阿奎那以自然法为政治行为基础的神学观点,认为人的本性还有良善的成分,依然可以依据自然法来趋善避恶,也就是说,即便是不敬神的君主,如果按照道德来治理国家,也是可以得到认可的。"耶稣会士普遍认为,人们将权力转交给国王,是普遍让渡了权力,国家政权不是上帝直接赋予某一个人[23]因此人民在暴政之下也有权力收回君主的权力。在阿奎那时代以及16、17世纪,耶稣会都面对着现实政治中有关暴君的问题,因此在追溯政权来源的问题时,其实在指向如何对待暴君的问题。

欧洲尤其是西班牙面临如何处理海外殖民地异教徒伦理的问题,当时,西班牙思想家塞帕维达(Juan Ginnes de Sepulveda, 1490-1573)认为印第安人对基督教一无所知,因此对印第安人的征服是一种反对异教徒

---

[21] 耶稣会士莫利纳(Luis de Molina, 1535-1600)和莱修斯(Leonardus Lessius, 1554-1623)关于《法律与权力》的阐释(*De legibus and de iustitia et iure*)的写作是当时标准的政治神学的形式。

[22] 昆廷·斯金纳:《现代政治思想的基础》,段胜武、张云秋、修海涛等译,北京:求实出版社,1989年,第414页。

[23] 同上,第397页。

的正义战争,奴役土著居民是帮助印第安人改宗。[24] 但是萨拉曼卡学派多明我会士维多利亚(Francisco de Victoria, 1483 - 1546)认为"印第安人无论是在公共事务上还是私人事务上无疑都拥有真正的统治权,均不能以他们没有建立完整的主权国家为理由而剥夺他们的统治者或者臣属的财产",[25]并且认为即便是土著拒绝承认教宗的权力,也不可以对他们发动战争,土著人不应当被强制改宗。之后,耶稣会继承了维多利亚的主要观点,承认非基督教国家的政权合法性,并且承认上帝对他们的带领。

马基雅维利的《君主论》建议美第奇家族无论是在合法还是不合法的情况下都应在意大利扩大自己的权力。耶稣会批评马基雅维利放弃了上帝借自然法放在人心中的道德标准,认为马基雅维利和路德在某些方面很相似,即没有看到"智者的心灵普照着上帝发出的神圣的自然之光",而这种自然之光,使我们有能力和义务"公正并且诚实地行事"。[26]

基于以上结论可知,16 世纪下半叶耶稣会政治理论的立场为:国家不是上帝直接创造的,却是人类社会发展的必要存在,上帝放置在人心中的自然法使人类可以治理国家;因为自然法的存在,即便是不认识上帝的国家依然可以按照公义处理公务;而君主的道德对于国家的治理来说非常重要。

2.《作为基督徒君主的责任》与《治平西学》的可能关系

苏格兰的詹姆士一世(James I, 1566 - 1625)在平定国内叛乱之后,面临神圣王权与教宗对世俗事务的管辖发表了《自由君主制的真正法则》(*The true of Free Monarchies*, 1598)和《国王的天赋能力》(Basilikon Doron, 1599)两部书,强调君权神授和臣民需要服从君主,所引用的神学观点为圣保罗所讲到的:"在上有权柄的,人人当顺服他;因为没有权柄不是出于神的,凡掌权的都是神所命的。"(罗 13:1)詹姆士一世认为

---

[24] 同上,第 414 页。

[25] 同上,第 444 页。

[26] 同上。

国王加冕、宫廷礼仪和君权神授都是上帝直接赋予君主的权力,国王甚至有医治的权力。詹姆士一世的著作引发了天主教内部的反响,引起包括贝拉明(Robert Bellarmine, 1542 - 1621)以及马睿那(Juan Mariana, 1536 - 1624)等耶稣会士的反驳。耶稣会士选择使用阿奎那的解释,反对詹姆士一世的理解。[27] 阿奎那认为国家不是上帝直接创造的,而是由人类所构建的,国家的存在对于人类世俗生活是必要的,是人类自由意志的结果;自然法是由上帝创造的,所以人类可以使用自然法来管理国家,因此这样讲,王权是天主赋予的权力。

贝拉明《作为基督徒君主的责任》(*De Officio Principis Christiani*)出版于 1619 年,[28]此书分为三个部分,第一部分有 22 章,其中 1 至 6 章的内容讲在上帝之下君王的义务;[29]7 至 16 章讲国王所需要的美德(virtues);17 至 22 章为面对不同的群体应该如何处理。第二部分是旧约圣人如摩西和大卫的榜样。[30] 第三部分是天主教国王如法国的路易斯九世(Louis IX)和匈牙利伊什特万一世(Stephan I)领导国家的事迹。[31] 此外,在上文中提到的君主应该具有的十种道德与贝拉明著作中提到君主道德内容有重合之处,由此推断高一志大费笔墨在君主道德上并非首创。如下表所示:[32]

---

[27] Harro Hopfl, *Jesuit Political Thought*, p. 225.

[28] 这本书的出版是 1619 年,而金尼阁返回中国的时间是 1619 年,因此从时间上来讲,该书(或者说 1619 年的版本)在此时不会流传到中国。但是由于《治平西学》的创作时间是 1635 年左右,因此也不排除高一志知道贝拉明的政治论述,退一步讲,本文亦有意展现西方政治理论在这一时期主要关心的话题,以期对“义礼西学”有更多的认识。

[29] Bellarmine Robert, *De Officio Principis Christiani* (Coloniae Agrippinae: Apud Ioannem Kinchium, sub Monocerote, 1619), p. 4. Continet documenta spiritualia ex scripturis sanctis. 它包含来自圣经圣徒的精神要义。

[30] Ibid., p. 4. Continet exempla ex vitis sanctorum principum testamenti veteris. 它包含来自圣经旧约国王的例子。

[31] Ibid., p. 4. Continet exempla ex vitis sanctorum principum testament noui. 它包含来自圣经新约国王的例子。

[32] Ibid., p. 43. Ea dici potest charitas paterna, quam ut administrae sequetur virtutes Cardinales, prudentia, iust, tia, fortitudo, temperantia, quae sunt communes Principi cum populo. Denique aliae Principum propriae, sapientia, magnisicentia, clementia, misericordia, quas in (转下页)

《作为基督徒君主的责任》中提到的君主美德	《治平西学》中提到的君主道德
7 De charitate paterna principi necessaria ad regendos populos 爱天父作为必要的原则	《治政源本》第四章“仁乃王政之首德”
8 De Prudentia Principi necessaria ad regendos populos 论明智就是认知天主作为必要的原则	
9 De justitia Principi necessaria ad regendos populos 论一般公义作为必要的原则	《治政源本》第八章“义乃王政之次德”，第九章“义王必遵法度”
10 De Justitia Particulari Principi necessaria ad regendos populos㉝ 论特殊的公义作为必要的原则	《治政源本》第十章“赏罚乃义政之翼”
12 De Temperantia Principi ad regendos populos necessaria 论节制作为必要的原则	《王宜温和》第六章“王政尚廉”
13 De Sapientia Principi necessaria ad regendos populos 论智慧作为必要的原则	《王宜温和》第九章“王智当何”
14 De Magnificentia, Quae Principi necessaria est ad regendos populos 论慷慨作为必要的原则	《治政源本》第六章“仁验以惠”
15 De Clementia, Quae Principi necessaria est ad regendos populos 论仁慈作为必要的原则	《治政源本》第五章“慈民乃仁王之次功”

《君主的责任》第二、三部分记载了圣经中以及历史上天主教传统

（接上页）Deo Regum omnium Rege Scriptura frequentifsime commendat.

㉝ Primum igitur agemus de distribution bonorum, deinde de inflictione paenarum. 首先是奖赏，其次是惩罚。对应《神学大全》第2卷第2部分第108题。

中模范君主的事迹。高一志在《治政源本》中也提到扫罗、大卫、所罗门等基督徒君主的事迹,并且在《治民始于正道》中这个部分与贝拉明的论述是相似的。另外在贝拉明第三部分中提到的基督教君主,例如罗马皇帝狄奥多西一世(Theodusius I),提比略二世(Tiberius II)在《治平西学》中以陡笃恤和第伯略的名字出现。贝拉明论述的意图在于彰显圣人以及君主对天主的敬虔以及自身具有的美德,而高一志的书中同样注重君主对天主的听命以及培养的道德。

3.《论国王与国王的教育》与《治平西学》的可能关系

《论国王与国王的教育》(*De Rege et regis institutione*, 1599)是西班牙耶稣会士马睿那有关政治学的作品,这是马睿那献给菲利普三世(Felipe III)的书。本书分为三个部分,首先是陈述政治理论,其次是关于国王教育方面,第三部分是对社会现象的一些阐述与启发。马睿那的书一度被禁,原因在于书中明确提到当面临暴君的统治时,民众有权力剥夺其君王地位。[34] 书中的政治理论和对社会现象的阐释层面与《治平西学》也有很多的关系。书中第一章政治理论中提到:(1)人是社会性的动物(Homo natura est animal sociabile);(2)一人制比多人制好?(Vnum reipublica praesse, quam plures praestantius est);(3)君主是否世袭?(Num principatus haereditarius esse debeat)这些内容与阿奎那《论君主政治》有极大的相似性,而高一志在《治平西学》前两章中提到《治政源本》与《政治孰善》,即讨论国家的权力以及政体选择时,也是延续了上述的论证逻辑。其基本的观点均是王权是天主赋予君主的权力,君主制是最好的政体,世袭制的危险最小,所以应该对君主的继承人抱有希望。[35]

《论国王与国王的教育》第二部分是关于君主的教育问题,其中也提

---

[34] 此后1610年法国亨利四世被暗杀,整个耶稣会都受到马睿那这本书的牵连。

[35] "Quae mala omni ratione vitanda sunt, & in non minori periculo, haereditas retinenda est in principatum, melius que sperandum de Principum filiis, quam in priori disputatione ponebatur." Juan De Mariana, *De Rege Regis Institutione Libri Tres* (Toleti: Apud Petrum Rodericum Typo, Regium, 1599), pp. 38 - 39.

到君主的文学、装饰、荣誉、宗教等。第三部分处理君主与大臣之间的关系(De Magistratibus)、君主的荣誉(De Honoribus & Praemiis in commune)，经济层面提到税收(De Vectigalibus)、金钱的使用(De Moneta)、如何治理贫民(De Pauperibus)以及对戏剧的批评态度(De Spectaculis)等等。相对应的是在《治民西学》中，高一志也介绍如何治理贫民和富民，“税敛当何”中提到税收是国家的必要，是王臣的供奉和抵御外敌的费用，不可用为私；“钱用当何”中提到交易产生的原因以及弊病。之后六章针对民众的不和、赌博、偷盗、邪淫等社会问题，提出其对国家的危害以及防治的策略。而马睿那的文本中针对当时欧洲贵族去戏院等问题也有过讨论。这样可以证明的是高一志关注的社会实践层面的问题，在欧洲稍早前时的耶稣会著作中也同样引起过关注。如下图所示：

《论国王与国王的教育》	《治平西学》
人是社会性的动物	《治政源本》第一章“治政源本” 政治是人的需要
一人制比多人制好？	《治政源本》第二章“政治孰善”
君主是否世袭？	讨论三种不同的政体，以及君主是否要世袭
3.1 论大臣	《王政须臣》第一章“王政须臣”
3.7 论税收	《治民西学》下第一章“税敛当何”
3.8 论钱	《治民西学》下第二章“钱用当何”
3.14 论贫民	《治民西学》上第七章“贫民何治”
3.16 论戏剧	《治民西学》下第八章“淫戏乃治之毒”

马睿那主要讨论是否应该推翻暴君政权的问题，由此需要追溯君主权力的来源。阿奎那以及文艺复兴时期的耶稣会士所采用的立场，皆为君主的权力不是直接来源于天主，而是与其道德和作为相关；因此在极端状况下，是可以推翻暴政的。而高一志在《治平西学》中谈论君主权力来源的问题时，意在强调天主对君主的指引，并由此表明西方君主权

力的合法性来源,最终与儒家治平思想对话,并没有涉及到暴政的问题。另外,当时欧洲的政治状况并不乐观,高一志所在的意大利仍然处于分裂的状态,“从中世纪晚期到文艺复兴时期,意大利政治发展的总体趋势是城市共和国衰落和领主制兴起,政治史家通常称之为“领主或君主的时代”。[36] 佛罗伦萨各派之间矛盾不断,北部威尼斯也处于战乱中。也许这也是《治平西学》赞同君主制的现实原因之一,同时也说明,传播到中国的西方政治理论具有一定的理想性。

文艺复兴时期耶稣会的政治学著作,在讨论内容和写作形式上,展现出很多相似点。基本认同的政治神学观点为:(1)宗教对于联邦或者国家的保存是必需的;(2)基督教是民主国家卓越的宗教;(3)基督教正统维护了宗教的积极功能,而异端总是毁坏社会;(4)同一国家不同宗教之间的和睦相处是不可能的;(5)除了极端情况,宽容不仅是反宗教不道德的,而且是坏的政策。[37] 这些观点集中阐释宗教与国家之间的关系,其中隐含宗教对政治的积极作用,同时也预防不同宗教参与政治带来的混乱。这些观点是欧洲当时政治理论的普遍性特点,但是如果对比《治平西学》,后者并不包含不同宗教参与政治可能对国家产生的负面影响的说法。

三、结　论

至少在17世纪中期,来华传教士所传播的西学体系并不单纯是亚里士多德-阿奎那政治学体系的内容,更准确地说,是以同时期欧洲耶稣会神学家的著作为蓝本。根据《治平西学》的内容以及可能的西方来源可知,文本中相关政治权力来源与最优政体的论述沿袭阿奎那的观点;君主道德层面有可能参考贝拉明的书籍;有关君主的教育、社会经济的治理与马睿那的著作论述相近。文艺复兴时期西方教权与君权的冲突,

---

[36] 刘耀春:《意大利城市政治体制与权力空间的演变(1000-1600)》,载《中国社会科学》2013年第5期。

[37] Harro Hopfl, *Jesuit Political Thought*, p. 113.

以及现实政治目的高于伦理而产生的道德危机，是耶稣会士撰写政治伦理方面的重要资源。

相比西方来源，高一志忽略了西方政治中教权与皇权之间的冲突，以及如何对待暴君的问题，其理论显示出一种道德理想主义的特点。《治平西学》的政权合法性基础是自明的，文艺复兴时期耶稣会神学家所争论的焦点，并不在上帝与君主直接关系的合法性上，主要介绍君主治国理政所需要的道德与制度，其政治理论具有神启性的特点。当时欧洲耶稣会士关注君主道德以激发政治理论的完善为《治平西学》预备了基础；或者说，这一时期西方政治理论重视实践中的道德向度增加了中西政治学对话的可能。

明清间天主教基层宣教文献考*

柯　卉

【内容提要】 借助文字材料传播宗教教义是明清间天主教在华传播的一个重要途径。传教士们以基层民众为目标读者，创作了数量可观的宣教文献，此类文献最初主要是根据欧洲教理书编译的祝祷文、教义常识等等，此后在演变过程中体现出更多的本土文化特色。其中祝祷文多以文言翻译而成，教义常识等的编写形式则更为多样。奥古斯都大公图书馆收藏的一份早期宣教手稿显示，17世纪的新教传教士还有意利用天主教的宣教材料，在华人文化圈开展传教。该手稿辑录多种祝祷文及一首具有特色的"工匠人歌"，体现了该文献应用于基层传教的特性。

【关键词】 基督教　宣教文献　基层民众　手稿　"工匠人歌"

明末以来入华欧洲天主教传教士的文化传教、科学传教活动为我们所熟知。以利玛窦(Matteo Ricci, 1552－1610)为代表的传教士学者通过编撰、翻译书籍，传播西方知识，争取到高层次中国文人的好感与认同。[①] 但高层次文人亲近基督教的高潮局面不常有，天主教在华传播的

---

* 本文鸣谢奥古斯都大公图书馆(Herzog August Bibliothek)提供的研究资助。

① 来华传教士的汉语著作很大一部分可以在《天学初函》《天主教东传文献/续编/三编》《徐家汇藏书楼明清天主教文献/续编》《耶稣会罗马档案馆明清天主教文献》《法国国家图书馆明清天主教文献》《梵蒂冈图书馆藏明清中西文化交流史文献丛刊》《明清之际西学文本》《明清之际西方传教士汉籍丛刊》等文集中查阅。

长时段内并不能争取到众多地位显赫的奉教信徒,绝大部分信徒实际来自基层。在基层宣教,同样需要相应的书面材料。入华欧洲传教士以及中国传道员数量有限,即使在宣教环境宽松的时代,口头传教能够影响的范围也不如发放宣教材料,更不必说从雍正时期开始,传教士公开的口头布道几无可能,宣教工作的维持很大程度上依靠书面材料的发放。

此类适用于基层宣教的文献,大致可以归入传教士的文字传教范畴。目前从传教史的角度关注明清之际传教士利用书籍进行传教活动的论著不少,与本文所讨论主题接近的是张先清撰《刊书传教:清代禁教期天主教经卷在民间社会的流传》。[②] 张文对清乾隆十一年(1746)至道光二十七年(1847)官方查没的天主教宣教文献的种类做了统计,并分析了这部分文献的流通渠道,强调清中叶天主教基层信徒自立传教的特点。本文有意从文本角度探讨此类基层宣教文献的演变过程,分析明清间基督教传教士的基层传教路线。

一、基层宣教文献的沿革

明末以耶稣会士为主体的欧洲传教士入华之初,已经开始编译适应基层宣教使用的中文材料。[③] 耶稣会罗马总会档案馆以及梵蒂冈图书馆收藏的《天主教要》很可能是最早面向基层的宣教文献。张西平认为,尽管早于利玛窦入华的耶稣会士罗明坚(Michele Ruggieri, 1543－1607)参与过《天主教要》的编译,不过主要工作仍由利玛窦完成,内容包括《天主经》[④]《圣母经》《十诫》《信经》等日常祷告经文和行为规范。[⑤]

---

② 张先清:《刊书传教:清代禁教期天主教经卷在民间社会的流传》,载张先清编:《史料与视界:中文文献与中国基督教史研究》,上海:上海人民出版社,2007 年,第 83－141 页。对传教士利用书籍传教的研究还有伍玉西:《明清之际天主教"书籍传教"研究(1552－1773)》,北京:人民出版社,2017 年。伍书分析明清之际传教士的文字工作,研究面向精英人群的文字材料。

③ 关于"书籍传教""刊书传教"的原因、效果等方面,可参见张先清、伍玉西的研究著述。

④ *Oratio Dominica/Lord's Prayer*,《天主经》为天主教译名,新教称《主祷文》。

⑤ 关于《天主教要》的研究,参见张西平:《〈天主教要〉考》,载《世界宗教研究》1999 年第 4 期,第 90－98 页。

在关于中国传教史的记述中,利玛窦也多次提到用于赠送或分发给教友、慕道者的几部宣教著作,如《天主教要》《天主教要解略》《天主实义》。利玛窦还曾提及一部《要理问答》,内容比《天主教要》更为复杂,因此只分发给已经奉教之人或慕道之人,“分施《要理问答》给教友,教外者如有希望变成教友,我们同样赠送给他们”。⑥

利玛窦去世之后,龙华民(Niccolo Longobardi, 1565 - 1654)继任成为在华耶稣会领导人,更多强调在基层民众中开展传教活动。不过,如李天纲所指出的那样,以基层宣教为重点的“龙华民方法”与主张文化、学术传教的“利玛窦路线”追求的目标一致,两者实际上是并存互补的关系。⑦ 龙华民在韶州传教期间奉行下乡路线,他分发给民众的主要宣教材料也包括《天主教要》。“先委派一个教会中的人到神父想去的地方,让他作为使者,告诉那里的人们,过些天将有泰西教士到此地,向他们讲解圣教问题,请大家来听。”到了正式讲道的日子,神父会向听众解释“泰西教士”来中国的动机、讲解十诫、展示圣像等等。“因这些人非常单纯,又因为他们对我们天主教的声望早有耳闻,所以很容易接受圣教。最后神父还要把《天主教要》分发给那些积极者,鼓励他们在下次神父到来之前读懂其中内容。”⑧《天主教要》篇幅短小的特点遭到仇教人士的攻击,“他们利用《天主教要》只是一本小册子这一事实,传言说泰西的教义仅有这几页纸,一看就知道这是外国人的宗教,根本无法与中国宗教经典相提并论”。⑨ 但从传播效果来说,篇幅短小的《天主教要》对于基层民众十分适用,“教友们通过自己阅读,或请亲友为他们朗读已经刊印的《天主教要》,便能迅速地把其内容记在脑子里”。⑩ 显然,

⑥ 利玛窦:《利玛窦书信集》,罗渔译,台北:光启出版社/辅仁大学出版社,1986 年,第 279 页。

⑦ 李天纲:《龙华民对中国宗教本质的论述及其影响》,载《学术月刊》2017 年第 5 期,第 165 - 184、167 - 168 页。类似主题的讨论还包括柴可辅:《晚明耶教“民间布道”之考察:龙华民路线的新定位》,载《文史哲》2015 年第 6 期,第 117 - 126 页。

⑧ 利玛窦:《耶稣会与天主教进入中国史》,文铮译,北京:商务印书馆,2014 年,第 314 页。

⑨ 同上,第 329 页。

⑩ 同上,第 354 页。

基层教友中的识字者与不识字者以不同的方式接受《天主教要》中的宗教内容。

另一位葡萄牙耶稣会士罗儒望(Juan da Rocha, 1566－1623,又名罗如望),在编译面向基层民众的宣教文献方面表现突出。罗儒望的《天主圣教启蒙》,⑪原本是当时欧洲的教义问答手册(catechism):“是编原为乔治(Mare Geroge)神甫而以卡尔蒂拉(Cartilha)名者所撰之葡萄牙文教义纲领,如望仅将其转为华言。”⑫

《天主圣教启蒙》以老师提问、学生回答的形式进行教义启蒙,全面概述基督教教义,其目的是帮助中国新教徒学习并巩固基督教知识。保存在耶稣会罗马总会档案馆的《天主圣教启蒙》版本显示其页面上多标注拉丁文拼音,部分还有拉丁字母所写的释义,其作用很可能是为了帮助编译者本人或其他传教士正确读出汉字。这也印证了此前学者们多有讨论的问题,即传教士们为了达到在中国直接宣教的目的,采取了速成的做法,为中文程度尚有欠缺的新来华传教士提供带有拉丁字母拼音的宣教文本。

师：你唤作什么名字？	学：我唤作某(某就是教中圣人、圣女的名号)。⑬

---

⑪ 钟鸣旦,杜鼎克编:《耶稣会罗马档案馆明清天主教文献》,第一册,台北:利氏学社,2002年,第377－514页。

⑫ 费赖之:《在华耶稣会士列传及书目》,冯承钧译,北京:中华书局,1995年,第72页。此处中译文需要加以辨析,“Cartilha”的含义有二:启蒙读本(Primer);教义问答手册(Catechisn),1554年,以葡萄牙语和泰米尔语写成的教义问答手册 *Cartilha* 出版发行,参见 http://www.syromalabarcatechesis.com/home/inner/13,访问日期2017年6月12日。意大利学者柯毅霖(Gianni Criveller)判断《天主圣教启蒙》乃是从“乔杰神父(Marc Jorge, 1524－1571)的《教理单元》”翻译而成(柯毅霖:《晚明基督论》,王志成等译,成都:四川人民出版社,1999年,第146页)。另一位教会史家荣振华(Joseph Dehergne, 1903－1990)以为,罗儒望于“1609－1616年在南昌府,将葡萄牙教理书译作汉文(契丹文)”(荣振华:《在华耶稣会士列传及书目补编》,耿昇译,北京:中华书局,1995年,第555页)。相比较之下,荣振华的意见有所保留,没有判定罗儒望作为原本使用的基督教教理书的名称。

⑬ 罗儒望:《天主圣教启蒙》,载钟鸣旦、杜鼎克编:《耶稣会罗马档案馆明清天主教文献》,第一册,第377页。

续 表

师:人做了基利斯当。⑭ 是到了什么地位?受了甚么品级?	学:这就是有福的儿子。就是天主的义子。有承受天上国的分。⑮
师:你晓得基利斯当是谁?	学:晓得。真实是天主。真实是人。⑯
师:我问你基利斯当,到晓得事体的年纪了,该晓得什么事?师:什么三件?	学:该晓得三件事。学:该晓得善求、善信、善行。⑰

《天主圣教启蒙》直接译自欧洲教理书籍,若无传教士从旁解释,对于普通基层民众而言,即使采用了问答口语体,要想完全领会也并不容易,加之著作篇幅容量颇大,作为免费发送的宣教书籍,对经济条件并不宽裕的在华传教士而言,印制费用过于高昂,因此,面向基层普遍发放的应该不是此类文本。罗儒望名下另有短篇著作《天主圣像略说》,⑱仅有

⑭ "基利斯当"——"基督徒"(英语 Christian,葡萄牙语 Cristão)在文中的译名。

⑮ 罗儒望:《天主圣教启蒙》,前揭,第 378 页。

⑯ 同上,第 380 页。

⑰ 同上,第 392 - 393 页。

⑱ 按照徐宗泽的说法,《天主圣像略说》"刻于 1609 年,亦名'造物主垂象略说',系语体文"(徐宗泽:《明清间耶稣会士译著提要》,上海:上海书店出版社,2010 年,第 131 页)。另据费赖之记录,罗儒望名下著作包括《天主圣像略说》:"《天主圣像略说》一卷,一六零九年本,克拉普罗特(Klaproth)撰柏林汉文抄本书录卷二,五四页有著录。"(费赖之:《在华耶稣会士列传及书目》,冯承钧译,第 73 页)19 世纪欧洲东方学家柯恒儒(Heinrich Julis Klaproth, 1783 - 1835)在其《柏林王室图书馆藏汉满文图书并手稿目录》(Heinrich Julis Klaproth, *Verzeichniss der Chinesischen und Mandshuischen Bücher und Handschriften der Könglichen Bibliothek zu Berlin* [Paris, 1822])中标记《天主圣像略说》:"该书成书于 1619 年,作者是葡萄牙耶稣会士 Juan da Rocha,中文姓名称作罗儒望。"(A. a. O., S. 183)《造物主垂象略说》的作者,一说是徐光启。据李天纲介绍,巴黎国家图书馆藏《造物主垂象略说》版本与耶稣会罗马总部档案馆收藏版本相同,原则上认为"《天主圣像略说》,或《造物主垂象略说》"为徐光启(1562 - 1633)佚文,主要依据是篇首署名"吴淞徐光启述"以及结尾部分杨廷筠(1557 - 1627)跋文。比利时学者钟鸣旦也认可《造物主垂象略说》为徐光启所著。参见李天纲:《徐光启佚文〈造物主垂象略说〉》,载《中西初识》,郑州:大象出版社,1999 年,第 59 - 70、64 页;Nicolas Standaert, ed., *Handbook of Christianity in China* (Leiden/Boston/Köln: Brill, 2001), vol. One, p.615。暨南大学谢萌 2011 年硕士论文《明末耶稣会士罗儒望生平及其著述考》附录"天主圣像略说",所用版本为"罗儒望、黎宁(转下页)

数页篇幅,从体例而言适于在基层宣教活动中发放。与《天主圣教启蒙》不同,《天主圣像略说》不再采用问答体例,而是简略概述教义,但口语特征依然明显。例如,高度概括耶稣诞生、行实及受难经过:“天主降生于一千六百一十五年之前,岁次庚申,当汉哀帝元寿二年。名曰耶稣,解曰救世者。上边供敬的正是耶稣圣像也。降生为人三十三年,在世亲传经典,拣选宗徒十二人,显出许多圣迹,都在天主经典上,一时说不尽。及至后来功愿完满,白日升于天堂,遗下教规,令十二宗徒遍行于世,教人知道天地间只有一造物真主。”[19]对当时人们困惑的传教士来华原因,编撰者利用简洁明了的文字做出了解释:“推广天主圣教,使万国万世人人得升天堂,所以发心轻世,愿离了本乡,劝化远方。这是何意? 一则为天主宣传圣教,是于天主位下立了功勋;一则天下人同为天主所生,就是骨肉一般,劝得人识天主,改恶为善,以免地狱升天堂,是又有益于人。所以虽出海外百千万里,亦所不辞也;所以虽遭了风波,虎狼蛮夷盗贼之灾,亦所不避也。”[20]

从《天主教要》到《天主圣像略说》,面向基层民众的宣教文献从早期的欧洲教理书编译逐渐发展出更具本土文化特色的文本。在《天主圣像略说》之后,入华传教士会同奉教文人陆续推出更多适用于基层宣教使用的辨明教义、指导基层宗教实践的文本。内容类似《要理问答》,但文字更为通俗的《圣教蒙引》撰于顺治十二年(1655),编撰者是葡萄牙耶稣会士何大化(António de Gouvea, 1592 - 1677)。何大化编撰目的是为了将教义知识普及到社会各个阶层,无论士农工商、男女老幼:“故言

(接上页)石、丘良禀”编撰,1619 年刻本。该论文的部分文字及附录收入《明末耶稣会士罗儒望毕方济汉文著述集》(叶农等点校,济南:齐鲁书社,2014 年)。《天主圣像略说》与《造物主垂象略说》的正文内容几乎完全相同,差别之处出现在开篇:《天主圣像略说》上边供奉的是天主,即大西洋与天下万国所称陡斯,是当初生天地、生神、生人、生物的一个大主宰。且道天主为什么生天? 天有两件……《造物主垂象略说》造物主者,西国所称陡斯,此中译为天主,是当初生天、生地、生神、生人、生物的一个大主宰。且道天主为什么生天? 天有两件……《造物主垂象略说》,载吴相湘主编:《天主教东传文献三编》,第二册,台北:学生书局,1972 年,第 549 - 563 页。

⑲《造物主垂象略说》,载吴相湘主编:《天主教东传文献三编》,第二册,第 557 页。

⑳ 同上,第 559 页。

取易直，意取简明，未进教者，见之迅于贯通；已进教者，习之便于传说。”[21]除了易于理解的教理教义，著作中对入教之人的教导也十分明确：“入教人该作什么事？求天主佑我守《十诫》、克七罪。曰早起跪天主台前，做圣号，念在天亚物若干遍，献天主，求佑我守《十诫》、克七罪。晚间该省察这一日所思所言所行，有罪与否。有则悔改，求赦，定期告解。无则谢恩，随便念经几遍。”[22]

明末苏州文人周志编撰的《天学蒙引》则以琅琅上口的七言诗文叙述创世论、赎罪说、耶稣事迹：“上主既生天地后，将土成人性有灵。男名亚当女厄襪。妇从夫出始初盟。一夫一妇传人类，万古人民共此根。”[23]除了《天学蒙引》，周志还撰有诗文体宣教著作《天教便蒙》，内容同样关乎造物主创设之功、耶稣事迹等等，“七字成文，阐为浅说，名《天教便蒙》，特为中人以下之君子劝”。周志有意以此种道理浅显的文字，吸引更多基层民众了解基督教。[24] 推出面向基层平民的宣教著作，绝不意味着放弃在士人阶层中宣扬基督教，对基督教感兴趣的士人，是“利玛窦路线”执行者们极力争取的对象，已经有大量教理深奥的书籍可供阅读，正如周志在《天学蒙引》序言中所强调的：“然非志在中人，反置士君子膜

㉑ 何大化：《天主圣教蒙引》，载钟鸣旦、杜鼎克、蒙曦编：《法国国家图书馆明清天主教文献》，第23册，台北：利氏学社，2009年，第473－586、483页。

㉒ 同上，第528－529页。

㉓ 周志：《天学蒙引》，载钟鸣旦、杜鼎克、蒙曦编：《法国国家图书馆明清天主教文献》，第23册，第330－358、336页。该版本的著者仅有“古吴周志　於道甫著”，徐宗泽介绍的版本标注“西海何大化　古吴周志　于道甫著”（徐宗泽：《明清间耶稣会士译者提要》，第122页）。关于周志，暂无详细传略，署名“周志”的天主教书籍《身心四要》序言有以下介绍：“余自己卯冬有友示以《天主教约言》一叶，阅之，恍然曰：世有此真理乎。叩所由，云大西潘先生来自海外。今寓葑溪之彭园所授者。余即进谒。及接其议论。皆前圣所未发。读其书。悉目所未关。因为之醉心。……乙酉之后。有事金陵。适贾先生来自虞。为潘之中表也。道同行同。因留以就教。”（钟鸣旦、杜鼎克、王仁芳编：《徐家汇藏书楼明清天主教文献续编》，第18册，台北：利氏学社，2013年，第3页）其中提及的“潘先生”“贾先生”疑为明末传教江南地区的耶稣会士潘国光（Francesco Brancati, 1607－1671）与贾宜睦（Jérôme de Gravina, 1603－1662）。

㉔ 周志：《天教便蒙》，载钟鸣旦、杜鼎克、王仁芳编：《徐家汇藏书楼明清天主教文献续编》，第18册，第85页。

外。设高明之士事,有意探本穷源,另有理学深奥诸书。幸勿视此鄙俚,竟弃原学于不阅也。”[25]提供文人君子阅读的宗教书籍与面向平民的宣教材料,并加以区别,这一创作初衷除了在耶稣会士编撰的各类著作中得到体现,还得到了入华多明我会士的认同。来华传教的多明我会士施若翰(Juan Gacía,1606-1665)辑录有《天主圣教入门问答》(1642),该书篇章有这样的文字:“天主圣教载籍极慱,理道极玄。此书专以启诲愚蒙。故尔粗略言之。若有志儒贤欲穷其底里者乎。则有天学诸书在。崇祯壬午玫瑰草庐识。”[26]多明我会是较耶稣会更古老的天主教托钵修会,该会主张走进基层民众中间直接宣教。1638年,数位多明我会士曾经在福州城高举十字架,公开宣讲天主教。[27]此前普遍认为,在华多明我会士与耶稣会士的传教思路相左,但从《天主圣教入门问答》封面文字来看,至少明末清初部分多明我会士认同耶稣会当时基层与上层并重的宣教理念。

明清鼎革之后,天主教在华传播经历了康熙时代的宽松阶段之后渐入困境,在华欧洲传教士的活动空间越来越受到限制。尤其是康熙晚期之后,欧洲传教士在中国境内的活动空间日益缩小,除了北京的传教士,其余各地的欧洲传教士的传教活动被视为非法,在这样的情况下,本土传道员的地位日益凸显。[28]关于传道员在基层传教工作中的重要性,《天主圣像略说》的编撰者已有强调:“那‘十戒’在《天主教要》上只说得个题目,中间还有道理要晓得,毕竟要与传教的仔细讲解方得明白。”让基层民众背诵经文和“十诫”并不难,但之后的理解和实践需要传教

[25] 同上。

[26] 施若翰:“天主圣教入门问答”,载钟鸣旦、杜鼎克编:《耶稣会罗马档案馆明清天主教文献》,第2册,第388页。肖清河在讨论明清传教士针对儿童的传教方法之时,将《天主圣教启蒙》《天主圣教蒙引要览》《天学蒙引》《天主圣教入门问答》等归入“天主教的蒙学著作”之列,略有些牵强。肖清河:《救赎与教化:明清天主教儿童慈善活动探析》,载《暨南学报》2013年第9期,第66-80页,相关讨论见于第71-72页。

[27] 相关记述,参见张先清:《官府、宗族与天主教:17-19世纪福安乡村教会的历史叙事》,北京:中华书局,2009年,第76-77页。

[28] 关于雍正朝以后的华籍天主教徒、神职人员的活动研究,参见宾静:《清代禁教时期华籍天主教徒的传教活动研究(1721-1846)》,暨南大学博士论文,2007年。

士或中国传道员进一步的教导。考虑到基层民众当时尚有很大一部分不识字,他们对基督教教义和仪式的了解,需要识字且初步掌握教义的奉教人或传道员以口授方式完成。

清代来华法国耶稣会士冯秉正(Joseph-François-Marie-Anne de Moyriac de Mailla, 1669 - 1748)名下有两种文字通俗、说理清晰的宗教著作:《盛世刍荛》和《朋来集说》,[29]其中的《朋来集说》即是此类以基层传道员为读者的宣教指导用书。该书明确了针对识字之人与不识字之人传道的不同做法:"第九,识字之人,要劝他看书为主。首先该看的是《四末真论》,因此书单提醒他在世不久,后来之赏罚转眼就来。次该看的,是《十诫》的解说。提醒他,欲免死后之永刑,惟有守《十诫》而已。除此一条大路,并无他法。看过了《十诫》的解说,就该劝他看《涤罪正规》,好提醒他神赦之权,惟有天主。若不遵规告解,无法涤除。看过了《涤罪正规》,又该劝他看《圣体要理》,若内有疑惑,再劝他看《圣体答疑》。此二种书,为提醒他行善立功,必求主宠。……第十,不识字的人,亦当照此劝勉。但要讲'四末'的道理,先劝了他的心,然后再劝他遵守'四规',如走路一般,走了一步,再走一步。"[30]

《朋来集说》中提供的信息展示了当时基督教传教士/传道员教导中国教徒的两种形式:自学方式——渐进的文献阅读:《四末真论》《十诫》的解说、[31]《涤罪正规》《圣体要理》《圣体答疑》;教导方式——解读"四末"(死候、审判、天堂、地狱)[32]、"四规"(守瞻礼、守斋期、解罪过、领

---

[29] 伍玉西观点:署名"远西耶稣会士冯秉正端友指示"的《盛世刍荛》并非冯秉正所写,真正的作者是负责"纂录"的中国奉教文人杨多默。笔者以为,《盛世刍荛》和《朋来集说》的语言文字有强烈的本土化特征,中国文人参与创作的程度很高,但其创作主旨、提纲应该仍然是欧洲传教士所制定的。

[30] 冯秉正:《朋来集说》,载钟鸣旦、杜鼎克、蒙曦编:《法国国家图书馆明清天主教文献》,第12册,第19 - 21页。

[31] 很可能是指《〈十诫〉真诠》,阳玛诺(Emmanuel Diaz Junior, 1574 - 1659)说刊于1642年。参见徐宗泽:《明清间耶稣会士译著提要》,第133页。

[32] 柏应理(Philippe Couplet, 1623 - 1693):《四末真论》,载钟鸣旦、杜鼎克、蒙曦编:《法国国家图书馆明清天主教文献》,第24册。

圣体)。[33] 从所需要的文献类别而言,针对不识字民众/信徒的教导方式较为简单,传道员只需根据“四末”“四规”的警示、规定,要求民众/信徒以敬畏之心约束自身言行即可。今天留存的在华天主教史料、文献当中,能够发现更多基层宣教文献的名称、种类。

清初在常熟一带传教的比利时耶稣会士鲁日满(François de Rougemont, 1624–1676)的账目和灵修笔记中保存了有关宗教文献刊刻、印制的信息,涉及文献种类大致有三:一类是传教士著作,如汤若望(Johann Adam Schall von Bell, 1592–1666)撰《主制群征》、利类思(Louis Buglio, 1606–1682)关于宗教礼仪的著作、鲁日满撰《问世编》、贾宜睦撰《提正篇》及其他著作;另一类是中国士人著作,如《破迷论》《圣水纪言》;第三类是包括《十慰》、教义问答传单、乡村歌曲(Cantiones Rusticae)在内的多样宣教文本。[34] 鲁日满记录中提到的“教义问答传单”是一种散页,作为传播教义知识的方式“在当时的欧洲也很流行”。[35] 这样的散页单行文献对于基督教在华基层宣教活动同样十分适用。

康熙年间入华耶稣会士方记金(Hieronymi Franchi, 1667–1718)在传教初期使用过一份宣教辅助材料。当时方记金来华不足一年,中文并不理想,但又迫切想开展宣教工作,“在最初听告解的日子里,有一个中国人把一份用拉丁字母写成的《忏悔镜》(Beichtspiegel)摆在我面前”。[36] 何谓《忏悔镜》?“指以《十诫》为依据,以提问形式写成的罪过录,供忏

---

[33] 意大利耶稣会士潘国光名下《圣教四规》(潘国光述,“徐文定公孙尔觉炤斋序”)是一份面向普通教徒的行为规范手册,参见徐宗泽:《明清间耶稣会士译著提要》,第137页。

[34] 高华士:《清初耶稣会士鲁日满常熟账本及灵修笔记研究》,赵殿红译,郑州:大象出版社,2007年,第122–145页。

[35] 同上,第366页。

[36] 方记金1702年10月18日信件,参见Joseph Stöcklein, Hrsg., *Der Neue Welt-Bott mit allerhand Nachrichten dern Missionarium Soc. Jesu. Allerhand so Lehr-als Geist-reiche Brief, Schriften und Reis-Beschreibungen, welche von denen Missionariis der Gesellschaft JESU*, Theil 4 (Augburg und Grätz: Verlag Philips/Martins/und Joh. Veith seel. Erben/Buchhändlern, 1726), Nr. 82, S.9。

悔前反省”。[37] 除了辅助其工作的《忏悔镜》,与其他在基层活动的传教士一样,方记金在走访乡村传教点的时候,通常会带上一些小册子,送给当地的读书人。例如,赣州附近村庄一位上了年纪的读书人,“他最大的心愿是让子孙将来能对基督教有很好的认识,他在家中建了一个敬拜圣母的礼拜堂,让左邻右舍都能够领受到神的光。走之前,我留给他一些小册子。”[38]遗憾的是,方记金并未记录这些“小册子”的名称。在《耶稣会士中国书简集——中国回忆录》之中,我们还能读到更多关于基层宣教传教士在乡村传教点留下宣教册子的记录,只是同样没有篇目细节介绍。

《清中前期天主教在华活动档案史料》为我们了解基层宣教文献的民间流传提供了难得的中文史料。除了被笼统称作“经卷”“番经”“经书”“经文”“天主经”“经本”“刊经”之外,据张先清统计,有名可查的天主教宣教文献共68种。大致可以分为两类:“第一类属于神学灵修书籍,比较常见的有《天主实义》《教要序论》《万物真原》《涤罪正规》《七克》《三山论学纪》《性理参证》等。这类书籍,或是解释天主教义,或是阐释天儒关系,主要针对的阅读对象一般是具有一定文化水平的儒学知识界。……第二类属于具体习教规程书籍,常见的有《要理问答》《圣教日课》《谢天主经》《圣号经》《易简祷艺》等等,这类书多是指导教徒习教的便捷小册子,或是摘录祈祷经文,或是描述各项圣事礼仪,言简意赅,没有晦涩难懂的神学要义,很适合普通百姓”。[39]

数量可观的基督教宣教文献在基层留存或许能够印证《圣教规程》中的一条规定:“第四十一条劝告每一个识字的信教家庭都要去收集天

---

[37] 潘再平主编:《新德汉词典》,上海:上海译文出版社,1997年,第157页。

[38] 方记金1703年10月19日信件,参见 Joseph Stöcklein, Hrsg., *Der Neue Welt-Bott mit allerhand Nachrichten dern Missionarium Soc. Jesu. Allerhand so Lehr-als Geist-reiche Brief, Schriften und Reis-Beschreibungen, welche von denen Missionariis der Gesellschaft JESU*, Theil 4, Nr. 86, S. 27。

[39] 张先清:《刊书传教:清代禁教期天主教经卷在民间社会的流传》,载张先清编:《史料与视界:中文文献与中国基督教史研究》,第116页。

主教书籍,并聚集成一个小型家庭图书馆。”[40]但这样的规定乃是针对识字的信徒而言,对于不识字的基层民众而言,自助阅读并不是接受教义知识的主要方式,来自传教士、中国传道员的口头教导更为重要。本文接下来要介绍一份早期宣教手稿,其性质接近于张先清文章中提到的“指导教徒习教的便捷小册子”,篇幅精炼,虽无神学要义辨释,但文体却采文言形式,颇为古雅。

二、17 世纪新教特征的基层宣教手稿

上海徐家汇藏书楼、梵蒂冈图书馆、法国国家图书馆、耶稣会罗马总会档案馆等机构所藏明清天主教文献已经汇编成册,为研究者提供了极大的便利,但仍然有少量文献资料保存在各地图书馆,等待被发现和研究。德国奥古斯都大公图书馆(Herzog August Bibliothek,简称 HAB)古籍手稿部收藏有一份编号“Cod. Guelf. 117. a Extrav”的基督教宣教手稿,共 9 页,正文计有 18 面,毛笔抄写,双面书写,传统汉语书写语序,无标点,纸张较现在的 A4 纸略宽;前三篇经文是基督教三种使用频率最高的经文:《主祷文》《信经》《十诫》,标注有拉丁文拼音以及拉丁文释义,随后是入会者问答及各类常用祝文。[41]

章节首句/标题(部分附拉丁译文)如下:

此天经是真天主所付于人[42]
这经是千典万经之要略　奉教者所当信之矣
我信全能者天主罷德肋[43]造成天地

[40] 参见 H. Verhaeren, “Ordinances de la Sainte Eglise,” in *Monumenta Serica*, 4(1940), pp. 451 - 477,转引自高华士:《清初耶稣会士鲁日满常熟账本及灵修笔记研究》,第357 - 358 页。

[41] 德国汉学家福华德(Walter Fuchs, 1902 - 1979)对这份手稿的形制和标题做过记述,参见 Walter Fuchs, Hrsg., *Verzeichnis der Orientalischen Handschriften in Deutschland, nebst einer Standortliste der sonstigen Mandjurica* (Wiesbaden: Franz Steiner Verlag, 1966), S. 37。

[42] 原文为“入”,笔者依据拼音及拉丁文解释“zjin, hominibus”加以修订。

[43] “罷德肋”是拉丁文 Patrem 的音译,意为“父亲”“圣父”。——编者注

续 表

这是圣诫典 吾真天主所命人人守之也
一 钦崇一天主万物之上
这是祝文乃天主子耶稣契利斯多训其弟子之经也 在天我等父者
愿入教者之问答
(precatio matutina)早起祝文
(Precatio Vespertina)晚睡祝文
(Precatio ante prandium)饭前祝文 (Precatio post prandium)饭后谢主经文
(Cantilena pro operariis)工匠人歌
(Precatio pro morientibus)为临死者祝文
(Precatio in morbo Grebior)病时祝文
(Alia precato in morbo)病时经略
(Precatio in morte)死时祝文
Querenda in Ecclesia à Baptiscadis 在天主殿中通事问要入教的人这数端 我问你或你们 某某你情愿入教……
这数端当示知要娶亲的人

德国汉学家福华德认为用毛笔誊抄这份手册的是一名欧洲人,并且相信此人在前三页用墨水添加了拉丁译文以及各个标题的拉丁文翻译。[44]笔者的意见略有不同:手稿中的汉字,笔画顺序正确,书写流畅,不排除某位中国文士执笔书写的可能,拉丁文及拼音是某位欧洲人补充无疑。

HAB 所藏手稿与收藏在英国与荷兰的一份 17 世纪基督教宣教手稿《教理概要》(*Compendium Doctrinae Christianae*, Batavia, 1628)相似度极高。《教理概要》是 17 世纪初荷兰新教牧师赫尔尼俄斯(Justus

---

[44] Walter Fuchs, Hrsg., *Verzeichnis der Orientalischen Handschriften in Deutschland, nebst einer Standortliste der sonstigen Mandjurica*, S. 37.

Heurnius, 1587 – 1651/2)汇编而成,荷兰汉学家戴闻达(J. J. L. Duyvendak, 1889 – 1954)、高柏(Koos Kuiper)对手稿做过解读。[45] 据高柏介绍,牛津大学博德利图书馆、伦敦大英图书馆、荷兰莱顿大学图书馆收藏有不同版本的《教理概要》,其中以牛津大学藏本最早、最详尽。

通过标题文字以及汉字笔画比对,笔者推断HAB手稿是与牛津大学所藏《教理概要》(50v. - 53r. Prologues and basic texts; 53v. - 56r. Elementary catechism "Questiones discendae iis qui S. Baptismum petunt"; 56v. - 68r. Eight prayers and one hymn; 68v. - 75v. Baptism and marriage)[46]同源的手稿本宣教文献。

现将高柏论文中提供的《教理概要》各章节拉丁文、中文名称列表如下:

此天经是真天主所付于人。
这经是千典万经之要略,奉教者所当信之矣。
我信全能者天主罷德肋造成天地　我信其唯一费略耶稣契利斯多我等主
这是圣诫典。
一　钦崇一天主万物之上。
在天我等父者。

[45] 参见 Koos Kuiper, "The Earliest Monument of Dutch Sinological Studies: Justus Heurnius' Manuscript Dutch-Chinese Dictionary and Chinese-Latin Compendium Doctrinae Christianae (Batavia, 1628)," in *Quaerendo*, vol. 35(2005), pp. 109 – 139;中文版:高柏:《荷兰汉学研究的首座丰碑——赫尔尼俄斯的手稿荷-汉词典与汉-拉〈基督教概要〉》,杨慧玲译,载《国际汉学》(第22辑),郑州:河南教育出版社,2012年,第165 – 190页。关于这部分文献的介绍还出现在高柏编写的《莱顿大学中心图书馆所藏中外文手稿目录》(*Catalogue of Chinese and Sino-Western manuscripts in the Central Library of Leiden University* [Leiden: Leiden University Library, 2005], pp. 69 – 71)之中。荷兰汉学家戴闻达在《荷兰早期中文研究》中也提及赫尔尼俄斯的词典与基督教宣教文本(J. J. L. Duyvendar, "Early Chinese Studies in Holland," in *T'oung Pao*, vol. 32[1936], pp. 293 – 344)。

[46] 转引自高柏:《荷兰汉学研究的首座丰碑——赫尔尼俄斯的手稿荷-汉词典与汉-拉〈基督教概要〉》,第178页。v. = verso 左或反面;r. = recto 右或正面,手稿页码标识。

续　表

愿入教者之问答
(precatio matutina)早起祝文
(Precatio Vespertina)晚睡祝文
(Precatio ante prandium)饭前祝文
(Cantilena pro operariis)工匠人歌
(Precatio pro morientibus)为临死者祝文
(Precatio in morbo brevior)病时祝文
(Alia precato in morbo brevior)病时祝文
(Precatio in morte)死时祝文
Querenda in Ecclesia per interpretem Sinensem ab iis qui S. Baptismum petunt 在天主殿中通事问要入教的人这数端　我问你或你们　某某你愿入教……
Quaerenda in Ecclesia a sponso et sponsa　这数端当示知要娶亲的人

赫尔尼俄斯的主要传教地区在东印度群岛,1628 年,赫尔尼俄斯在给东印度公司董事的信函中写道:"在一位懂拉丁文的中国人的帮助下,我们编写了一本词典,把荷兰文和拉丁文词语放在前面,佐以汉字字符及其说明。我们还得到了中文版的《信经》《十诫》和《主祷文》,以及一份有关基督宗教的概要。"[47]荷兰学者戴闻达相信,赫尔尼俄斯的中国助手"曾在澳门向天主教传教士学习过拉丁文",[48]这位中国助手利用耶稣会士的翻译成果,帮助赫尔尼俄斯完成了《教理概要》的编撰:"我现在不能回答一个问题,这个问题就是赫尔尼俄斯的中文助手(赫尔尼俄斯几乎是完全依靠他的帮助)很可能利用了耶稣会的翻译。饶有趣味的是,在抄录之时,与'God'一词对应的译名't'ien-chu 天主',被赫尔尼俄斯毫不迟疑地采纳,而他是首位面对这一难题的新教传

[47] J. J. L. Duyvendar, "Early Chinese Studies in Holland," p. 318.

[48] 戴闻达:《荷兰对汉学研究的贡献》,马军译,载《史林》2007 年增刊,第 5－14、7、63 页。

教士。”[49]高柏认为《教理概要》可能是新教传教士谋求在中国人中传教的最早尝试,尽管赫尔尼俄斯的手稿本中“耶稣会的中文术语通篇都是”。[50]从时间上分析,1628 年,耶稣会有关“Deus”译名的争论尽管还没有扩大化,但中国传教团体内部的分歧明显。赫尔尼俄斯的那位中国助手显然对译名争论有所了解,并且旗帜鲜明地支持利玛窦的继任者龙华民一派的观点,不赞成以“天”“上帝”来翻译“Deus”。至于赫尔尼俄斯是否敏感于这样的争论,支持取用“天主”译名,我们今天已经不得而知了。

HAB 手稿同样沿用了耶稣会士创设的译名,与耶稣会罗马总会档案馆藏《天主教要》《教要解略》一样,HAB 手稿的重要宗教术语采用拉丁音直译方法,如“罢德肋”“契利斯多”“费略”“斯彼利多三多”,分别对应“Patrem”“Christu-”“Filiu-”“Spiritû Sancto”(今译:“圣父”“基督”“圣子”“圣灵”)。手稿中的《十诫》《主祷文》的文字与赫尔尼俄斯收集的稿本一样体现了新教特征。

——这是圣诫典吾真天主所命人人守之也

钦崇一天主万物之上　二毋雕绘异像而奉敬之　三毋呼天主名而施发虚誓　四守礼拜之日(“第七日勿行工”)　五吾孝敬父母　六毋杀人　七毋行邪淫　八毋偷盗　九毋妄证　十毋愿他人妻　毋贪他人财物　右十诫归二者而已　爱慕天主万物之上与夫爱人如己　守者升天堂受福　逆者坠地狱加刑

——这是祝文乃天主子耶稣契利斯多训其弟子之经也

在天我等父者　我等愿尔名成圣　尔国临格　尔旨承行于地如于天焉　我等望尔今日与我日用粮　而免我债　如我亦赦负我债者　又不许陷于诱惑　乃救我于凶恶　盖国能与福是尔于无穷世之世　亚孟

---

[49] J. J. L. Duyvendar, “Early Chinese Studies in Holland,” p. 321.

[50] 高柏:《荷兰汉学研究的首座丰碑——赫尔尼俄斯的手稿荷-汉词典与汉-拉〈基督教概要〉》,第 165 页、第 179 页注释 43。

天主教和新教认同的《十诫》不尽相同,不拜偶像的诫命属于新教。天主教《十诫》第二条为"不可妄呼上主你天主的名"。[51] 新教《十诫》第二条"不可妄称耶和华你神的名"。[52] 天主教使用的《天主经》无末句"盖国能与福是尔于无穷世之世",[53]新教使用的《主祷文》保留此句,今译"因为国度、权柄、荣耀全是你的"。[54]

HAB 手稿的内容具备显著的实用性,如针对日常起居的饭前、饭后、早起、睡前祝文,但一个看似矛盾的现象必须得到解释:HAB 手稿的全部祝文、经文皆为文言体,与前文提到的基层宣教文本主张通俗浅显的行文主旨不符。例如饭前/饭后祝文:

(Precatio ante prandium)饭前祝文

众人之目　颙望吾主　尔常以时赐食　与彼启辟手　既生满福

经文

全能至仁天主　你从天于旷野食义　亲刂而之子　恳乞圣此饮食　愿你恩所忧赐　使得与吾身安神勇　亦使我等善行拜礼　为我等主耶稣契斯利多　亚孟

(Precatio post prandium)饭后谢主经文

几食而饱食者　当谢天主恩　未可有忘　亦不可轻其诫也

经文

吾主天主上天之父　我等谢汝　感汝大恩　从你仁惠之源　足食吾身　我等永父　奖誉是你的　为你赐汝子耶稣于生饼　今用此养我等　以得常生　亚孟

---

[51] 思高本圣经《出谷纪》20:7。早期译文为罗明坚所译"祖传十诫"第二条:"勿呼请天主名字而虚发誓愿"。

[52] 和合本圣经《出埃及记》20:7。

[53] 思高本圣经《玛窦福音》6:9-13。

[54] 和合本圣经《马太福音》6:9-13。

假设 HAB 手稿与赫尔尼俄斯《教理概要》同源的可能性成立，则 HAB 手稿的文本年代为 17 世纪早期，更为通用的语体文宣教文献在这一阶段尚未大量创作。仔细比对能够发现，HAB 手稿的前部分内容：《主祷文》《信经》《十诫》出自早期《天主教要》版本，其他的一些日用文言祝文却并不见于目前已经出版的各类明清天主教文献汇编中，各类汇编文献中不乏“婚配祝文”“领圣体问答”“将领圣水问答”之类的礼典经文，但鲜有与日常生活互动的祝文形式。

除了与日常生活互动的祝文形式，HAB 手稿中包含有一首“工匠人歌”，拉丁文名称释义“Cantilena pro operariis”，专门为那些处于社会低阶层的“工匠”信徒所写，吟唱多用四字句，反复使用语气词“兮”与“耳”。

> 善功美兮！吾始赞美，生天生地，我的天主。
> 感仰主兮！感谢天主。此生之苦，为耶稣佑，转轻转耳。
> 主扶吾兮！救吾天主，为你爱子，耶稣契利斯多。
> 赐我知勇，是出从你，如水从源。
> 感仰主兮！感谢天主。此生之苦，为耶稣佑，转轻转耳。
> 悦乐吾心，引我等目。治吾手足，及身馀肢，快成尔功。
> 感仰主兮！感谢天主。此生之苦，为耶稣佑，转轻转耳。
> 代吾造兮！务吾神安，权我忠信。
> 行工劳兮！如你有命。始祖亚当，及其后孙，于乐堂中。
> 感仰主兮！感谢天主。此生之苦，为耶稣佑，转轻转耳。
> 你造日运，常行莫止。既成明月，使吾不倦。若力疲減，伏祈新之。
> 感仰主兮！感谢天主。此生之苦，为耶稣佑，转轻转耳。
> 尔吾大父，赐惠尔子。所事所为，善善成之。
> 感仰主兮！感谢天主。此生之苦，为耶稣佑，转轻转耳。

上述歌词中的“耶稣契利斯多”是“Jesus Christus”的音译，歌词中对基督教唯一神的称呼还包括“天主”“大父”“耶稣”“主”“尔”“你”，惟独不见利玛窦提倡使用的“天”“上帝”。歌词中包含的基督教教义并不深奥,创作者强调信靠“天主”“耶稣”的佑护,能够让匠人们的身心得到舒展,对现实中的苦难更有耐受力。从形式上分析,“工匠人歌”似乎有意模仿《诗经》,采用迭唱风格,使得诵读颇有韵律。“《诗经》的基本句式是四言,……以四言句为主干,可以由此推想当时演唱《诗经》的音乐旋律,是比较平稳和比较简单的。……《诗经》常常采用叠章的形式,即重复的几章间,意义和字面都只有少量改变,造成一唱三叹的效果。这是歌谣的一种特点,可以借此强化感情的抒发。”[55]

目前已知的歌咏体宣教文本数量并不多,徐家汇藏书楼保存有一部《天主圣教便蒙歌》,作者不详,其形式与周志的《天学蒙引》接近,采用七言诗歌体,不过内容更为冗杂,除了介绍造物主创世、造人、耶稣行实、圣母行实等内容之外,还包括歌颂天主教,贬斥释、道及民间其他信仰的说唱:“人若不知真主宰,随风倒舵奉邪神。或疑时日能荣辱,或信阴阳可富贫。或拜几团泥塑就,或求一块木雕成。此方恭敬山河海,彼处钦崇日月星。李某却言成佛好,张家又说做仙灵。亲丧既已斋和尚,子死缘何请道人。”[56]17世纪中叶在常熟活动的耶稣会士鲁日满曾经创作过“乡村歌曲”。高华士分析认为:鲁日满创作这些歌曲,很可能是为了他身边的底层信众(其中很大一部分是工匠与穷苦人)不再传唱那些包含色情内容的山歌民谣,“以用天主教的或至少更文雅的内容来取代那些乡村歌曲。”[57]我们从鲁日满留下的账本中也可以看出,这位传教士接触最多的人群就是基层普通民众,“其中又可以分成五类人:工匠和艺人;妇女;穷人和病人;儿童;仆人”。[58] 各类工匠之中计有:金匠、制钟匠、印刷工、医生、裁缝,舂米工、裱褙匠、漆匠、轿夫、脚夫、木匠、泥瓦匠、制珠

[55] 章培恒,骆玉明主编:《中国文学史》,上海:复旦大学出版社,2001年,第101页。

[56] 无名氏:《天主圣教便蒙歌》,载钟鸣旦、杜鼎克、王仁芳编:《徐家汇藏书楼明清天主教文献续编》,第18册,第196页。

[57] 高华士:《清初耶稣会士鲁日满常熟账本及灵修笔记研究》,第371页。

[58] 同上,第222页。

匠、画师、制玻璃匠、染工。[59] 除此之外，在书籍印刷过程中，鲁日满与刻字工、印刷工、排字工、抄录工的交往也会比较多。从这个层面考虑，“工匠人歌”创作背景与动机，应当与鲁日满创作“乡村歌曲”类似，目的都是为了在基层民众中扩大影响。歌曲的创作者或许是荷兰新教牧师赫尔尼俄斯的中国助手，或许是某位在华天主教传教士，因为简单平易的旋律和文字，使歌曲文本广为流传，甚至被远在东南亚地区的赫尔尼俄斯获得。

尽管新教传教士在17世纪早期就已经萌生在华人文化圈传教的意图，但新教传教士此后很长时间内没有前往中国大陆传教。19世纪初，新教传教士始入中国大陆传教，他们秉承了前辈天主教传教士的做法，积极利用文字材料开展宣教工作。道光二十一年(1841)三月初六日，钦差大臣裕谦奏报在定海查获满文与外文传教书籍折：

> (据江苏候补知府黄冕等禀称)在定海城内，从前伪知县郭士立占住之沈姓空屋，查获逆夷存留木板箱六只。内五只面写烦寄与北京、盛京八旗官兵查阅，开看内有刻本清字书一千五百十四本。又一只面写烦寄与日本国地方，开看内有刻本夷字书八百九十四本。解送前来。
>
> 奴才查核清字书每八本为一部，共一百八十六部又二十六本，系天主教邪说，妄诞不经。(朱批：无非欲传教惑众，何足深怪，投诸水火毕矣。)其夷书字不能辨识，卷首有汉字序文、目录各一页，亦系天主教邪说。谨将清字书一部、夷字书一本，另包封固，恭呈御览。[60]

裕谦所收缴的“刻本清字书”“刻本夷字书”，其所有人“伪知县郭士

[59] 同上，第223－224页。

[60] 冯琛主编：《鸦片战争在舟山史料选编》，杭州：浙江人民出版社，1992年，第216页。

立”即德国入华新教传教士 Karl. F. A. Gützlaff（1803－1851）。[61] 早在1831－1833年，郭士立就有过三次中国沿海行，船舶靠岸之后，他便借机向聚拢的民众分发中文写的宗教小册子，直到地方官员们匆匆赶来。[62]“清字书”“夷字书”的篇名和内容今天已经很难知晓，只有“系天主教邪说”一点可以确定。从裕谦的描述来看，“清字书”“夷字书”似是完整卷册，而非单行散页。

1848年3月，三名英国传教士，麦都思（Walter Henry Medhurst，1797－1857）、雒魏林（William Lockhart，1811－1896）、慕维廉（William Muirhead，1822－1900）“无视当地领事命令，冒险出城，声称生死自负。出城之后遭遇到一群乱民，分发传教手册的时候引发争执，他们从棍棒武装的漕帮水手们手中侥幸活命”。[63] 这三位传教士中的麦都思曾经在1823年完成宣教用的基督教《三字经》，尝试以中国传统蒙学识字读本的形式创作宣教材料，在此之前，新教入华传教士马礼逊（Robert Morrison，1782－1834）、米怜（Willam Milne，1785－1822）已经利用英文底本分别编译了《问答浅注耶稣教法》《幼学浅解问答》。[64]

面向大众发放宣教手册的效用如何？第一位来华的美国新教传教士裨治文（Elijah Coleman Bridgman，1801－1861）对此有很好表述：“由

---

[61] 普鲁士传教士，起初隶属荷兰布道会，后成为独立传教士，与英国鸦片商、英国政府关系密切，其个人功过评说至今不统一。此人中文名有多种写法，如郭实猎、郭实腊，此处依据中文引文，称“郭士立”。据伟烈亚力（Alexander Wylie，1815－1887）的统计，郭士立撰有中文著作61种；英文9本；德文著作7种；荷兰文著作5本；日文著作2本；暹罗文著作1本，不含满文著作，参见 Alexander Wylie，*Memorials of Protestant Missionaries to the Chinese：giving a list of their publications，and obituary notices of the deceased*（Shanghai：American Presbyterian Mission Press，1867），pp. 54－66。

[62] Charles Gutzlaff，*Journal of Three Voyages along the Coast of China in 1831，1832 & 1833，with Notices of Siam，Corea，and the Loo-Choo Islands*（London：Frederick Westley and A. H. Davis，1834），p. 255.

[63] Frances Wood，*No Dogs and not many Chinese：Treaty Port Life in China 1843－1943*（London：John Murray，1998），p. 64. 三位传教士此举引发“青浦教案”。

[64] 关于麦都思《三字经》的研究及该文本与《问答浅注耶稣教法》《幼学浅解问答》的比较，参见司佳：《麦都思〈三字经〉与新教早期在华及南洋地区的活动》，载《学术研究》2010年第12期，第112－119页。

于中国政府不容许公开讲道传播福音，因此，传播基督相关知识的最好办法就是刊印宗教书籍和手册。如此看来，新教传教士到中国后的首要任务，就是刊印和散发书籍；这也是他们以后的工作，直到每个说汉语的人都能用他们自己的语言阅读上帝的伟大作品并认识神的恩典”。[65]

裨治文的目标是要实现让每个说汉语的人都能阅读汉字书写的宣教文献，这个目标的实现已经不仅仅关乎基督教传播，还涉及提高教育水平、提高民众识字率等一系列举措。这大概也是新教传教士区别于前辈天主教传教士之处，新教传教士在发放宣教材料的传统做法之上，利用新形势下的传教环境，开始在中国境内推行学校教育，将提高民众阅读水平与传播基督教这两个目标合二为一。关于新教传教士与中国新式教育机构的设立是另一个有意思的研究课题，已经超出本文所要讨论的范畴。

三、结　论

人们通常认为以利玛窦为代表的耶稣会士，将更多的精力用于掌握中国文字，阅读中国典籍，思考如何争取中国主流阶层、主流文化形态对基督教思想的认同。实际上，入华耶稣会士采取“两条腿走路”的方法，在争取主流阶层支持的同时，并未放松在基层民众中的传教活动，创作适用于基层传教的文献有助于扩大基督教的影响。这些基层宣教文献除了可供识字民众阅读之用，还可用作基层传道员的指导用书，进而帮助不识字民众迅速高效地明白宣教教义、指导宗教生活。

此类基层宣教文献最初多以编译形式将基督教教理晓谕读者，但随着传教士对于中国社会深入的了解，宣教文献的文字逐步摆脱编译形式，更多体现本土化特色，形式上也日趋多样化。带有新教特征的基层宣教文本 HAB 手稿包括多种日常祝祷经文及赞美诗性质的“工匠人

---

[65] 裨治文日记，1831 年 5 月 10 日，转引自雷孜智（M. C. Lazich）：《千禧年的感召：美国第一位来华新教传教士裨治文传》，尹文涓译，桂林：广西师范大学出版社，2008 年，第 73 页，注释 1。

歌”，形式上近似一份用于宣教实践的指导手册，能够为基层传道员提供很大的发挥空间。实际上，明清间传教士最能够争取的对象是基层民众，在这一点上，新教传教士与天主教传教士观点一致。基层信众的信德朴素，如“工匠人歌”所吟唱的那样，“此生之苦，为耶稣佑，轻轻转耳”，只要相信即可，至于能否彻悟教理、教义，倒是其次的问题。

中西文化场域融合中的利类思《狮子说》

蒋　硕

【内容提要】　康熙朝葡萄牙进贡清廷活狮是彼时中葡双方都很重视的一件大事。由于当时国人对狮子缺乏了解，在京的耶稣会士利类思采集西文书籍编译《狮子说》一文刊印行世。笔者在前人研究基础上为该书找到了新的西文底本，并依托历史语境对《狮子说》中的“狮不忘恩”篇作了解读，探究利类思翻译该篇的隐含意图所在。伴随贡狮活动，朝野文士进行了大量创作，笔者结合场域理论，对清廷诗文与《狮子说》形成的文化场域进行了探讨，认为《狮子说》不同于一般传教作品，表现出了中西教俗杂糅的特点。

【关键词】　《狮子说》　利类思　《狮不忘恩》　文化场域

康熙朝葡萄牙进贡狮子这一事件近年来受到了中外学者的注意和研究，研究者多以历史学者为主，他们注重还原和解释这一历史事实本身，但对贡狮活动所衍生的重要文本，即利类思（Lodovico Buglio，1606－1682）的《狮子说》目前还仅见两篇解读和阐释的论文。利类思的《狮子说》不仅是动物学的著作，而且在文化上也有着丰富的内容。笔者不揣谫陋，将在前人研究的基础上对《狮子说》做进一步的分析。

一、康熙朝贡狮与利类思《狮子说》

清朝初年,由于台湾郑氏政权等原因,中国南方局势未稳,朝廷实行迁海等措施,进行坚壁清野。这一长达二十多年的举措致使澳门葡萄牙人面临生存十分困难的局面。为此,他们谋划向清朝皇帝进贡,以重启通商和物资供应。但是葡萄牙国王阿方索派来的第一个使团以失败告终,使团领导人萨尔达涅哈(Saldanha)病故于江南。葡萄牙人并不灰心,又第二次派使臣本多白垒拉(Bento Pereyra)向康熙帝进贡。[①] 这一次,葡人可谓有备而来。早在第一次来使期间,康熙皇帝接见使团时就曾问道:葡萄牙是否有狮子?葡萄牙国王是否有?言下之意颇想得到一头。后来,在北京朝廷任职的传教士也获悉康熙确实希望得到狮子,他们将这一信息向澳门方面做了汇报。[②] 随后葡萄牙对第二次进贡活动进行了精心的准备,特别是在莫桑比克捕获一公一母两头狮子,母狮运到印度果阿后死去,公狮于康熙十五年(1676)运抵澳门。当时正赶上中国三藩之乱,因此进贡活动直至两年后平定三藩(1678)才得以施行。

另一方面,清廷对此次贡狮活动也极为重视,不仅回赏葡萄牙国王厚礼,[③]而且赋予了贡狮活动政治象征的含义。其时满人立国未久,又值南方三藩之乱,清廷统治的合法性受到威胁。所以,三藩甫一平定,西洋国的献狮进贡就正好可以被朝廷加以利用,以示远国来朝和清廷的大国正统地位。在康熙回赏葡萄牙国王敕书中,视对方贡狮为藩国进贡,并称赞其忠心,显然是利用此次机会伪饰成宗主国与藩国的关系。[④] 另外,狮子并非

---

① John E. Wills 认为本多白垒拉使团并非由葡萄牙国王指派。参见 Wills, John E., *Embassies and illusions: Dutch and Portuguese envoys to K'ang-hsi, 1666 - 1687* (Cambridge: Harvard University, Council on East Asian studies, 1984), pp. 131 - 132。

② 何新华:《康熙十七年葡萄牙献狮研究》,载《清史研究》2014 年第 1 期,第 29 页。

③ 中国第一历史档案馆等编:《明清时期澳门问题档案文献汇编》,第一册,北京:人民出版社,1999 年,第 66 - 67 页。

④ 在《康熙帝为回赏来使缎锭等物事颁给西洋国王阿丰肃敕书》中有“来琛修贡,藩服之常经;隆礼酬忠,朝廷之大典。屡陈丹悃,宜示褒嘉”等句,参见同上。

他物可比,而是所谓的珍禽异兽,百兽之王。献狮活动便明显具有中国传统中的祥瑞气象和王统象征的意义。[⑤] 因此可见,此次贡狮活动对中葡双方来说都是一次重要的政治行为,对葡方来说还有重要的经济目的。

所以,狮子于八月初二刚一到北京,康熙皇帝就携太子和耶稣会士前往观看。初五,又命南书房张英、高士奇和励杜讷各赋“西洋贡狮子歌”进呈御览。[⑥] 一天后,也就是八月初六,康熙又前往太皇太后、皇太后等处,恭进狮子。之后,又在皇宫神武门处招集王公大臣共赏狮子,并以狮子为题举行诗会,[⑦]陈廷敬等人各赋七律一首。[⑧] 其间与耶稣会士南怀仁等亲切交谈,并指令南怀仁和利类思翻译葡萄牙国王书信。[⑨] 此时因距明朝海外贡狮已历时久远,朝野人士几无了解狮子样貌习性者,甚至有人怀疑此为假狮。因此朝野人士多前往耶稣会士处询问端详。[⑩] 意大利人利类思是在京的重要耶稣会士,服务清廷,是南怀仁钦天监的助手。据其自述来问狮子的人士甚多,不能一一作答,因此,编译西方多人名史著述,汇集成章,命名为《狮子说》,同年在北京刊行。

二、《狮子说》底本探源

目前,探讨《狮子说》西文底本的文章主要有三篇。最早谈到《狮子说》底本的是中西交通史专家方豪。他于 20 世纪 60 年代发表在《香港公教报》上的中国天主教史人物列传中,有利类思、安文思一篇,其中谈到《狮子说》是译自 Ulisse Aldrovandi(1522 - 1605)的自然科学百科全书。[⑪] 在他的名著《中西交通史》中,有关于《狮子说》的内容基本上与前

---

⑤ 何新华:《康熙十七年葡萄牙献狮研究》,第 31 页。

⑥ 王澈:《康熙十七年〈南书房记注〉》,载《历史档案》1995 年第 3 期,第 16 页。

⑦ 何新华:《康熙十七年葡萄牙献狮研究》,第 30 页。

⑧ 王澈:《康熙十七年〈南书房记注〉》,第 16 页。

⑨ John E. Wills , *Embassies and illusions*: *Dutch and Portuguese envoys to K'ang-hsi*, *1666 - 1687*, p. 135.

⑩ 黄兴涛,王国荣编:《明清之际西学文本:50 种重要文献汇编》,第四册,北京:中华书局,2013 年,第 1817、1821 页。

⑪ 方豪:《中国天主教史人物传》,中册,第 87 页。

述利类思传记中的内容相同。第二位研究《狮子说》底本的学者为意大利汉学家白佐良(Giuliano Bertuccioli),他于 1976 年发表了《狮子在北京:利类思与 1678 年本笃访华使团》一文。在文中他认为《狮子说》是译自 Aldrovandi 的《胎生四足有趾动物卷三及卵生四足有趾动物卷二》(*De quadrupedis digitatis viviparis libri tres et de quadrupedis digitatis oviparis libri duo*)和大阿尔伯特(Albertus Magnus, 1193 - 1280)的《论动物》(*De Animalibus libri XXVI*)两书。2013 年,邹振环教授发表了《康熙朝贡狮与利类思的〈狮子说〉》。文章认为方豪认定译自 Aldrovandi 百科全书的观点是错误的,《狮子说》的底本应是译自亚里士多德的《动物志》等书。同年,邹振环参加"亚里士多德在中国"会议也提交了该文。

笔者在前人研究的基础上,广泛浏览原本,认为《狮子说》的底本来源除以上诸家所论之外,还应包括其他一些重要的底本。如老普林尼(Gaius Plinius Secundus, 23 - 79)的《博物志》(*Naturalis Historia*)和罗马作家埃里阿努斯(Claudius Aelianus, 175 - 235)的古希腊语著作《论动物本性》(*Κλαυδιου Αιλιανου περι ζωων ιδιοτητος βιβλιον*)。现北堂藏书中书号为 3997 的著作即为埃里阿努斯的《论动物本性》,Coloniae Allobrogum(即今日内瓦)1616 年版。该书上有笔迹"Collegii S. J. Pekini. ——auctore danato versio vero haec permissa. ——Ex dono DatiiVespasiani Alliatae",意思是本书由 Alliata 赠予耶稣会北京住院。Alliata 是西西里贵族,耶稣会士,生前与来华传教士多有联系,曾向中国教会赠书。本书应在利类思编译《狮子说》之前就已到达中国,因此极有可能为利类思所编译的底本之一。

我们看《狮子说》中的"狮子性情"中关于老狮子的一段:"小狮或攫得兽肉,即呼鸣如小犊之音,招叫大狮。壮狮同其父髦狮往取各兽,老弱行走不前,即歇下。壮狮前往,若攫得兽,即叫喊招髦狮。彼慢行到其处,先搂抱其子,复将口餂他身,方同食。"我们用勒布(Loeb)古典丛书的《论动物本性》加以对照,在第九卷关于老年狮子的段落中,有如下的话:"his offspring confident in the vigour of their youth and their natural strength go out to hunt and bring the old one with them by pushing him along. Then, when they have come half the necessary distance, they leave him behind and give themselves to the chase. And when they have obtained enough for themselves and for their sire, with a magnificent and thrilling roar …these young children summon their aged father to the feast. And he comes softly, step by step, and almost crawling, and embraces his children, fawning upon them a little with his tongue as though he applauded their success, and attacks the meal and feasts with his sons."⑫对比这两段,我们可以看到利类思的中文比较准确地翻译了埃里阿努斯原文。尤其是老狮子吃食物前对壮年狮子的亲昵动作,翻译的可谓惟妙惟肖。

再看一段,还是"狮子性情"中的内容:"入穴不直行,且多弯曲,前走复后回,又将尾拂土覆其脚迹,恐人知其小狮之处。"我们对比《论动物本性》第九章第三十节的内容:"The Lion when walking does not move straight forward, nor does he allow his footprints to appear plain and simple, but at one point he moves forward, at another he goes back, then he holds on his course, and then again starts in the opposite direction. Next he goes to and fro, effacing his tracks so as to prevent hunters from following his path and easily discovering the lair where he takes his rest and lives with his cubs."⑬这一段中文翻译较原文虽然在个别地方有些简略,但是语意基本上翻译完足,没有出现明显的漏译。在《狮子说》中还有一些文字译自《论动物本性》,兹不一一抄录。

下面再看《狮子说》中来自老普利尼《博物志》的段落。在狮子形体中利类思说到:"其种有二:一身略短,首项之毛拳捲者,猛健稍次之;一身长,首项之毛细软长者,猛健更强,不惧损伤。"在《博物志》卷八第18节中记载着:Leonum duo genera: conpactile et breve crispioribus iubis——hos pavidiores esse quam longos simplicique villo, eos contemptores vulnerum. (He states that there are two kinds of lions, one thickset and short, with comparatively curly manes——these being more timid than the

---

⑫ Claudius Aelian, *On Animals*, *Loeb classical library* (Cambridge: Harvard University Press, 1971), p.221.

⑬ Ibid., pp.249-251.

long, straight-haired kind; the latter despise wounds.)[14]这一段语意完足,没有漏译任何细节。下面再看"狮子性情"中的一段:"百兽中量最宽大,易饶恕,蹲伏其前即不伤。遇男女及小孩,先咬男后咬女,非甚饥不害小孩。"在《博物志》第八卷第19节中有如下记载: Leoni tantum ex feris clementia in supplices; prostratis parcit, et, ubi saevit, in viros potius quam in feminas fremit, in infants non nisi magna fame. (The lion alone of wild animals shows mercy to suppliants; it spares persons prostrated in front of it, and when raging it turns its fury on men rather than women, and only attacks children when extremely hungry.)[15]普利尼的原文除了"狮子发怒时"被利类思改成"遇男女及小孩"外,其余词句都能相互吻合,而两者不同的这一点从全句来看也不影响对原文的意思理解,因为老普林尼本句原意在说明狮子是一种宽宏大量的动物。两书中还有一些其他相互一致的地方,本文也不赘述了。通过对照《博物志》和《论动物本性》可以知道,利类思在编译《狮子说》时极有可能参考了这两本书,尤其是《狮子说》中的"狮不忘恩"一节就有可能译自埃里阿努斯的《论动物本性》,下文将对此问题另加讨论。

学界一般认为《狮子说》的底本为 Aldrovandi 的 *De quadrupedis digitatis viviparis libri tres et de quadrupedis digitatis oviparis libri duo*。Aldrovandi(1522－1605)是意大利文艺复兴时期的自然学家、博物学家,出版了多卷本系统的自然史著作。[16]

《狮子说》的"借狮箴儆"一节就译自该书的 Proverbia。利类思在这一篇众多的格言警句中挑选了九条,加以翻译。其中第七条为"曰由一趾,推知狮子。意指人作小事美,则知其大事优。如见几句文,便知全文之佳。此谚由斐地亚名士见狮一趾,则知全身若干"。此段文字的拉丁文原文是:"Leonem ex unguibus astimamre, quando ex simplici aspectu,

---

⑭ Pliny (the Elder.), *Natural History*, *Loeb classical library* (Cambridge: Harvard University Press, 2004), pp. 35－37.

⑮ Ibid., p. 37.

⑯《不列颠百科全书》网络版: http://academic.eb.com/levels/collegiate/article/5544,访问日期2016年10月20日。

alicuius mores cognoscere arbitramur; tractum videtur hoc adagium ex Phidia statuario, qui, Luciano teste, inspectis tantummodo leonis unguibus leonem totum ex iudicio unguium essinxit."[17]原文中提到的琉善(Lucian 125－180)被译者省略了,但却音译出了斐地亚名士。对照原文得知斐地亚名士即古希腊大雕塑家、建筑家 Phidias,他被认为是古典希腊艺术的代表人物,其形象被符号化为能工巧匠的代名词。这个典故出自琉善的对话作品 *Hermotimus*, *or*, *The Rival Philosophies*。[18] 所以利类思的译文可以说通过翻译 Aldrovandi 的著作,间接用汉语介绍了琉善的作品。在琉善原书中,Hermotimus 举出 Phidias 的例子,用以阐明一些道理可以举一反三,以小见大,而不必事事躬亲,费心劳力。但是紧接着另一对话哲人 Lycinus 便大举反击,明言未见整体,何以知晓整体之局部。大意略似盲人摸象,只能摸出柱子,扇子而已,永远不会明白大象为何物。琉善这里讨论的是整体与局部的关系问题,而 Aldrovandi 在著作中断章取义,只抄了前段,从而衍生出智者可以一斑窥豹,一叶知秋。利类思写作本文时也照单全收,他所谓摘录古贤警句,其实已远非琉善的原意了。

三、《狮不忘恩》篇意图读解

在《狮子说》中,利类思翻译了两个著名的故事,一则为伊索寓言中的《狮子、驴子和狐狸》。这是这则寓言首次译为中文。在之前利玛窦所述的伊索故事和金尼阁所译的伊索故事集《况义》中均无此篇。另一则故事为《安多罗克鲁斯与狮子》。利类思将这个故事单独列出,并命名为"狮不忘恩",而只将伊索故事放在与狮子有关的一组箴言警句中。

---

[17] 本段原文摘自 Aldrovandi, *De quadrupedis digitatis viviparis libri tres et de quadrupedis digitatis oviparis libri duo*,扫描本,1637 年,Bonon 版。文本见 http://amshistorica.unibo.it/210,访问日期 2016 年 10 月 23 日。

[18] Lucian VI, *Loeb Classical Library* (Cambridge: Harvard University Press, 1999), pp. 361－365. 琉善的原文是:"They say that some sculptor (Phidias, I think) saw only the claw of a lion and from it estimated the size of the whole animal on the assumption that it was modeled on the same scale as the claw."

说明利类思格外看重《狮子与安多罗克鲁斯》这故事。此故事大意是说:一个罗马奴隶不堪忍受虐待,逃往非洲,误躲入狮子洞中。狮子回巢不但未吃安多,反而请求他拔掉爪上钢刺。安多拔刺后与狮子相待如友,共住同食。三年后,安多出洞,遂被逮捕送回罗马,查明身份后,定为死罪,放入罗马斗兽场中喂狮子。但是碰巧的是,安多救过的狮子也被捕获,送到斗兽场中,一见安多如老友重逢,为其护驾,其他犯人皆毙命于狮口。观众大惊,问明缘由后将狮子与安多一同释放。

这则故事在西方甚为有名,直到20世纪英国作家萧伯纳还用这一故事原型创作了剧本《安多罗克勒斯与狮子》(*Androcles and the Lion*)。美国作家詹姆斯·多尔蒂(James Daugherty, 1889–1974)则创作了他的《安迪和狮子》(*Andy and the Lion*)。之后的电视片和电影对这个故事也多有改编。根据现有材料,一般认为这则故事最早出于2世纪著名罗马作家Aulus Gellius的*Attic Nights*一书。在该书第五卷中,作者写明此故事是得自希腊化埃及人Apion的《埃及奇迹》(*Aegyptiacorum*),而这本书现已亡佚。所以Aulus Gellius的*Attic Nights*就是现存此故事的最早记载。稍后,罗马作家Claudius Aelianus(175–235)的古希腊语著作《论动物本性》问世。在这本书中同样有一则安多与狮子的故事。在中世纪,这则本非伊索创作的故事被编入了《伊索寓言》中。例如在1912年出版的英文新译本中我们就可以看到一篇《奴隶与狮子》(*The Slave and The Lion*)的寓言。[19] 13世纪末到14世纪初汇编的无名氏罗马故事集*Gesta Romanorum*中出现了这个故事的骑士传奇变体。

另一方面,约公元160–180年写成的伪经《保罗行传》(*Acts of Paul*)中,就出现了一个类似的故事。使徒保罗在以弗所传教时被当作异端投入了狮子坑,保罗认出面前的狮子曾由自己洗礼过,他与狮子简短对话后,纷纷逃离了以弗所。[20] 在中世纪,安多罗克勒斯与狮子的故

---

⑲ *Aesop's Fables* (London: William Heinemann, 1912), pp. 31–32。在目前通行的《伊索寓言》汉译本中都不见这个故事。如人民文学出版社出版的罗念生、王焕文等翻译的《伊索寓言》。

⑳ BJL Peerbolte, M Labahn, *Wonders Never Cease: The Purpose of Narrating Miracle Stories in the New Testament and Its Religious Environment* (London: Bloomsbury T & T Clark, 2006), p. 188.

事被天主教所吸纳,成为演绎天主教道德伦理的工具。如在 Jacobus de Voragine (1230 - 1298)所写的中世纪名著《圣传金书》(*Golden Legend*)中罗马奴隶与狮子的故事摇身一变而成为了天主教圣人哲罗姆(Saint Jerome, 340 - 420)与狮子的故事。[21] 哲罗姆是天主教早期的重要教父,他将圣经从希伯来文和希腊文译成拉丁文,其译本后来成为了罗马天主教圣经》标准本,即武加大译本(*Vulgate*)。历史上出现过很多关于哲罗

《书斋圣人》(St. Jerome in the Studio),意大利画家 Niccolo Colantonio 绘于 1445 年[22]

---

[21] 本文对安多罗克勒斯与狮子故事的渊源梳理,参考了维基百科,https://en. wikipedia. org/wiki/Androcles。

尼德兰画家 Rogier van der Weyden(1400－1464)绘制于 1450 年

意大利画家 Liberale da Verona (1441－1526)绘制

木板油画(局部),藏于卢浮宫

意大利雕塑家 Bartolomeo Bellano (1437 - 1496)作品，帕多瓦流派，藏于卢浮宫[22]

中世纪木版画

姆的传说轶闻，圣哲罗姆与狮子这一题材在中世纪及文艺复兴时期的多种艺术门类中屡见不鲜，成为了妇孺皆知的故事。

圣哲罗姆救狮一事在世俗眼里本系小说家言，虚无缥缈，但当时间来到文艺复兴晚期的意大利，也就是利类思的时代，这则故事又将在真实的历史中发挥作用。此时罗马统治者是教皇亚历山大七世(Alexander vii，1599 - 1667)。历史上，亚历山大七世一生文治武功，爱民如子。在黑死病这样的大灾难面前，他召开会议、建立医院、处理尸体，不顾传染危险，屡次亲赴第一线，为处于生死存亡中的罗马市民祈祷消灾，深受人民爱戴。灾难之后，又在罗马的重建上发挥了决定性的作用。亚历山大七世本人热爱艺术，而天主教向来注重艺术震撼人心的作用。为了纪念教皇的丰功伟绩，罗马贵族 Domenico Jacobacci 以罗马市民和议院的名义督造徽章，御用艺术家 Bernini 负责设计制作。[23] 在印刷出来的教皇功绩纪念文件上往往要将这一徽章正反两面的图案印在文件顶端，以示权

---

[22] 本照片来源于卢浮宫网站：https://www.louvre.fr/en/oeuvre-notices/saint-jerome-and-lion。

[23] Shelley Perlove, "Bernini's Androclus and the Lion: A Papal Emblem of Alexandrine Rome," in *Zeitschrift für Kunstgeschichte*, 45. Bd., H. 3 (1982), p. 289.

威之意。在为亚历山大七世制造的众多徽章中，Bernini 设计了一枚十分著名的图章，在很多教皇文件上反复印刷使用。这枚图章正面是教皇本尊的侧面浮雕半身像，而它的反面却是安多罗克鲁斯与狮子在罗马斗兽场中相逢的画面。根据研究，Domenico Jacobacci 正是在借用这个家喻户晓的故事来表达自己，以及自己所代表的全体罗马市民对教皇恩德的感激之情。此时，图章中的安多罗克鲁斯就代表教皇，而匍匐在地的狮子则代表他本人和罗马市民。㉔

徽章正面

徽章背面

来自西西里的贵族传教士利类思，虽然 1639 年就已到达澳门，但是此后他与欧洲的联系并未间断，利类思极有可能知道徽章的存在。在写作《狮子说》时，面对欧洲众多与狮子有关的故事，他选择了这一故事单独列出，大书特书除了上面说过的哲罗姆故事的天主教传统和教皇亚历山大七世徽章对他可能的启发以外，还可以从利类思本人的生命轨迹及天主教在华传播的历史背景中看出端倪。利类思到四川开教不久张献忠即来到蜀地，建立了大西政权，让利类思、安文思执掌“钦天监”，封二

㉔ Ibid. , p. 292.

人物为“天学国师”。[25] 两年过后，清廷便消灭了张献忠，虏获二人至北京，以二人曾任伪职高官之故，发拨为奴，直至七年后的 1655 年才获得自由。[26] 但一波才平，一波又起。1664 年，杨光先教案爆发，利类思等传教士不仅成为阶下囚，日日提审，苦不堪言，而且天主教在华传播也面临着倾覆的局面。随着康熙帝亲政和他对传教士友好、信任的态度与政策，在华传教士才转危为安。尤其是 1675 年，即葡萄牙使团第一次访华的前一年和利类思作《狮子说》的前三年，康熙帝更是携带王公大臣参观利类思等的住院——北京南堂，并于利类思的居所内提笔写下“敬天”二字，以示支持和宠信之意。此二字随后制成匾额，分发全国各教堂，成为了天主教在华传教的挡箭牌和护身符。[27]

因此，利类思等对康熙的感激之情应是不言而喻的。在康熙题字三年后，葡萄牙进贡狮子。利类思在《狮子说》中重点翻译了安多罗克鲁斯与狮子的故事，并冠以“狮不忘恩”的标题。其意思十分明显，利类思是在以隐喻的方式表达自己不会忘记康熙皇帝和清廷的大恩，表明将为康熙帝和朝廷服务效劳的意愿。此时，曾在罗马亚历山大七世徽章中代表教皇的安多罗克鲁斯在这里就变成了康熙皇帝的象征，而那头代表着 Domenico Jacobacci 和罗马市民的狮子此刻就成为了利类思和全体在华传教士及教民的象征。

关于利类思“狮不忘恩”篇的翻译底本，笔者认为最有可能是罗马作家 Claudius Aelianus 的《论动物本性》。根据现有材料来看，在现存最早出处罗马作家 Aulus Gellius 的 *Attic Nights* 中，该故事采用倒叙手法讲述，并且篇幅较长，叙述细节过于繁琐，如安多罗克鲁斯拔掉钢刺后如何给狮子挤脓水，如何给狮子擦污血等，[28]不胜枚举，不像是中文本的来

[25] 汤开建：《沉与浮：明清鼎革变局中的欧洲传教士利类思与安文思》（上），载《北京行政学院学报》2014 年第 4 期，第 120 – 124 页。

[26] 汤开建：《沉与浮：明清鼎革变局中的欧洲传教士利类思与安文思》（下），载《北京行政学院学报》2014 年第 5 期，第 112 – 114 页。

[27] 同上，第 121 – 125 页。

[28] Aulus Gellius, *Attic Nights*, *Loeb Classical Library* (Cambridge: Harvard University Press, 2002), pp. 421 – 427.

源。老普林尼的《博物志》中没有该故事出现,近似的故事情节差异较大。而在《伊索寓言》中主人公则变成了牧羊人或奴隶与狮子。在无名氏的《罗马故事集》(*Gesta Romanorum*)中,主人公化身为在林中打猎的骑士。《圣传金书》中的哲罗姆与狮子的故事又与原文情节有了较大的变化。在 Aldrovandi 的动物学百科全书中,这个故事只是被一两句话带过。因此,与"狮不忘恩"篇最为接近的就是《论动物本性》中的《安多罗克鲁斯与狮子》,也最有可能是利类思中译的底本。

四、《狮子说》与清廷诗文的对话场域

《狮子说》系由意大利耶稣会士利类思译自西方典籍,他编译的缘起,用他自己的话说,就是"客多有问其(狮子)相貌性情何如,岂能尽答,故略述其概"。因此,利类思的编译有着明确的预设读者,这些预设的受众就是清廷的王公大臣,甚至是康熙皇帝本人。[29] 另一方面,因为贡狮活动是一场对澳门葡人极为重要的经济、政治公关,澳门也是对在华传教士经济资助的最重要来源地,而与利类思相随后半生的耶稣会士安文思就是葡萄牙人,葡萄牙两次使团来朝和对来华荷兰使团的诋毁都有这些在京耶稣会士的参与,利类思必然会尽力周全葡萄牙利益。再者,据资料显示,身为传教士的利类思始终致力于传教事业,身体力行,不顾辛劳险阻,也取得了出色的传教业绩。[30] 在他译著的众多文献中,绝大多数为天主教传教作品。因此,**清廷受众**、**葡萄牙利益**和**天主教**这三个方面就基本形塑了利类思编译《狮子说》的选材原则和编译模式。那就是游走于中西文化之间,在世俗与宗教之间徘徊。

场域理论的观点认为,作者或译者携带着自身的文化习性,这一文化习性所凝结的符号资本会在外部空间,即场域中进行博弈,争夺合法

---

[29] 康熙皇帝读过《狮子说》,并因《狮子说》中陈述狮子富含药用价值的缘故在狮子死后想将其部分躯体切下入药,还曾因此事询问过南怀仁。此说参见何新华:《康熙十七年葡萄牙献狮研究》,第 31 页。

[30] 关于利类思的传教事业,参见汤开建:《沉与浮:明清鼎革变局中的欧洲传教士利类思与安文思》(上下)。

定义权。当他创作或译入作品时,将会不可避免地被所在主流文化场域形成的文化权力所构造。译者也会在一定程度上依据自身的书写需求选择迎合或背离主流场域。这时,个体文化场域就与他者场域融合或是相互争夺文化资源与文化权力。[31]

在这次贡狮活动中,清廷方面上至皇帝本人,下至文人学士几乎没有熟悉甚至是认识狮子的人。他们都仰赖在宫廷服务的西方传教士的介绍和释疑,因此利类思等人在《狮子说》的写作和流传中就拥有了一种天然的文化资本(象征资本),具有在一定范围内展示其文化惯性的可能。另一方面,澳门葡人本次贡狮带有朝贡的性质,他们有求于清廷。而中国天主教在当时也刚刚从杨光先教案中恢复不久,其活动空间和声望还十分有限。在《狮子说》的写作对象为皇帝本人和士大夫阶层的情况下,利类思的编译、写作不得不慎之又慎,否则写作将不会被主流文化权威所认可,进而将影响其经济、政治和宗教大计。因此,《狮子说》尽量采取了中性的或宗教性表现不强烈的叙述内容。在天主教文化中著名的圣哲罗姆与狮子的故事被弃而不用,代之以异教埃里阿努斯《论动物本性》中的"安多罗克鲁斯与狮子"。

开篇的序言是全书最具有天主教气息的篇章。如其中说道,"诸如此类无知蠢物,非造物主具有全知默赋,岂能然哉?! 今述狮之相貌、形体,及其性情力能,不徒以供观玩、畅愉心情而已,要知天地间有造物大主,化育万物,主宰安排,使物物各得其所。吾人当时时赞美,感颂于无穷矣。"这段话说动物世界亦甚精妙,而此种精妙皆赖造物主/上帝所赐。人类众生应通过世间事物感知上帝的全能,赞美感激上帝。但是在同一篇序中,利类思又说"盖受造之物,不第为人适用、养肉躯,且又授学养灵性,引导吾人深感物原,勿负生世之意。即特仰观飞禽、俯视走兽无灵觉类,愈训我敦仁处义积德之务,如于君尽忠,于父尽孝,于兄尽弟,夫妇尽

[31] 赵一凡,张中载,李德恩主编:《西方文论关键词》,北京:外语教学与研究出版社,2006年,第581-590页。另参赵一凡:《象征权力》,载《外国文学》2010年第1期,第102-111页。场域理论由法国思想家布迪厄提出,关于场域理论在翻译学上的推广可见邵璐:《翻译社会学的迷思——布迪厄场域理论释解》,载《暨南学报(哲学社会科学版)》2011年第3期,第124-130页。

爱,朋友尽信……一鸦被击,众鸦齐集护噪,此有朋友之义。蝼蚁夏运收、冬积贮,示人勤劳预图之智;又死蚁必带入穴藏埋,示安葬暴露之仁……”利类思运用了中国儒家的三纲五常学说来解释动物世界的道德伦理,形成了异质同构的表述。在这里中西文化的场域融合了,天主教的宗教气氛在文章中消弱了,西方传教士的写作实践被汉语场域的文化权力规训了。

另一方面,利类思的《狮子说》也流露出他自身文化惯性对场域中文化资源和文化权力的争夺。在开篇序言中他试图将狮子以至世间万物纳入天主教上帝造物、统辖世界的系统中去。他认为世间万物虽然符合儒家三纲五常的道德伦理,但是溯本求原,却要知晓这一切无非上帝大能,我辈凡夫只应时刻赞美、感激。在这里利类思在认同儒家核心伦理道德的同时仍然要将天主教置于儒家之上。在文章最后的“解惑”一节中,利类思也力驳中国此前已有狮子的观点,而认为活狮来到中国是自欧罗巴人来华才开始的,并自称曾“三次目击,在大西洋西际理亚、意大理亚、依西把尼亚三国之王内囿狮子为据,唯稽考古来格物穷理之士,探究诸兽情理,及遗图像,纪录于册,现存在兹,为一一合证”。利类思在大西洋三国即他的家乡西西里、意大利和西班牙曾三次亲眼看过狮子,意在说明欧洲狮子之多,不为稀奇。而欧洲古来名士学者对狮子早有研究,并绘图在册,是表明他有实物为证,所论绝非虚言。这里可以看出利类思在狮子这一文化资源/权力的争夺上毫不客气,他或隐或显地试图完成自身在文化场域等级次序中由从属地位到统治地位的转变。《狮子说》的文本内外部充满张力,利类思在巧妙的文本建构过程中,完成了西方超胜东方,宗教超胜世俗的隐喻结构。[32]

---

[32] 邹振环教授认为利类思试图通过《狮子说》传播西方基督教动物知识,打破佛教文化中与狮子的联系,开创中国的基督教狮子文化新传统。并说利类思想要证明狮子在亚洲不存在,而只有非洲才有,以切断狮子与佛教联系的基础,树立欧洲独具狮子文化的形象。参见邹振环:《康熙朝贡狮与利类思的〈狮子说〉》。笔者认为利类思知道亚洲有狮子。在利类思编译《狮子说》的底本 Aelianus 的《论动物本性》中就有印度狮子一节。在 Aldrovandi 的《四足动物》中也有狮子分布(Locus)一节。其中列举了包括印度在内全世界狮子的分布情况,甚至包括美洲新大陆的狮子。其次,利类思即使想垄断狮(转下页)

贡狮活动作为清廷当时的一件大事，朝野的文臣士子多有文字记载，如纪昀就曾写到“康熙十四年，西洋贡狮，馆阁前辈多有赋咏……”[33]贡狮活动所产生的诗文大体可以分为两类，第一类是清廷官宦的应制诗文和类似作品，如尤侗《西洋贡狮子赋》，徐嘉炎《大西洋国贡黄狮子赋》，毛际可《狮子赋并序》，侯七乘《狮子赋》，乔莱《狮子赋》，陈梦雷《西洋贡狮子赋》，江闿《狮子赋》，方象瑛《西域贡狮子赋》，王嗣槐《狮子赋》，王士祯《大西洋贡狮子歌应制》，施闰章《狮子诗拟应制二十四韵》，毛奇龄《诏观西洋国所进狮子因获遍阅虎圈诸兽敬制长句纪事和高阳相公》，张英《西洋贡狮子歌》[34]《王化气已驯》《八月六日于神武门观西洋进贡狮子恭纪》，[35]高士奇《西洋贡狮子歌》《神武门赐观西洋进贡狮子恭纪》，[36]励杜讷《西洋贡狮子歌》，[37]陈廷敬《上御神武门观西洋进贡狮子》，[38]田雯《贡狮子应制》[39]等。其他还有宋祖昱《西洋狮子歌》，王鸿绪《西洋国进狮子恭纪诗》，李澄中《狮子来歌》，以及蒋苕生在陈约堂对宫廷画师阿尔稗《西洋贡狮图》上的题诗和贡狮运往北京时温州知府

(接上页)子文化，但博学的清廷文人显然根本不买账。在应制诗文中体现出了他们对典籍记载古代贡狮的情况十分熟悉，如施闰章《狮子诗拟应制二十四韵》说“问产从乌弋，盘山过白狼”，乌弋和白狼都是古代文献中出现狮子的地方。再如王士祯《大西洋贡狮子歌应制》中云“远隔流沙生月氏，康居踈勒曾一献”，月氏即月支。月支、康居和踈勒在古代都献过狮子。参见任浩：《中国古代贡狮研究》，西北农林科技大学硕士论文，2016 年。

[33] 纪昀：《阅微草堂笔记》，上海：上海古籍出版社，1984 年，第 221 页。纪昀谓康熙十四年，应系笔误。据学者研究清朝仅有康熙十七年这一次贡狮记载。另见杜臻《粤闽巡视纪略》记载，《康熙二十一年贡一狮子，求通商以济远旅》。不知是否亦系笔误。参见汤开建：《杜臻〈粤闽巡视纪略〉中的澳门史料》，载《暨南学报(哲学社会科学)》1997 年 7 月，第 18 卷第 3 期，第 95－96 页。

[34] 侯立兵：《海外贡狮与明清应制诗赋》，载《学术研究》2016 年第 7 期，第 170 页。

[35] 张英：《西洋贡狮子歌》《王化气已驯》《八月六日于神武门观西洋进贡狮子恭纪》，参见张英：《文端集》卷三，文渊阁四库全书。

[36] 两诗见于高士奇的《高士奇集》随辇集卷三，清康熙刻本。

[37] 王澈：《康熙十七年〈南书房记注〉》，第 16 页。

[38] 陈廷敬：《午亭文编》卷十二，清文渊阁四库全书本。

[39] 田雯：《古欢堂集》卷十，文渊阁四库全书。另据上海工美拍卖有限公司 2014 年 6 月 28 日春季艺术品拍卖会“古今墨林”专场拍品濆仙画《西洋贡狮图》手卷上附有雍正八年朱岷抄录的清初诗人田雯应制诗。

刘德新的诗作等都可以看作是这一类作品。第二类是小说家言,作者中亦不乏朝廷大员,如纪昀的《阅微草堂笔记》,其他如《聊斋志异》卷五“狮子”,袁枚《子不语》中的“狮子击蛇”篇和嘉道年间刊刻的《熙朝新语》等。[40] 可见参与贡狮诗文创作的不乏著名文学家和学者。另外清廷画师亦有多人创作狮子图,图上并附有诗文[41](见下图)。若将《狮子说》

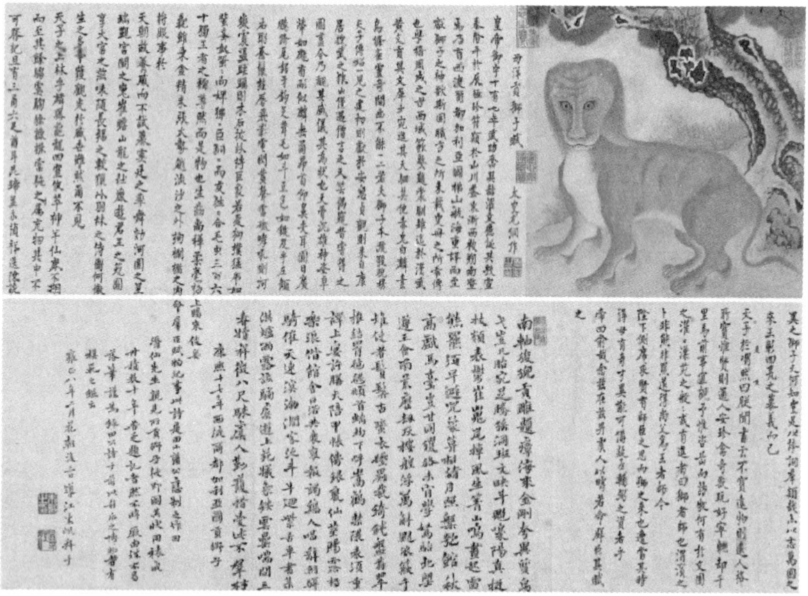

上海工美拍卖有限公司 2014 年 6 月 28 日春季艺术品拍卖会“古今墨林”专场拍品潃仙画《西洋贡狮图》手卷,上有尤侗《西洋贡狮子赋》和雍正八年朱岷抄录的清初诗人田雯应制诗

---

[40] 参见何新华:《康熙十七年葡萄牙献狮研究》。何新华认为《聊斋志异》卷五《狮子》所记载很有可能就是对本次贡狮活动的写真。

[41] 本次贡狮活动所作的狮子图,现已知至少有三幅。在清廷担任画师的利类思就亲自绘有《狮子图》一幅,见于《狮子说》一书印本内。参见钟鸣旦、杜鼎克、蒙曦主编:《法国国家图书馆明清天主教文献》卷四,台北:利氏学社,2009 年。第二幅为嘉德四季 2012 年 9 月第 31 期拍卖会中国书画(八)所拍《贡狮图》立轴,题识:臣阿尔稗恭画。此画有摹本多幅。第三幅为上海工美拍卖有限公司 2014 年 6 月 28 日春季艺术品拍卖会“古今墨林”专场拍品潃仙画《西洋贡狮图》手卷。另有台北故宫博物院藏清康熙朝张九德《狻猊图》,从时间上推断疑为葡萄牙贡狮时所画。参见任浩:《中国古代贡狮研究》,第 38 页。

与当时或稍后中国文人的汉语诗文对照，也可以看到中西创作场域话语权的争夺和《狮子说》文本的自我拆解。

文臣诗文大抵履行歌功颂德的职能，谓帝国无远不化，万国来朝。突出狮子作为百兽之王所象征的帝统秩序，建构起了天朝大国的太平祥瑞气象。但是细读这些馆阁文臣的应制诗文，却使人并未感到过分的迂腐，而是在文本中充分调动了中国五千年来的历史，上追先秦汉唐，地域远跨西域、中东。而今狮子更远来自大西洋国，其较汉唐实有过之而无不及，给人以很大的想象空间。如宋祖昱的《西洋狮子歌》中就写道，"锯牙钩爪见分明，曾向乌丸识旧名。小苑银墙高置砦，上林金锁怒攀楹。从来此物称难得，万里追风犹咫尺。条支海上夜观兵，榆叶关头晓驰驿。重译朝时不计程，月支使者忆随行……绝域宁须献白狼，新声无复歌天马。"[42]其中乌丸、条支、月支等皆系古国名，汉唐时与中国交通；重译、白狼、天马等都是古代外邦对中国朝贡通使的典故。比较唐初虞世南《狮子赋》，中唐牛上士《狮子赋有序》和明代贡狮诗文，清廷贡狮诗文气象远为宏大，建构出了清初上升期国力强盛，朝气蓬勃的形象。

对照利类思的《狮子说》正文，开篇就道"康熙十七年八月初二日，遐邦进活狮来京……"指明其进贡之意。篇末又云"活狮子之进，自今日始明矣。"天主教神职人员是不能向世俗权力表现出过度崇拜和阿谀奉承的，汤若望就曾因为这一点而备受指摘。但是我们通过其"进贡"之说和前述《狮不忘恩》篇的分析也可隐约看出利类思歌颂和感激康熙的成分。不过，利类思的最终指归还是要追求上帝和来世，现世的繁华终为虚幻。另一方面，中国文人关于贡狮的小说家言则充满了夸张、惊奇的叙述特征。几乎全部表现的是狮子作为猛兽的威势猛力，和珍禽异兽的传奇轶闻，只将狮子作为一种珍稀动物看待，而未赋予任何象征意义。相反在《狮子说》中，利类思虽然与小说家言一样用了类似的夸张、惊奇的描写手法，但是全文三个最具小说家特征的关于狮子的故事却都富含道德意义，都具有动物之外的象征作用。除已分析过的"狮不忘恩"外，在"狮子性情"一节中的狮子与士兵的故事意在说明狮子在"百

---

[42] 徐世昌编：《晚清簃诗汇》卷三十九，北京：中华书局，1990 年。

兽中量最宽大,易饶恕,蹲伏其前者即不伤”。在序言中又说“狮子不杀蹲伏者,即宽恕归顺之诚”。这样书写的用意一方面在于表达澳门和葡萄牙的归顺进贡,另一方面仍然在于要人知晓造物主的主宰安排,使人赞美感颂。这种试图插入天主教教理的书写与清廷诗文的赞美天朝和传奇轶闻相较均不相同甚至针锋相对,再次喻示上帝造物的美妙。但是,同时我们也看到在“借狮箴儆”一节,《狮子、驴子与狐狸》这则《伊索寓言》故事中则说到“意指劣弱者不可与强梁者相交”。在这里狮子一反“常态”,毫无道德可言,动物们遵从的只是丛林法则,这样就对利类思自己努力构筑的天主教道德系统又有所突破和消解,构成了文本内部对立的张力状态。

通过对比我们看到,虽然在清廷诗文中可以找到很多来自西方的新知识,大大扩充了以往贡狮诗文传统的时间和空间,[43]但是这些诗文无论是应制而作仰或小说家言无一不处在自身的叙述传统中,他们天然地构建起了天朝上国的神话形象,建立了中华与西夷的两级秩序。而在当时,利类思这样的欧洲传教士视野则远在清廷精英之上,他们的视域早已扩展到世界五大洲。[44] 他们对中国的了解远远超过中国对西方的了解,此时的中西文化交流实际上是很不对称的,传教士们出入市井和皇

---

[43] 例如李澄中《狮子来歌》就有“利未亚洲在何方?”的句子。利未亚洲即非洲,狮子的来源地。毛奇龄的《诏观西洋国所进狮子因获遍阅虎圈诸兽敬制长句纪事和高阳相公》诗中有“于中有国名古里,曾渡澜沧作海市”之句。何新华《康熙十七年葡萄牙献狮研究》引咸同年间吴振棫《养吉斋丛录》中记载“西洋古里国贡狮子。”称贡狮一两百年后清人对进贡活动已经“不辨国家”。但是我们看到毛奇龄在贡狮当时的应制诗中即称“古里”。古里在明清文献里常指印度西南沿海古国,贡狮又曾在印度果阿中转,侯立兵认为毛奇龄误将中转地果阿错认为是古里(参见侯立兵《海外贡狮与明清应制诗赋》)。此论可备一说。

[44] 利玛窦的《坤舆万国全图》在明万历三十年(1602)即已出版,上面就有对世界五大洲的描述。南怀仁1674年创制的《坤舆全图》更是添加了西方对澳洲甚至是南极洲的最新知识。参见邹振环:《殊方异兽与中西对话——〈坤舆万国全图〉中的海陆动物》,载《海洋史研究》(第七辑),2015年3月,第292-333页。邹振环:《南怀仁〈坤舆全图〉及其绘制的美洲和大洋洲动物图文》,载《国家航海》(第十五辑),2016年5月,第143-163页。

宫,用中西语言著述,对中国的真实情况逐渐有了准确的评估。[45] 利类思的《狮子说》在很大程度上整合了中西文化场域。在文本内外场域的文化和符号权力的复杂争夺中,作为天主教传教士的书写,《狮子说》在努力建构天主教神学及伦理道德的同时,又有意或无意地植入了诸多中西异教资源,不断打破看似已建构起来的宗教道德系统。利类思的《狮子说》始终徘徊于宗教与世俗之间,西方与东方之间,形成了文本复杂的复调结构。这种形态的传教士西学汉籍不同于其他阶段的汉文传教作品,是清初在华天主教恢复初期的产物,它为其后其他传教士西学汉籍开辟了道路。

㊺ 欧阳哲生:《盛世下的忧患——中西关系视角下的康雍乾盛世》,载《北京大学学报(哲学社会科学版)》2014 年 9 月,第 54 卷第 5 期,第 104 - 108 页。

圣母的求情与代祷

——以清代《圣教圣像全图》万民四末圣母像为中心[*]

张蓓蓓

【内容提要】 本文以耶稣会《圣教圣像全图》中万民四末圣母像为研究中心，拟从图像、耶稣会文本等资料出发，在万民四末的语境下，分析图像内容、层次以及隐含的圣母论理论，揭示图像背后的象征意义、宗教内涵和其中体现出的圣母崇拜，以期将宗教艺术的研究从表象之外引向宗教内核，构建对圣母像以及宗教艺术深层次的完整理解。

【关键词】 清代　耶稣会　圣母像

基督教万民四末（Four Last Things）指死亡、审判、天堂、地狱，即人死之后，在末日经天主审判，善者升入天堂享永福，恶者坠入地狱受永苦。在西方12－13世纪时，万民四末首次以整体形式出现在神学家的著作中。到16－17世纪，天主教与新教的传道者们，都在他们的讲道中普遍采用四末的教理作为基督徒为死亡作准备的灵性福祉。[①]

而在四末语境中，圣母是信徒们极其依赖的对象。这是因为从中世

---

* 本文为泰州学院引进人才科研启动基金项目“圣母论：明清耶稣会圣母像与圣母崇拜”（项目编号：702092）阶段性成果。

① Joseph T. Kelley, *101 Questions and Answers on the Four Last Things* (New York/Mahwah, N. J: Paulist Press, 2006), p. 7.

纪起，在圣母崇拜的历史中，圣母于天主前的求情代祷在基督教徒心中处于核心的地位。祈求玛利亚援助的崇拜活动激增，如朝圣、敬奉圣母像、游行、赞颂祷文、组建修会以及诵念玫瑰经文等。借助于这些活动，人们在平时祈求圣母显灵，在四末到来时祈求她的代祷。[②] 正是由于信仰圣母代祷，西方表现万民四末的艺术品中总也少不了圣母的形像。如著名的米开朗基罗《末日审判》（作于1536－1541年间，现藏梵蒂冈博物馆），在表现天堂的场景中，圣母就出现在基督的右侧为万民求情。而清代《圣教圣像全图》万民四末的版画里，也出现了类似的圣母形像。

本文拟从图像、耶稣会文本等资料出发，在万民四末的语境下，分析图像内容、层次以及隐含的圣母论理论，揭示图像背后的象征意义、宗教内涵和其中体现出的圣母崇拜，以期将宗教艺术的研究从表象之外引向宗教内核，构建对圣母像以及宗教艺术深层次的完整理解。

一、《圣教圣像全图》介绍

《圣教圣像全图》现藏于法国国家图书馆，收在编号为 chinois 6814 的天主教图像合集之中。合集中共有七册书，书目依次是《救世主实行全图》《圣教圣像全图》《玫瑰经图像十五端》《救世主预像全图》《圣母净配圣若瑟传》《诸圣宗徒行实圣像》《教要六端全图》。除《圣母净配圣若瑟传》无图之外，其他均为图文并茂的画册。[③] 此书目前几乎未见学界有所提及。

本文所要讨论的《圣教圣像全图》（以下简称《圣像》）是合集中的第

---

② Bridget Heal, *The Cult of the Virgin Mary in Early Modern Germany: Protestant and Catholic Piety, 1500－1648* (Cambridge: Cambridge University Press, 2007), p. 37.

③ 书籍的基本信息分别是：一、《救世主实行全图》，扉页印“天主降生一千八百六十九年”以及“主教亚弟盎郎准金陵天主堂藏板”；二、《圣教圣像全图》；三、《玫瑰经图像十五端》，扉页印“慈母堂藏板”；四、《救世主预像全图》，扉页印字与第一册同；五、《圣母净配圣若瑟传》，扉页印“极西耶稣会士马若瑟述，同会戴进贤、白晋、费隐仝订、值会德玛诺准”；六、《诸圣宗徒行实圣像》，扉页印“天主降生一千八百六十九年”以及“主教亚弟盎郎准金陵慈母堂藏板”；七、《教要六端全图》，扉页印字与第一册同。

二册,根据扉页上“IHS”与三颗钉子的图案可以认定其为耶稣会文献。④

《圣像》一书中没有出版年代以及作者的信息,但合集第一册书《救世主实行全图》的扉页印有“天主降生一千八百六十九年”以及“主教亚弟盎郎准金陵天主堂藏板”字样。⑤ 公元1869年为清朝同治六年,金陵即现江苏省南京市。两书的插图起始页,除题词分别是“救世全图”与“圣教圣像全图”外,其他细节完全相同。再者这两册书的整体绘画风格也相当一致。因此,《圣像》应该与《救世主实行全图》属于同一时期同一地区的作品,即同是清代同治年间南京地区的耶稣会出版物。

具体来说,《圣像》一书,是以图文结合的方式宣扬基督教教义的作品,内容包括创世纪、十诫、耶稣生平、受难、复活、万民四末等。形式为左文右图。书中有表现“善终永祉”“炼灵暂苦”“审判万民”“天堂永在”的四幅插图,图中均有头戴冠冕的圣母像。

实际上,《圣像》中的圣母像不在少数,表现的均是常见的基督教故事中的圣母,如圣母领报、耶稣诞生、圣母升天、圣母加冕等等。本文选取那四幅图的原因是:如果仅从绘画的角度来看,万民四末中圣母像属于同一种模式——在表现临终、炼狱、审判、天堂的四个不同场景中,圣母均身披长袍,头戴皇冠,形像简洁、单一。但从宗教艺术的角度来看,圣母出现在四末中,其代祷的角色和作用都是值得深究的,而这,是圣母论以及圣母崇拜的重要内容之一。这一点在耶稣会的版画类出版物,在《诵念珠规程》《天主出像经解》《进呈书像》各书中,均是绝无仅有的。

④ 耶稣会的会徽由拉丁文字母IHS与三颗钉子组成,IHS为合体字,意思是“耶稣,人类的救世主”,三颗钉子象征耶稣蒙难。16世纪以降,这个会徽成为耶稣会在欧洲、非洲、亚洲和美洲所到之处所属教堂、会院、碑刻以及出版物所采用的全球性徽号。顾卫民:《澳门耶稣会“天主之母”教堂(大三巴)正立面艺术图像的再描述》,载《文化杂志》2015年,总第94期,第79页。

⑤ 笔者学识有限,尚未找到“主教亚弟盎郎”的线索,在此特向方家请教。

二、图像之——善终永祉

1. 文图识读

前文已有介绍,此书形式为左文右图。文字部分一律以梅花信笺为底纹,内容包括对联、横批与正文三个部分。本幅对联为:苦功究竟无多日,德报岂云有了期。横批是“善终永祉”。正文内容为:

> 善人临终,恭领圣事;洁净灵魂,告解罪过;终傅复行,五官封锁;恭持苦像,副祭职司;诵经神父,圣油擦肢;妻子儿女,哀求主慈;信友扶助,虔祷同时;天神护卫,邪魔潜行;大圣若瑟,保护形神;最慈圣母,怜视予灵;吾主审判,赏厥德功;升天永锡,享福无穷。

与文字对应,图像描绘的是濒死之人在天主、圣母和圣若瑟的迎接下得以善终的场景。

画面中有两组人物:一组是正在为濒危之人举行临终仪式的神职人员、信友、垂危者的妻儿和守护天使。一组是出现在半空云端的天主、圣母和圣若瑟。

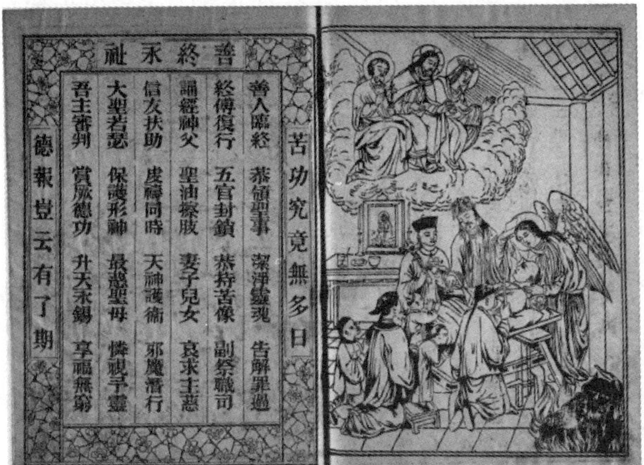

文字中所谓“恭领圣事,洁净灵魂,告解罪过,终傅复行,五官封锁,恭持苦像,副祭职司,诵经神父,圣油擦肢”,均是天主教临终礼仪。罗马教皇于1972年11月公布了为拉丁教会制定的病人傅油通谕,其中礼仪步骤可为参考,具体为:

> 首先,神父先为病人祝平安、洒圣水,说明为病人祈祷和傅油的重大好处。其次,帮助病人办个妥当告解、获得罪赦,同天主和好,心灵平安,获得安慰和鼓励。再次,为病人读经和祈祷,加强他对天主的信心和依靠。最后,为病人傅圣油(祝圣过的橄榄油或其他植物油)。先在病人前额傅油,同时口念下列经文:“藉此神圣的傅油,并赖天主的无限仁慈,愿天主以圣神的恩宠助佑你,阿们”,再在病人左右两手心上傅油,同时口念下列经文:“赦免你的罪,拯救你,并减轻你的病苦。阿们。”⑥

画面上的神父和副祭司,正是在为病人傅圣油。副祭司一手持耶稣苦像,一手持油盒。神父则头戴方冠,身着白衣。这身装束不仅让我们直观地看到清末神职人员的形象,同时这方冠、白衣还有一定的象征意义。耶稣会士南怀仁⑦的《天主教丧礼问答》(康熙二十一年,1682年)中有文:“主礼者,首冠方巾者,即表其方正端严,必先正己,始可正人也。”“主礼者所穿行礼之衣为白者,即表其代人求免炼罪之污垢,必先自己洗心精白也。”⑧神父一手持经书,一手正在往病人的左右手心上傅油。

至于“五官封锁”,高一志⑨《教要解略》中解释,“凡圣教中人,垂死

---

⑥ 李修善:《新编慕道者指南》,石家庄:河北信德社,2013年,第182页。

⑦ 南怀仁(P. Ferdinandus Verbiest),比利时耶稣会士,生于1623年,1657年来华,1676年任耶稣会中国省区会长,1688年卒于北京。参见徐宗泽:《明清间耶稣会士译著提要》,上海:上海书店出版社,2006年,第296页。

⑧ 钟鸣旦,杜鼎克编:《耶稣会罗马档案馆明清天主教文献》,第五册,台北:利氏学社,2002年,第501－502页。

⑨ 高一志(P. Alphonsus Vagnoni),意大利耶稣会士,1603年来华,初名王丰肃,1624年改名高一志,1640年卒。参见徐宗泽:《明清间耶稣会士译著提要》,第279－280页。

时……祝诵经言,以圣油抹其五官,即蒙天主提拔洪恩矣。此恩总归于三端,其一,释人罪。盖人虽已解罪,其间犹有忽不知者,总不记者,或解罪之后,又得微罪,或赎罪未尽,此等罪,得领圣油,惧赦之矣。其二,坚人身神。以安忍疾病之重,而敌避魔鬼之诱。盖人临终时,病益深,身益衰,外五司益惫,神三司益昏,魔鬼乘人之昏弱,必来侵害,惟领圣油,则魔鬼虽恶,不难与之敌而避其害矣。其三,天主见病人,能承受已祐,而改过迁善,则或赐人延寿,而全愈其疾也。用圣油者,油能坚固人身体,又能医人疾病也。凡领圣油,须病笃时行之,不然,未得轻用。"⑩

简单来说,以圣油抹封五官能获得天主赦罪,赐给病人抵抗疾病的力量。更重要的是,在傅油礼的帮助下,病人能抗御魔鬼的诱惑。"魔鬼一直埋伏着,在等待时机向他的脚跟发起进攻"。⑪ 因此,画面右下角一个带着火焰、黢黑可怕的恶魔似乎因奸计未逞,正悻悻离开。

他的家人围绕着他,从图像上看,孩子们都还很年幼,妻子和大一点的儿子跪在地上,小儿则站在矮几凳上。这说明这临终之人是位丈夫、父亲,是这家庭年轻的家主。这刚好暗合了《口铎日抄》中对善终的解释,"夫善终者,岂其获享寿考,老死牖下之谓哉?必也灵魂求息止安所焉。"⑫善终并不只是老死在家,而是要求得灵魂的安息之地。

一位天使站在濒死者的头部,这应该是他的守护天使。艾儒略⑬在《天主降生出像经解引》中向中国人解释了这西方的天神:"若天神亦为无形之灵,第其德不衰不老,则以少年容貌拟之,神速如飞,则以肩生两翅拟之。"⑭

---

⑩ 钟鸣旦,杜鼎克编:《耶稣会罗马档案馆明清天主教文献》,第一册,台北:利氏学社,2002年,第236页。

⑪ J.沃特沃斯:《特兰特圣公会议教规教令集》,陈文海译,北京:商务印书馆,2012年,第125页。

⑫《口铎日抄》,载钟鸣旦、杜鼎克编:《耶稣会罗马档案馆明清天主教文献》,第七册,台北:利氏学社,2002年,第57页。

⑬ 艾儒略(P. Julius Aleni),意大利人,生于1582年,1610年抵达澳门,1641年任中国省区会长,1649年卒于延平。参见徐宗泽:《明清间耶稣会士译著提要》,上海:上海书店出版社,2006年,第282-283页。

⑭《天主降生出像经解》,法国国家图书馆藏,编号 chinois 6750。

图像中的病人表情平静安详,天使一手扶其颈,一手指向云端的方向。云端里坐着天主、圣若瑟和圣母。圣若瑟被视为善终的主保。圣母头戴冠冕,俯身下视,天主与圣母均作接迎手势。

这幅图也收在同册《教要六端全图》一书中,其文字与本册文字不同,它解释图像说:"人临终时,最为惊惧,因念神形将分,审判在即,有司铎付终擦圣油,用以坚其望、慰其忧,赦其五官之罪,以苦像送之,欲其恃主五伤,真心悔罪。前有妻儿,跪求天主,助其善终,所点圣烛,表信望爱三德也。魔鬼见此,立即远遁。护守天神慰之曰:尔勿惊,审判时耶稣为尔慈父,圣母若瑟为尔主保,于是病人,一心向望,气绝而终。"

这里解释得更为细致,比如持耶稣苦像送行,表示依赖耶稣基督在十字架上留下的五伤而真心悔罪;燃烧的蜡烛表示信望爱三德;并且点明耶稣为慈父,圣母为主保。

2. 圣母在垂终之难中的作用

在这幅图中,圣母与天主、圣若瑟一起坐在云端,与圣母有关的文字表述仅为"最慈圣母,怜视予灵""为尔主保"。实际上,耶稣会的经文中多有对临终获圣母迎接的表述。

最初的文字出现在利玛窦等所译的圣母经中,向圣母祈求的经文为:"天主圣母玛利亚,为我等罪人,今祈天主,及我等死候。"[15]高一志对这段经文作了解释:

> 天下人无时无患,亦无时无险,亦无时不望圣母,转祈天主提祐,故谓今祈天主。至临死时患难愈大,往日罪恶,至此日此时,愈觉积累重多,其一切鬼魔为祟,引诱愈甚,心志愈昏,气力愈衰,则愈

---

⑮ 这段经文出自利玛窦等人所译《圣经约录》中的《天神朝天主圣母经》,参见钟鸣旦、杜鼎克编:《耶稣会罗马档案馆明清天主教文献》,第一册,第 90－92 页。在罗明坚的《天主实录正文》书后有一段"拜告"经文:"仙妈利呀天主圣母娘娘,尔有大福娠孕热所,普世妇人,惟尔最为尊大,得近天主,我圣母娘娘为我告天主,赦宥我等在生罪过及死后魂灵。亚明。"参见同上,第 84 页。这是最早的圣母经译文,但不久之后,利玛窦就出版的新的译文,成为圣母经的定本。

当哀告圣母,望其通达拯救,故教中人,往往奉敬圣母,临终多获报应。[16]

这段话意指人生在世时刻会遭遇险患,因此要时刻祈求圣母向天主转祈得到保佑。临终之时,心力衰弱,而罪恶深重,魔鬼引诱,更要哀求圣母通达拯救。这就是信徒们奉敬圣母的原因。

罗雅谷[17]在其《圣母经解》中也对临终祈求圣母作出解释:

曰死候者,乃濒死之候也,此时最为难过,盖属永生永死之界,永乐永苦之岐,天堂地狱于此分途。又邪魔欲增一伴侣,重加诱感何以避之?经曰:魔到尔前大怒,盖知尔所不免,而姑赚之也。

又此时身以病弱,神亦从之,盖肉躯为灵魂之器,器即敝不称其用,故灵魂至此,亦如死矣,缘是,诸圣人皆以防备,死候为要,非欲求圣母主保,其道无由,故曰为我等祈。[18]

他将圣母对濒死者的护佑作用提高到唯一的地位。

另有费奇规[19]所译《拜求圣母为死候经》,是临终之时专门求拜圣母玛利亚的经文:

天主母,至圣玛利亚,天主圣父全能,升尔于崇尊之位,使尔权能,远超于诸圣人,高出诸天神。我所以甚喜。并请求圣母,于我死候,抑压我仇雠之强力。(圣母经一遍)

天主母,至圣玛利亚,天主圣子全知,充满尔绝圣之灵魂,以最博学,广识明智,使融通三位一体,极深奥之密事,逾于诸天神,又与

---

⑯ 钟鸣旦,杜鼎克编:《耶稣会罗马档案馆明清天主教文献》,第一册,第 144 - 145 页。

⑰ 罗雅谷(P. Jacques Rho),意大利人,生于 1593 年,1622 年抵澳门,1638 年卒于北京。参见徐宗泽:《明清间耶稣会士译著提要》,上海:上海书店出版社,2006 年,第 288 页。

⑱ 罗雅谷:《圣母经解》,法国国家图书馆藏,编号 chinois 7316。

⑲ 费奇规(P. Gaspard Ferreira),葡萄牙人,生于 1571 年,1603 年来华,卒于 1649 年。参见徐宗泽:《明清间耶稣会士译著提要》,第 279 页。

绝大之光辉,上照天国,下耀遍地,我所以甚喜。并请求圣母,于我死候,照临我灵魂,以圣信之耀。(圣母经一遍)

天主母,至圣玛利亚,天主圣神全善,充满尔绝圣之灵魂,以圣宠神爱之美味,使尔甘饴,温和仁慈,远于诸物,我所以甚喜。并请求圣母,于我死候,赐圣爱之甘味,使我死时痛苦,尽变甘饴。(圣母经一遍)

(此经乃圣母亲授圣女默弟尔德者。并云:凡有守十诫之好人,专心诵念此经,至死不断,其人将终,我来接其灵魂,送于我子之天堂,同享常生。盖此经一则令人认识天主三位,乃圣教中首一大事,一则令人赞美天主圣母,一则令人恳求安死善终最要紧之事,故最为有益,不可不日日诵也。)[20]

文中将此经的作用解释得非常清楚:在认识三位一体的天主之后,赞美充满圣宠的圣母玛利亚,恳求其保佑濒死之人得以安死善终,升入天堂,这是最为重要的事情,也是赞颂圣母的目的之所在。

付若望[21]等译的《善终助功规例》,也有经文:

圣母,尔是罪人之保母,今求怜念尔子于大难之中,尔为此世之甘饴,因求尔化解兹有之苦;尔为慈悲之母,求尔于天主台前,转请哀怜此大罪人。圣母,尔是神宠之母,求尔今祈天主许纳我;圣母,我于此下世为旅人,今求助我之灵魂得升真福之本所;圣母,尔为仁良之母,求回尔之慈母,怜视于我;尔为安慰之大母,求尔安慰我于涕泣之谷;尔又为诸善之渊流,求尔助我于善;尔又为诸人之主保,求尔不弃我,保我以得承天主所许于圣人之真福。[22]

---

[20] 龙华民等:《天主圣教日课》,法国国家图书馆藏,编号 chinois 7535。

[21] 付若望(P. Joannes Froez),葡萄牙人,生于 1590 年,1624 年来华,卒于 1638 年。参见徐宗泽:《明清间耶稣会士译著提要》,第 288 页。

[22] 钟鸣旦,杜鼎克编:《耶稣会罗马档案馆明清天主教文献》,第五册,第 366 页。扉页题词:"耶稣会后学付若望、阳玛诺述,同会郭居静、黎宁石订,值会傅汎际准。"

这些经文无一不是表现了临终之人向圣母祈求得到善终的迫切愿望。

另外,在高一志所写《圣母行实》第三卷“奇迹故事”中,有一章节“圣母援拔垂终之难”,专门讲述了若干因平时钦崇圣母而获升天的故事。如“尼阁老,古大圣也……独以钦崇圣母为首功”;“依撒伯,大圣德之后,生子加乐。早习钦崇圣母之实学,凡诵经至天主圣母玛利亚一句,即玩内义,喜庆圣母所获天主殊福也”;“室女……勤事圣母经课,日夜不辍”。故事的主角有古代圣人、世胄诸侯、圣德之后、圣教名贤、学士、贞女、不洁妇人、异端之子等,每个人生平善恶操守、秉性学识皆不相同,濒危之因也各人各异,但他们的共同点是生平虔诚钦崇圣母,或勤习圣母经文,或敬奉圣母圣像等,因此,在临终之时都获得圣母来迎接他们升入天堂。

让我们重新回到画面上,看看画上濒死之人获得圣母来迎的因素体现在何处?画面上除众多人物之外还描绘了一张供案,供案后的墙壁上悬挂着圣像,由于画幅小而模糊,只能大致看到,画面上一大一小两个头部带有光环的人物依偎在一起,这样的组合通常应该是圣母子像。这供奉的圣母子像将濒死之人与圣母来迎的关系连接了起来。也就是说,虽然图像对应的文字没有直白地解释崇拜圣母在世人临终之时的作用,但耶稣会的诸多经文中已经把此端道理表达的明明白白。

因此,综上所述,从作品整体上看,一方面,宣讲基督教善终福祉。世人终是趋福避祸,尤其是在临终之时。而平时敬虔圣母是善终的必要条件之一,去世之时神职人员(教会)的相助,天使的守护,圣若瑟、圣母、天主的迎接,这都构成了令人心安的善终场景。另一方面,在了解了整个善终的环节之后,才会了解到耶稣会经文中反复强调的,通过圣母的转求获得天主的怜悯和宽赦的重要性,也才能明白在这幅图中,圣母与天主一同出现,并坐于天主右边(西人以右为尊),不仅是体现了圣母仅次于天主的重要地位,更是表现了在临终之时圣母不可取代的作用。

三、图像之二——炼灵暂苦

1. 文图识读

本幅文字对联为：火炼狱戒其伤汝，神哀矜将伯助予。横批是“炼灵暂苦”。正文部分为：

> 人于死候，宜洁其灵，小罪大罪，补赎未曾，定下炼火。天国徐升，苦灵无力，依靠圣人，又赖众友，为彼诵经，通功相与，炼火减轻。因为圣会，如人一身，耶稣元首，肢体吾人，圣会三分，荣福一层，攻战克苦，更有二分，唯兹三分，功通助灵，若下永狱，断绝斯恩。

与文字对应，图像表现的是灵魂在炼狱中受苦以及诸圣向圣母祈求的场景。画面表现了天堂、人间、炼狱的全幅景象。首先，画面最下方描绘了无数灵魂在炼狱火海中受苦的情景。[23] 有的垂头掩面，有的振臂呼号，有的仰面合掌。《口铎日抄》中关于炼狱画像的文字解释这“合掌”说“炼狱灵魂图解。次见一像，合掌当胸，两泪下垂，有火环绕之，而不受魔苦。司铎曰：此炼狱之灵魂也。合掌者，顺受主命耳。”[24]

关于地狱、炼狱的概念在耶稣会最初的中文文献里就已有介绍：

> 地狱有四重，地之体如弹丸，狱在丸中心，从周遭论，此为极深极下处也。地心中有四大穴，穴第一重最深之处，天主投置古今恶人，及魔鬼狱也。其次深者，古今进教人炼罪者居之，盖进教者虽已

㉓ 在天主教徒看来，人生在世，最重要最根本的事就是认识天主、拯救灵魂，免堕地狱。因此，从罗明坚、利玛窦时代开始，即已向中国人输入天主教的灵魂观。利玛窦在《天主实义》第三篇“论人魂不灭大异禽兽”中将世界有生命事物的灵魂区分为三类：草木有“生魂”，禽兽有“觉魂”，人则有“人魂”，人死之后有天堂地狱的赏罚。参见利玛窦：《天主实义今注》，梅谦立注，谭杰校勘，北京：商务印书馆，2014 年，第 38、104、159 页。

㉔ 钟鸣旦，杜鼎克编：《耶稣会罗马档案馆明清天主教文献》，第七册，第 6 页。

行正道，其于一切过失，亦当忏悔而央欲改之，但未及赎竟，而遽死。天主则置之此狱，令受苦若干日，罪罚毕日，命升天堂矣……[25]

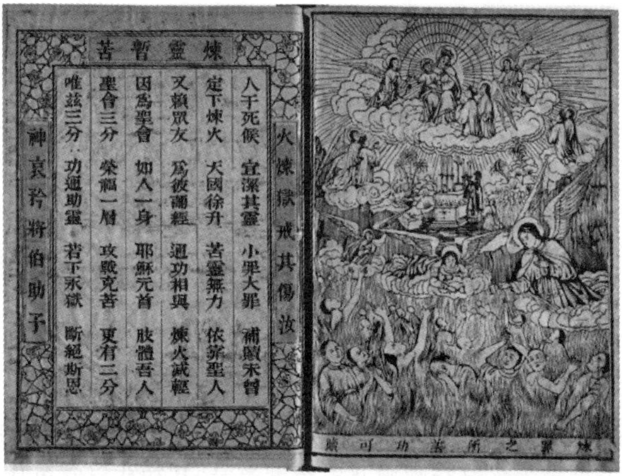

在罗儒望[26]的《天主圣教启蒙》中，一段“师生”的对话，更直白地解释了地狱与炼狱：

师：……有几样地狱？学：论魔鬼和那恶人的地狱，只有一重。这一重上边另有三重，也叫做地狱。师：是哪三重？学：第一重是炼罪地狱，教中人得了额辣济亚（圣宠）死后，他的亚尼玛（灵魂）便下在这里炼他的罪，炼完了，终得升天。师：得了额辣济亚的人，死后就该上天堂，你怎么说下炼罪的地狱？学：有额辣济亚的人，或是生时不曾全受那该受的罪罚，也有得了微罪，不曾痛悔得全，这般人必下炼罪地狱，补他当受的罚，炼他的微罪，炼完了就得上天，受行善之报。若有额辣济亚的人，死后不负债，就得上天受无穷真福，

[25] 钟鸣旦，杜鼎克编：《耶稣会罗马档案馆明清天主教文献》，第一册，第 191－192 页。

[26] 罗儒望（P. Joannes de Rocha），葡萄牙人，生于 1566 年，1598 年到韶州，卒于 1623 年。参见徐宗泽：《明清间耶稣会士译著提要》，第 278 页。

方不下炼罪地狱。[27]

因此,这表现炼狱的图像即有对应的文字"人于死候,宜洁其灵,小罪大罪,补赎未曾,定下炼火",说明了画面上炼火中的灵魂,是在为所犯之罪补赎。罪人灵魂在炼狱中补赎完毕即可升入天堂。

灵魂在炼狱受苦,要依赖在世的亲友、信友的善工,弥撒、祈祷等可以有效帮助炼灵。画面上,在炼狱的上方,天使们似乎正在安慰炼灵。最左边的天使,左手向上,将观者的视线引向画面中央表示人间的场景,神父正在举行弥撒仪式。神父身着祭披礼服,挂十字带,这"肩挂十字大带,以表主礼者愿任苦刑,以代炼罪者现受之行罚"。[28]

艾儒略的《弥撒祭义》向中国人介绍弥撒如下:奉天地真主之大礼,西音曰弥撒,译其意义,乃献之谓也,盖撒责铎德(品级之称)代众献于天主。[29] 在圣方济各会文献《哀矜炼灵说》中讲到弥撒对炼灵的作用"圣奥古斯定有言:为炼灵行弥撒及施舍大斋等,其功非寻常可比"。[30]

1562 年 9 月举行的特兰特大公会议第 22 次会议,关于弥撒的教义说:"不论对活人还是对死人,弥撒圣祭均有赎罪功效。"对此有文说明:

> 在由十字架做成的祭坛上,基督曾以流血的方式将自己献祭出去,包含在弥撒圣祭中的同样还是这位基督,只不过在这一圣祭中他是以不流血的方式被献祭出去。因此,本圣公会议作出以下教言:这一圣祭确确实实是具有抚慰和赎罪功效的,通过这一圣祭,就可以产生抚慰和赎罪之效果。因此,这一圣祭一方面是为那些活着的人设立的,是为了解决他们的罪愆惩罚、补赎等问题以及为了满足他们的其他一些需求,另一方面,它也是为那些虽在基督里死去但

---

[27] 钟鸣旦,杜鼎克编:《耶稣会罗马档案馆明清天主教文献》,第一册,第 433 - 436 页。

[28] 《善终助念规条》,参见钟鸣旦、杜鼎克编:《耶稣会罗马档案馆明清天主教文献》,第五册,第 502 页。

[29] 《弥撒祭义》,扉页题字"降生后一千八百四十九年三月重刊""司牧赵方济准",页内署名艾儒略,同会史百度、费奇规、费乐德订。

[30] 《哀矜炼灵说》,法国国家图书馆,编号 chinois 7033。圣方济各会修士石铎琭述。

尚未获得完全洁净之人设立的,这与众使徒确立的传统是相符的。[31]

弥撒之外能帮助炼灵的善工就是诸圣相助。因此,画面上除神父在做弥撒之外,两边的云端还跪拜着天使和已经在天堂的圣人。很明显,所有的人都在为炼灵祈祷求情。“苦灵无力,依靠圣人,又赖众友,为彼诵经,通功相与,炼火减轻。因为圣会,如人一身,耶稣元首,肢体吾人。”高一志对天主教会“诸圣相通功”的解释是:

> 圣教中人,可譬一身之百骸,百骸协合,必血气贯通,如手足彼此相护通为运用也。人在圣教者,其所行善,其所得功,彼此相通。虽东西南北,相为间隔,不能彼此断通功之义。又天主圣教中,常有已往现在之圣人,其功劳硕大,天主赉之,使膺受福泽,吾人欲望天主之降福赐惠,不能恃自己之功,必赖圣人之勳劳,转祈天主。天主因通圣人之功,而赐人福泽,是圣人之功,相通于教中人矣。此圣人之功,不独通于在世之人,即炼罪狱中之人,亦得相通,譬之天子宠赉功臣,而赠荫其祖考子孙,理则一也。[32]

意即天主教中的所有人是一个整体,互相依赖,互通援助。教会中已故的、在世的圣人们,他们功劳硕大,这功劳不仅可通于在世之人,炼狱之中也可以相通。因此炼灵藉由他们的祈祷,可减少其在炼狱的时间,少受痛苦。

画面最上方表示天堂的部分,所有跪着的天使和圣人,他们所祈求的对象是坐在中央怀抱耶稣,头戴皇冠的圣母。中世纪的炼狱题材艺术中,曾将圣母画在炼狱之中,并用乳汁解救炼灵的痛苦。1609 年,西班牙颁布禁令,禁止表现圣母降临到炼狱的图像,原因可能是由于将圣母画在炼狱中会被人认为圣母是有罪的。因为通常来说,进入炼狱的死者就是罪人。禁令中这个思想在反宗教改革时期得到重申。教会指示规

---

[31] J. 沃特沃斯:《特兰特圣公会议教规教令集》,第 181 页。

[32] 钟鸣旦,杜鼎克编:《耶稣会罗马档案馆明清天主教文献》,第一册,第 203 页。

定,悬挂于祭坛上方、专门奉献给炼灵的画,那些炼灵必须位于圣母下方,画在炼火之中。简单来说,圣母和受苦的灵魂应该被联系在一起。[33]

这幅画对应的文字里没有提到圣母,但是,“圣教所行善功甚多,而哀矜炼灵为最大焉。圣人有云:恭敬天主暨圣母之外为炼处灵魂祈祷乃莫大之善功”。[34] 整幅画再现了以基督、圣母、天使、圣人代祷求情的体系,而将圣母置于画面中央,显然是因为圣母在炼狱中拥有超越的地位。

2. 仁慈之母——所有炼灵的母亲

在中世纪天主教传统中,人们相信圣母玛利亚有解救炼灵的权柄。圣伯尔纳德(St. Bernardo da Siena, 1380 - 1444,意大利神父,方济各会传教士)将圣母的影响力带进炼狱,他说圣母玛利亚具有炼狱的统治权。[35] St. Alphonsus de Liguor(1696 - 1787,意大利神学家)在其名著《荣耀的圣母玛利亚》(*The Glories of Mary*)中写到,圣母玛利亚曾对圣布里奇特(St. Bridget of Sweden, 1303 - 1373,瑞典人)说:“我是炼狱中所有灵魂的母亲,他们所有的痛苦都是由于他们在补赎他们的罪。只要他们还在炼狱之中,当我为他们祈求时,他们的痛苦可在瞬间得到减轻。仁慈的母亲甚至自己亲临到炼狱之中安慰炼狱中的灵魂。”[36] Novaraino 说:“我相信在炼火中净化这方面,他们的痛苦,通过玛利亚的善工,通过玛利亚的援助,不仅痛苦会变得更轻,受折磨的时间也会缩短。”[37]

中世纪时人们还相信,在特定的时刻圣母会降临到炼狱解救炼灵。

---

[33] Michael P. Carroll, *Veiled Threats: The Logic of Popular Catholicism in Italy* (JHU Press, 1996), p. 128.

[34] 《哀矜炼灵说》,法国国家图书馆,编号 chinois 7033。

[35] St. Bernardo da Siena, "The virging mary," in *The Imperial magazine* or *Compendium of religious moral, & philosophical knowledge*, S. Drew eds. (vol. 1 - 12. 2nd ser. 1834), p. 172.

[36] Anthony Josemaria, FTI, *The Blessed Virgin Mary In England: A Mary-Catechism with Pilgrimage to Her Holy Shrines*, vol II (Bloomington: iUniverse, 2009), pp. 175 - 176.

[37] St. Bernardo da Siena, "The virging mary," *op. cit.*, p. 172.

如丹尼斯·卡尔特(Dionysius Carthusian, 1402－1471,今比利时人,神学家和神秘主义者)说,每年圣诞节和复活节,圣母会降临炼狱,从中解救许多灵魂。[38]

除此之外,所有的星期六以及所有奉献给圣母的节庆,也是圣母在炼狱解救炼灵的日子,因此这些节庆也变成了炼狱中的节庆。其中以圣母升天节最为重要,圣彼得·达米安(St. Peter Damian, 1007－1072,意大利枢机主教,神学家)说,每年的圣母升天节,圣母向天堂递送的灵魂数量超过整个罗马的人口。[39]

然而,在宗教改革时期,由于炼狱学说没有直接来自于圣经的根据,故不被新教徒所接纳,成为引发新教与天主教分歧的教义之一。加尔文引用了某位意大利贝加莫城(Bergamo)人的日记:

> 今天(1529 年 9 月 28 日),全城的人们惊恐地发现,诋毁天主教信仰的海报贴得到处都是,这些海报挑战教皇的最高权威、炼狱的真实性、圣像崇拜以及向圣人祈祷,整个城市都由于这些渎神的行为而受到了强烈的震撼。[40]

这段引文表明,即使是普通的天主教徒也知道,在宗教改革的最初阶段,反对炼狱学说就是新教徒最突出的特征之一。实际上,炼狱学说遭到了所有改教家的反对。[41] 新教徒神职人员所表达批判的做法和信仰触及到了天主教礼制的本质。因信称义的路德学说免除了炼狱、忏悔和赎罪券的需要。这意味着整个天主教教会的说情系统:教皇、教会机构、神职人员等,都不再是必要的。[42]

---

[38] Ibid.

[39] Saint Alfonso Maria de Liguori, *The Glories of Mary* (New York: T. W. Strong and Catholic Publishing House, 1852), p. 271.

[40] Michael P. Carroll, *Veiled Threats: The Logic of Popular Catholicism in Italy*, p. 127.

[41] Ibid.

[42] Golda Balass, "Five Hierarchies of Intercessors for Salvation: The Decoration of the Angels' Chapel in the Gesù," in *Artibus et Historiae*, vol. 24, no. 47 (2003), p. 180.

尽管炼狱学说遭到了改教家们的反对,但这也给了罗马教会一个反对改教家们的武器,这意味着促进炼狱学说成为将罗马教会与欧洲北部“异端”保持距离的方法。[43]

作为对新教的回应,在1563年12月4日结束的特兰特第25届会议以法令的形式肯定炼狱是存在的,在其中的灵魂可以通过弥撒和信徒的善工得到帮助,主教要竭力宣扬炼狱学说,使教徒们坚守、信奉。[44]

也就是说,此时期天主教与新教冲突的基本神学问题,被宗教改革领袖否认,但由罗马教会重新认可,并成为信仰不可分割的部分。

耶稣会在炼狱问题上表现出对罗马教会的支持,他们是炼狱学说的大力推动者。[45] 一些神学问题如炼狱的位置、痛苦的性质和持续时间,都在耶稣会神学家的著作中得到讨论。如罗伯特·贝拉明(1542-1621)和弗朗西斯科·苏亚雷斯等均从旧约新约引用证据,支持炼狱学说。[46]

耶稣会士17世纪晚期和18世纪早期在意大利北部传教时,耶稣会的讲道不仅鼓励为死者请求宽恕,而且也募集善款补助弥撒礼以及其他为死者举行的公共仪式活动。耶稣会的会规通常禁止会士收集钱财,但是仅在这项活动中他们将这会规置之一旁。[47]

圣母为炼狱罪人求情的艺术表现形式,是耶稣会艺术中非常重要的题材。代表性的作品是耶稣会 Gesu 教堂中天使小礼拜堂的壁画,其充分说明了这一时期的天主教信仰。壁画包含了分级说情救赎系统的五个层次,即基督、圣母、天使、圣人、教会。[48] 其中在天使小礼拜堂左壁,就有名为《呈于天堂的净炼灵魂》(*Souls Purified in Purgatory Presented in*

---

[43] Michael P. Carroll, *Veiled Threats*: *The Logic of Popular Catholicism in Italy*, p. 127.

[44] J. 沃特沃斯:《特兰特圣公会议教规教令集》,第255页。

[45] Guavin Alexander Bailey, *Between Renaissance and Baroque*: *Jesuit art in Rome* (Toronto: University of Toronto Press, 2003), p. 245.

[46] Golda Balass, "Five Hierarchies of Intercessors for Salvation: The Decoration of the Angels' Chapel in the Gesù," *op. cit.*, p. 180.

[47] Michael P. Carroll, *Veiled Threats*: *The Logic of Popular Catholicism in Italy*, p. 129.

[48] Golda Balass, "Five Hierarchies of Intercessors for Salvation: The Decoration of the Angels' Chapel in the Gesù," *op. cit.*, p. 180.

Heaven)的壁画。

基于上述论述，在这幅画中，圣母以升天加冕之后的形象出现在画面中央，表明了圣母是凡人救赎的希望，是给予炼灵的恩典，这正体现出她女中保的地位和作用。

四、图像之三——审判万民

1. 文图识读

本幅文字对联为：莫谓无人来指视，须知有日要昭彰。横批是“审判万民”。正文部分为：

> 天主降火，人民焚烬；十字圣架，现于中天；耶稣威严，驾云而降；圣母宗徒，拥与审判；遣大天神，吹其号器；从天四风，死者复活；善恶灵魂，俱合肉躯；天神进簿，俱听审判；指出善恶，人人惊危；幽微暗昧，一一显露；天神奉命，陟降善恶；邪魔恶人，堕受永殃。

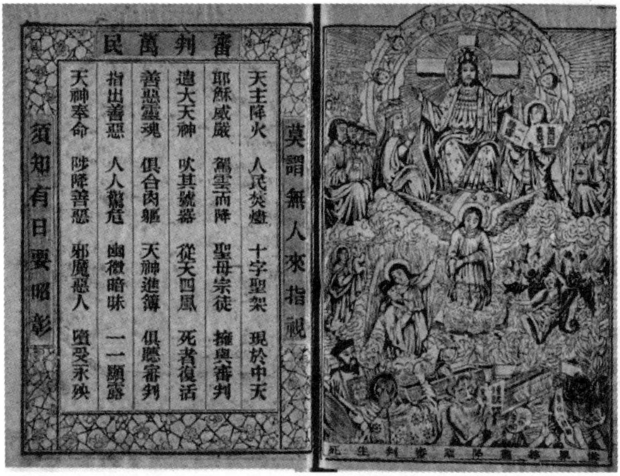

画面表现了末日审判的场景。画面最上方，威严的天主端坐于正中央，左边跪着天使，手持一册，上书“万民善恶，一一显露”。最外侧两边

跪满了圣徒圣人。画面中心位置的天使正吹着号器,使死者知道审判的时辰已到,画面下方的死者正从棺木中复活。图的下方分为两个部分,右为善人,左为恶人。天主似乎刚刚审判完毕一批“人”,左边的恶人被黑色的魔鬼拖走。最下方是在等待审判的人,左边的两个恶人,“生前贪他人财物”和“多重罪恶”,由恶魔守卫。而右边的善人,则由天使护送前往天主跟前。

圣母安息(1392 年),作者不详

高一志《教要解略》关于末日审判有文:“……万物俱被火焚,此时天不运,地不生,四时不错行,众民尽死。天主令天神吹号器,令古今死者,起枯骨而肉之,偏使复生,因聚会众人而审判之,令各受生时所行善恶之报也。”[49]

到了万民受审的时候,已无身份之别,无贵贱之分,无权势可恃,一切都依照生平所作所为,是善还是恶?是侍奉了天主还是奉敬了魔鬼?这决定了天下万民的终极归宿。

回到画面,最左边一位天使正在往天堂递送一个小孩,这不是通常所谓的“孩童”,而是象征着升入天堂的灵魂。“婴孩者,人之灵魂耳。”[50]这种表现手法起源于拜占庭艺术,在西方宗教艺术中也有所见,具体表现为包在白色襁褓中的“婴儿”。[51]

典型的代表是圣母安息图像(Icon of the Dormition),图中十二使徒悲伤地围绕着圣母,位于中央的耶稣怀抱圣母白色的灵魂。

---

[49] 钟鸣旦,杜鼎克编:《耶稣会罗马档案馆明清天主教文献》,第一册,第 196 - 197 页。

[50] 钟鸣旦,杜鼎克编:《耶稣会罗马档案馆明清天主教文献》,第七册:《口铎日抄》,第 87 页。

[51] William Robert Cook, *The Art of the Franciscan Order in Italy* (Leiden, Boston: Brill, 2005), p. 99.

以婴孩表示灵魂的图像在古代中国另外还有一幅,即 14 世纪扬州出土的圣卡特琳娜殉难像墓碑。墓主人与圣卡特琳娜同名,在圣卡特琳娜殉难组像左下角,一位僧侣模样的人正向上递送婴孩,那婴孩就象征着墓主人的灵魂。

Jan Provoost (1465 - 1529)末日审判

在本文这幅末世审判的画面上,头戴冠冕的圣母跪拜于天主左侧,与众多圣人一样,双手合掌,在向天主祈求。作为人类被救赎的典范,在天堂中的圣母意味着战胜了死亡,为所有的凡人提供得救的希望。玛利亚作为母亲,其作用是帮助人们取得神的恩典和怜悯,信徒将其视为人与天主之间的女中保,而这女中保的身份是基于玛利亚的协同救赎(Co -Redemptrix)学说,即她愿意充当天主降生成人的工具,在救赎人类的罪中成为女中保并承担协助的角色。[52]

---

[52] Golda Balass, "Five Hierarchies of Intercessors for Salvation: The Decoration of the Angels' Chapel in the Gesù," *op. cit.*, p. 182.

2. 求情——以母亲的名义

在西方圣母崇拜的历史中,法国的圣伯纳铎(St. Bernhards of Clairvaux, 1090 - 1153,中世纪神秘主义之父)强调圣母作为“上帝之母”的母亲身份。玛利亚在上帝面前的求情之所以特别奏效,乃是因为她无可代替的“母以子贵”地位。神学家兼修道院长沙特尔的阿诺尔德(Arnold of Chartres, 1144 - 1156)在其基础上发展出基督与圣母均会为罪人而向天主求情的观念。[53] 人们得到圣母的保护,圣母向她的儿子基督求情,基督再向天主求情。阿诺尔德说:“人有一条通向上帝的保险之路:那就是上帝作为调解人,子在父前,母在子前。基督用他赤裸的一侧向父展现他的伤痕,玛利亚则向基督展现她的乳房。当这恩慈的标志和母爱的标志同时出现的时候,比任何说情的唇舌都奏效,无论如何也不会遭到拒绝。”[54]

生育和哺乳提高了圣母作为玛利亚中保(maria mediatrix)的地位。圣母是亲密的基督之母,在末世审判时为了拯救人类,因她哺乳耶稣的美德能够取悦基督或天主。神学上圣母作为 mediatrix 的概念,在 1324 年法国斯特拉斯堡(Strasburg)多明我修会出版的专著 *Speculum humanae salvations* 中详尽阐述。[55]

中世纪的图像学也发展出圣母以母亲身份向天主求情的模式。当圣母和基督在天主面前充当调解人时,圣母展现她的乳房,而基督则展现他的伤口。[56] 此时圣母裸露出胸部或流出乳汁,代表的不仅是身体意义上的母亲,更是宗教意义上的母性:圣母的乳汁是一种帮助、一种手段,借助它人们可以获得永恒的拯救,意指希望基督念在哺乳的份上格外开恩;基督则指着自己的侧伤——希望天父念在基督在十字架上的受

---

[53] Lorenzo Monaco, Angelo Tartuferi, Daniela Parenti, *Firenze musei*, *Lorenzo Monaco: a bridge from Giotto's heritage to the Renaissance* (Firenze: Giunti, 2006), p. 161.

[54] Naoë Kukita Yoshikawa, *Margery Kempe's Meditations: The Context of Medieval Devotional Literature, Liturgy and Iconography* (Cardiff: University of Wales Press, 2007), p. 22.

[55] Ibid.

[56] Ibid.

难格外开恩。

反宗教改革时期禁止表现圣母裸露，图像因此改变为圣母一手指胸部，一手指向等待审判的子民。本文这幅图中的圣母像已经进一步演变为双手合掌胸前。《口铎日抄》在解释天堂灵魂图时说："此天堂之灵魂也，目上视而合掌者，爱慕天主耳。"[57]信徒认为，圣母的灵魂与肉身皆在天堂。无论神学上的教义如何，圣母此举无疑既表现出为万民求情的姿态，又表达出爱慕天主的情感。

在天主教的观念中，圣母领报顺从了天主的旨意，天主降生成人使人类的整个救恩成为可能，因此被视为救赎的起点，而末日审判则是整个世界的终结。与圣母在领报中遥相对应的，是圣母在末日审判中的角色。这分别是象征着救恩开始与结束的事件，充分体现出圣母是天主降生成人和救赎的工具。[58]

五、图像之四——天堂永在

1. 文图识读

本幅文字对联为：从今铸定常生案，以后毫无吃苦时；横批是"天堂永在"。正文部分为：

> 人已升天，恒享真福；不饥不饿，无寒无暑；无哀无痛，不病不死；形神安和，获四大恩：一曰光明，二曰神速，三曰神透，四曰无伤。获此诸恩，乐已难名；况见主容，美妙无穷；并诸神圣，相和相爱；万物美好，无不俱备；万物之理，亦皆洞达；从此愿欲，各各满足。

本幅图像描绘了天堂的美景。画面上云彩缭绕，最上方是圣父圣子圣灵，圣父手持权杖，圣子肩负十字架，圣灵则是鸽子的形状。"天主圣

---

[57] 钟鸣旦，杜鼎克编：《耶稣会罗马档案馆明清天主教文献》，第七册：《口铎日抄》，第87页。

[58] Dorothy C. Shorr, "The Role of the Virgin in Giotto's Last Judgement," in *The Art Bulletin*, vol. 38, no. 4 (1956), p. 214.

神尝借鸽形(鸽为百鸟,最善又最相和爱,故藉此以指圣神至善至爱人之意)。”[59]六翼天使围绕在天主圣三周围。

画面下方则是升入天堂的各国圣人,身穿各国各种服饰,身份各异,有国王、王后、贵族、修士、中国官员等等,似乎暗示了中国人已成为这个教会的一部分,享受天堂永乐。

文本中“常生”一词,高一志是这么解释的:“此常生,乃圣教中第三恩也,常生者,四体美好,灵魂至乐,永无间断之期也。”[60]

圣母玛利亚头戴皇冠,坐于圣父圣子之间,她的位置比圣父圣子低,又比众使徒略高。一如“古今圣师定论,谓圣母天上福庆,即并诸神圣所享,犹不足比焉。盖天上之福正应世上之功,圣母生前所积功德,合众神圣,无可参较。责其相应之福报,亦必霄坏悬绝不啻矣。经云天主举圣母于九品天神之上是也”。[61]

圣母的地位仅次于天主,进入天堂成为天堂女皇,这学说也在耶稣会文献中得以充分的宣扬。

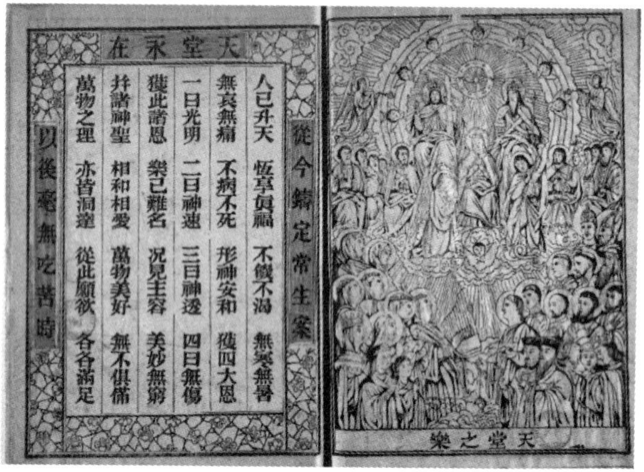

[59] 艾儒略:《天主降生出像经解》,法国国家图书馆藏,编号 chinois 6750。

[60] 钟鸣旦,杜鼎克编:《耶稣会罗马档案馆明清天主教文献》,第一册,第 208 页。

[61] 高一志:《圣母行实》,法国国家图书馆藏,编号 chinois 6699,第二卷,“圣母天福”。

2. 天堂女皇(Queen of Heaven)玛利亚

圣母升入天堂,得加冕,耶稣会文献中对圣母之冠的意义也作了阐发:

> ……以故天国亦加以永福不易之冠。一曰旌洁之冠,所以加终身固守贞洁者;一曰旌义之冠,所以加于为主轻生致命者;一曰旌教之冠,所以加于剧神殚力,宣布圣教以劝人善者是。是三冠者,既克难忍苦,用奉天主正旨,建立奇勳,则其受上报于天国,岂不宜哉?至论圣母天上所得之冠,兼含三冠之美。[62]

这是文字意义上以冠冕赞扬圣母的贞洁、忍耐以及对教会的贡献。从图像本身来说,Marion Lawrence 的研究表明,在东部教会艺术中没有出现圣母头戴皇冠的艺术形象,而意大利地区从公元6世纪起就有一条明显的线索,并且在圣母皇冠的风格上各个地区各个时代均有不同。[63]因此,从图像学角度来说,这四幅图中的圣母像属于同样的类型,此头戴皇冠的圣母形象是延续了西部罗马天主教传统一系。

圣母得加冕之后,即为天堂女皇。中文文献称为"母皇",罗雅谷在《圣母经解》中详细解释了圣母为母皇的意义。"何谓母皇?曰圣母为吾主耶稣之母,即天主降生之母,亦即天地万物主之母,其子为主至尊无对,则其母亦居母位之至尊,故曰母皇……"表明了圣母母凭子贵,尊荣无比的身份与地位。而且,圣母不仅是天堂女皇,还是诸圣女皇。

玛利亚诸圣女皇的名号一般认为是随着洛雷托祷文(*Litany of Loreto*)而广为传播的。洛雷托祷文由诸圣祷文(*Litany of All Saints*)等常见的祷告文本补充而来,最早可以追溯到1531年在洛雷托地区的使用,是16、17世纪德国天主教最流行的祷文。此祷文与耶稣会士和彼得·卡尼修斯有密切关联,卡尼修斯在1558年将其出版。而耶稣会则推动天主教会官方将其采纳,最终,在1587年由教皇克莱门特八世(Pope

---

[62] 同上。

[63] Marion Lawrence, "Mrian Regina," in *The Art Bulletin*, vol. 7, no. 4 (1925), pp. 150–161.

Clement VIII)批准使用。[64]

洛雷托祷文里玛利亚的称号有:天使之后(Queen of Angels)、先祖之后(Queen of Patriarchs)、先知之后(Queen of Prophets)、使徒之后(Queen of Apostles)、殉道者之后(Queen of Martyrs)、精修者之后(Queen of Confessors)、童贞者之后(Queen of Virgins)、诸圣之后(Queen of all Saints)。[65]

在罗雅谷《圣母经解》中,他解释了圣母玛利亚诸多名号的详细意义:

> 一、诸天神之母皇
>
> 天神本职,约之有二:一、赞誉主,一、传主命于世。圣母兼此二职,尤加全焉。盖天主既以圣母为己母,则所赋神光倍大于天神无数。如赞誉有二根,
>
> 一发于所誉者,浑全美好口口欠缺。一发于誉之者,通达诸妙,晓畅无遗,今圣母既胎吾主耶稣,其怀中包涵美好,何等浑全。则洞诸妙有,何等通达,其赞誉主之情。更有比天神踊跃勃发者,至于传谕,则圣母胎中,已受天主之物,尔绷乃诞吾主耶稣亲诏世人,比天神传主之意尤为亲切。古圣教会对圣母曰,尔始建于天国诸品天神之上,盖宝总天神之职分尔胜之,故曰诸天神之母皇。
>
> 二、诸圣先祖之母皇
>
> 圣祖者,圣母之远祖也,当天主未降生,并未差天神传古教之先,是诸圣祖受主默照,独能认其嗣属,借母降生,乃圣母当天神之报,亦即曰愿赐云云,此则信德尤大,足以冠诸圣祖,又诸圣祖因吾主降孕圣母,救赎人群,乃得脱离暱波,则受圣母之恩泽,浩大无穷,岂不为母皇乎?

---

[64] Jeffrey Chipps Smith, *Sensuous Worship: Jesuits and the art of the Early Catholic Reformation in Germany* (Princeton: Princeton University Press, 2002), p. 145.

[65] Anthony M. Buon, *The greatest Marian prayers: their history, meaning, and usage* (New York: Alba House, 1999), p. 97.

三、诸先知之母皇

先知者，亦谓之照见者，是天主未降生前，所选明哲之圣，而默启以未来之事，因举吾主降生在世，所行诸迹。一上预记，言之千百年前，验之千百年后，无只字。乃圣母亦蒙主赐以先知之恩，如拜圣妇依撒伯尔时所咏之诗，多属后验之事，且诸先知望主速降，其情甚愨。惜不得亲见圣母诞生耶稣也，乃圣母则实受大主借胎而生，手抚之，目睹之，快足先知之愿望矣。故曰诸先知之母皇。

四、诸宗徒之母皇

宗徒本行，莫大于爱主爱人，愿人认主事主，传行圣教，乃圣母爱主，超越宗徒之上，盖母之爱子，自异常情，所不待言，即其爱人，亦非他所能及，虽未躬历四方传教，然常以圣子行实，口授诸徒，用著真传之源。则虽谓宗徒传教之功，皆本之圣母岂不可也？

五、诸致命之母皇

致命者真心为主，为义受窘，以勇德委命者，圣母虽未尝受窘，第目击吾主悬钉时，明知其圣子为罪人无情之辈受此苦难，则其伤心之刃比伤躯之刃更利且　即诸致命之极刑不啻矣。

六、诸精修之母皇

精修者，或显修者或隐修，专心以苦身克己祈主。行忍耐诸德，惟务积功，专得天国者。圣母自幼孝亲，入室敬长，在家听圣若瑟之命，居常默想祈主，耐苦忍辱，亲见圣子受难，绝无雠恨，一心爱慕天国，孰逾其精修乎？

七、诸童贞之母皇

童贞有二，一肉身之童贞，一灵魂之童贞，先守身次守神，二者为本，身神贞德，圣母较全，盖圣母蒙主宠佑。内外纯洁，纤毫世念绝无，故曰在主台前发愿，一生绝肉身之欲，而纯心向主者，自古及今，圣母一人耳，守贞诸德，具见行实。

八、诸圣人之母皇

依上论诸圣人蒙主恩佑，在世能行善功，修成圣德，死后获升天堂，在主左右，享受真福，此诸恩必经圣母之手，如水溉田，先有源，不能不从流而至，天主，源也，圣母，流也，盖非吾主耶稣降孕于圣母,为人类赎世,则古今圣人不能遂升天之望,又诸圣人各有本德,各成一品,圣母万善浑全,作众行德之表,故实为诸圣之母皇。[66]

玛利亚的诸多母皇的名号在艺术上也得到耶稣会的提倡。路易(Louis Richeome)在他的《精神的绘画》(*La peinture spirituelle*, 1611 年出版)一书中,描述了装饰在罗马的圣安德烈·奎里纳勒耶稣会见习修道院(S. Andrea al Quirinal)不同的房间内的装饰画,这些画现已遗失。其中见习修士宿舍的五幅画完成于 1606 年之前,表现了圣母玛利亚诸多母皇身份:诸先祖与先知之后(Mary, Queen of Patriarchs and Prophets),诸宗徒之后(Mary, Queen of Apostles),诸殉道者之后(Mary, Queen of Martyrs),诸精修之后(Mary, Queen of Confessors),真福品之后(Mary, Queen of Blessed of the Society)。[67]

因此,综上所述,本章最后一幅天堂永乐图中的圣母像蕴含了丰富的圣母论内容,既呈现了耶稣会对圣母钦崇最极致的表达,也寄托了信徒对圣母女中保至高无比的期望。

六、小　结

本文以万民四末图像为切入点,以文本资料以及西方圣母艺术为依据,解释了在临终、炼狱、审判、天堂等场景中圣母崇拜的内容。毫无疑问,这些图像是出于宣教的立场,以文、图互为配合的样式,解释天主教相关的教理内容。四末虽是任何人都要面对的结局,但并非毫无选择。去天堂还是地狱? 天主教已准备了救赎的道路:认识天主、信天主、多做善工、多向圣母玛利亚以及圣人求祷,迎接信众的就是天堂永享之福。

其实,正如玛利亚是协同救赎者的身份一样,这四幅图并没有过份渲染圣母的作用,它们并不是为崇拜圣母而特制。图中的圣母像都是作

---

[66] 罗雅谷:《圣母经解》,法国国家图书馆藏,编号 chinois 7316。

[67] Jeffrey Chipps Smith, *Sensuous Worship: Jesuits and the art of the Early Catholic Reformation in Germany*, p. 148.

为画面的组成部分而存在。在人临终之时,圣母保佑其得以安死善终,升入天堂;炼狱中的灵魂依赖圣母将其解出苦海;末日审判之时,圣母向天主求情;在天堂中,圣母享受无上的荣耀。这些不仅是画面的表现,更是与圣母论相关的内容。

实际上,明清耶稣会的中文文献中,已有完整的圣母论构建(此论点将另文详述)。本文所引材料虽不能涵盖所有的圣母论内容,但也可以"窥一斑而知全豹"。自耶稣会从明末利玛窦1583年入华,到1869年已有两百多年历史。从入华之初,耶稣会即期望借助圣母像打开传教局面。经过两百多年的发展,无论是圣母论、圣母崇拜还是圣母艺术,均已得到完备的发展。而时光无情,如今这一切,已成为陈年谜题,本人殷切希望能抛砖引玉,盼能引起更多学者对圣母研究的关注。

“中国特有的神学”

——谢扶雅论儒家“仁”学的宗教性内涵

赵清文

【内容提要】 儒学的宗教性一直是学术界中一个颇有争论的问题。谢扶雅认为,儒家思想核心的范畴“仁”的本质是“法天”,它是中国传统农业社会中的“人本主义”的体现。同时,“仁”还以“遂生”作为“功果”,以“协伦”为“方案”。他认为,“仁”是一个具有深深的宗教性意蕴的概念,与基督教思想中的“上帝”“爱”等观点主张有着很大的一致性或相通性。谢扶雅对儒家“仁”学的宗教性内涵的解读,既反映了他重视理性的宗教观,也从一个侧面体现了他的独具特色的基督教“本色化”思想。

【关键词】 谢扶雅　仁　儒教　宗教性

儒家思想究竟是不是一种宗教,是近代之后一个颇受争论的问题。然而,讨论者大多局限于儒家思想的内部,来寻找可否将儒学视为一种宗教的证据。宗教哲学家谢扶雅将自己的身份定位为“一个中国优良传统下的知识分子兼基督教徒”:[①]他从年轻时便受洗成为基督徒,但又坦白讲自己“世业儒教”;他一生致力于基督教的“本色化”,但又对以儒家

① 谢扶雅:《李著〈基督教对中国传统思想的看法〉文书后》,载谢扶雅:《生之回味》,香港:道声出版社,1979年,第119页。

思想为核心的中国传统文化有着深深的眷恋。这种复杂的身份背景使得他在中国传统思想的研究中有着特殊的视角，并以此视角对儒家思想的宗教性价值进行了论证。从谢扶雅对儒家思想的核心概念之一——“仁”的涵义的释读中，便可以发现他对于儒学宗教性质的理解的独到之处，从而为今天关于儒教问题的讨论提供一些启发和借鉴。

一、“仁”的本质、功能及其实现

在孔子的伦理思想乃至整个思想体系中，“仁”可谓最核心的范畴。在谢扶雅看来，“仁”是孔子所倡导的最高理想，孔子所自称“一以贯之”的“吾道”，用一个“仁”字可包揽无遗；②同时，“仁”也是中国所特有的一个概念，是用别种语言所难以移译的。③ 因此，无论是在比较哲学，还是在伦理学、宗教学的研究中，谢扶雅都对这一体现着中国文化特征的概念特别关注。

关于孔子所倡导的这一最高理想的内涵是什么，谢扶雅在早年出版的《中国伦理思想 ABC》一书中曾经做过一个简要的概括。他说：“仁底本质是法天，仁底方案是协伦，而仁底功果是遂生。”④这一概括从本质、发挥作用的方式方法以及功能和效果等方面，对“仁”这一儒家思想史中重要的范畴进行了独到的阐释。

关于儒学的渊源，谢扶雅认为，一般人以为从孔子开始才有儒学，西方人将其译为 Confucianism，把儒学称为“孔子之学”，这种认识是不恰当的。他根据《汉书・儒林传》中“古之儒者，博学乎六艺之文。……陵夷二百余年而孔子出”的说法，认定儒的思想传统自古就有，自从进入农业社会之后，便有“儒”的思想产生，从年代上甚至可以远溯到史前的唐尧时代，比《汉书》中所谓“古之儒者”出现得更早。他认为，从性质上说，儒学“就是中国农业文化的结晶品”，并将中国最原始的儒学，称之

---

② 谢扶雅：《孔教对于基督教底贡献》，载《基督教丛刊》1948 年第 22 期。

③ 谢扶雅：《三个基本中国字》，载谢扶雅：《生之回味》，第 65 页。

④ 谢扶雅：《中国伦理思想 ABC》，上海：世界书局，1929 年，第 55 页。

为“人本主义”。他说:“此即截取‘人本乎祖’句中之首二字,与西洋所谓人本主义却不相同。”[⑤]西洋近代以来的“人本主义”,实质是一种“个人主义”,而中国的“人本主义”,却是迥异于个人主义的。从具体内容上说,中国原始的人本主义主要包括相互衔接的三个方面:生殖、报本和敬天祭祖。其中,“生殖”说明人之来源,以一种质朴平实的方式解释了人生“何自来?”的大问题,而全没有西方上帝造人那样的神秘主义色彩;所谓“报本”,是说人必有所本,而最直接的“本”即是生我的父母,而以此解释了“孝”在中国传统农业社会伦理中的核心地位;“敬天祭祖”中的“天”,实质上是“祖”的延长,“敬天”和“祭祖”都是孝的延长,都是报本。中国人之所以“敬天祭祖”,并不是像迷信神权的西方人一样虔诚地相信天神或“死鬼”的客观存在,而只是在报本观念支配下的尽孝心而已。从这个角度说,“那时别的民族都尚在神权迷信时代,而我们早已人本”。谢扶雅认为,孔子祖述尧舜,正是“绍承了古代的人本主义,而又新诠为伦理的人本主义——可称为人伦主义。他把原始思想的(1)生殖,(2)报本,(3)敬天祭祖,完全接受下来,而用一个‘仁’字重新把它解释一过”。[⑥] 换句话说,在谢扶雅看来,“仁”只是孔子对远古时期流传下来的生殖、报本和敬天祭祖观念的一种高度的凝练和概括。

由此可见,根据谢扶雅的理解,要认识儒家的“仁”,就需要理解天的性质以及天与人之间的关系。他认为,在“中国独特的农耕哲学(Agricultural philosophy)”[⑦]中,“天”尽管是一个含义广泛的概念,但其最根本的性质,就是“天有好生之德”,生生不息。这种生生不息的性质,既成为农业生产的自然基础,同时也成就了人口、劳动力的再生产。人们将“天”作为自己的远祖,要对其尽孝的原因,正在于它所具有的这种“生生”的能力和意志;无论是人类这个群体,还是作为个体的人,能够来到这个世界上并且生存繁衍下去,都是上天“生生”的能力和德性的结果。既然人是由“天”所生,那么,在事实层面上,人的本性与天的

⑤ 谢扶雅:《我国的人本主义——儒学》,载《时代精神》1943 年第 4 期。

⑥ 同上。

⑦ 谢扶雅:《人生哲学》,上海:世界书局,1932 年,第 129 页。

本性是一致的；在应当层面上，人的德性则要求同天的德性相符合。“仁”便是“天”之“生生”“好生”德性在人身上的体现。谢扶雅说：“‘仁’的最巧妙处在复活了原始朴实的生殖思想而又加以美化与哲理化。仁从人从二，郑玄后注曰：‘仁，相人偶也。’诚然，孤阴孤阳，岂能生长？孤夫孤妇，岂能和调？‘礼之用，和为贵’。推而至于孤父孤子，孤君孤臣，必皆失去活力而致枯僵。举凡自然界及文化界，无不赖相偶之‘仁’为之生动与维系。”[⑧]这就是《易传》中所说的：“天地之大德曰生，圣人之大宝曰位。何以守位？曰：仁。”因此，从本质或内容上说，“仁”是人法天之和谐生生的大德；而从功能或效果上说，“仁”德所追求的就是“遂生”。如果“人诚能效天而行，顺天而动”，就能够“和天一样地遂他和谐不息的生，这便是仁了。生是自然的遂其生，仁是人为的遂其生。”这便是谢扶雅所说的，“仁底本质是法天，……而仁底功果是遂生。”[⑨]

在儒家思想中，“仁”一般被看作一条重要的伦理准则或者德性，它指导或支配着行为主体的道德选择和人生路向，并具体化为一系列的行为要求或品质要求。“法天”和“遂生”揭示了“仁”的根本和目的，但却没有说明它对于人们现实活动的指导作用和它在人生历程中的具体体现。以“法天”为本质的“仁”如果要达到“遂生”的目的，还必须要将其落实到现实的生活实践之中。对此，从行为主体的角度，谢扶雅又揭示了“仁”中所包含的“协伦”的意义。

谢扶雅将“协伦”称为“仁”的“方案”。所谓“协伦”，简单地说就是调整人的行为，和谐人际关系。谢扶雅认为，在人们现实的道德生活中，“仁”所体现出来的是一种“辩证的真理”“创造的综合”。在古代，“仁”字和“人”字往往相通。中国人所理解的“人”，从字形上就是相互对待的，是个性与群性的统一。“仁者，人也”，“仁”自然也体现着这一中国文化中特有的“偶性”。“一阴一阳之谓道”，这种偶性同“仁”和谐遂生的“法天”性质也是相一致的。因此，作为道德观念的“仁”包含两层涵

---

⑧ 谢扶雅：《我国的人本主义——儒学》。

⑨ 谢扶雅：《中国伦理思想 ABC》，第 55 页。

义:“第一是:一个人必先肯定自己;第二是:一个人又必需要同类的对方相与为理。”⑩从自我性上来说,仁首先是“自保自利的”。谢扶雅说:“人性必有‘人欲’,必有‘饮食男女’,必求自我满足(Self-satisfaction),必求自我保存(Self-preservation)。仁是颇富自我性的,它毋需损己以利人,它绝不是禁欲主义(Asceticism)。”⑪同时,也正是有了自我肯定,“自由无拘无束的‘为仁由己’”⑫才有可能,这其实就等于强调了主体在道德上的自我责任。在这个意义上,谢扶雅称孔子是一个“道地的自由主义者”,因为他是人情的,不是矫情的;是达欲的,不是遏欲的。但是,孔子的“自由”并非眼里只有自己而没有群体和他人。“仁既是‘人’,而‘人’字又是那么相互倚依,不容有我无你,有你无他。‘仁’虽‘由己’,亦需‘克己’。”⑬因此孔子一方面维护个人自由,另一方面又主张相当的社会控制。否则,过分的自由和纵欲,违背了人情,便不再是“仁”了。仁“是自利利他,共存共荣”。只有这样,“我们才真能共享乐利,共遂和谐不息的生”。⑭ 总之,谢扶雅认为,“仁”要求在自我和他人之间建立起一种辩证的关系。“仁是忠于己而恕于人,是活泼泼地真情流露而亦尊重对方,顾到别人的处境”;⑮“仁是内外双修,具有湛深自我与世界意识的相济相成”。⑯

除此之外,谢扶雅还将“成人”视为“仁”的“程序”,说“仁底本质是法天,而其程序是“成人”。⑰ 如果说“协伦”侧重的是“仁”在现实的人际关系处理中的意义,那么,“成人”则是从人生理想和人格培养的角度,阐述了“仁”在主体生命历程中展开的过程。在儒家思想中,“成人”二字既可以指一种完善的人格,也可以指人格的完善过程。谢扶雅在这

---

⑩ 谢扶雅:《孔教对于基督教底贡献》,载《基督教丛刊》1948 年第 22 期。

⑪ 同上。

⑫ 谢扶雅:《新中道论》,载谢扶雅:《生之回味》,第 11 页。

⑬ 谢扶雅:《孔教对于基督教底贡献》。

⑭ 谢扶雅:《中国伦理思想 ABC》,第 55 页。

⑮ 谢扶雅:《孔教对于基督教底贡献》。

⑯ 谢扶雅:《新中道论》,载谢扶雅:《生之回味》,第 11 页。

⑰ 谢扶雅:《中国伦理思想 ABC》,第 91 页。

里主要是从后一意义上来使用“成人”这一概念的。“成人”的过程,就是使人逐渐达到“与天地参”的境界的过程;这种境界是“法天”的最后完成,同时也是“仁”的最理想状态。《论语·宪问》篇记载,子路问“成人”,孔子回答说:“若臧武仲之知,公绰之不欲,卞庄子之勇,冉求之艺,文之以礼乐,亦可以为成人矣。”谢扶雅分析认为,严格说来,“艺”与“礼乐”,较为末节,“知”“不欲”“勇”其实是“智、仁、勇”三达德的另一种表述。根据孔子说的“仁者必有勇,勇者不必有仁”,“勇”从属于“仁”。[18] 孔子虽然“仁”“知”并提,“但‘知’好似‘仁’底手段,‘仁’底附属品”,不能彻底独立。[19] 经过层层剖剥,孔子关于“成人”的人格标准,最核心的,就只剩下了“仁”。因此,“成人”最根本的就是达到“仁”、完成“仁”。这样,“成人”便成为了“仁”的程序。“‘仁者人也’,即是完成人格底意思。”[20]

二、儒耶比较视域下“仁”的宗教性意蕴

从谢扶雅关于“仁”的内涵的分析中,我们就可以发现浓厚的宗教色彩。他对于“仁”的理解,不但有异于历代的儒家学者,而且也与同时代的其他学者不同。这很大程度上是源于他作为基督教学者和宗教哲学家的身份、立场和思想倾向。事实上,谢扶雅也是将“仁”视为一个具有深深的宗教性意蕴的概念,同时认为这一概念中包含的观点和主张与基督教思想有着很大的相似性,从而认定儒教是具有世界影响的宗教之一。

谢扶雅认为,中外学者之所以会认为中国没有宗教,主要的原因就是他们以为“中国的学术中没有神学这样东西”。[21] 在谢扶雅看来,这种

⑱ 同上,第 92 页。

⑲ 同上,第 98 页。

⑳ 同上,第 91 页。

㉑ 谢扶雅:《中国的形而上学与神学》,载《谢扶雅晚年文录》,台北:传记文学出版社,1977 年,第 101 页。

认识是片面的。“宗教之本质在信仰”,[22]中国古代虽然没有西方那样的教会、经典,也缺乏迷信天国等意识和神前祷告等仪式,但这些只是宗教的末节。以“仁”为核心的儒家学说所体现的,是中国人独特的宗教意识和宗教情感。因此他说:“与西方二千年来基督教神学相比,中国的神学构作诚然望尘莫及,但这只就其量而言。若就质而论,正如中国艺术的意像画,往往寥寥数笔已大足以传神,无需像西方的美术家那样,油墨重重,过分工到。孔子罕言天道,但他的宗教意识,未尝或淡薄于西方任何一个大神学家。古代的尚书四卷,淋漓尽致地表达我先王前哲的满腔宗教情绪与虔诚。西方一般汉学家很少能领会中国古籍中所蕴蓄的宗教心情。彼邦基督徒每从基督教义的成见判定中国文化是人本主义,缺乏活的上帝意识,更无‘罪感’,而作‘人性本善的主张’。他们认为中国各学派几乎都是无神论者;又以为‘道’是一个非人格的(impersonal)抽象名词,与基督教的天父或父神根本殊异。然而我们当明白,宗教的本质,无非在乎虔心。神或上帝之为‘人格的’,只看他是否‘道德的’以为评衡。”[23]

中国古代的“仁”学不但以自己独特的方式体现着其宗教性价值,同时,这一思想与基督教的教义也有着许多相通之处,从而进一步印证其所具有的宗教性意义。

首先,“仁”的本质是“法天”,而这里的“天”,与基督教中的上帝观念是相通的。诚然,在《诗经》《尚书》等早期典籍中,尚屡屡出现“上帝”一词,而在孔子的言论中,却再也没有提到上帝,甚至连“天道”都“罕言”。但是,在谢扶雅看来,这并不意味着在孔子和其他儒家学者心目中就不存在“上帝”那样的超自然的主宰者。“陆象山说得好:‘东海有圣人出,此心同,此理同也;西海有圣人出,此心同,此理同也;南海有……;北海有……’。真的,东西圣哲无不同在探究宇宙之大原理与人生之归宿,并同企求天国的降临,所不同者只是说法和用字遣词而已。”[24]从中

---

[22] 谢扶雅:《宗教哲学》,济南:山东人民出版社,1998 年,第 47 页。

[23] 谢扶雅:《太极本义及新诠》,载《谢扶雅晚年文录》,第 59 页。

[24] 同上,第 61 页。

国古代贤哲关于“仁”的论述中,可以发现他们其实是在用一种不同的方式,表达着同西方类似的“上帝”观念。比如,孔子创立的“仁”学发展到汉代,“西汉大儒董仲舒,扩充孔孟仁义的人生理想为‘天人合一’论。他认为人生原与上天肖似,相称于基督教认世间人众皆属神的儿女。”㉕到了宋代,理学的开创者之一程颢提出了“仁心即是天心”的思想,谢扶雅认为,这就是“中国固有思想的上帝观”,并将成为“中国特有的神学”的根苗。“耶稣昭示‘上帝的国就在你们心里’(路十七21)。中国宋儒申论孔子之仁,指出‘仁心即是天心’。真的,我们可模效金狮子章的说法而主张‘一个人的仁心可收天心尽;天心可入一人心中’。天心者何,上帝是也。这该是中国固有思想的上帝观,亦将由此而衍生出中国特有的神学。”㉖

其次,儒家“仁”学中“生生”“遂生”“好生”等观念,同基督教“爱”的伦理观也是“名异而实同”。谢扶雅认为,“仁”的本质是“法天”,而所“法”的,正是“天”“生生”的属性。中国人的这一观念与西方的基督教是一致的。“据周易系辞传作者称,易的宇宙观即是‘生生’而已,而这是颇符合基督教神学的。新约圣经上常称:‘上帝是一位永恒的上帝。’哲学上的术语便称为‘大宇宙生命’。”㉗由于这种根本上的一致性,儒家的“仁”与基督教的“爱”,也可谓仅仅是“说法和用字遣词”上的不同而已。因此,谢扶雅称“孔子实在是一位伟大的宗教教育家”,他所倡导的“仁”,与西方中古修道院和近代宗教教育所宣扬的“爱”无异,所不同的,是孔子的教育并非以神为前提,而是注重从人上说,致力于笃行。他说:“他虽不曾构制甚么神学,但他所自白的‘下学而上达’,显然指上达至天。孔子雅不欲骋论恣辩,惟求踏实践履‘学不厌,教不倦’,而这便是他所立的‘仁’之教义。‘夫仁者,己欲立而立人,己欲达而达人’(《论语·雍也篇》)。所谓‘立己’‘达己’,实与律法总纲中‘爱主你的上帝’

㉕ 谢扶雅:《基督教神学与新儒家》,载《基督教文化评论》编委会:《基督教文化评论》(第一辑),贵阳:贵州人民出版社,1990年,第148页。

㉖ 谢扶雅:《西方现代神学与中国固有思想》,载《谢扶雅晚年文录》,第109页。

㉗ 谢扶雅:《基督教神学与新儒家》,第147-148页。

相通,而'立人''达人'亦与'爱邻如己'无异。因此孔子的'仁'(蔡元培解为'总摄诸德之名'),与基督教的'爱'可谓名异而实同。"[28]孔子之后,历代儒家在阐发关于"仁"的思想时,也没有背离"天地有好生之德"这个根本,都是从"爱"的情感出发,去提升在"仁"上的修养境界。"仁只依据'天地有好生之德'而来。程明道说:'仁者,以天地万物为一体,无非己也'。朱晦庵说:'天地以生物为心者也,而人物之生,又各得夫天地之心以为心者也'。张横渠曰:'天地之塞吾其体,天地之帅吾其性,民吾同胞,物吾与也'。王阳明说:'大人者,以天地万物为一体者也,其视天下犹一家,中国犹一人也。'这都是发挥'仁'的修诣工夫,与基督教之爱,实可为异曲同工。"[29]

总之,在谢扶雅看来,儒家的"仁"学与基督教神学有颇多相互发明之处:"孔子及其后历代的儒者,确曾遗留下来不少颇合于基督教教义的著作"。[30] 但与此同时,儒家的"仁"学的宗教性特征与基督教相比又有着明显的独特性。其最显著之处主要集中在两点:一是,儒家更重视人本身,而不是围绕着神来构建自己的思想体系。"它并不开口'主啊'闭口'主啊',却深深承认人具神的面影,有'神的样式'(创 1:26)。人的可能性几乎是无可限量的。"[31]二是,儒家更重视实践和实用,它的理论体系是立足于现实的人伦日用。"中国民族性是务实用而尚实践的。它一方面无意于纯理论的'为知识而知识',另一方面又不浸淫于神秘主义。"[32]这样,以"仁"学为代表的中国传统思想就体现出了深深的重"行"的特征,不同以基督教为代表的希伯来文化重"信"和希腊文化重"智"的特点。这一文化特色已经融入进了中华文化的血脉,渗透于中国人日常的思维和实践活动之中,无论是基督教在中国的传播,还是符合时代潮流的中国新文化的建立,这一点都是不容忽视的。

---

[28] 谢扶雅:《怎样写中国化的系统神学》,载《谢扶雅晚年文录》,第 128 页。

[29] 谢扶雅:《生命》,载谢扶雅:《生之回味》,第 103 页。

[30] 谢扶雅:《宣道学、神学与儒学》,载《谢扶雅晚年文录》,第 98 页。

[31] 同上,第 99 页。

[32] 谢扶雅:《中华基督教必是"入世"而"化世"的》,载《谢扶雅晚年文录》,第 139 页。

三、从对"仁"宗教性内涵的解读看谢扶雅神学思想的独特性

在近代之后倡导基督教"本色化"的学者之中,谢扶雅的思想观点是独树一帜的,这主要源于他对宗教的独到的理解和认识。谢扶雅认为,真正的宗教是人的一种态度,它以理性为基础,以人事的体验为根基。而"寻常人之宗教观,以为宗教之出发点,必先为上帝,为神,为宇宙本体之决定,承神旨以立教义(经典),以结团体(教会),以广宣传(传道),而后形成一枝叶扶疏之宗教。此虽可谓之宗教,然非所语于理性的宗教也"。[33] 诚然,宗教离不开虔诚的信仰,"一切宗教的重心,在乎信仰。"[34]但是,在谢扶雅看来,如果只有信仰而没有理性,便谓之"迷信","迷信的宗教势必难立足于理性的人间"。[35] 因此,成熟的宗教并不执着于论证上帝的存在,不狂热地维护教条教义的权威性,甚至不汲汲于经营教会的规模,而是"皆起于人事的体验,由直接观察世间的罪恶与黑暗,人生的痛苦与社会的束缚,而积为困心衡虑焦思苦索之结果,乃触机发见宇宙之真理,继而用此假定,复进验诸人生,数证不误,因遂确立一坚决的信念,而贯彻其热烈的行为也"。[36] "坚决的信念"和"热烈的行为",在谢扶雅的宗教观念中占据着重要的,甚至核心的位置。用中国传统哲学的范畴来说,宗教的根本精神,其实就是一个"诚"字,"诚则灵","信则有"。宗教的产生与发达,并非源于某种宇宙观,而是发于一定的人生观。

以"仁"为核心的儒家思想,与谢扶雅所理解的现代宗教的这一特征是相吻合的。谢扶雅认为,儒学之所以不被当做一种宗教,孔子之所以不被称为宗教家,原因之一便是孔子所创立的儒学思想"理性较强"。孔子"刊落形式",认为"获罪于天,无所祷也";他"注重现实之知识,故

㉝ 谢扶雅:《宗教哲学》,济南:山东人民出版社,1998 年,第 85 页。

㉞ 谢扶雅:《我的一些未成熟的神学思想》,载《谢扶雅晚年文录》,第 111 页。

㉟ 谢扶雅:《宗教哲学》,第 47 页。

㊱ 同上,第 86 页。

置究极不多讲耳”,如“夫子之言性与天道,不可得而闻也”,“未能事人,焉能事鬼?未知生,焉知死?”等。[37] 而在谢扶雅看来,孔子所抛弃的,只是宗教的末节、形式。孔子罕言“天命”“天道”等概念,是因为他认为“人事”更加切近,更值得我们付出热情和行动,并不意味着“天”这一超越性的概念在孔子的思想体系中被排斥了出去。“法天”这一本质内涵,表明儒家以“仁”为核心的最高理想和道德人格,同基督教等其他宗教一样,也是建立在“宇宙之真理”的基础之上的。“我们这个道德的人格,并非没有宗教心作后盾,亦非没有学问的根基。我们的理想人格是一边致力于‘学不厌,诲不倦’(《孟子·公孙丑篇》引孔子自命),一边连接到‘知我者其天乎!’(《论语·宪问篇》)。”[38]而这个“天人合一论”,正是“中国宗教理论基础”之所在。[39] 所以谢扶雅宣称:“儒学的道和教化,都具有深而远的‘天命’根源,所以与基督教作会心的微笑,而无牴牾冲突之嫌。”[40]通过“人事的体验”,“触机发见”“法天”这一行为的原则,并循此“道”而达成“遂生”的功果,这不正是西方宗教精神中的“密契”与“救恩”吗?

谢扶雅以“协伦”作为“仁”的“方案”,以“成人”作为“仁”的程序,强调了“仁”的伦理意义。但是,如果从宗教与道德的关系上来考察这种解释,可以发现,“方案”“程序”的定位所体现的,其实只是赋予人世间的道德行为和人格完善过程以工具性的价值,而其目的,是通过这一“方案”和“程序”来实现“仁”的“法天”的宗教性本质。这样,世俗的道德行为便具有了宗教意义。而这种伦理化的宗教观念,正是现代理性宗教的特征。在谢扶雅看来,儒家基于客观的人际关系和人格理想对“仁”的理解和践行,尽管立足于现世,但处处体现着超越性的宗教精神。“孔子一生勤毅奋勉,学不厌诲不倦,己立立人,己达达人,及‘知其不可而为之’之精神,与其乐道知名,从心所欲,无人而不自得之修养,谓

---

[37] 谢扶雅:《宗教哲学》,第70-71页。

[38] 谢扶雅:《新中道论》,载谢扶雅:《生之回味》,第21页

[39] 谢扶雅:《儒教与基督教的比较研究》,载东海大学哲学系主编:《中国文化论文集》(五),台北:幼狮文化事业公司,1984年,第519页。

[40] 同上,第521页。

非由于宗教经验不可也。”[41]另外,从提高道德境界的过程来看,“法天”的“法”,在现实中就是“学”。而中国儒家的“学”,不同于西方只是专注于求真,专在取得知识,而是具有道德性和宗教性的求善和求美的意义。“学的最后成效乃是上达于天,即与上天合一,与大宇宙同化。这是为学的极致。‘学之为言觉也’。学的功用是大彻大悟;因而如释迦牟尼佛是自度度人,同等乐土。这样,中国的教育是拿道德作重心,而中国的道德,更含有宗教的气息,而不仅仅是‘明人伦’。”[42]因此可见,在谢扶雅那里,无论是以“仁”为核心的传统道德,还是“下学而上达”的道德品质的提升过程和途径,都具有了深刻的宗教性内涵。而这种宗教性内涵,贯注于人的生活之中,所体现出来的并非对神的匍匐与虔诚,而是打上了深刻的理性自觉的烙印。

因此,尽管孔子将上古时代流行的“天”“上帝”等观念打入不可知之列,但在谢扶雅看来,以“仁”为核心的儒学完全可以称得上是一种宗教,而创立了这一学说的孔子,可谓是一位名副其实的宗教家。“孔子之宗教见解,则视唐虞以来更有百尺竿头之革进。”孔子在宗教上的特色和贡献,正在于他“认此世界为生生不已之活动与和谐,而不肯定有一孤峙的超自然的上帝之存在。”[43]

正是由于此,作为一名中国基督徒,谢扶雅一生致力于基督教的“本色化”运动,希望发达于西方的基督教能够融入中国社会,融入中国人的观念之中。然而,对于基督教“本色化”的思路,他却大异于同时代的大部分基督教学者。他对本色化教会的建设不感兴趣,而是主张将基督徒人格的塑造当成是基督教在中国传播和发展的基本途径,并提出了“基督徒君子”的人格理想。在儒家思想中,“仁”的德性要求具体化为“君子”人格。“仁”是君子最本质性的要求。“君子去仁,恶乎成名?造次必于是,颠沛必于是”(《论语·里仁》)。“基督徒君子”人格理想所体

---

[41] 谢扶雅:《宗教哲学》,第71页。

[42] 谢扶雅:《中国古代的“大学”概念》,载东海大学哲学系主编:《中国文化论文集》(六),台北:幼狮文化事业公司,1984年,第289页。

[43] 谢扶雅:《宗教哲学》,第70页。

现的,不仅是谢扶雅融合中国以“仁”为核心的伦理文化和基督教以“信”为基础的宗教思想的努力,同时也反映了他对中国传统“君子”人格的核心内涵“仁”的宗教价值的肯定和期待。

从形式上来说,谢扶雅在对基督教中国化的方式和道路的设想上也更为大胆。他认为,就如同中国儒家思想在两千多年发展的过程中通过不断吸收各种学派和文化的精华来使自身保持持久的活力一样,基督教也并非一成不变的。“耶稣基督的宗教一入西方即发生希腊化的神学思想,由若干教父一再修改而成立希腊东正教会。另又产生拉丁神学而成立大公教会。至近世的复原教会内,又涌起了各式各样的神学。”㊹既然如此,基督教传入中国,要想使其开花结果,就必然要通过改造来适应中国人的生活,从而得到中国人的认同,保持旺盛的生命力。“则耶稣基督移植到中华的土壤中,岂亦不可开出‘中华基督教’之花,与‘中国本色教会’之果?”㊺因此在晚年,谢扶雅不但在不断完善和阐发自己的独具中国特色的基督教神学思想,而且提出了编订“中华基督教圣经”的主张。他说:“西方的上帝儿女,编订新旧约圣经,乃至加插旁经,中华的上帝儿女,不亦可依他们的观点和祷告,而订制不必尽与西方同一的圣经吗?以愚个人的私见,那仿照罗马天主教,希腊东正教,和近代欧美复原教各宗教,而该化生的‘中华基督教’,除自行订立教会制度而外,亦不妨另辑圣经,以为炎黄胄裔讽诵、研究、解释、践履之用。”㊻他所主张的“中华基督教圣经”,除原有新旧约的内容之外,所增加的便是儒、释、道文献等中国传统的典籍。这一主张本身,体现了他对于被绝大多数人视为神圣的《新旧约圣经》的态度,在许多人看来可谓骇人听闻,因而招致了很多非议。谢扶雅之所以能够坚持这种主张,除了他自己的宗教哲学和对基督教的认识之外,另外一条重要的原因,就在于注重人道的中国文化对他思想的深深的浸润,在于他对于“仁”学等中国传统思想的宗教意蕴和宗教价值的理解和笃信。

㊹ 谢扶雅:《中华基督教必是“入世”而“化世”的》,载《谢扶雅晚年文录》,第140页。

㊺ 同上。

㊻ 谢扶雅:《关于中华基督教圣经的编订问题》,载《谢扶雅晚年文录》,第154页。

回儒马注的中伊文化会通思想述论

姚文永

【内容提要】 在民族观方面，马注提出华西一体的民族观；在真主与帝王之间，马注提出忠主忠君并存的国家观；在宗教信仰与儒家道德之间，马注提出世俗的道德与超世俗的宗教信仰相融合的道德观。作为一个伊斯兰教学者，虽然马注是一名推动伊斯兰教中国化的回儒，但其在接受中国文化方面是在坚持宗教信仰之下的接受，而非简单的吸收。作为伊斯兰文明与儒家文明对话的重要学者，马注的思想反映了其对儒家文化的吸收与再阐释，这是基于马注具有深厚的儒家文化功底与伊斯兰教造诣所产生的结果，更是伊斯兰教中国化的需要。

【关键词】 马注　中伊文化　儒学

中国历史上最成功的文化会通莫过于佛教的中国化运动。伊斯兰教自从唐代传入中国以来，经历了三次伊斯兰教中国化运动，前两次均不甚成功，第三次发生在明清时期，这次运动是在王岱舆、刘智、马注、马德新等四大回儒引领下完成的，也是最成功的一次中国化运动。与佛教的中国化不同，佛教在中国虽然影响极大，但在历史上也曾遭到中央政府的多次“灭佛”，而伊斯兰教中国化是较为平和的，这种平和的交流是不改变信仰下的入乡随俗，更是本土化的适者生存。同时，这种平和的文化交流方式是我们今天文化对话与交流所需要学习与借鉴的。当今世界，不同文化之间的交流是文化会通的主要表现形式之一，尤其是随着习近平一带一路倡议的提出,中外文化交流更是加速推进,研究马注中伊文化会通的思想,对今天的文化会通具有较为重要的理论价值。马注的中伊文化会通思想分别表现在华西一体的民族观、忠主忠君并存的国家观、世俗的道德与超世俗的宗教相融合的道德观三个方面。

一、华西一体的民族观

在中国,信仰伊斯兰教的主要民族有回族、维吾尔族等十余个。伊斯兰教发源于中东地区,自传至中国,就面临着如何看待中国各民族,特别是汉族的问题。在清初,作为伊斯兰教重要推动者的马注,较为系统地回答了这一问题。马注认为,不同地域就会有不同思想与理念,在此基础上,就会有民族宗教差异。

> 客曰:古今既出一体,何为回汉各别而教理不同者,何也?曰:缘开辟之后,人生日繁,教道四达,流被日远,认理或殊,向背各异,子孙之贤不肖故也。贤者务其正而大,不肖者务其偏而鄙。乃此地距天房数万里之东,去阿丹八千年之后,自伏羲始开文教,岂前人尽愚,至此始立?(仲修曰:伏羲去阿丹未远,世世相传,必有真授。岂必观河图而始知象数,察阴阳变化之理特以证道之符合,立万世之法言尔。自阿丹首出,敕降有经,故天地之性、万物之理。生来死去、纲常伦彝、食息起居、百工技艺,无不悉备。)其间不无见闻失实,然犹仿佛清真,惟事上帝。自玄释之论出,而上帝又不可考矣,上帝既不可考,则释氏之称日尊。(玄门谓上帝乃海外光严妙药王之子,宋真宗祥符七年,以功德封玉皇上帝。释教谓光严药王佛乃释加迦子,其与《诗》之上帝临汝,《书》之昭事上帝,名同而实异耶。)于是事佛,事仙,事神事鬼,各拟臆见,使海内之士虽有才智,悉入牢笼,犹治丝而莫揣其端。孟氏有云:"杨墨之道不息,则孔子之道不着。"孔道复几于杨墨,则清真之道又安得而着乎?清真既有其教,则阿丹当日之所以修齐治平立教垂训之要道自无不悉。譬若登山

问樵，涉水问渔，辨玉分金，须访识者。[1]

在论述马注的民族观之前，首先需要说明的是，"何为回汉各别而教理不同者"，文中的"回汉"之"汉"，并非单一的汉族，结合《清真指南》文本，"回汉"之"汉"主要是以汉、满为代表的除了回族之外的中华民族（下同）。对于民族及宗教之别，马注的解释为："缘开辟之后，人生日繁，教道四达，流被日远，认理或殊，向背各异，子孙之贤不肖故也。贤者务其正而大，不肖者务其偏而鄙。"[2]即子孙追求不同使然。同时又指出，中国与其他地方不同，也有位置之原因。"乃此地距天房数万里之东，去阿丹八千年之后，自伏羲始开文教，岂前人尽愚，至此始立？"[3]中国距离天房较远，自伏羲开始，中国逐渐有了自己的信仰，并逐渐形成自己的民族。在人类的发展中，不同地区的人类选择了不同的信仰，也就形成了最初的民族，以马注的见解，天房肯定是唯一正确的，而中国选择的虽然不正确，但错误还不算太大。"其间不无见闻失实，然犹仿佛清真，惟事上帝"。中国"惟事上帝"，这是针对早期儒学及其他学术思想而言，虽然不完全正确，然"犹仿佛清真"，即与伊斯兰教信仰差别不大。到佛教传入中国，中国的选择是彻底错误了，"自玄释之论出，而上帝又不可考矣，上帝既不可考，则释氏之称日尊"。可以说，对上帝的信仰是中国早期思想能与伊斯兰教相通的重要途径，到佛教进入中国以后，中国人对上帝也不信仰了，如此，"于是事佛，事仙，事神事鬼，各拟臆见，使海内之士虽有才智，悉入牢笼，犹治丝而莫揣其端"。"事佛，事仙，事神事鬼，各拟臆见"，这是世人思想混乱之表现，其结果是"使海内之士虽有才智，悉入牢笼"。即世人即使才智之人也被困入牢笼，再也找不到出口，"犹治丝而莫揣其端"。其结果也是可怕的。所以，就有"孟氏有云：'杨墨之道不息，则孔子之道不着。'孔道复几于杨墨，则清真之道又安得而着乎？"可见，在马注眼中，孔子对上帝的信仰是儒家与伊斯兰教相

① 马注：《清真指南》，余振贵标点，银川：宁夏人民出版社，第38－39页。
② 同上，第38页。
③ 同上。

通之关键途径,孔道不复,“清真之道又安得而着乎”?[④] 从马注的视角而言,在人类诞生之初,也没有什么民族之别,随着地域、信仰等不同,逐渐有了民族。民族不同是万物非单一存在之必然,民族不同并不可怕,关键是信仰要相同。就中国与天房而言,要想打通两者信仰之关系,关键是恢复对儒家上帝之认知,这也是马注尊孔之根本原因。

具体到回汉民族之间的关系,因回汉民族的信仰是相通的,故两者之间是容易认知的。在马注把伊斯兰教的真主造化万物与儒家的天(上帝)造化万物联系之后,伊斯兰教与儒家的关系更紧密了。既然回汉民族差异不大,特别是民族信仰又是相通的,那么,回汉关系具体是什么呢? 马注首先回忆了自隋朝伊斯兰教传入中国的历史,以及回族在中国大地繁衍发展的历史,并认为,当今天下是回汉关系最好的时期,并提出了“华西一体”之说。“逮我皇上建中立极,华西一体,优蒙宠恤,德配昊天。每于经筵之暇,咨做下询。斯诚超越百代,而独隆千古者矣。”[⑤]“华西一体”的“华”是以汉、满等为代表的中华民族,“华西一体”的“西”,从狭义而言,是以回族为代表的从西方来到中国并融入到中华民族的回族或伊斯兰教民族,从广义而言,可以理解为除了中华民族以外的西方民族或所有民族。从《清真指南》文本而言,“华西一体”应是其狭义之意。“华西一体”是马注对当时回汉等民族和睦相处的形象表达,也是民族之间相处的准则与目标。因为较好实施了“华西一体”的民族政策,故皇帝“德配昊天”,“独隆千古者矣”。“华西一体”是保障各民族平等相处的理论基础,也是各民族的共同愿望。“臣虽边远,时聆圣恩仁覆海内,恤我回民如天如地,如日如春。华西一体,痛痒相怜,普天顶祝,圣寿无疆,倾心感化,国祥永昌。”[⑥]“华西一体”是建立在汉满等民族对回族等少数民族宽容的基础上的,是吾皇帝“恤我回民如天如地,如日如春”的结果。“华西一体”必须以各民族平等相处为基础,需要“痛痒相怜”“倾心感化”。

---

④ 同上,第 39 页。

⑤ 同上,第 22 页。

⑥ 同上,第 17 页。

二、忠主忠君并存的国家观

中国人的家国观念来源于西周分封制,当时,天子以天下为己任,诸侯建国,卿大夫立家,家国一体,共同维护周天子的权威。分封制是建立在土地公有与血缘关系之上的政治组织。对于这种家国一体的观念,马注也深受其浸染。马注说自己“少不能肆其业,长不能养其亲;进不能辅其国,退不能理其家;外不能利乎人,内不能济乎已”。⑦ 其中,“进不能辅其国,退不能理其家”,这就是儒家的家国观念的体现。

一般宗教都要求信仰者的绝对忠诚,伊斯兰教也不例外。在中国,儒家要求对君主的绝对忠诚。马注从小生活在中国,并接受儒家教育,伊斯兰教对真主忠心是绝对的,在王岱舆等著名回儒的理论基础上,马注认为,在对真主忠诚的同时,对君主忠心也是非常重要的。对此,马注说:

> 三纲既立,故为臣则教以忠,为子则教以孝,为弟则教以恭,为妻则教以敬,为友则教以信。虽良知性成,而物染暗,圣人不过因其质而裁成辅相之。譬若色香滋味具于根干果种,非有水土之滋养,必不能成其美质。一经人力栽培,和风顺雨,则品味不同,色香各异,所谓尽其人道。人道既尽,而不知认主拜主、遵主之命,则天道有亏。又若李本靠梅,桃本续杏,虽色味可嘉,难完真性。忠不得全其为忠,孝不得全其为孝,弟不得全其为恭,妻不得全其为敬,友不得全其为信,犹车无轮,犹树无根。此五伦之大伦,三纲之大纲。天人两尽,然后身命乃全。⑧

“为臣则教以忠,为子则教以孝,为弟则教以恭,为妻则教以敬,为友则教以信”,这些忠孝恭敬信等伦理道德也是需要坚守的。如果说忠主

⑦ 同上,第416页。
⑧ 同上,第294页。

是天道,则忠君是人道,“天人两尽,然后身命乃全”。可见,在马注思想中,忠主忠君同样重要。在伊斯兰教体系中,强调对主的绝对忠心,但在回儒思想体系中,是忠主忠君并存,这是中国特色的伊斯兰教体系。正像有些研究者所言,“中国穆斯林根据经训中关于热爱自己生长的土地、服从执行政策的长官等内容的文字,创造性的提出了既信仰真主又忠于皇帝的‘二元忠诚’主张,将忠君与忠主有机地结合起来”。[⑨] 回儒重视忠君思想,甚至提出:“不忠国王,不顺父母,不思至亲,不爱同教,不慈卑幼,不清寄物,则不可与论教门。”[⑩]可见,马注是非常重视忠君思想的。除此之外,马注专门列了不可违背的条目,凡一百一十款,前三款分别是认主、父母(家)、国。“条目凡一百一十款。违犯主命,忤逆父母,不忠国王。”[⑪]纵观所有条目,在一百一十款条目之中,前三个是最为重要的。这也说明马注忠主忠君并重的思想。

三、世俗的道德与超世俗的宗教相融合的道德观

在中国,儒家追求的是人的道德修养,而宗教追求的是超世俗的宗教信仰,这两者是否有矛盾呢?对于道德,马注认为,伦理道德在伊斯兰教中也非常重要,甚至是穆民的标志。合格的穆民有七个条件,其中有一条是不“悖逆君亲”。“办功虽慎,悖逆君亲,若石围栽莲,灌之欲活,其功虽殷,其花日萎,不得谓之穆民。其次,要誉施舍,骨肉寒心,若市狗悬羊,表里弗一,剜肉医疮,无益有损,不得谓之穆民。”[⑫]“悖逆君亲”就是违背伦理道德。可见,伦理道德在伊斯兰教中具有非常重要的位置。下面,我们看看伦理纲常是怎么产生的。

故阿丹属主之影。命既入体,复拥上升,游历诸天,各种各名,

---

⑨ 何红玉:《明清时期伊斯兰教中国化研究》,西北师范大学2003年硕士毕业论文,第18页。

⑩ 马注:《清真指南》,第205页。

⑪ 同上,第367页。

⑫ 同上,第64页。

听其设立。登于宝座，名曰“静天”，号阿勒始，谓之九重。命朝贺以定君臣之分，逐巨神以正抗命之罪，然后大位乃定，命曰“天子”。天之子，民之父也。三纲由兹而始，五伦由兹而立，九族由兹而分，万民由兹而出。[13]

真主先造化人祖阿丹，阿丹出世之后，定君臣之分，正抗命之罪，“三纲由兹而始，五伦由兹而立”。可见，真主即是伦理道德的造化者。在此基础上，马注说：“天下之主命之当遵也，故臣不敢不忠，于(子)不敢不孝，弟不敢不恭，友不敢不信。”[14]伦理道德来自真主，“天下之主命之当遵也”，所以，世人才会遵守伦理道德。伦理道德虽然是真主之命，又是培养以妈纳的基础，但伦理道德终归是建立在处理人与人之间关系之上的道德准则，同时，马注特别强调，伦理道德是建立在情感基础之上的客观存在。对此，马注说：

有男女而后有夫妇，有夫妇而后有父子，有父子而后有兄弟，有兄弟而后有君臣，有君臣而后有朋友。譬若花叶枝果同发于根茎之内，而红翠品级、小大长短各呈其质，五伦生焉。五伦既生，又使之君令臣行，父令子顺，夫令妇从，犹纲之有网，听其纵敛。又若果系于花，非花无果；花系于枝，非枝无花；枝系于干，非干无枝，三纲立矣。三纲既立，故为臣则教以忠，为子则教以孝，为弟则教以恭，为妻则教以敬，为友则教以信。虽良知性成，而物染暗，圣人不过因其质而裁成辅相之。譬若色香滋味具于根干果种，非有水土之滋养，必不能成其美质。一经人力栽培，和风顺雨，则品味不同，色香各异，所谓尽其人道。人道既尽，而不知认主拜主、遵主之命，则天道有亏。又若李本靠梅，桃本续杏，虽色味可嘉，难完真性。忠不得全其为忠，孝不得全其为孝，弟不得全其为悌，妻不得全其为敬，友不得全其为信，犹车无轮，犹树无根。此五伦之大伦，三纲之大纲。天

---

[13] 马注：《清真指南》，第 211－212 页。

[14] 同上，第 76 页。

人两尽，然后身命乃全。[15]

在真主造化万物过程中，逻辑顺序是这样的，先有男女，再有夫妇，再有父子，再有兄弟，再有君臣，再有朋友。在这种真主造化人类过程中，为了区别人类之“品级、小大长短”，“五伦生焉”，五伦之后，“又使之君令臣行，父令子顺，夫令妇从”，如此，“三纲立矣”。那么，三纲五伦建立的情感基础是什么呢？马注说：

> 世有三重，疼热莫过父母，义和莫如兄弟，恩爱莫若夫妻。此五伦之大伦、三大纲之大纲。至于父母，自怀胎以至生育，乳哺襁负，尿屎不厌，其泣其涕，生欲口噙，遇有疾病，痛思身代。及其成立，经营活计，娶妻生子。亲之爱子，如此其劳。子年日长，亲年日衰，欲报之德，昊天罔极。若夫兄弟，或一二岁，三四岁，相继而生，自竹马同游，以至龙钟鹤发，恩义浃洽，如手如足，痛痒相关。至若夫妻，良缘夙缔，佳偶天成，孤阴不生，独阳不长，男以女为室，女以男为家，如衣如服，寒暑相共。[16]

马注以父母、兄弟、夫妻三种伦理道德为例，来阐释伦理道德建立在感情之上。如父母与子女，“自怀胎以至生育”，到“及其成立，经营活计，娶妻生子”，父母一直是“亲之爱子，如此其劳”。父母疼爱子女的目的不是要求报答的，到父母晚年，子女“欲报之德，昊天罔极”，可见，父母对子女的爱是建立在感情基础上的。兄弟、夫妻也是如此，都是建立在感情之上的。

儒家的伦理道德是建立在人性基础之上的，回归人天生的善性，并拓展至亲人、朋友、君臣等，这是儒家伦理道德的基础与范畴。马注在阐释伊斯兰教道德时，虽然坚持真主在造化道德方面的决定性作用，但强调了道德的感情基础，即人性，这是与儒学的道德观较为一致的基础。

---

⑮ 马注：《清真指南》，第 294 页。

⑯ 同上，第 435 - 436 页。

综上所述,在民族观方面,马注提出华西一体的民族观;在真主与帝王之间,马注提出了忠主忠君并存的国家观;在宗教信仰与儒家道德之间,马注提出了世俗的道德与超世俗的宗教信仰相融合的道德观。作为一个伊斯兰教学者,虽然马注是一名推动伊斯兰教中国化的回儒,其接受中国文化方面是在坚持宗教信仰之下的接受,而非简单吸收。作为伊斯兰文明与儒家文明对话的重要学者,马注的思想反映了其对儒家文化的吸收与再阐释,这是基于马注具有深厚的儒家文化功底与伊斯兰教造诣所产生的结果,更是伊斯兰教中国化的需要。马注的《清真指南》虽然只是站在伊斯兰教基础上,对儒家文化的单向度吸收与再阐释,却大大加速了伊斯兰教中国化的步伐,这也是马注对伊斯兰教的重大贡献之一。

赛珍珠《中国小说论》及其中国新旧文学观

刘丽霞

【内容提要】 美国著名女作家赛珍珠对中国古典文学的喜爱不仅体现在她对古典名著的翻译上,也体现在1938年她在瑞典学院诺奖授予仪式上的演说上。在演说中,她高度评价了中国小说对其创作的影响以及对西方小说家的启发意义,并介绍了中国小说的发展过程。著名现代文学史家赵景深20世纪40年代曾将此演说稿译成中文《中国小说论》,并对其中的几处错误作了更正,该文极有史料价值。藉此演说及赛珍珠自传《我的中国世界》等相关资料,我们也可以考察赛珍珠对中国新旧文学的不同态度。

【关键词】 赛珍珠 《中国小说论》 赵景深 新旧文学观

在来华的新教传教士当中有一位非常特殊,她就是美国著名女作家赛珍珠(Pearl Buck, 1892 - 1973),1938年诺贝尔文学奖的获得者。赛珍珠出生三个月后便随传教士父母漂洋过海来到中国,此后40年中的绝大部分岁月,一直生活在中国,对中国普通百姓的生活以及中国文化有着深入了解,并书写了以中国农民为主角的杰出作品《大地》且以此获奖。赛珍珠后来因为宗教立场,与所属的美国长老会决裂,并辞去传教士职务。其内在的深层原因主要是赛珍珠的宗教多元文化立场和现代主义立场与美国传统教会的一元文化立场以及基要主义立场之间的冲突。除了其一生独特的宗教立场及文学创作,赛珍珠作为中西文化交流使者的身份也引人关注。其获诺奖演说《中国小说论》及自传《我的中国世界》是我们考察其中国文学观的重要途径。

一、赛珍珠译介中国文学概况

赛珍珠对中国古典文化充满了深情。1934 年,一篇采访性的文章《勃克夫人》中提到:"她是喜欢阅读中国书籍的,她的家里请了一位教中文的老塾师,这位中文老塾师教了她好多年的中国文学,现在仍在她的家里,每天教读她的五龄次女。她阅读中国书是不论新旧的,《四书》她都读过。旧小说她看得很多,最为她所推崇的是《水浒传》《三国演义》《红楼梦》这三部,就中尤以《水浒传》一书,她列为世界不朽的最伟大著作之一,所以她花了五年的工夫,将全部《水浒传》译出,她不胜折服叹赏《水浒传》中一百零八位好汉个性不同的描绘,和《红楼梦》中细微复杂情节的设想。"①

1928 - 1931 年,赛珍珠将《水浒传》70 回的版本翻译成英文出版,译名《四海之内皆兄弟》,在欧美风靡一时。鲁迅在 1934 年致姚克的信中对赛珍珠翻译《水浒传》作了如下评价:"近布克夫人译《水浒传》,闻颇好,但其书名,取'皆兄弟也'之意,便不确。因为山泊中人,是并不将一切人们都作兄弟看的。"②赛珍珠在译序中解释了她把《水浒传》书名译作 *All Men Brothers* 的原因:"英译的书名不是原书名,如按原名译出,则会令人费解。'水'是 water 的意思,'浒'字是边缘的意思,'传'则和英文中的'小说'同义。在英文里这几个字排在一起是毫无意义的,至少,我认为不能确切地表达出这本书所要说的意思。因此,我选用了孔子的一句名言作英译本的书名,这就充分表达出这批无法无天的强盗的气魄。"③

---

① 伯雨:《勃克夫人》,载《读书顾问季刊》1934 年 1 卷 2 期。

② 鲁迅:《鲁迅全集》,第十二卷,北京:人民文学出版社,2005 年,第 359 页。

③ 姚锡佩:《从赛珍珠谈鲁迅说起——兼述赛珍珠其人其书》,载郭英剑主编:《赛珍珠评论集》,桂林:漓江出版社,1999 年,第 194 页。

《水浒传》译成英文出版后,赛珍珠又决心和林语堂合作将《红楼梦》译成英文。她曾经和王莹一起试译《红楼梦》中的诗词,并对王莹提及:"中国的旧体诗词,吟咏起来十分好听,但翻译起来却很难,那些律诗讲究对仗、排句、押韵,译成英语,往往走样,也不能把诗情、意境完全准确地表达出来。《红楼梦》,这是世界小说名著中的一大奇迹! 我和林先生试着合译过多次,最后都因书中诗词太多太难,没能如愿,真叫人痛憾不已!"[④]

赛珍珠对中国古典文学的喜爱不仅体现在她对古典名著的翻译上,更体现在1938年她在瑞典学院诺奖授予仪式上的演说《中国小说论》(*The Chinese Novel*)上。在演说中,她高度评价了中国小说对她创作的积极影响以及对西方小说和小说家的启发意义,并介绍了中国小说的发展过程,使得中国的小说传统,第一次展现在西方文化精英们的面前。作为中西文化间的一座桥梁,赛珍珠对中国文化的介绍传播,是值得肯定的。

二、赵景深译介赛珍珠《中国小说论》并指正其错误

20世纪40年代,著名现代文学史家赵景深曾将此演说稿译成中文。[⑤] 在译文之前,赵景深先对赛珍珠及其演说稿作了简要介绍:"赛珍珠虽是美国人,却曾久住中国,所写小说,多以中国农民生活为题材。如《大地》《儿子们》,我国多有译本。新作《爱国者》更有数种译本。其他尚作有《骄傲的心》《战斗的天使》《流亡》《分家》《母亲》《东风西风》等。译文则有《水浒传》。1938年获得诺贝尔奖金。此文即于是年12月12日在瑞典学院公开演讲,去年4月又在弗吉尼亚一个大学里讲过一次,现在才出小册子,特地将它译出,略加删节,以飨读者。"[⑥]

---

④ 刘龙等编著:《赛珍珠》,合肥:黄山书社,1993年,第78页。

⑤ 赵景深:《赛珍珠〈中国小说论〉》,载赵景深:《银字集》,上海:永祥印书馆,1946年,第177-208页。该文原刊于《宇宙风(乙刊)》第22/23期。

⑥ 赵景深:《赛珍珠〈中国小说论〉》,载赵景深:《银字集》,第177页。

该译文极有史料价值，全文近一万两千字。赛珍珠在演说中首先肯定了中国小说对她创作的意义："我曾想了一下，今天该讲什么题目，如果不说到中国，似乎是不对的。虽然我生为美国人，我的祖先是美国人，现在我也还住在美国，并且要继续住下去，但形成我写作力量的却是中国小说，而不是美国小说。我最早的故事知识，怎样讲或是怎样写，却是从中国得来的。如果我不对它有所阐扬，未免是数典忘祖了。所可自慰的，我向诸位讲中国小说，都是我个人自己的意见。这也是我要谈一谈的原因。我相信中国小说对于西方小说和小说家是有启发的。"⑦

接下来，她花了较长篇幅介绍中国小说的产生和发展：

> 我所说的中国小说，是指的土产小说，并不是指的杂糅小说，现代中国小说家很强烈地受了西方小说的影响，却忽略了本国丰富的宝藏。
>
> 中国小说不是一种艺术，人家既不把它当作艺术，中国小说家也不以为他自己是艺术家。中国小说，其历史，其轮廓，其人民生活中的地位，这样有活力的地位，都应该强烈地注意这一点。自然，这一点你们是觉得奇怪的，因为现代西方学者对于小说都是颇为重视的。
>
> 但在中国，艺术和小说却时常是分开的。把文学当作艺术，却是老先生们唯一的财产，他们制造艺术，互相规定一个律令，他们以为小说是没有艺术地位的。这些中国老先生们，占有权威的地位。……中国文评家之一的姚鼐，在一七七六年开列作品的种类，据说是包有文学的全部。这些种类就是论辩、诏令、传状、碑志、箴铭、辞赋、哀祭、杂记等等。你瞧，没有小说，虽然在那时，即在许多世纪平民间发展以后，中国小说已经达到它光荣的最高峰。就连最广大的中国学术文库和百科全书——乾隆皇帝在一七七二年敕修的《四库全书》中，也不收小说。
>
> 老先生们不把小说当作文学，可以说是小说的幸运，并且也是

⑦ 同上，第177－208页。

小说家的幸运！无论人和书,他们都幸免于那些老先生们的批评和老先生们的艺术要求。……

中国小说是平民的特别产物。这是他们所独有的财产。小说的语言就是他们自己的语言,不是古典的“文理”。文理是老先生们所占有的。文理与平民用语的分别犹之古代乔叟(Chaucer)的英语与现代英语不同一样。虽然像讽刺似的,从前文理原也是方言。但老先生们却不肯跟着活生生的人们变动的语言走。他们抓紧了古代方言不放手,使其逐渐僵化,而人们流动的语言却继续前进,把他们远远地抛在后面。中国小说是“白话”,也就是人们的常谈。这白话是冒犯了老先生们的,老先生们说,这种文体甚为流动易读,并且没有什么表现的技巧。

……

但是中国小说用方言来写的真实原因,却是为了平民不能读写,所以小说写了出来,要便于高声朗诵,要使得一般只能用语言传达感想的人也能够理解。每一个村庄里,二百人当中,只有一个读过书的。在假期或是晚间,工作完毕时,他就高声朗诵故事给人们听。中国小说的起来就是这样简单的样式。……

我所说的故事,不是指的仅只无目的的活动,不是指的仅只粗糙的动作。中国人已经很熟练这些技巧了。他们对于小说所需要的是人物个性高于一切。他们认《水浒传》为三大小说之一,不仅因为此书充满了动作的火光,而是因为此书很清晰地写一百单八将,个个各有个性。我常听到愉快的调子称赞此书道:“一百单八将中任何人说话,我们无须提到他的名字。只要他一开口,我们就知道他是谁。”活泼的个性描写就是中国人对于小说的第一种要求,这种描写不是由作者的解释显示的,而是由人物自己的动作和语言显示的。

……

其中,她特别介绍了各时期一些富有影响力的小说:

如果汉朝是黄金，那末唐朝就是白银，白银就是有名的恋爱故事。这是一个恋爱的时代，上千的故事都集中在美丽的杨贵妃和差不多同样美丽的皇帝的爱人梅妃身上。这些唐代的恋爱故事，其统一与错综，就渐近西洋小说的标准了。也一样的有起点、最高峰和降落点。中国人说："唐人小说，不可不熟，小小情事，悽惋欲绝。"

……

岁月如流，小说的形式到宋朝方才完成，元朝就开了花，到了极繁盛的时期，差不多除了清代的《红楼梦》可以并驾齐驱以外，就没有可以超过元朝的了。小说在许多世纪中不被注意的发展，由根而干而枝而叶，终于在元朝开出花来，年轻的蒙古人到了古旧的国家里来，他们那富有活力而且饥饿的心需要滋养料。这样的心不能用无价值的果皮即古典文学来滋补，因此他们就转而注意于小说戏曲，在这新生命里，在帝王偏嗜的阳光里，虽然仍不为正统派文人所注意，却产生了中国三大小说中的两部：《水浒传》和《三国演义》——《红楼梦》是第三种。

我想把这三部小说的意义和对于中国民众的影响告诉诸位。我可以说，西方文学中没有可以与它们匹敌的。我们的小说史中，没有很清晰的时期可以说："此时小说是达到了最高峰。"这三部就是中国的平民文学。它们是通俗小说的纪念碑，虽然不是正统派的。它们被老先生们所忽视，被检查员所查禁，被以后的朝代判为危险的、革命的、堕落的。但它们仍旧存在，因为人们读它们，谈到它们，并且编成歌来唱，做出戏来演，终于使得老先生们也不得不加以注意，说它们不是小说，是寓言，寓言就可以算作正宗文学了。但人们对于这种理论并不加以注意，不管老先生们长篇大论、引经据典的证明。他们很高兴，觉得小说是为愉悦他们而作的，小说可以表现他们自己。

……

我在这儿要插一句嘴，《水浒传》有部分的法译，名为《中国的骑士》(*Les Chevaliers Chinois*)，七十回本则有我自己的英译全本，名为《四海之内皆兄弟也》(*All Men Brothers*)。原题《水浒传》在英文没有多大意思，只是表明强盗窝著名湖沼的水涯而已。但中国人看了这三个字，却可以立刻引起思古的幽情，不过与我辈并无关涉。

……

中国人说："少年莫读《水浒》，老年莫读《三国》。"这是因为少年读了《水浒》，也许要去做强盗；老年读了《三国》，雄心勃发，也许要去打仗，事实上年老是办不到的。所以如果《水浒》教我们中国社会情形，《三国》就教我们打仗，而《红楼梦》却说的是家庭生活和恋爱。

……

我在此处所举的中国平民所爱读的小说只不过是百分之一。如果他们知道我向诸位说这题目，他们一定要说："把三大小说，《水浒》《三国》《红楼梦》讲讲就行了，这是我们最好的小说。"这三部小说反映中国人所过的生活，这里面有他们的歌唱、欢笑和嗜好。他们一代一代地读这三部小说，并且从这三部小说里做出许多新的歌和戏剧以及别的小说，有的几乎和原著同样地有名。例如《金瓶梅》，讲的是浪漫肉欲，就是取材于《水浒传》的一小部分的。

临近演讲结束，她重申了中国小说对其写作的意义：

但我今天最重要的事情并不是开书目。我所要说的，就是这种深沉而又崇高的民主主义的人民的想象的发展，在他们本国内并不被尊为文学。故事名称只是"小说"，意思就是微小而无价值的话；长篇的就叫做"长篇小说"，意思就是较长的微小而无价值的话。现在，中国人的旧文学已经死了。平民的小说逐渐抬头，小说是不会灭亡的，它将继续不断地生长。

我就是在这种环境下成为作家的。因此，我的志愿不想写得怎样美丽或是怎样漂亮。我相信，这是健康的信条，我也曾说过，将启发西方的小说。

这就是中国小说家的本质和态度——这也正是老先生们蔑视的结果。

……

像中国小说家一样,我想为这些人写小说。我希望我的小说能为大多数平民所阅览。因为小说本是属于平民的。他们是最好的评判员,因为他们的感觉是纯正的,他们的感情是自由的。一个小说家应不以纯文学作为目标。他甚至最好不要受纯文学的毒太深,因为平民是不管这些的。……他要向农民谈到他们的土地,他要向老人谈到休憩,向妇人谈到他们的儿女,向青年谈到他们的生活。如果平民高兴听他讲,他就满足了。……

赵景深在翻译完赛珍珠的《中国小说论》之后,紧接着对其中的几处错误加以纠正,体现其严谨文风及扎实功底:

(1) 原文云:"姚鼐是中国最伟大的文学批评家。(面一六,指原文面数)"按,姚鼐是桐城派的古文家,即使可说是文评家,决不是"最伟大的",所以我把这几个字删掉了。又,鼐字译作Hai当为Nai之误。

(2) 原文云:"姚鼐文学分类有论辩、诏令、传状、碑志、箴铭、诗歌、哀祭、历史等。(面一六)"按,实际上"诗歌"和"历史"都不是姚鼐分类中所有的,我就将"辞赋"和"杂记"这两个名称来勉强替代。

(3) Fah Shu Ching(面二一)此似为《法华经》之译名。Shu或为Hua之误。

(4) "在明朝,许多短篇保存在总集《太平广记》里。(面三四)"按,明朝乃宋朝之误。《太平广记》是宋朝太平兴国年间李昉、徐铉、吴淑等所辑集的。

(5) "在最后的一部杂剧,《西厢记》里。(面三八)""直到最后的《王西厢》。(面三九)"按,元王实甫的杂剧《西厢记》不仅不是最后的,反是比较早的一部,此后许多《后西厢》《续西厢》《翻西厢》《真西厢》《正西厢》《锦西厢》《新西厢》《竟西厢》之类都是在《王西厢》以后的。

(6)"三国故事的开始是汉朝三个朋友誓为兄弟,接着就是九十七年的六朝。(面四六)"按,六朝当为三国之误。因为汉三国以后,该是魏,魏以后才是六朝(即晋宋齐梁陈隋)。

(7)"《水浒》有一种一百回本的叫做《忠义水浒传》,一种一百二十七回,还有一百回本。(面四三)"按,连说两次"一百回本",犯复。并且,《水浒》从来不曾有过一百二十七回本的,只有一种一百二十四回本的,有康熙本和乾隆翻刻本。故后二句改为"一种一百二十四回,还有一百十回本。"一百十回本是明雄飞馆合刻的《英雄谱》本。

三、赛珍珠对中国新旧文学的不同看法

由上可见,赛珍珠在获奖演说中给予了中国小说极大的热情和极高的评价。但值得注意的是,如她所言:"我所说的中国小说,是指的土产小说,并不是指的杂糅小说,现代中国小说家很强烈地受了西方小说的影响,却忽略了本国丰富的宝藏。"[⑧]借助赛珍珠1954年出版的自传《我的中国世界》里的某些观点,可以看出,赛珍珠在极力称赞中国古典文学的同时,对新文学作家及其作品持较为消极的退化观。在她看来,主要原因是新文学作家抛弃了自己民族的优秀传统,而不成功地模仿西方。

在《我的中国世界》一书中,赛珍珠介绍了新文化运动的领导人胡适和陈独秀。她肯定了以胡适为代表的文学生力军,他们把中国小说列为文学,而不是只被人鄙视的平民百姓读物。这些观念与她在《中国小说论》中的看法是一致的。

胡适在《新青年》上发表了一篇文笔优美、论证有理有据的文章,反对文言,并为使用白话辩争。当我们读到这篇文章后都大吃一惊,看得出,一支生力军在现代中国出现了。……使我最感兴趣

⑧ 赵景深:《赛珍珠〈中国小说论〉》,载赵景深:《银字集》,第177-208页。

的是，这些现代知识分子第一次把中国小说看作文学，而不再视为不登大雅之堂的、下贱人阅读的，并由周游四方的说书人和戏子传播的故事了。过去，如果一个故事是由一个学者创作的，那么这个学者总是使用笔名或匿名，因为故事总是用粗俗的口语写成的。而现在，胡适发表了一篇令人耳目一新的关于中国小说的论文，这样的论题以前从未有学者选过。我受过孔先生的熏陶，从不敢承认我是多么喜欢读故事和小说。我发现孔先生确实死去了，我这个年龄的年轻人不仅开始读小说，并以读小说为荣，而且开始写小说了。当然，他们不再运用古文的用典方法，而是直抒胸臆，表白自我，披露心迹，表现自己的真实感情。这是对受过教育的男女的大解放。他们可以怎么想就怎么写，不用顾及是否合乎僵硬的旧文体了。这就可以把多少世纪一直受压抑的能量释放出来。⑨

但赛珍珠在此书中继而也表示了对白话文学的失望：

在白话文的价值被胡适证明了之后，年轻的中国作家群起而效之，出版了大批白话文作品。但必须承认，这些作品大都质量低劣。出现这种令人失望的局面，是有其原因的。自认为是现代人的中国青年心中燃烧着一种无名的激情，他们既有强烈的叛逆精神，又雄心勃勃。但实际上，他们还是没有东西可写，他们与传统决裂得太突然，失去了自己的根基，接受西方文化又太快，也太肤浅，当他们写作时，也就只能是摹仿。但是，因为他们拒绝摹仿中国古代的伟大作家，他们只好去摹仿那些对他们来说显得很新颖的西方作家……那时，你翻开一本评价很高的中国小说，结果却发现它只不过是某部西方小说的翻版，真让人扫兴！……⑩

作为一个西方作家，中国源远流长的文学传统自然有着巨大的吸引

⑨ 赛珍珠：《我的中国世界》，尚营林等译，长沙：湖南文艺出版社，1991 年，第 139－140 页。
⑩ 同上，第 194 页。

力,而一个外来的模仿者引不起她的兴趣也是可以理解的。但五四新文学对于中国作家的意义无疑不是赛珍珠所能体会的,她所说的中国作家对于自己国家的文化财富相当无知也是不切实际的。另外,赛珍珠所接触的主要是新文学第一个十年中以及左翼文学的一些状况。单就具体的文学成就而言,新文学的短短一二十年当然是无法同几千年的文学传统相提并论的,赛珍珠的要求实在是一种苛求。当然,在某种程度上,我们也不能回避一个事实,那就是五四新文学在实绩上的欠缺以及左翼文学某种程度上的标语口号化,让赛珍珠的苛求多少有了些依据。[11]

当时新文学作家及评论家自己也对此有清醒认识。比如 1921 年,郑振铎在《小说月报》上发表看法说:"现在中国文学界的成绩还一点没有呢!做创作的人虽然不少,但是成功的,却没有什么人。"[12]这结论至少由于鲁迅的存在而大有修正的必要,但他对当时创作一般情况的描述却大体符合实际:"第一是思想与题材太浅薄太单调了。大部分的创作,都是说家庭的痛苦,或是对劳动者表同情,或是叙恋爱的事实;千篇一律,不惟思想有些相同,就是事实也限于极小的范围,并且情绪也不深沉;读者看了以后,只觉得平凡,只觉得浅薄;无余味;毫没有深刻的印象留在脑中。第二是描写的艺术太差了。他们描写的手段,都极粗浅,只从表面上描摹,而不能表现所描写的人与事物的个性、内心与精神。用字也陈陈相因,布局也陈陈相因……"[13]

不过,随着新文学的发展和实绩的壮大,赛珍珠对现代作家及其作品的积极传播,又使我们看到她质疑之后的肯定。比如,在 1933 年《勃克夫人访问记》一文[14]中,记述"她在北京的好几年前,是看过不少现代作家的小说的,她特别提出鲁迅来,说她很重视他的《中国小说史略》,并且她愿意将来作一部中国小说史,要用小说体裁写成关于中国艺术的历史。"交谈中,赛珍珠对鲁迅不能自由发表著作和意见表示出强烈的关

⑪ 关于五四新文学在实绩上的欠缺,刘纳曾在《嬗变——辛亥革命时期至五四时期的中国文学》(北京:中国人民大学出版社,2010 年)一书中有所论述。

⑫ 郑振铎:《平凡与纤巧》,载《小说月报》1921 年 12 卷 7 号。

⑬ 同上。

⑭ 章伯雨:《勃克夫人访问记》,载《现代》1933 年第 4 卷第 5 期。

心、不安与感佩之情。1934 年,赛珍珠准备回国后在她第二个丈夫理查德·沃尔什主编的《亚洲》杂志担任顾问编辑。回国前夕,他们夫妇在北平拜访了斯诺夫妇,约请他们为《亚洲》杂志撰稿,包括介绍中国的左翼文学。后来,斯诺在该杂志的 1935 年 1、2 月号和 1936 年 9 月号上分别发表了论文《鲁迅——白话大师》和英译的鲁迅小说《药》《风筝》,以及其他左翼作家的作品。另外,舒乙在《赛珍珠与老舍》⑮一文中介绍,1946 年春天,老舍应美国国务院的邀请,同曹禺一起抵达美国,作为期一年的正式讲学访问。期满之后,老舍一人滞留在美国直至 1949 年底。在此期间,从民间的角度给予老舍关心和帮助最多的无疑是赛珍珠。赛珍珠除了在生活上帮助老舍外,还多次邀请老舍出席美国文艺界的各种集会,并向与会者介绍老舍,宣传他的文学成就。老舍作品在美国的翻译出版也得到了赛珍珠的大力支持。赛珍珠与林语堂的文学交往,则有众多研究资料,此处不再赘述。此外,赛珍珠在《我的中国世界》和她最后一部作品《中国的过去和现在》(1972)中,也曾提及包括鲁迅、郭沫若、徐志摩、老舍、林语堂等在内的中国现代作家及其作品。比如《我的中国世界》中,在谈及中国大批几乎没有独创性的摹仿作品之后,她说:"然而,这种令人作呕的浪漫主义逐渐自我净化了,那些最有头脑的人开始转向他们的同胞。周树人——笔名鲁迅——也许是第一个清醒者。他意识到虽然自己的灵感可能来自于西方文学,但只有把自己新产生的激情用于写自己的民族,才能摆脱摹仿。于是,以日常生活中的普通人物为题材,他开始写杂文,写短篇小说,最后开始写长篇……"⑯

四、结　语

赛珍珠对中国传统小说情有独钟,其获奖演说稿《中国小说论》便可为证。在论及中国小说时,她既受到中国流行观念的影响,也有基于西方文学的比较视角,比如"文理与平民用语的分别犹之古代乔叟的英

⑮ 郭英剑主编:《赛珍珠评论集》,桂林:漓江出版社,1999 年,第 157－159 页。
⑯ 赛珍珠:《我的中国世界》,第 195 页。

语与现代英语不同一样”。赵景深译介赛珍珠的《中国小说论》,其独特之处在于,他既是一位译者,也是一位校勘者。就此而言,他对于中国小说和中国文化的理解,在某些方面是高于赛珍珠的。校勘部分也显示了译者与作者之间的对话,体现了译者的多元功能。另外,藉助该演说及其他相关作品,我们也可以看出赛珍珠对中国新旧文学的不同看法。当然,这种看法随着赛珍珠对中国新文学的进一步了解,也部分地发生了变化。

现代澳门天主教的社会影响简析

严鸿基

【内容提要】 澳门天主教对社会的影响是以教育入手塑造健全人格为基础、以服务弱势群体为己任,以传媒唤醒市民对社会不公的关注,成为澳门道德与文化的影响力。这种舍己服务的形象赢得了市民和政府的信任。公民社会在发展中有宗教的成分和激进的一面,但也是一个让我们看到宗教本质的难得机会。在保持宗教对社会影响时,恰当的政教关系是不易把握的:政府既要接受宗教就社会议题表达其独特的价值观,也要让宗教在自设的范围内发挥社会所认同的作用。因此,给予宗教机会表现应有的宗教特质(仁爱和公义),就是让宗教对社会做出积极贡献。

【关键词】 澳门天主教　社会影响　政教关系　公民社会

天主教在澳门扎根多年,源远流长,澳门的历史与澳门天主教的历史是分不开的。现代澳门天主教对社会的影响可以从天主教的社会训导、政教关系的历史与澳门的文化得到解释。本文以社会学的角度探讨现代澳门天主教在教育、媒体和社会服务三方面的影响。

一、澳门天主教概况

天主教澳门教区概览

信徒人数	30000(澳门人口的5.1%)
堂区数目	6(不包括3个准堂区)
学校	超过30间(含一所大学和社工学院)
社会服务机构	56间
其他机构	21所
神父	66位
修士	31人(修生2人)

资料来源：天主教澳门教区，维基百科(wikipedia.org)。

从数字来看，澳门天主教的教友人数和所占人口比例并不突出，但可以看出是天主教伴随葡萄牙人来到澳门并建立了社会的根基。

澳门天主教由于其教义和传统角色，自16世纪中叶以来一直注重慈善社会服务工作，以服务青少年、边缘人士和社会弱势群体为己任，秉行公义以彰显天主对世人的关爱。在教育方面，现时天主教开办的学校占了澳门教育事业的半壁河山，从幼儿教育至高等教育，从特殊教育至语言道德教育都可见到其踪影。从教会对教育的专注和利用媒体的手段来看，天主教会的影响主要是非政治的道德教化。

从历史角度来看，天主教澳门教区自成立400多年来一直在传播福音，此外致力“促进科学交流和推崇道德，以**科学与道德**(Scientia et Virtus)为教区座右铭”。[①] 现代的天主教没有科技上的优势，而且政教分离的原则也成了国际共识。天主教对澳门政治的直接影响力也随着葡澳政权的结束而告终。然而，尽管天主教徒人数和宗教热诚有所下降，从信徒的身上和社会的服务(包括教育)中还是可以发现天主教对

① 天主教澳门教区：《澳门教区简史》，网址：http://www.catholic.org.mo/。

社会的影响力。这些影响是微妙不容易见到的,但天主教对澳门社会的道德教化确实存在并持续发挥着影响力。[②]

天主教徒在澳门的人口比例不超过6%,但在政府高层中却有着较高的比例。第一届澳门特区政府中有三位主要官员(包括特首)从天主教学校毕业,[③]第四届澳门特区政府有至少三位高官宣称是天主教徒,占了主要官员的30%。同时,在澳门的公民社会活动和立法会中,也不乏支持天主教的人士。他们在参政议政的浪潮中扮演着重要角色。[④]在公民社会发展迅速的澳门,有部分教友以社团为基础继续发挥着在社会中的影响力。

二、研究和论述重点和理论

与基督教(新教)众多教派相比,世界各地的天主教会对教义和社会议题的争议不多,并且澳门天主教各个教堂和机构所体现的理念原则比较一致,所以可以作为整体研究,但在秉行社会公义和为弱势社群发声的途径上,教会内部还是有不同的意见和做法。在论述天主教的影响时本文依赖以下假设和理论:

1. 注重天主教与社会和政府的相互影响

宗教和社会的相互作用远比一般的关系复杂,澳门的情况尤为特殊。澳门没有严格的政教分离的观念,澳门天主教和政府我中有你、相互依赖共存的平等互信说明了宗教与政府和社会的关系可以是互补而

---

② Chen, Hon-Fai, *Catholics and Everyday Life in Macau: Changing Meanings of Religiosity, Morality and Civility* (London: Routledge, 2017).

③ 不论学生有什么宗教信仰,早期澳门天主教学校都设有宗教课程(称“教理”),这些宗教课程后来与现代的公民教育结合成一门必修科目。接受过天主教教育的学生并不一定会信仰天主教,但较为容易理解天主教的道理,而政府的官员时有公开地参加宗教的活动,例如弥撒或宗教节日庆祝。

④ Chen, Hon-Fai, *Catholics and Everyday Life in Macau: Changing Meanings of Religiosity, Morality and Civility*.

非竞争的。政教各自都能施展其社会的功能,做到真正的和谐相处。澳门政府没有怀疑教会学校办学的动机,对其资助申请照单全收,这代表政府认可教会办校的理念并大力支持。同时,教会避免直接批评政府和干预政治,并在替代政府某部分职能时提供了政治层面所缺乏的道德说服力。这使澳门政府议政施政方面阻力减少,也是宗教和政府之间的默契。可见,互信和彼此尊重的相处之道似乎是政府和宗教之间理想的境界。

宗教与社会的相互影响从来都不是单向被动的。自1557年以来,天主教借着葡萄牙航海人员进入澳门之机,在澳门建立了多个慈善组织、教堂和神学院,之后往周边的区域传教。西方传教士与本地汉人的交往中,在把西方的科技和文化带给澳门的同时,也开始学习当地语言文化和向西方推介中国,促进中西文化交流。[⑤] 今日的天主教已成为澳门的社会与文化的一部分,节日庆典和旅游活动中都能看到教会传统的影响。教会在积极对澳门做出贡献之余,特别注意对社会的道德教化,在教育、社会服务和公民社会的参与中,我们看到教会成了道德原则的捍卫者。

2. 研究理论

要讨论天主教的社会影响,有必要了解从宗教如何看待社会和其社会训导。

(1) 宗教看待社会的视角

国内大部分研究宗教的人士都强调宗教本色化,要求其与社会主义相适应,取其精华弃其糟粕。但问题是一般宗教徒从来都不认为自己的信仰有什么不妥,并相信各种对宗教的限制是枉费心思、事与愿违。他们反而认为首要的需要是不折不扣地活出信仰,而不是优先考虑文化适应和融入的问题。对虔诚的宗教徒而言,他们总是以信仰角度看待世界的问题,关心如何在生活中活出信仰,遵守教义就永远大于文化适应的

⑤ 黄鸿钊:《论澳门文化的形成和历史地位》,载《行政》(第九卷),总第33期,1996年,第843-851页。

问题。天主教的教义要求教友入世,但这不是教义的全部:入世但不属世,做世上的盐和光表明基督宗教并不是要求适应世界潮流或某种主义,而是要以内在的精神生活影响外在的社会。在早期基督教的宣教历史上,我们没有看到基督的教义在福音所到之处打了折扣:核心的教义总是以一种适应环境的方式被传递出去,然后改变了社会。

尽管本色代表的是对本地文化的尊重和在宗教的表达上做出适应微调,但核心的基督教教义一直都被遵从。例如传教(分享信仰),本来就是基督宗教的核心要求,是一项不能妥协的使命,教会的历史表明这是难以阻挡的。传教可以以不同形式进行,在电话、微信、国内外的广播和个人的交往中进行。确切地说,宗教能适应社会的部分就会适应,其他方面就成了"听从天主不听从人是应当的"信仰宣告。

宗教是社会的特殊现象,有其贡献和影响力。宗教道德作为一种入世并以此影响社会的工具,可以被视为改变社会的力量。一般来说基督徒认为活出信仰的道德就反映了天主的目的。天主教透过人的信仰影响了社会,并且其教义一直在修正其所在文化的弱点。从废除美国的黑奴制度和中国妇女裹脚陋习,我们都能看到宗教背后的影响力。

天主教徒相信即使人不接受他们的信仰,但只要能影响人的道德观念,使人尊重生命价值、婚姻和家庭,都值得去做。⑥ 这也算是对社会做出了贡献:服务了社会,达到传递天主爱人和改变社会的目的。以笔者所接触到的天主教社会服务机构为例,他们的负责人热衷于服务社会,希望借着教育和其他的社会服务方式来影响社会。他们举办亲子工作坊,对学生的家庭问题特别关注。澳门的主要产业是博彩业,许多的家长因工作轮班没有注意对孩子的教养,如何教育好子女就成了一个教会关怀家庭的切入点。

(2) 天主教的社会训导

要解释天主教对社会的关怀,我们必须从人格(human person)的观念开始。天主教相信人按照天主肖像受造,人人都有其位格,所以拥有

---

⑥ 某天主教语言中心负责人顾女士,访谈日期:2018 年 1 月 25 日。

理智和自由意志的本性,也拥有全部直接源于人性的权利与义务。这些权利与义务是普遍的、神圣不可侵犯的,以及不可转让的。[7] 按照天主教教义,除了爱天主和爱人以外,教会要追求人的自由权利的实现,方能体现人性尊严,彰显造物主的荣耀。

然而,天主教对于人的自由权利,与自由主义所提倡的抽象孤立存在的个人主义(Individualism)人权有不同的背景:天主教提倡自由权利是为了发展人与天主之间的灵性关系,并且在一个具体的场所中实现,例如在孤儿院、修会内。这些权利是以家庭成员间的关爱尊重开始的,彼此和睦和照顾,而非政治及法律的客观制度所安排。[8]

相对于政治上的各种形式的权利,天主教认为它们比不上人具体的基本需求。换言之,生存权压倒经济和政治权利:衣食住行、建立家庭、接受教育的机会、就业的能力,以及通讯的权利、依随个人良心的指示而行事、隐私权和宗教的正当自由权利成了天主教的人权总纲。[9] 这就容易理解为何天主教重视这些核心的社会服务价值观:互助、团结、仁爱和尊严,而且教育和扶贫成了天主教最重要的社会责任,之外就是实现社会公义。

澳门素以众多社团为社会核心见称,并不存在政党。无论是劳工组织、同乡会或共同兴趣的一群人,都以小社团为主,乡土和人际家庭式的互爱互助成为一大特色。澳门天主教团体接受个体机会不平等的社会现实,但以照顾弱势者和特别有需要的人士为己任,实现社会公义。例如,天主教的仁爱精神要求对弱势群体提供特别的照顾,这包括在福利、居住条件和就业方面,政府或资源拥有者需要向无有的人倾斜。这些解决弱势群体问题的努力与解放神学所提倡的修补不平等制度带来的伤害的理论是一致的。

---

⑦ 沈鼎臣,同文都:《和平于世》,载《近代教宗文献:论社会问题》,台北:思高圣经学会出版社,1968 年。

⑧ 陈汉辉:《公民权利与人格主义:澳门天主教与公民社会初探》,载郝志东主编:《公民社会:中国大陆与港澳台》,新加坡:八方文化创作室,澳门:澳门大学联合出版,2013 年,第 206 - 220 页。

⑨ 沈鼎臣,同文都:《和平于世》,第 11 节。

3. 研究意义

对澳门天主教的社会影响研究,不但可以还原宗教的本质,而且以正面的视角提供给国人审视恰当的政教关系和应有的宗教社会影响。在中国近代史上,基督宗教留下以一种依赖外国政治势力和船坚炮利渗入中国的负面印象。可是,现代的情况截然不同:宗教不能挂靠政治来影响社会(至少在澳门的情况下不允许),澳门天主教采取低调和融入社区发展的方向,以服务社会的方式和道德教化为软实力,影响社会的道德标准和文化。无论方式和目的都得到社会和政府的认可,也应该是以教义为本的宗教的本质:以自身的优势和能力来发挥社会影响力,而不是外靠政治力量达成。澳门天主教的动向对宗教管理有借鉴作用。政教之间清晰的界限和潜在的共同目标使两者有合作共赢的机会。同时,宗教的管理观念也要与时并进:宗教团体进行按其教义做出社会认同的事情都不需要禁止限制,例如办学和照顾有需要的团体,都不应该受到限制。

三、天主教教育

> 现在社会发展繁荣富裕,年青人很容易注重于物质上的追求和享受,天主教学校必须办好宗教教育,让学生能了解到天主教教义中的品德价值观,给人生发展带来正面的影响。⑩
>
> 前天主教澳门教区主教　黎鸿升

天主教按照教义有一定的办学规则和策略,在澳门形成了一个庞大的教育系统,并且这个系统行之有效,大体获得社会正面的评价。以下提供相关的数据分析其办学的目的和策略。

---

⑩ 澳门观察报:天主教澳门教区举办宗教课程教师专业培训课程,2015 年 1 月 25 日,第 4 版。

1. 教会办学目的

种种迹象表明,天主教的教育已超越了以传教导向为目的的阶段,正朝着向社会灌输宗教道德观的阶段迈进,以对个人和社会带来积极的影响。黎主教对教育的要求离不开对人性的关切,而这种对个人和社会发展的关心有进步的一面。这些努力背后的假设是社会有许多道德的问题需要天主教教育来解决,而且教会具备条件对社会进行道德教化。根据天主教教育原则,天主教办学的目的有:

(1) 显明天主教的特性,这种特性是其他办学机构所没有的。在澳门,天主教抓住有教无类的儒家思想,重新给予一群成绩不好被退学停学的超龄学生学习机会。这确实是很难找到其他办学机构愿意做同样的事情的,体现出天主教仁爱的价值观。

(2) 教会办学是为了人类的发展,特别是弱势群体的发展,具体来说就是对特殊学生在不同的求学阶段给予照顾。在天主教的教育机构中,有针对特殊学生的专门服务,例如视障和失聪的儿童。这表明天主教愿意服务这些被社会边缘化的群体,发展他们的潜能。同时,在接受教育的过程中,学生被培养成有品格、富有责任感和学会处理人际关系的人。

2. 教会办学的统计数据

教会学校给澳门市民的印象大体上正面积极。根据澳门教青局的数据,宗教办学的数据如下:

表1 澳门宗教办学的分类统计

主办机构 \ 服务机构		幼儿园	小学	中学	幼小学校	中小学校	中小幼学校	特教学校	合计
宗教	天主教	2	1	1	5	6	9	1	25
	基督教				2		4		6
	巴哈伊教						1		1
	佛教				1				1
	合计	2	1	1	8	6	14	1	33

续　表

服务机构 / 主办机构	幼儿园	小学	中学	幼小学校	中小学校	中小幼学校	特教学校	合计
其他	3		7	12	1	18	3	44
合计	5	1	8	20	7	32	4	77

说明：按2016年学校监管组织的统计数据。

表2　2015/2016年澳门幼儿和中小学生数目

天主教学校	27177	46%
其他学校	31400	54%
合计	58577	100%

资料来源：澳门教育暨青年局。

在2015/2016学年，天主教学校的数目不但比起其他宗教所办的要多得多（占了有宗教背景的学校的将近80%），更占了澳门所有的幼儿和中小学教育的三分之一。天主教的学校（都是私立）学生数目占了私立学校的学生数目的将近一半（46%）。天主教所办的学校有以下特色：

（1）某些天主教学校是名气特别高的学校，这与他们追求卓越的学习质量有很大的关系。

（2）有些天主教学校以服务特殊学生为宗旨，例如有家庭问题和因成绩操行被停学开除的学生，也有职业培训和特殊技能职业类型的学校。

3. 教会办学的策略

天主教开办的学校的影响力不止于学校的道德教化对学生将来行为和思想的影响，还在于其在社会建立的口碑：使社会相信其办学对社会有积极的贡献。以优异的成绩赢得良好的校誉，加上对品格培育的重视和向弱势群体提供教育机会等，是赢得市民对天主教学校的信任和赞赏的原因。对其教育的重点分析如下：

表3 天主教的教育策略

教育形式/阶段	作用	例子
中小学(包括特殊教育)	全人教育,道德伦理教化。	包含教理内容的公民道德教育课程。
高等教育:一所综合性大学(包括宗教课程),一所社工学院	研究调查,对社会政治舆论有唤醒、指导和纠正作用;培训神职和社会工作人员。	发表调查报告,例如青少年吸毒的状况,家庭暴力问题等等。
社会服务	服务社区,边缘无助人群,起了救助和消除不公的作用。服务一般的社团不会服务的团体;矫正和康复的工作;灌输道德生命价值。	服务幼儿,青年和长者;成绩和品行差的失学青少年;新移民的适应和语言问题;毒瘾赌瘾人士;生命热线辅导想自杀的人士;婚姻亲子讲座和工作坊。
其他教育机构	身教,生命的影响力,培养学生对他人的尊重和理解,期望学生的改变影响家人和社会的价值观。	语言中心的教学,各修会举办的青少年历奇活动。
教会媒体(报章和互联网)	负起教育培训信徒的责任,也有护教的作用。	教会官方和独立的媒体有社论和信仰生活的专栏。

资料来源:教青局,圣约瑟大学和媒体采访。

四、天主教媒体的政治影响

政教的关系常常是敏感的,碍于历史原因,澳门天主教通常不对政治制度和政治事件作出官方的评论,就算近期的立法会选举(2017年)

也只有个别神父呼吁教友“尽公民责任投票”。[11] 尽管如此，教会透过大众媒体对本地政治的影响还是存在的。

1. 教会媒体影响的背景和特点

首先是澳门的宗教政策和天主教的优势。澳门特区基本法保障信仰的自由，宗教团体能透过不同途径发声。天主教注重媒体传播，对于有关道德的社会议题可以大声疾呼，发挥其监察政府和影响民意的力量。天主教坚持其道德标准，没有向潮流和公众的舆论低头。

天主教对政治道德问题和社会风气有适当的回应。面对澳门的政治丑闻，澳门天主教主教要求教会与政治之间划清界线。天主教媒体“要报道教会活动，而不是政治新闻”。[12] 凡是教会和教会学校出现了牵涉政治的事件，澳门主教都倾向于把教会从政治争议中分开，以免给人教会干涉政治的印象。可是，对于社会的不良风气，教会却大胆批评并主张从教育入手宣传德育。在面对官员道德操守出现问题时，澳门主教称会以个人身份提醒信仰天主教的高官。可以看出，在争议性较高的政治事件中，澳门天主教坚持政教分离的原则，但对明显的社会伦理道德议题并没有退缩，反而积极提出解决方案。

同时，公民社会也是教会有志之士参政的方式。有学者把公民社会定义为“独立于国家和自我组织的社会团体所共同构建的公共领域”。[13] 帕特南提出，公民社会一个重要特征是公民美德，包括公共参与、政治平等、团结，信任和宽容、公民对社团的参与。这恰恰成为了教友和天主教团体的政治价值观。在港澳，1997 年和 1999 年回归祖国的机遇使本地居民更明白中国和特区的命运是休戚相关的。港澳居民更注重自己作为中国人的身份，更愿意参与本地的参政议政活动。随着港澳公民社会的篷勃发展，有教会背景的公民社会表现得更活跃和积极。

---

⑪ 《缔造和平的人是有福的》，载《澳门观察报（社会评论）》2017 年 9 月 29 日，第 906 期。

⑫ 时代论坛：《澳门天主教报章指官员涉徇私，主教指示不应报道政治新闻》，2010 年 9 月 15 日，网址：www. christiantimes. org. hk。

⑬ 陈慎庆：《基督宗教在香港公民社会建构中的角色》，载郝志东编：《两岸四地公民社会》，2012 年。

与临埠的香港天主教相比,尽管都有同样的教理和社会训导,但澳门天主教的个人和团体参政意欲明显不高,也采取了不同的进路。有天主教人士参选过议员,但不见得有很大的号召力,未能胜出。他们大部分反而注重默默为社会做出贡献和不平则鸣。教义虽然是清晰的,但对于如何为弱势群体发声,以什么方式发声,是公开大声参与选举(包括成为立法机关的候选人)还是默默地透过服务转化社会等等,港澳两地的天主教都有不同的做法,但澳门教区对社会议题一般的行动都以下列为主:

(1) 成立关注团体。

(2) 为该议题崇拜公祷:为谋政治议题公祷;与基督新教有一年一度的新年"澳门基督信徒联合祈祷会"。

(3) 联署声明:这是教区表达对社会议题最高的关注。例如最近澳门教区婚委会就澳门医学辅助生殖技术的立法回应,呼吁教友联署行动,称"不仅只为顾及教会的训导,也是出于爱的角度来为人类和社会未来的福祉而作出提议"。[14] 行动方式是在周日于各堂区弥撒后收集签名,并呼吁教友积极参与。

(4) 上街抗议,游行示威。这算是一种不寻常的做法,甚少出现,但有教友在有极度争议的事件中会参与,不过不少教友对这种公开表达抗议的方式不以为然。

2. 教会媒体原则

> 这是一份天主教报章(号角报),我们不想它变成政治宣传品,或成为政治喉舌。教会报章不应干涉政治,而应分享天主教信仰及传扬福音。
>
> 黎鸿升主教

---

[14] 《澳门教区婚委会就《医学辅助生殖技术》立法回应呼吁教友联署行动》,载《号角报》(线上)2018 年 1 月 5 日,网址:http://www. oclarim. com. mo/zh/2018/01/05/medically-assisted-procr eation-techniques_cdcfv/。

澳门天主教媒体主要分为官方和独立两种,后者通常是由天主教人士或机构主办,但其观点和做法不一定得到天主教官方的认可。这两种媒体各有服务的对象和特色。

表 4　澳门天主教主要报章

名称和创办年份	主办者和传播对象	媒体焦点和内容	发行量和影响
《号角报》1948 年发行创刊号(葡语)。1952 年至 1983 年间为三日刊。2014 年 4 月及 6 月分别增刊英文及中文版。2015 年 3 月起增设青年月刊《清泉》。三文之间编采独立,亦设有翻译文章三文互译。	天主教澳门教区机关周报。内容除一般时事性新闻外,也会报导宗教相关的新闻及培育资讯。现任社长为文祖贤神父(Fr. Mandia)。《清泉》副主编为陈庭锋。使教徒紧贴教区的动态,提供教会资讯的同时,亦着重培育角色。	提供澳门和普世教会新闻和教堂弥撒的信息,包括教会焦点人物访谈和信仰的神学知识。2014 年该周报增设中文和英文版,是为了更好传播给澳门的大部分人口。	因其天主教的官方立场,新闻很少涉及争议性政治报道,服务的人口以教友为主,纸质发行量为 1000 份。
《活流》,1979 年冬天创刊,季刊。	澳门教区,对象是青年人。主编有感于当时年轻一代不甚了解澳门情况,政府政策和方向。吸纳了一批年轻人,很多将来成了议员,政府精英,教育者和作家。	探讨澳门社会现状,议题有:北区发展、新闻自由、民运、校园恋爱等。不时举办座谈会,编采班培训新人,原意是播种(称思想灌溉),提供机会了解社会。	成了播种社会思想的工具,有启蒙作用。1988 年停刊。因其写实性质成为既得利益机构的挑战。⑮《活流》停刊后教区转而发展青年创作班。

⑮ 匿名:《水滴汇活泉何日再奔流》,载《论尽纸本》2014 年 1 月 8 日。

续　表

名称和创办年份	主办者和传播对象	媒体焦点和内容	发行量和影响
《爱瞒日报》(Macau Concealers),2005年创刊。	主办者澳门新学社,其部分成员有教友背景或教会工作经验,编采独立自主。版面仿照《澳门日报》,以恶搞形式讽刺时弊,并以“出纸一大张,瞒遍全澳市民”为口号,2010年11月起独立出刊。非商业运作,目前依赖新澳门学社资助,也接受读者支持。	致力推动公民社会发展,成为市民信赖的传媒。信念:唯有民众能掌握社会实况,才能有健康的公民参与。为吸引眼球发表谩骂和冷嘲热讽。初期以纸质刊物派发和网上阅览,2011年起在网上发布改编自网络大热歌曲(针对澳门时事)的短片,引起网民对社会的关注。2013年内容上线,改称《爱瞒传媒》。	把新闻和社会议题简单黑白化处理,刻板化的批判方式和既定立场深受普罗大众欢迎。代表市民心声,报道的主题和立场接近主流民意。同时启发年轻人求真精神,做社会调研才明白真相。
《论尽》(All About Macau Media),2010年8月创刊。2012年10月《论尽》媒体正式成立,同时开通网上媒体 AAMacau.com,2013年5月1日发行第一期纸本月刊。	独立媒体,负责人为吴小毅,服务市民大众和年轻的网民,目标是为澳门社会创造一个有质素的公共言论空间,促进澳门人建立多元、自主的公民主体。靠募捐及少量广告收入经营,透过公众集资的方式,以公众的力量走下去。	网站及书面发放“即时新闻”,对本地具争议的社会议题作深入调查及专题报道。内容:即时报道、时事专题、艺文评论、人物专访、特约专栏等,并不断开拓传播空间和社会影响力。这种以理性分析和探索精神适应追求深度报道的读者,开放的言论空间吸引学者参与投稿和讨论。	《论尽》期刊每期印行量2000份;讯报“论尽澳门街”专题印行量2000份。脸书专页(粉丝接近3万人,每周最高触及率曾超过29万)。

续 表

名称和创办年份	主办者和传播对象	媒体焦点和内容	发行量和影响
《澳门观察报》(Macau Observer)1995年1月创刊,起初为双周报,2005年起改为周(日)报,每期印量约1000份。社长为前立法议员、粤华中学教师陈伟智,总编辑区华年。	澳门天主教教友协进会出版,对象以教会人士居多。以基督信仰的角度探索社会公正和公义为目标,"听取教会(圣经的指引,宗徒的教会训导)和社会的意见"。相信在多元而又合一的教会里,不同的意见在基督共融精神里将汇成激发前进的动力。	严肃公允的时事报道与评论,不时邀请专家学者举办针对社会议题的研讨会/论坛,敢于挑战既定的意识形态。头版有社论《观察者言》,以及教会或社会重要消息。第二版有次要社会新闻以及生活资讯。第三版是专栏或供大中学生投稿之《创作坊》。第四版是教会新闻以及与信仰相关的文章、漫画等。	每期印量约1000份。公信力较高的天主教报刊,常与其他媒体举行研讨会发表社论,成了教友和关注社会公义人士热爱的刊物。

资料来源:《号角报》《澳门观察报》和《论尽》。

总体来看,天主教机关的媒体没有独立有宗教背景的媒体所报道的内容多元化和贴近生活,受市民的欢迎程度不高。对于严肃探讨社会问题的教会人士,《澳门观察报》提供了更广阔的空间。这是由于它不受官方天主教报章的限制,敢于批评时政。因为独立的教会媒体成立比较早,而且已经成了澳门市民的另类选择,其内容贴近市民的关注点。至于这类媒体能否维持下去,就要看政府的资助和其动员读者支持的能力的高低而定。虽然其影响见仁见智,但对于澳门这个包容多元的社会,多一个选择并不是一件坏事。

尽管教会独立媒体对政府有批评和建议,但这种有的放矢都是基于一定理想价值观的中肯之言,难以归类为"为了反对而反对"的反对势力,也很难发展到与政府抗争的局面。再者,这些价值观与澳门特区政府提倡的公开公平透明原则是一致的,问题只是对达成这些理想价值的方式有分歧。特区政府承认施政过程中需要公众的监察和建言才能完善,所以剩下的问题只是如何接受社会不同的意见和建议,包括这些宗教媒体人士。

天主教官方媒体对争议性大的政治议题保持不直接报道的立场,但有教会背景的独立媒体就有更大的自由度议政。澳门政府对宗教的影响,包括对其社会服务的资助,包括对教会官方的媒体。有天主教报社负责人称,在澳门的所有的媒体都离不开政府的补贴,而他们有责任发布政府部门的消息。他称,作为澳门天主教官方报社,其报道只限于信仰和天主教见闻,对于政治性的新闻则以评论的方式谈论,不会以头条的形式刊出。在他所负责的三份报纸中,中文和英语的发行量比葡萄牙语的高一倍,但网上的天主教信息传播得更快和及时,成了新的传播方式。[16] 对于信仰和政治交织的地方,天主教官方媒体以宗教的角度报道,但不评论个别政治事件和人物,这成了天主教不干涉政治的一大特色。教会报刊主要报道教会新闻和宣传信仰爱德。就算报道政治,要不针对个别官员领导人,只能从整体报道和以评论的方式讨论某个教会所关心的社会议题。

虽然如此,这并不代表天主教对政治没有影响力。正如黎鸿升主教所讲,影响政治是从影响人开始,而受影响者必须愿意接受这种影响才能实现,前提是他们必须是天主教徒或愿意接受天主教教理的人。

现代宗教要走出宗教场所的围墙与社会互动才能展现出真正的面目,这围墙有其自封的,也有政府和社会错误建成的。澳门天主教媒体基本上有几个目的:

(1) 传播天主教的价值观

对婚姻,可见社会公义和弱势社群问题的立场和价值观。维护传统婚姻价值是天主教的传播重点。这是由于其教义和世界观所形成

---

⑯ 采访日期:2017 年 3 月 24 日。

的，而且一男一女的婚姻观和父母养育子女的责任也是中国传统价值观所提倡的。随着传统价值观模糊退色，中国社会需要找出新的支撑这些家庭价值的理据，而天主教提供了神学上的支持。宗教价值观取代中国传统价值观的普遍现象，特别是对于澳门这个中西文化交融的社会。一般澳门人都既理性务实也保守，却能容忍不同的价值观和对异议持开放的态度。在中国传统价值观的影响日渐衰微时，天主教的宗教道德变得有说服力，并渐渐有取代传统价值观的趋势，提供另一种选择。

天主教不遗余力地告诫社会婚姻的重要性和婚前性行为的不智，尽管有宗教的教化成分，但起了取代正被淡化的中国传统婚姻观和性观念的作用。

(2) 对天主教议题的关注(包含批判社会某些问题现象)

媒体作为现代信息传播的重要中介，在教会这里的主要功能就是让教会向社会提出议题并让大众思考。若没有传播度就没有机会让公众认识议题的重要性，所以天主教提出的社会议题都是为了唤醒公众对某些社会问题的关注。例如天主教媒体对澳门病态赌徒和轮班工作人员的调查报道，突显了在博彩业高速发展中被忽略的群体。

传播社会公义的信息是天主教媒体的重点。教会媒体发表的政见尽管只是代表作者的立场，但论点都是一贯清晰的，例如为澳门的少数族裔的利益发声，对青少年赌博问题的关注，对立法会议员委任制度的抗议等等。天主教媒体人强调大众媒体是教会接触公众的途径，不遗余力帮助人们“反思公义与家庭价值”。[17] 这些呼吁是在具体的背景下带有明确目标而发出的，不存在以教会左右政治的野心，反而是以宗教的价值观发声。在推动社会公义和平方面，天主教媒体人士认为教会媒体必须主动发掘题材，例如拍摄泰国北部的难民情况以提高大众对战争的认识并关注战乱，也常举办天主教电影节，放映与教会价值观吻合的电影。总的来说，教会认为应充分利用大众媒体，争取发声，这不失为积极

---

[17] 《澳门天主教公教报：公教影视协会东亚聚会探讨教会媒体与社会公义》，2015 年 12 月 4 日，网址：http://kkp.org.hk/node/9781。

入世的教会立场。

媒体内容方面,天主教信仰和中国人传统重中之重的观念也是有关联的。天主教极为注重家庭的和谐友爱关系,也对青少年的各种问题(例如滥用药物和毒瘾)极为关注,这都是把信仰的关注点放在与人息息相关的生活层面上。有天主教团体为弱势群体发声,寻求社会公义(Social Justice)。例如,为移民争取利益,也有一些争议性的话题,例如为尚未出生的胎儿争取利益反对堕胎。这种不平则鸣的方式就是天主教所说的"先知"角色——为他人代言并警告社会。

传播教会的好人好事也是媒体的另一个重点。信仰和爱德行为是并行的,报道教会内外的好人好事占了天主教官方媒体的较大篇幅,而且这些内容是最感人和反映信仰实际的表现。

3. 政教和睦的原因

特区政府与天主教多年来和平相处、互相尊重。究其原因,除了有部分官员理解教会外(有相当一部分是教友),不外乎天主教多年为社会的服务令市民欣赏接受。同时,天主教对自身在社会的身份和界限也很清楚,政府与教会的互利共同达标的局面将持续下去。

天主教透过社会服务的平台对外宣传教会价值观,对社会有一定的约束作用,特别是对道德的议题进行提醒和劝导。天主教的影响不但对教友有作用,同时对社会也起了警醒作用,其倡议也慢慢成为社会伦理的标准。

西方的政教关系明显是分离的,但澳门天主教与澳门特区政府的关系是一种互补与互相影响的关系。他们之间有着默契和共同的目标,例如教会和政府都愿意照顾智障儿童,所以政府出资批地给教会,用作给这些儿童提供特殊教育。政府称赞教会服务机构"培养学生自理、自信、自立地融入社会。"[18]在共同目标下,政教第一要尊重彼此的角色和范围,第二是互相依赖:政府需要教会的人脉和社会服务资源和经验,而

⑱ 教育暨青年局:《谭俊荣探访明爱学校与学童互动》。澳门特区新闻局,2015 年 11 月 24 日,网址:http://www.gcs.gov.mo/showNews.php? PageLang = C&DataUcn = 94694。

教会也需要政府保持宽松的宗教自由环境并大力拨款。

澳门的社团有大有小,但都倾向利用自身的影响力,例如号召其基层示威抗议,或派代表参与立法会选举,以图影响立法和政府的施政。澳门政府因发展博彩业累积了庞大的财政盈余,社团一般都要求政府发放更多的福利照顾其代表的团体。天主教团体的这种不追求也不发挥其政治影响力的做法实属例外。

五、澳门天主教的社会服务

建立基于真理,秉承正义,发乎仁爱的社区。

——澳门明爱口号

1. 天主教的社会服务概况和原因

天主教服务澳门社会比葡澳当局成立行政部门还要早。仁慈堂就是在葡国航海家起初租借澳门时就开始的,甚至有些教会所创立的组织成了现在的政府部门,例如立契官公署。据统计,天主教曾经承担过80%的社会服务,所以第一任澳门主教向葡澳政府表示需要政府承担更多的社会责任。林家骏主教提出"服务我来当,经费你承担"的模式,甚至在起草澳门基本法时也有参与的官员考虑减低宗教在澳门的教育和福利事业上扮演的角色。天主教也并不介意传统的社团和其他宗教"抢夺"其社会服务的份额。正如一位热心于教会服务的人士所说,天主教关心的是"教会无偿的服务,会继续无偿下去,并且同时能惠及社会,让澳门的福利事业能有多元化参与和发展,是自由、民主、健康、正常的"。[19]

---

[19] Dropblog:《澳门天主教会的服务传统和缺失》,2016 年 2 月 19 日,网址:http://dropblog.2013.duckla.com/2016/02/19/。

表 5 澳门家庭服务机构一览表

主办机构 \ 服务机构		社会工作中心	家庭服务中心	临时收容中心	辅导服务机构	新来澳人士服务	单亲网络互助服务	灾民中心	合计
宗教	天主教		3	1	1		1		6
	基督教		6	2			1		9
其他		5	8	1		1	3	1	19
合计		5	17	4	1	1	5	1	34

资料来源:澳门社工局(资料截至 2016 年末)。

自澳门开埠以来,天主教一直是社会福利和服务的先锋,也成了其他社团争相仿效的对象。天主教的教义强调教友以天主的心看待世界并积极改变社会的不公义,其中的价值观是:重视人类内在的价值高于经济价值。因此,追求慈善和社会公义就成了天主教社会服务的理论基础。简单地说,慈善是对处于困境的人(也称弱势群体)的**即时切身关顾**,生活在贫穷、饥饿、战乱、疾病中的人成了天主教及时关心的首要对象。天主教的慈善有赖于人们的乐善好施精神。而公义是指对社会的不公平持续地予以矫正以改善社会不公,为那些不能发声的人发声。

例如,澳门明爱是目前澳门最大的、集各种社会服务为一体的天主教机构,他们为残疾人士提供康复服务,其宗旨是:

> 为残疾人士提供康复及生活技能训练、就业辅导、住宿照顾、外出交通接载、社交及康乐活动,促使其发展体能、智能及适应社群生活的能力,鼓励他们融入社会,从而享有与其他人一样的**平等**权利。[20]

这里说的平等不是一般意义上的政治平等,而是一种为免人性尊

⑳ 澳门明爱:《澳门明爱工作报告,2012 - 2015》。

严受损的平等。所以，扶贫、反家暴和为少数族群谋福利是追求社会公义的表现，天主教对社会制度（包括政治制度）也有表达意见，寄望有公义的法律和公平的社会结构。[21] 可见，在普世政教分离的大环境下，天主教是因出于信仰的理想而追求社会公义，而不是扩张教会的影响力。

表 6　澳门明爱的财政报告

澳门明爱 社会服务财务报告（收入）								
单位：百万澳门元	2015	%	2014	%	2013	%	2012	%
资助收入（主要由社工局经常性资助）	257.4	38% ↑ 78%	186.9	28% ↑ 73%	146.5	21% ↑ 69%	120.7	66%
社会服务收入（服务收费）	42.2	4% ↑ 13%	40.6	1% ↓ 16%	40.8	34% ↓ 19%	61.8	34%
其他收入（社会捐赠，筹款等）	31.1	10% ↑ 9%	28.4	15% ↑ 11%	24.7	12%	N/A	
总收入	330.7	100%	255.9	100%	212.0	100%	182.5	100%
支出								
服务单位成本及营运	12% ↑ 74.0	28%	15% ↑ 66.2	29%	57.6	30%	N/A	
人事费用	175.4	67%	148.1	65%	122.6	64%	N/A	
折旧及摊销	14.3	5%	13.9	6%	11.5	6%	N/A	

[21] Michel Roy, "Struggling Against Poverty and Inequalities and Promoting Justice: What is the Church and Caritas Response," in Conference proceedings on 60th Anniversary Event of Caritas Macau International Conference "*Joining Hands to Identify New Roads for Poverty Alleviation*", 8 - 10 Dec., 2011.

续 表

澳门明爱 社会服务财务报告(收入)								
单位:百万澳门元	2015	%	2014	%	2013	%	2012	%
总支出	263.7	100%	228.2	100%	191.7	100%	159.4	100%
年度盈余(占收入的比例)	67.1	20%	27.7	11%	20.4	10%	23.1	13%

2. 政府资助(收入)

由于近代的行政浪费和低效率的公共服务,政府把一部分的公共服务外包出去的趋势会持续下去,这就成了澳门天主教难得的契机:政府和社会各界成了主要资助者,教会包办各样社会服务。西方政教绝对分离的原则在澳门不适用,澳门天主教的社会服务无论成本效益和口碑都是市民和社会所赞赏的。教会的社会理念得以实践,确实有赖于政府的资助,而政府也必须承认:部分的社会服务交给宗教团体负责是明智有效益的。澳门特区政府对天主教社会服务的资助可以说是至关重要,没有政府的拨款,教会机构就难以提供相应的服务。

澳门明爱是天主教在澳门最大的社会服务机构,明爱开宗明义关注与协助弱势群体,一直努力为有需要的人士提供帮助,其服务包括对不同年龄层的人和不同需要的社会团体。在 2013 - 2015 年,政府对澳门明爱的资助有 20% - 40% 的增长。然而,政府猛增的资助也并没有解决其积弱不振的筹款能力(或者说是提振不了公众的善心)。尽管澳门明爱的社会捐赠在 2014 - 2015 年都获得 10% 的增长,但因基数本来就小,所以募捐获得的善款的增长幅度远远低于政府的拨款增长。事实上,2015 年明爱筹款的金额增加不到 2%,与其连续几年超过 10% 的服务需求增长不成比例。[22]

[22] 澳门明爱:《2015 年工作报告》。

3. 社会服务需求

自2012年起,随着政府资助的不断增多,澳门明爱的服务开支也逐渐增大,这反映了社会服务的需求逐年攀升。值得一提的是教会的服务收费和收到的捐献也随之下降。这形成了对政府财政更大的依赖,在企业捐赠和市民筹款的数额不多的情况之下,澳门明爱以及其他的天主教社会服务机构(包括学校和媒体)面对的难题是:如何在富庶的时代鼓励教友和社会热心人士成为捐助的主体,使善款真正做到"取之于民用之于民"。

天主教有些其他的社会目标并没有得到政府的资助,教会要另觅资源有一定的难度。再者,政府的资助通常是有条件限制的,有时会对天主教机构产生压力。例如受资助的报社要刊登政府的资讯和广告,有些刊登的内容(例如高官的丑闻)不能描写得太过分,以免造成尴尬的局面,影响下一年度的资助审批。至于天主教与其他社团的社会服务比较,在附录有详尽的描述。

六、对天主教社会影响的反思

尽管澳门天主教对社会的影响是一种特殊现象,但也与其他地区的天主教区有相通之处,也有丰富的参考价值。我们可以利用态势分析(SWOT)归纳澳门天主教的社会影响:

1. 强势(Strength)

(1) 积极的宗教作用和良好的社会关系

政府运作中会注意政绩和公关,而天主教的优势在于,因其目的不是建立威信(至少不是其运作的重点),因而会保持低调并减少争议。在以政绩为主和社会争议日益白热化的环境中,其优势不言而喻,更容易得到尊重。

此外,宗教的社会服务与政府提供的社会服务的不同之处在于政府要辩论、立法和执行,而宗教是凭着其信仰的教义和热情做出的。所以宗教对赈灾济贫的工作被视为人性化,而政府的此项工作则被认为是一种责任，没有弹性，领导的“好心好意”难以表现出来。

宗教的内涵是构建社会的集体道德与规范，因此有形成**道德**共同体的作用。在中国传统文化影响渐趋低微时，教会大有取代传统价值观的趋势。例如慈善捐款，现代人的看法是有宗教信仰的人会乐善好施，宗教被视为社会道德的模范和好人好事的中心。再者，展现出生命力的宗教是值得敬佩的，特别是宗教的底蕴触及到人对理想价值的追求，公平正义永远是理想世界的彼岸。澳门天主教透过各类的社会服务和教育工作赢得了居民的信任和口碑，与社会形成良好的互动，自然有潜力成为道德的载体。

（2）社会的道德明灯

社会需要一盏道德的明灯，特别是世俗的政权越来越趋向于成为社会的伙伴，不再成为坚守真理的行为体。这是天主教可以填补道德真空的机遇。对于富有争议性的社会议题，宗教道德的考量都是直观的和有感染力的，使市民对社会的各种问题多了一个理解和解决的选项。天主教能否发挥道德呼声的作用，取决于其在社会的合一见证与道德感染力。道德的胜利预示着对社会不公义的谴责，也代表扶助弱势群体永远都是有市场的义举，而天主教学校专注于优质教育是有前瞻性的投资。

（3）合理的政教关系

宗教对政治的影响通常是间接的，同时宗教也受到有形无形的政治影响。在重要的民主价值观方面，澳门天主教根据其教义教导对社会如何被管治有宗教方面的见解。这些见解并没有什么政治的企图，而当权者并不一定要全盘接受这些见解。但是，这些宗教方面的见解能帮助政府更全面地对如何管治和对某些具体议题提供重要的参考价值。例如同性婚姻权利，在社会渐渐接受婚姻权利化的同时，我们不得不考虑婚姻的宗教社会意义，宗教对同性婚姻的不认同也是源于对婚姻的尊重和对人类延续的关注。

此外，天主教主教和教友尽管对教义或圣经有不同的理解和应用，但天主教仍然是以教宗为教义和精神领袖、组织结构上高度整合的宗教。而这一点与其他宗教相比，例如基督新教和伊斯兰教，甚至佛教，有不少优胜之处。因为一个被人认为是分裂的宗教总要为这四分五裂的合理性辩护，同时在护教的辩论中这宗教自身的公信力也随之减弱。这一点是天主教的重大优势。然而，在中国的情景中，这优势又往往成了绊脚石。在观感上来说，独立于政府并高度有组织的宗教是难以受到批准的，信众越多其影响力也被认为越大，宗教的"政治野心"也被误会为昭然若揭，叫板政府或以宗教影响政府的公然举措都不会被接受。然而，我们看到宗教影响政治或政治影响宗教的社会现象比比皆是。对于天主教来说，在华人社会既要低调地于社会的事业做出贡献，也要做一个合一的有影响力的福音和生命见证，这需要教会与政府形成一定的默契，订出什么是宗教能做的（或社会能接受的程度）和有发挥余地的方面。在澳门，这可以操作而且运转得比较顺畅。当然，澳门的情况不一定是最理想的，但寻找一种长期正常的政教关系一直是中国社会乐于见到的。

2. 有待解决的问题

然而，天主教并不是没有争议的。对于如何为弱势群体发声，以公开参政的方式还是籍籍无名地服务大众来表达，这都是没有定论的，也容易给社会造成宗教干政的错觉。或许正因为教会中存在对某些教义的不同理解和应用，才显出教义本身（如爱人的真理）给予人的自由和不同形式地表现出来。

此外，在澳门的特殊环境下，政教关系和谐互补，澳门特区政府库房的大量财政盈余暂时能够支持教会办学和资助社会服务工作。但是长期依赖政府的支持不但削弱教会的独立性，容易受到政治干预，更大的问题是教友与善心人士的热心和责任感随之下降，影响了教会赢得人心和引导人的德行。

3. 机遇

社会总有满足不完的需要并且会长期持续下去，而天主教具备仁爱的教义和服务社会的热心。透过服务社区，天主教机构使一种尊重生命的宗教价值观慢慢转变成社会接受、认可并仿效。例如父母对子女的早期教育，由于澳门社会的产业和就业结构变化，使父母陪伴子女少之又少，天主教机构对家庭的重视又再次肯定了中国传统的价值观。

在重整中国文化的价值观方面，天主教可以发挥肯定和回归中国传统价值观的作用，例如团结互助，家庭观念和敬老爱幼等。尽管出发点不一样，但若教会注重提倡这些，澳门社会将会更接受天主教的教育和社会服务，成为本地文化的一部分。

4. 威胁

由收容孤儿寡妇到现代对边缘青年的救助，我们看到宗教的慈善事业往往是按社会需要来展开的。现代人并不介意宗教做慈善，但对慈善的要求却越来越高。宗教办慈善和社会服务要做得到位，就必须以爱心做得专业和全面。政治是看政绩，而宗教是拼爱心。要专心一致地服务有需要的人群，就肯定要对服务者有较高的要求，这就要求在管理和培训方面多做功夫。这对于经费不足的教会服务团体是难以兼顾的熊掌与鱼。

现代对宗教的讨论已经经过“政教分离”和本色化的阶段，到了**让宗教成为宗教**的时代——宗教的本质与发展规律不以当权者的意志为转移。宗教对社会发挥的正面作用是不能抹杀的。例如当人心冷漠不愿意救济灾民难民时，像天主教类似的宗教就能弥补社会道德麻痹的不足，积极回到尊重人性和伸张正义的行动中。

在这个层面来说，宗教与政府（确切来说是政治学说所倡导的理想，例如社会主义）的确存在着某种程度的竞争和张力。若人们能从宗教的实践中得到安慰和解疑，那么他们就不会从哲学（政治）学说中追求理想或解说。政治学说和宗教给人们不同的世界观，但最终都以追求共同的福祉（Common Good）为奋斗目标。现代资讯发达，在政界发生的丑闻和不公义的新闻已动摇了人们对以政治方式解决社会问题的信心，而宗教能发挥的活力在于给人盼望和精神安慰。宗教之所以能触动人的内心，在于这种盼望源于个人的宗教体验，信念比较坚固。尽管有许多挂名的宗教信徒，但宗教的优势比对政治的信念要实际地深入到日常生活。因此，在争取人民信任和支持方面，宗教确实有与政府竞争的实质。然而，这种潜在的竞争关系并不一定会转化成对立，特别对于天主教而言就要视乎其实践教义的重点和给市民的观感,而对政府而言就视乎其宗教政策是否体现出彼此平等和尊重。

七、总　结

总的来说,天主教机构做事低调,在澳门的教育领域中创出良好的声誉,天主教机构提供的默默无闻的社会服务(包括社会企业)与政府(官员)的"政绩"相比,对看重务实行动的市民来说就显得更有公信力。尽管教会本身不时有丑闻,但天主教机构能做出果断的决定,例如公开道歉和赔偿,这若做得合宜能挽回教会的名声。

同样,市民也会判断对弱势群体的救助究竟是社团(主要是宗教团体并以天主教为主)还是政府做得更多和更用心。在澳门的特殊环境下形成了宗教得到政府的资助(也变相是对其社会服务的肯定)来办学和服务社会的模式,在世界各地政府与宗教团体这样成功合作的例子实在不多。

然而,宗教教义的社会实践也不乏极端现象,不要说宗教极端暴力,就是那些打着宗教旗号骚扰公众的行为,也造成了公众的负面印象。这是由于信徒对宗教和政治之区别认识模糊,对本身的信仰了解也不全面。澳门天主教可以在本地政治中担当更显著的角色,但至少教会官方层面并不追求如此。这有历史原因:近代西方宗教在中国的盛气凌人的负面刻板印象,加上澳门的特殊原因——政府与宗教互相依赖生存而甚少讲求谁的影响力大,特别是天主教服务大众时所表现的卑微方式。

一种生命力强的宗教必须接触和融入社会才能生存下去,社会理应给予这样的宗教自由发挥的机会。对于天主教来说,信仰要走出教堂的围墙才能让社会了解其真正面目。从其社会影响来看,澳门天主教已经走出了教堂并与政府和社会有良性的互动和互补。宗教有个人神秘的一面,例如个人的祈祷和宗教体验。外界无从知道该宗教的本质,直到我们看到其对社会的影响力。因此,从一种宗教外在的社会影响力,我们多多少少可以窥见宗教的本质。例如极端伊斯兰组织所营造的恐怖——若靠杀害无辜平民而得到世界认同的话,我们完全看不到宗教应该流露的爱和对生命的尊重。这种宗教理想迟早会被人们拒绝和社会唾弃。

因此,宗教按照其教义有对社会产生贡献的一面,若被埋没实在是社会的损失。对社会有贡献和发挥良好作用的宗教是那些本身懂得"入世"参与而不单求个人精神安慰的信仰。同时,因宗教本身是一套有系统的世界观,不可能对社会的议题没有意见,特别是涉及到道德伦理生命和公平正义方面。因此,社会理应接受宗教发表的意见并认真考虑。我们看到在社会重大事件和变革的背后多少都有宗教的影响,而判断这些影响的好坏标准是:人们是否接受和欣赏这种影响?

人民所赞许的影响是一种在背后白白付出的生命影响,是不以自我为中心的默默耕耘,期待社会会更好。正如在 2017 年 12 月离世的胡子义神父的殡葬弥撒中,有前主教指出:"……最重要的是他(胡子义)对(麻风)病人十分尊重,令他们觉得自己是一个有用的人。"[23]社会是否会拒绝那些建立软弱卑微者的自信的人,是否在意那些默默播种最后默默离开的伟人和其背后的宗教?

---

[23] 《昔人已随鲍圣去,此地空余圣母村》,载《澳门观察报》第 914 期,2017 年 11 月 23 日。

作(译)者简介

魏明德	复旦大学哲学学院教授
谢　华	华东神学院讲师,哲学博士
徐　俊	香港中文大学文化与宗教研究系博士生
李　腾	上海师范大学人文与传播学院历史系助理研究员,哲学博士
孙怀亮	曲阜师范大学法学院讲师,博士
王　栋	深圳大学法学院助理教授
牟　春	上海师范大学哲学系副教授,哲学博士
杨　杰	中山大学哲学系博士生
李　宜	武汉大学外国语言文学学院法文系博士生
黄　丁	暨南大学文学院讲师,哲学博士
卢钰婷	武汉大学哲学学院宗教学博士生
张云涛	武汉大学人文社会科学研究院欧美宗教文化研究所讲师,哲学博士
原海成	山西大学哲学社会学学院讲师,哲学博士
高山奎	上海师范大学哲学系副教授,哲学博士
林庆华	四川大学道教与宗教文化研究所教授
薛晓英	四川大学道教与宗教文化研究所研究生
马松红	兰州理工大学马克思主义学院讲师,哲学博士
万超前	岭南师范学院马克思主义学院讲师,哲学博士
纪建勋	上海师范大学人文学院副教授,哲学博士

薛灵美	中山大学哲学系博士生
柯　卉	复旦大学历史系博士后
蒋　硕	复旦大学历史学系博士生
张蓓蓓	泰州学院美术学院讲师,博士
赵清文	河南大学哲学与公共管理学院教授,哲学博士
姚文永	山西运城学院政法系副教授,历史学博士
刘丽霞	济南大学文学院教授
严鸿基	澳门科技大学助理教授,哲学博士

图书在版编目(CIP)数据

基督教学术(第20辑)/张庆熊,徐以骅主编.—上海:上海三联书店,2019.7
ISBN 978-7-5426-6596-6

Ⅰ.①基… Ⅱ.①张…②徐… Ⅲ.①基督教—研究
Ⅳ.①B978

中国版本图书馆CIP数据核字(2018)第299084号

基督教学术(第二十辑)

主　　编/张庆熊　徐以骅

特约编辑/张康诞
责任编辑/邱　红
装帧设计/徐　徐
监　　制/姚　军
责任校对/张大伟

出版发行/上海三联书店
(200030)中国上海市漕溪北路331号A座6楼
邮购电话/021-22895540
印　　刷/上海肖华印务有限公司

版　　次/2019年7月第1版
印　　次/2019年7月第1次印刷
开　　本/890×1240　1/32
字　　数/450千字
印　　张/14.875
书　　号/ISBN 978-7-5426-6596-6/B·626
定　　价/68.00元

敬启读者,如发现本书有印装质量问题,请与印刷厂联系021-66012351